CMP BOOKS

机工汽车

电动汽车智能底盘技术路线图

中国汽车工程学会 ◎ 著

TECHNOLOGY ROADMAP
FOR INTELLIGENT CHASSIS OF
ELECTRIC VEHICLE

机械工业出版社
CHINA MACHINE PRESS

《电动汽车智能底盘技术路线图》由中国汽车工程学会组织 50 余家单位、160 多位专家，基于自主可控产业链的总目标，采取跟随发展和赶超发展结合、部件与底盘融合、乘用车与商用车并举的战略，发挥行业力量，通过充分沟通与交流编制而成。

　　本路线图主要包括五部分内容：第一部分重点介绍了汽车底盘技术现状及发展趋势、智能底盘技术范围及基本属性、智能底盘总体路线图；第二部分重点介绍了乘用车智能底盘技术路线图、构型组成要素、控制和冗余；第三部分重点介绍了商用车智能底盘技术路线图、构型组成要素、控制和冗余；第四部分重点介绍了线控制动系统和线控转向系统技术路线图；第五部分重点介绍了智能底盘开发测试平台与标准规范技术路线图。本路线图旨在通过对电动汽车智能底盘关键技术体系的梳理和预判，厘清智能底盘技术的发展方向和关键指标，为实现电动汽车智能底盘产业的快速发展提供有力支撑。

　　本书适合汽车行业，尤其是电动化、智能化底盘领域从事相关技术研发、企业战略研究人员，以及负责制定和实施汽车产业相关政策的各级政府人员阅读，也适合作为对汽车产业发展感兴趣的人员了解汽车技术发展方向的专业读物。

图书在版编目（CIP）数据

电动汽车智能底盘技术路线图 / 中国汽车工程学会著.—北京：
机械工业出版社，2023.5（2024.7重印）
ISBN 978-7-111-72815-3

Ⅰ.①电… Ⅱ.①中… Ⅲ.①电动汽车–智能控制–底盘–
技术发展–研究–中国 Ⅳ.①U469.72

中国国家版本馆CIP数据核字（2023）第046293号

机械工业出版社（北京市百万庄大街22号　邮政编码100037）
策划编辑：母云红　　　　　责任编辑：母云红
责任校对：韩佳欣　张　薇　封面设计：张　静
责任印制：郜　敏
中煤（北京）印务有限公司印刷
2024年7月第1版第2次印刷
184mm×260mm·24印张·2插页·521千字
标准书号：ISBN 978-7-111-72815-3
定价：269.00元

电话服务　　　　　　　　网络服务
客服电话：010-88361066　机　工　官　网：www.cmpbook.com
　　　　　010-88379833　机　工　官　博：weibo.com/cmp1952
　　　　　010-68326294　金　书　网：www.golden-book.com
封底无防伪标均为盗版　机工教育服务网：www.cmpedu.com

《电动汽车智能底盘技术路线图》
专家咨询委员会

《电动汽车智能底盘技术路线图》
总体专家组

组　长　张俊智　清华大学

成　员　凌和平　比亚迪汽车工业有限公司

　　　　　黄朝胜　清华大学

　　　　　万里恩　一汽解放汽车有限公司

　　　　　赵永坡　长城汽车股份有限公司

　　　　　赵立金　中国汽车工程学会、国汽战略院

　　　　　赵红宇　华为技术有限公司

　　　　　袁　明　上海蔚来汽车有限公司

　　　　　赵　云　北京百度智行科技有限公司

　　　　　侯　杰　中国第一汽车集团有限公司

　　　　　张晓东　吉利汽车研究院（宁波）有限公司

　　　　　高振海　吉林大学

　　　　　李高鹏　宇通客车股份有限公司

　　　　　邹　渊　北京理工大学

　　　　　熊　璐　同济大学

　　　　　倪绍勇　科大国创极星（芜湖）科技有限公司

序 FOREWORD

全球汽车产业正在经历百年未有之大变局，汽车科技也正朝着电动化和智能化方向快速演进。作为汽车电动化与智能化融合的有机载体，汽车底盘正面临技术升级和智能化赋能的迫切需求。提升动力学融合控制性能、保障失效运行能力、提高线控转向系统和线控制动系统自研水平、形成完备的底盘开发工具链与测试装备等挑战是未来智能汽车底盘产品发展进程中亟须攻克的重大技术，也是我国汽车底盘智能化产业变革的重大历史机遇。

未来十年将是我国智能汽车底盘技术创新的重大战略机遇期，目前亟须集聚行业资源，凝聚专家共识，明确产业发展方向，制定技术路线图，开展产学研协同攻坚，谋求率先突破底盘全栈技术，形成底盘与零部件优势产品，提高我国汽车底盘产品的市场竞争力。

依托中国汽车工程学会和电动汽车产业技术创新战略联盟，电动汽车智能底盘技术路线图的编制工作得到了来自汽车、电子、通信等不同产业背景的众多行业顶级专家的有力支撑。该路线图明确了智能汽车底盘技术未来的发展路线，提出了技术和产业的具体发展目标，给出了详细的技术开发与行动建议。路线图的制定为底盘技术创新提供了具体思路，为底盘产业发展提供了具体指导，为政府部门进行项目决策和资源布局提供了参考依据。

在全球汽车产业大变局的时代背景下，《电动汽车智能底盘技术路线图》为汽车智能底盘技术发展与产业变革提供了方向。路线图的实施仍面临技术基础、产业链自主性和政策扶持力度等多方面制约。在此，希望路线图能够充分发挥行业指导作用，汇聚国内底盘行业专家的智慧与力量，集中开展技术协同攻坚与创新。路线图的研究成果必将助力我国汽车智能底盘赶超世界先进水平，为实现汽车强国做出贡献。

李 骏

中国工程院院士

中国汽车工程学会理事长

清华大学教授

前 言 PREFACE

随着移动互联、大数据、云计算、人工智能、新材料等新兴技术的快速发展及与汽车产业的融合，汽车产业正迎来史无前例的大变革。电动化、智能化、网联化已成为当前汽车产业发展的重要方向。作为电动化与智能化融合的重要载体，汽车底盘也迎来了重大技术变革。与传统底盘不同，智能底盘可为自动驾驶系统、座舱系统、动力系统提供承载平台；具备认知、预判和控制车轮与地面间相互作用，管理自身运行状态的能力；承担着实现车辆智能行驶的任务。目前，智能底盘技术体系尚未发展成熟，特别是在系统拓扑架构、新型电子电气架构、冗余与失效运行等方面，尚处于研究阶段。因此，亟须梳理智能底盘的定义、关键指标与技术体系，研究技术发展路线，集聚行业力量，共同推动智能底盘产业的发展。

2021年4月，电动汽车产业技术创新战略联盟发起成立了线控制动与底盘智能控制工作组；7月，工作组启动了《电动汽车智能底盘技术路线图》（以下简称路线图）的研究工作，50余家单位的160余位专家参与其中。为便于研究工作顺利开展，设立了咨询组和总体组，并按照两纵四横的技术体系设置六个编制组：两纵是乘用车智能底盘工作组、商用车智能底盘工作组，四横是线控制动系统工作组、线控转向系统工作组、开发与测试平台工作组和标准规范工作组。

路线图主要包括五部分内容：第一部分重点介绍了汽车底盘技术现状及发展趋势、智能底盘技术范围及基本属性、智能底盘总体路线图；第二部分重点介绍了乘用车智能底盘技术路线图、构型组成要素、控制和冗余；第三部分重点介绍了商用车智能底盘技术路线图、构型组成要素、控制和冗余；第四部分重点介绍了线控制动系统和线控转向系统技术路线图；第五部分重点介绍了智能底盘开发测试平台与标准规范技术路线图。本路线图旨在通过对电动汽车智能底盘关键技术体系的梳理和预判，厘清智能底盘技术的发展方向和关键指标，为实现电动汽车智能底盘产业的快速发展提供有力支撑。

历时 15 个月，各工作组专家经过充分研究论证，达成了广泛共识，最终形成《电动汽车智能底盘技术路线图》。在此，感谢咨询组专家对路线图研究工作的大力支持，为路线图制订提供了专业、权威、高水平的技术指导；感谢总体组和编制组参与单位及专家为路线图贡献积累的研究成果及专业数据，保障了路线图研究工作的可靠性和全面性；感谢张俊智、凌和平、万里恩、何承坤、王朝久、黄朝胜、范成建、赵立金、刘飞、赵永坡、史建鹏、王印束、秦成、高炳钊、邹渊、龙元香、郝之凯、傅直全、郝江脉、季学武、王军年、周磊、吴艳、张明、廖银生、崔海峰、马媛媛、郭瑞玲、许豪伦、石求军、陈东旭、刘国芳、李冰、曲婧瑶等人员深入参与研究、积极协调资源，在路线图研究过程中付出的辛勤努力，他们的努力确保了路线图的高质量完成。希望《电动汽车智能底盘技术路线图》的发布能为行业的快速发展发挥重要作用。

由于作者水平有限，本书疏漏和不当之处在所难免，敬请广大读者批评指正。

目 录 CONTENTS

**第 2 部分
乘用车智能
底盘**

**第 3 部分
商用车智能
底盘**

第 5 部分
开发测试平台与标准规范技术路线图

第1部分

智能底盘总体
技术路线图

PART 01

第1章
汽车底盘的技术现状
及发展趋势

经过 20 多年的洗礼和成长，我国汽车行业的自主研发能力与水平发生了质的飞跃，培育出世界级的动力电池企业，研发出世界级的电动汽车产品。电动化为智能化打下了扎实的技术基础、产业基础和品牌基础。电动化与智能化的结合、汽车行业与信息与通信技术（ICT）⊖行业的融合正在很大程度上赋能电动汽车和汽车产业，市场上的自主产品已呈现出新气象，特别是代表性企业正在进行"基因重组"。

在汽车电动化与智能化过程中，底盘也迎来了从传统底盘，到电动底盘，再到智能底盘的技术变革。智能底盘是汽车智能驾驶技术落地的基础，是与智能汽车安全可靠行驶紧密相关的重要组成部分。继感知和决策后，智能底盘技术已经成为智能汽车技术新一轮的竞争焦点，亟须明确智能底盘发展规划，形成中国自己的智能底盘技术体系和话语体系。

我国传统整车企业、造车新势力、底盘零部件企业和 ICT 企业已经在智能底盘的设计、控制、关键零部件和开发体系方面形成了产品和技术积累。多元化优势企业的集聚为我国智能底盘的发展提供了良好的技术基础和产业基础。

现阶段应汇集行业多元力量，整合各界资源，充分融合思想，达成共识，明确我国智能底盘的发展路径和具体措施，识别未来十年智能底盘技术发展方向及关键技术，提出行动建议，推动智能底盘的技术突破和产业发展。

1 汽车底盘技术现状

1.1 底盘纵向控制系统发展现状

随着车辆动力性能的提高，驾驶员经常会遇到各种危险情况，如车轮抱死、车轮打滑、车辆侧滑等。为了解决这一系列问题，1973 年，博世（Bosch）公司开发出了第一代防抱死制动系统（ABS），该系统具备电子制动力分配系统（EBD）和 ABS 两大功能，解

⊖ 本书所有缩略语释义见附录 A 缩略语表。

决了制动时前后制动力分配问题和车轮抱死问题；1986 年，博世推出了第一代电子稳定性控制（ESC）系统，该系统在 ABS 的基础上，新增了牵引力控制系统（TCS），解决了车轮打滑问题，后续迭代的 ESC 系统又开发了车辆动态控制（VDC）系统，解决了车辆侧滑问题。至今，EBD、ABS、TCS、VDC 仍是汽车的四大主动安全功能。整个制动系统发展历史大致可以分为三个阶段：第一阶段是相对简单的传统液压制动系统；第二阶段是过渡阶段，是基于电动汽车发展初期的电动真空助力器的液压制动系统；第三阶段是电动化现阶段的踏板和轮缸解耦式的线控制动系统。

第一阶段的传统液压制动系统如图 1-1 所示，该系统由前后制动器、真空助力器带主缸总成、ESC 总成等组成。

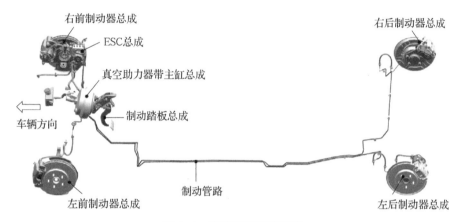

图 1-1　传统液压制动系统

第二阶段基于电动真空助力器的液压制动系统如图 1-2 所示，该系统由前后制动器、真空助力器带主缸总成（带真空度传感器）、ESC、电子真空泵（EVP）总成、踏板行程传感器（PTS）等组成。

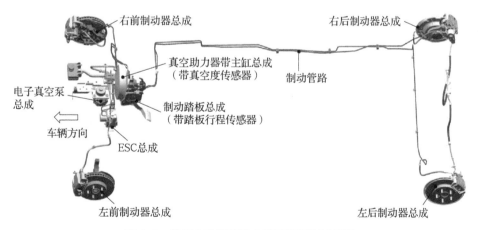

图 1-2　基于电动真空助力器的液压制动系统

第三阶段，随着各国对乘用车能耗的越发重视及我国《节能与新能源汽车产业发展规划》的出台，新能源车型逐渐成为主流的发展趋势；另外，行业对智能驾驶及软件定义汽车的呼声愈加强烈，使新能源车型对整车能耗、续驶里程、智能化及制动性能提出了新的需求，线控制动系统逐渐成为一种优选的解决方案。线控制动系统分为电子液压制动（EHB）系统和电子机械制动（EMB）系统两大类，EHB通过电机驱动原有液压系统实现制动，而EMB取消了原有液压系统，将电机直接集成在制动钳上，如图1-3所示。与EHB相比，EMB有两方面的优点：一是空间布置更加灵活，主要在于所有液压装置（包括主缸、液压管路、助力装置等）均被电子机械系统替代，包括液压盘和鼓式制动器的调节器也被电机驱动装置取代；二是响应速度更快、效率更高，安全优势突出。但缺点也很明显，由于驱动和控制执行机构电机并无备份系统，对电机可靠性要求极高（热稳定性、散热性），成本也较高。

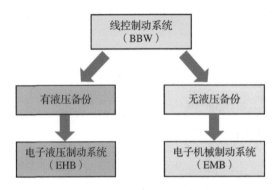

图1-3 线控制动系统的分类

　　EHB系统根据集成度的高低可分为"One-box"和"Two-box"两种技术方案，区别在于ABS/ESP是否与电子助力系统集成。"Two-box"的典型代表是博世公司的"iBooster+ESP"方案（图1-4），该方案采用iBooster系统作为制动主方案，ESP作为备份，两个系统都有自己独立地建压系统（ESP也有自己的电机系统，可以在制动主缸没发挥作用的情况下，让制动轮缸建压，提供部分制动力），并且可以在整个减速范围内独立地对车辆进行制动液建压，起到双保险的作用。"One-box"方案以博世IPB、大陆MKC1、采埃孚（ZF）天合IBC为代表。博世将"Two-box"方案中iBooster和ESP两套独立的建压系统合二为一，减少了整个系统的冗余度，体积、质量、成本都比"Two-box"方案低。不过"One-box"的方案更复杂，且对于整套系统的可靠性要求更高。

a）制动主方案 iBooster　　　　　　　　　　　b）制动备份 ESP

图1-4 "iBooster+ESP"方案

EHB 控制单元由液压马达、HCU、ECU、主缸、储液壶五部分组成，其中主缸集成有踏板感模拟器、推杆行程传感器、主缸，其中 HCU 集成有 14 个电磁阀、2 个压力传感器、1 个活塞，该产品替代了传统汽车的真空助力器（带主缸）、电子真空泵、ESC。EHB 控制单元的分解图如图 1-5 所示，该产品能实现 EBD、ABS、TCS、VDC 等主动安全功能。线控制动系统采用电机助力，传统制动系统 500N 制动踏板力经过真空助力器总成助力后，输出压力水平大约 11~12MPa，建压时间 250~300ms，而线控制动系统制动踏板与集成制动控制系统总成解耦配合，电机助力建压能力可达 18~22MPa，0—10MPa 建压时间约 150ms。电机助力建压能力和建压时间均优于真空助力器总成，即在相同条件下线控制动系统制动距离优于传统制动系统制动距离。

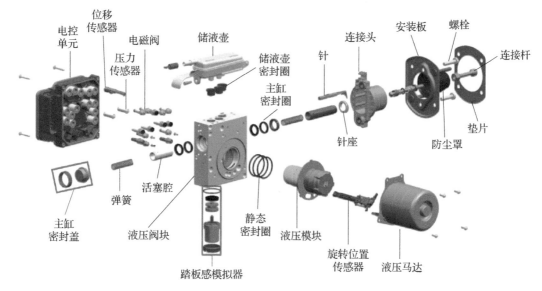

图 1-5　EHB 控制单元分解图

如图 1-6 所示，EMB 是一种区别于传统液压制动的全新的制动方式，EMB 没有液压回路，也没有制动液，每个车轮分别对应一套制动执行机构，每套执行机构都包括力矩电机，制动器外壳和制动钳。EMB 系统中的制动执行机构目前处于研发阶段，意大利

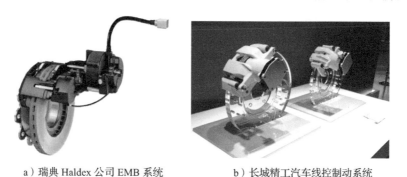

a）瑞典 Haldex 公司 EMB 系统　　　b）长城精工汽车线控动系统

图 1-6　线控制动 EMB 系统相关产品

Brembo、瑞典 Haldex 等企业推出了相关样机产品,长城精工汽车发布的 EMB 系统,规划 2023 年达到量产状态。采用 EMB 系统的汽车可实现减重 10%,控制精度更高,制动响应时间由 430ms 减少至 80ms,100—0km/h 制动距离可减少 4.8m。此外,EMB 系统提高了能量回收效率,可实现续驶里程的提升。

1.2 底盘横向控制系统发展现状

底盘横向控制系统即转向系统,主要用于驾驶员改变汽车的行驶方向,应具有力矩控制和转角控制两种模式。力矩控制模式注重有人驾驶的转向路感问题,转角控制模式注重辅助驾驶或无人驾驶的路径跟踪问题。在无人驾驶技术尚未发展成熟的阶段,辅助驾驶领域的人机共享转向技术仍是重点研究方向,该技术需要解决驾驶员和智能驾驶系统之间的任务分工或角色切换问题,要做好汽车行驶安全和驾驶舒适性的平衡,避免二者冲突。

整个转向系统的技术历史演化进程同样可以分为三个阶段。

第一阶段为机械转向(MS)系统。MS 系统于 1900 年出现,由机械部件组成,主要包括转向操纵机构、转向器和转向传动机构,该系统的主要特点是无助力,转向力全部来自驾驶员。其优点是零件简单、性能可靠、成本低廉;缺点是由人力驱动、驾驶员负担重,传动比不能随车速变化。

第二阶段为助力转向系统,其发展也分两个方向。

第一个方向是机械液压助力转向(HPS)系统,于 1902 年出现,1950 年才实现量产,如图 1-7 所示。该系统在传统机械转向的基础上,增加转向控制阀、转向泵、转向动力缸、转向油管、转向油罐等,其特点是 HPS 系统提供转向助力,转向油泵由发动机驱动,即使驾驶员不在转向时,油泵也一直运转。HPS 系统的优点在于成本低廉、转向动力充沛、力回馈较好、性能可靠等;缺点在于能量消耗高、液压油泄漏污染环境、助力特

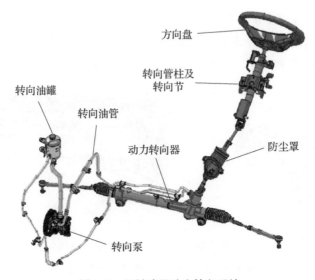

图 1-7 机械液压助力转向系统

性不能改变、助力与车速无关、不能协调转向轻便性与路感之间的矛盾、低温下助力性能变差、占据空间大等。电动液压助力转向（EHPS）系统，于 1965 年出现，在液压转向系统的基础上，增加了电子控制单元（ECU）、电动机和电磁离合器等部件，其特点是将车速信号引入系统中，控制单元根据车速信号改变电液转换装置的助力特性。图 1-8 所示为 EHPS 系统的基本结构，EHPS 系统的优点是低速时转向轻便、高速时操纵稳定，油耗比 HPS 更低；EHPS 系统的缺点是增加了电子元件，成本高，可靠性不如 HPS 系统。

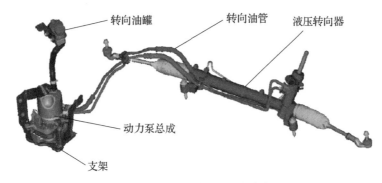

图 1-8　电动液压助力转向系统的基本结构

第二个方向是电动助力转向（EPS）系统。该系统于 1988 年出现，2000 年量产，在机械转向系统的基础上，以电池为能源，电动机为动力源，增加了传感器、电子控制单元、减速机构。EPS 系统通过 ECU 采集方向盘力矩信号、转角信号、车速信号，计算电动机助力电流，控制电动机实现助力转向。在智能化、网联化发展的背景下，实现了车道保持、自动泊车、无人驾驶等功能扩展。EPS 系统的优点在于助力特性可调、操纵稳定、能快速与车型匹配、节能高效、对环境友好、低温助力性能好、占用空间小等；EPS 系统的缺点在于转向动力有限，难以在大型商用车辆上应用。

根据助力电动机装配位置的不同，EPS 系统主要分为转向管柱助力式（C-EPS）、小齿轮助力式（P-EPS）、双小齿轮助力式（DP-EPS）、齿条助力式（RD-EPS）四种，如图 1-9 所示。其中，C-EPS 系统结构简单、紧凑，制造成本低，工艺及后期维护保养相对简单，因此国内企业采用 C-EPS 居多。

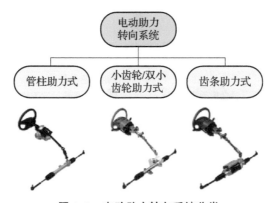

图 1-9　电动助力转向系统分类

EPS 转向管柱相比于纯机械式转向管柱，增添了助力电机、减速机构、扭杆及扭矩传感器等部件，如图 1-10 所示。助力电机是动力之源，减速机构则起到减速增矩作用，扭杆及扭矩传感器则是给电子控制单元提供扭矩信号作为判断助力大小的依据。首先，力矩传感器测出驾驶员施加在方向盘上的操纵力矩，车速传感器测出车辆当前的行驶速度，然后将这两个信号传递给 ECU；ECU 根据内置的控制策略，计算出理想的目标助力力矩，转化为电流指令给电机；其次，电机产生的助力力矩经减速机构放大作用在机械式转向系统上，和驾驶员的操纵力矩一起克服转向阻力矩，实现车辆的转向。转向器主要是通过齿轮齿条啮合传动来把方向盘的力矩转换为齿条的轴向力，通过横拉杆拉动转向节来实现转向。其中齿轮轴用轴承支承在壳体中，与水平布置的齿条相啮合。调整弹簧通过齿条支承座及垫片将齿条压靠在齿轮上，保证无间隙啮合。齿条通过两点支承在壳体上，一个支承点是小齿轮与齿条啮合处，另一个支承点是齿条的支承套处。方向盘转动时，齿轮转动并使与之啮合的齿条轴向移动，通过横拉杆带动左右转向节转动，使转向轮偏转，实现汽车转向。方向盘顺时针转动，带动齿轮轴顺时针转动，齿条拉动右横拉杆同时推动左拉杆，从而实现右转。

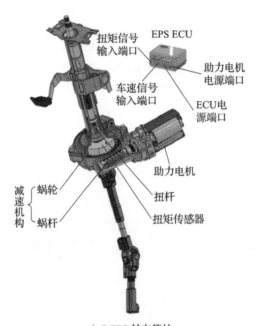

a）C-EPS 转向管柱

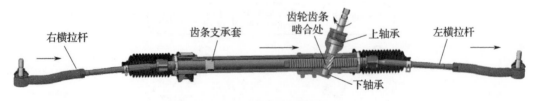

b）C-EPS 齿轮齿条转向器

图 1-10 转向轴助力式电动助力转向系统

主动转向（AFS）系统可以使车轮的转角不依赖于驾驶输入，通过车速以及方向盘转角计算出合适的角传动比，然后通过执行电机和双行星齿轮机构实现对角传动比的精确控制。主动转向的关键技术特点在于将转角叠加电机与方向盘的力矩解耦，实现了转角叠加电机对转向手感的干扰抑制，同时基于随速可变角传动比技术，AFS 系统保证了低速转向轻便和高速转向稳定的特点。基于主动转向的车辆稳定性控制技术可以实现车辆运动跟随驾驶员意图的同时保证动力学稳定性。但由于其结构复杂、轮胎磨损严重、失效模式下的冗余保护不足，该技术一直未被广泛应用，其结构如图 1-11 所示。2003 年，宝马（BMW）公司和采埃孚（ZF）公司联合研发的 AFS 系统在宝马 5 系轿车上搭载。此外，诸多企业均致力于研发 AFS 系统，如奥迪（Audi）公司的动态转向系统（Audi Dynamic Steering，ADS）、丰田（Toyota）公司的可变传动比转向系统（Variable Gear Ratio Steering，VGRS）等，万都（Mando）、本田（Honda）等企业也都研发了各自的 AFS 系统。

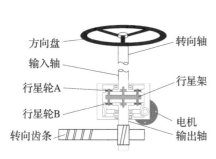
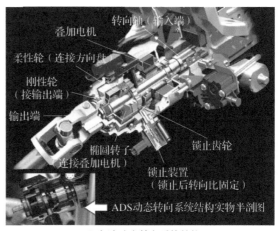

a）结构及工作原理　　　　　　　　b）奥迪动态转向系统结构

图 1-11　主动转向系统

第三阶段是线控转向（SBW）系统。该系统于 1970 年出现于飞机上，2013 年量产。如图 1-12 所示，线控转向系统主要包括方向盘总成、转向执行器总成、主控制器等，该系统的特点为方向盘与转向轮之间取消机械连接，方向盘的转动信号经控制器处理后发送给执行电机，驱动转向轮转动。SBW 系统的优点是智能化、设计灵活，同时地面不平的冲击不会传递到方向盘，转向干涉问题得到消除，回正力矩可通过软件调整。由于取消机械转向轴，车辆空间利用更充分。SBW 系统的缺点是技术不够成熟，现阶段成本较高。SBW 系统的关键技术包括线控转向系统的理想路感设计、高精度路感模拟、路面不平整导致的路感波动抑制、线控转向系统的前轮转角伺服控制、线控转向系统的冗余设计⊖（传

⊖　冗余设计是指在对系统或设备完成任务起关键作用的地方，增加一套或一套以上具备相同功能的功能通道、工作元件或部件，以保证当该部分出现故障时，系统或设备仍能正常工作，减少系统或者设备的故障概率，提高系统可靠性。

感器冗余 / 控制器冗余 / 执行器冗余）。路感反馈总成通过路感电机为方向盘提供适宜的扭矩模拟驾驶感受，转向执行总成将获取的转向信号通过执行电机转化为汽车扭矩。目前，SBW 系统已经基本能够满足自动驾驶的任务需求，但考虑到未来的功能及安全需求，线控转向技术还需要实现由功能化到智能化的突破。

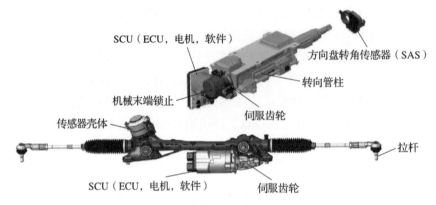

SCU（ECU，电机，软件）
方向盘转角传感器（SAS）
转向管柱
机械末端锁止
伺服齿轮
传感器壳体
拉杆
SCU（ECU，电机，软件）
伺服齿轮

图 1–12　线控转向系统的基本组成

　　线控转向系统基本上脱离了机械式的转向，它的信号来源可能是底盘域控制器，也可能来源于自动驾驶系统，也可能来源于驾驶员对方向盘的直接操作，只不过它是机械去耦的总成对象。冗余设计是线控转向的标准配置，在脱离了驾驶员和机械直接干预的情况下，通过冗余系统可提供备份，同时，冗余系统可以提供一定功能扩展或进行智能化的性能优化。

1.3　底盘垂向控制系统发展现状

　　自 20 世纪 80 年代开始，奔驰、路特斯（LOTUS）、沃尔沃和丰田等主要汽车企业开始将半主动悬架和主动悬架作为底盘开发的重点研究方向，结果表明，当装备主动悬架的车辆行驶在恶劣路况时，其在操控稳定性、平顺性和行驶静谧性上都具有更好的表现。1982 年，路特斯公司研发的液压主动悬架开始在 F1 比赛中应用。自 1989 年开始，丰田公司先后在 Celica 和 Soparer 车型上采用了半主动悬架技术，分别使用线性电磁阀技术和液压助力对悬架进行集成控制。1990 年，日产公司也在其高端车型英菲尼迪 Q45 上配备了液压控制的主动悬架，取得了较好的减振效果。随着电液比例控制技术的发展，BOSE、路特斯、加拿大防务研究院（DRDC Suffield）等机构开始尝试具有主动预测控制能力的悬架系统。

　　2000 年以后，主动悬架技术逐渐成熟。奔驰在 CL 型跑车上采用的主动悬架系统可以根据车辆转弯时车身的倾角和横向加速度控制车身的倾斜度。2002 年，奔驰公司基于双重控制策略的智能空气悬架系统（Airmatic DC System）配置在 S 系列车型上。2013 年，奔驰公司再次推出了 MBC（Magic Body Control）控制技术，能够通过车载摄像头识别路面的不平整程度，从而更加有效地进行车身姿态控制。雪铁龙将第三代主动悬架系统"魔毯"应用在 C6 车型上，悬架系统通过车轮上的独立液压泵实现了对减振弹簧、阻尼和车身高度的控制。此外，凯迪拉克的 MRC 系统、ZF SACHS 的 CDC（连续减振控制）系统和宝马的 EDC（电子减振控制）和 Dynamic Drive 技术也都实现了相似的悬架主动控制能力。国外公司在主动悬架上的技术路线如图 1-13 所示。

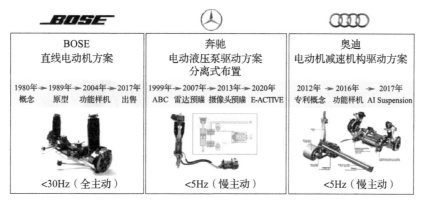

图 1-13　国外公司在主动悬架上的技术路线

　　我国对于主动悬架的研究、制造和使用起步较晚，目前很少有国内厂商可以独立设计和制造主动悬架，也很少有在售的国产汽车装备主动悬架系统，而少数品牌所试装的主动悬架系统则主要来自德尔福及采埃孚两大零部件供应商。表 1-1 中对比了开发国内外主动悬架的主流供应商与主机厂。

表 1-1　国内外主动悬架主流供应商与主机厂对比

悬架类型	国外		国内	
	主机厂	供应商	主机厂	供应商
	掌握控制和集成技术，引领行业发展	掌握执行器关键技术，主导国内外的市场，处于领先水平	开始逐渐装备主动悬架，并布局自主开发	起步较晚，研发成果在不断成熟
半主动悬架	大部分 B 级及以上车型普遍装备	采埃孚、天纳克、马瑞利、日立、京西	一汽红旗、东风、吉利、蔚来、小鹏、高合	浙减、长城精工、科马等
空气悬架	大部分 C 级及以上车型普遍装备	大陆、MOBIS、Vibracoustic	一汽红旗、东风、吉利、蔚来、小鹏、高合	孔辉、保隆、拓普、长城精工等
主动稳定杆悬架	奔驰、宝马、奥迪等部分主机厂 C 级及以上车型装备	采埃孚、舍弗勒	尚处于开发阶段	孔辉
主动悬架	仅奔驰、奥迪	采埃孚、ClearMotion	尚处于开发阶段	预研阶段

　　主动悬架可以根据汽车的运动状态、路面状况以及载荷等参数的变化，对悬架的刚度和阻尼进行动态的自适应调节，使悬架系统始终处于最佳减振状态，目前市面上主流的主动悬架有四种形式：空气悬架、液压悬架、电磁悬架以及电子液力悬架，半主动/主动悬架技术分布如图1-14所示。这些悬架主要是改善了减振器的性能，而悬架的总体结构形式并没有大的变化。当前国外如雷克萨斯、雪铁龙和日产等品牌均有采用液压悬架的相关产品。雷克萨斯AHC系统、日产HBMC系统和雪铁龙Hydractive系统均采用了智能液压悬架系统，可实现车辆阻尼调节、刚度调节和高度调节等功能。国内智能液压悬架系统开发仍是空白，与国外发展现状存在差距。

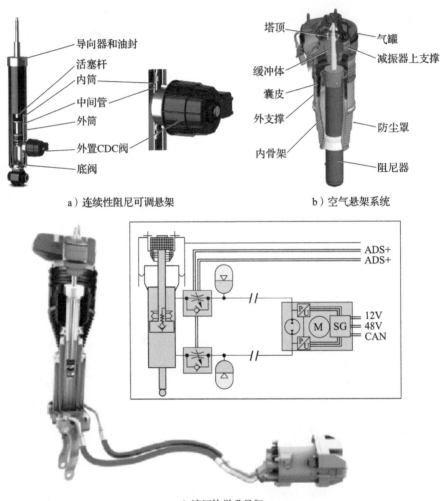

a）连续性阻尼可调悬架　　　　　　　　b）空气悬架系统

c）液压快举升悬架

图1-14　半主动/主动悬架技术分布

　　随着自主品牌越野车型的成功和市场对于对越野车型需求的提高，国内高端越野车型市场逐渐成熟。高端越野车型需要具备底盘升降、悬架系统刚度可调、四轮联动等功能并满足高可靠性的需求。智能液压悬架系统是集成机械、液压、电子等技术于一体的，具备高科技属性的主动悬架系统，该系统主要由悬架中央控制缸总成、悬架姿态控制模块、悬架控制蓄能器总成、悬架刚度控制模块、悬架阻尼控制模块、悬架减压蓄能器总成、悬架控制泵带储液壶总成、减振器总成、管路、悬架电子控制单元和高度传感器等组成。该系统可以满足高端越野车型底盘悬架系统的功能及可靠性需求。

预瞄控制技术也被用于智能悬架系统，通过传感器感知前方道路不平整程度信息，使得汽车可提前优化控制策略，提高行驶平顺性。在应用层面，日产的部分车型根据超声波传感器采集到的路面预瞄结果，为车辆提供三种不同悬架状态中的一种。2013 年，奔驰在 S 级轿车上采用的 MBC 系统应用了路面预瞄技术，如图 1-15 所示，该悬架（奔驰魔毯悬架）系统通过双目立体摄像头获取前方 15m 内的路面不平整度信息，然后提前通过悬架控制策略为车辆行驶提供了良好的舒适性和操纵性。

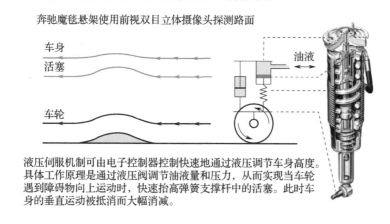

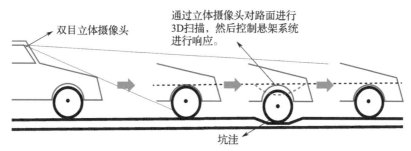

图 1-15　奔驰魔毯悬架

被动悬架和半主动悬架能够为车辆提供的调节范围较小，对车辆行驶品质的改善有限，而主动悬架系统的阻尼和弹性元件为悬架提供了更大的调节范围，因此能够获得更加舒适的驾驶体验。

随着汽车电子化、智能化的发展，自主汽车品牌为了满足高端市场需求和品牌提升需要，要求整车性能属性超越传统豪华品牌，因此需要追求更高的舒适性、操控性、安全性、智能性，也对底盘悬架系统提出了更高的要求和更大的挑战。具体如下：

1）需要对路面状况进行提前识别，提前调节悬架各项性能。利用车载双目立体摄像头，自主采集交通场景、道路结构，利用高度、IMU、温度、压力传感器采集车辆自身悬架状态等信息，利用悬架电机的电流信息采集电量消耗和悬架动力状态。

2）需要对悬架 Z 向力（垂向力）进行实时控制。根据整车的实际需求主动调节悬架 Z 向驱动力，实现 Z 向刚度和阻尼的实时调节控制。

3）自动控制。即根据决策结果，自动控制车辆悬架的运动状态，完成用户制定的自动驾驶任务，提升整车的舒适性和智能性。

4）高电压动力源。为迎合电动化需求，对悬架动力源采用高电压方案，降低电机电流、提升能量转化效率。

在整车电动化、智能网联架构的赋能下，行业内基于以上需求开发了带预瞄的高电压智能全主动悬架，可快速调节 Z 向力和行程，采用高电压驱动的电机泵控制模块，快速调节系统阻尼和刚度，通过智能化控制提升整车操控性和舒适性。智能全主动悬架核心技术包括系统层面和零部件设计层面的相关技术。

系统层面包括：智能全主动悬架的系统设计匹配、计算及仿真技术、控制策略、软件及算法、智能全主动悬架动力学仿真、整车性能评价、整车及系统台架性能验证等。

零部件设计层面，智能全主动悬架减振器相关技术目前主要掌握在国外尖端零部件供应商手中，国内自主供应商尚未有相关技术，需全力开拓开发。高电压电机泵控制模块也首次需要在悬架系统中应用，作为智能全主动悬架的核心动力机构，需要高电压技术、无刷电机技术、NVH 技术、能量回收技术、泵控制软件及算法技术等相关技术的有机结合，技术难度及风险均比较高。零部件的台架验证及性能评价方法也均需要全新建立。

2　汽车底盘发展趋势

2.1　乘用车底盘发展趋势

1. 线控化发展新趋势

相比于内燃机，新能源汽车所搭载的电机几乎可以实现指令的瞬时响应，更加符合智能汽车对执行层反应速度的要求，更适合汽车智能化发展。燃油汽车普遍采用低电压电气系统，难以支撑大功率电子设备运行，而新能源汽车的电力平台可支撑更多的智能设备荷载。新能源汽车在电动化上融合了先进材料技术与高精度零部件制造技术，对于新一代电子电气架构（E/E）的适应性和匹配度更高。同时，新能源汽车平台在对电信号的反应速度与控制精度方面更好，对于汽车智能化亦具有更好的适应性，因此新能源汽车无疑是智能化技术部署应用的最佳载体。经过十多年产业培育，我国已是全球最大、先发优势明显的新能源汽车市场，这为我国新能源汽车智能化发展提供了较好的产业基础。

底盘控制的一个趋势是电机在动力学控制中的作用不断强化，这促进了动力域与底盘域的融合。如图 1-16 所示，比亚迪和博世联合研发的 dTCS（distributed TCS），把牵引力控制移至电机控制器，提升转矩响应速度。还有清华大学学者提出的电机参与 ABS 控制（图 1–17），可提升路面附着系数利用率。底盘控制的另一个趋势是底盘与自动驾驶系统的交互。例如底盘域控制器集成自动驾驶最小系统，具备与自动驾驶系统交互极端动力学控制边界的能力。底盘域车辆稳定性控制应同时支持自动驾驶与手动驾驶，并在二者切换的过程中发挥平滑过渡的作用。

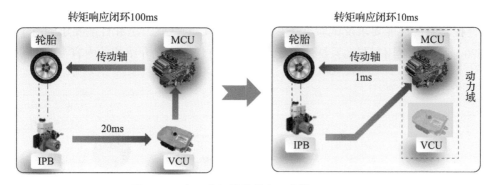

图 1–16　比亚迪和博世联合研发的 dTCS 原理

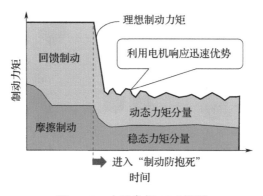

图 1–17　电机参与 ABS 控制

如图 1–18 所示，制动系统的发展可以归纳为 5 个阶段：机械制动为第一阶段，真空液压制动为第二阶段，液压电控制动为第三阶段，第四阶段是电液复合制动，制动系统进入了全面电气化阶段，而未来制动系统会进一步进化到电子机械制动阶段。线控制动取消制动踏板和制动器之间的机械连接，以电子结构上的连接实现信号的传送、制动能量的传导，主要分为电子液压制动（EHB）系统、电子机械制动（EMB）系统，其中 EHB 是目前的主流技术方案，EMB 则是未来线控制动的解决方案。踏板感觉模拟、主动制动控制、制动能量回收和安全冗余技术等为线控制动关键技术问题。

面对更加复杂的驾驶场景，驾驶员对车辆的安全性要求越来越高。国内外都制定了完善的制动系统性能标准或法规保障车辆的安全性（表 1–2），比如美国的 FMVSS 135 《轻型车辆制动系统》（*Light Vehicle Break Systems*）、欧洲的 7V320/EEC《关于统一各成员国某些类机动车辆及其拖车制动系统的法令》（*On the Approximation of the Laws of the*

Member States Relating to the Breaking Devices of Certain Categories of Motor Vehicles and of Their Trailers），我国的制动系统相关标准主要有 GB 21670—2008《乘用车制动系统技术要求及试验方法》、GB/T 13594—2003《机动车和挂车防抱制动性能和试验方法》、GB/T 30677—2014《轻型汽车电子稳定性控制系统性能要求及试验方法》。其中 GB 21670—2008《乘用车制动系统技术要求及试验方法》和 GB/T 13594—2003《机动车和挂车防抱制动性能和试验方法》均是关于防抱死系统性能要求的；GB/T 30677—2014《轻型汽车电子稳定性控制系统性能要求及试验方法》是关于 VDC 的试验方法和性能要求的。下面以 GB 21670—2008《乘用车制动系统技术要求及试验方法》为例介绍相关内容。

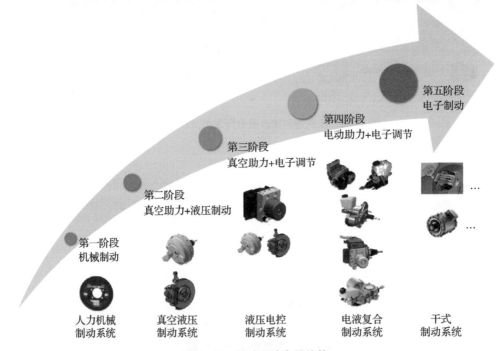

图 1-18 制动系统发展趋势

表 1-2 现有标准或法规对制动性能的要求

项目		中国 GB 7258—2017	中国 GB 21670—2008	美国 FMVSS 135	欧洲经济共同体 71-320-EEC
行车制动	试验路面	附着系数≥0.7	附着良好 （附着系数≥0.8）	峰值摩擦系数 0.9	附着良好
	载荷	满载	空载（整备 +110kg） 和满载	轻载（整备 +180kg） 和满载	空载和满载
	制动初速度	50km/h	发动机脱开的 0- 型 试验； 100km/h（常规）	发动机脱开的 0- 型 试验； 100km/h（常规）	发动机脱开的 0- 型试验； 100km/h（常规）

（续）

项目		中国 GB 7258—2017	中国 GB 21670—2008	美国 FMVSS 135	欧洲经济共同体 71-320-EEC
行车制动	制动时的稳定性	不允许偏出 2.5m 宽的试验通道	不抱死，不允许偏出 3.5m 宽的试验通道；横摆角≤15°	不允许偏出 3.5m 宽的试验通道；横摆角≤15°	不抱死，不允许偏出 3.5m 宽的试验通道；横摆角≤15°
	制动距离 s 和制动减速度 a	≤20m， ≥5.9m/s²	≤70m， ≥6.43m/s²	≤70m，无相关要求	≤70m， ≥6.43m/s²
	制动踏板作用力	≤500N	65~500N	65~500N	65~500N
驻车制动	驻车坡度	空载状态 20%（总质量为整备质量 1.2 倍以下的机动车为 15%）	满载状态 20%（对允许接挂车的乘用车为 12%）	满载状态 20%	满载状态 18%（对允许接挂车的乘用车为 12%）
	动态驻车减速度	—	≥1.5m/s²	—	≥1.5m/s²

新能源汽车为了降低能耗、提高续驶里程，基于驱动电机可实现再生制动的特性，开发了协调式再生制动系统（CRBS）功能，但一般只有制动系统正常工作（未失效）时 CRBS 功能才能触发，并没有充分利用驱动电机可参与制动的特点提升制动系统失效状态下的制动性能。依据 GB 21670—2008《乘用车制动系统技术要求及试验方法》的描述，制动系统的失效模式主要分为单回路失效和助力失效两大类，而通过线控制动系统的诊断策略可以很好地识别上述两类失效，因此可基于不同的失效状态匹配不同的再生制动功能，以达到优化制动系统失效时整车制动性能的目的。具体可将制动系统的工作状态分为四个等级，如图 1-19 所示。

一级指制动系统正常工作状态，匹配正常的 CRBS 功能；二级指制动系统单回路失效工作状态，匹配单回路失效时的 CRBS 功能；三级指制动系统助力失效工作状态，匹配助力失效时的 CRBS 功能；四级指制动系统助力失效及驱动电机再生制动失效。

转向系统的技术发展经历了纯机械转向系统、液压助力转向系统、电子液压助力转向系统、电动助力转向系统到摆脱机械连接的线控转向和具备主动转向功能的转向系统。图 1-20 中展示了从电动助力转向系统到线控转向系统的技术变革，线控转向系统取代了传统方向盘和机械转向轴，可以在自动 / 半自动驾驶模式下，将方向盘缩回到中控台内。线控转向系统可以过滤掉多余的反馈，比如来自颠簸路面的振动，并支持可变转向系统角传动比，实现全新的驾驶模式。

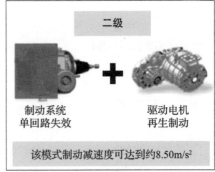

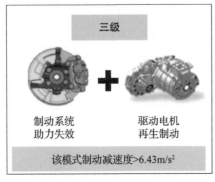

图1-19 制动系统不同工作等级分类

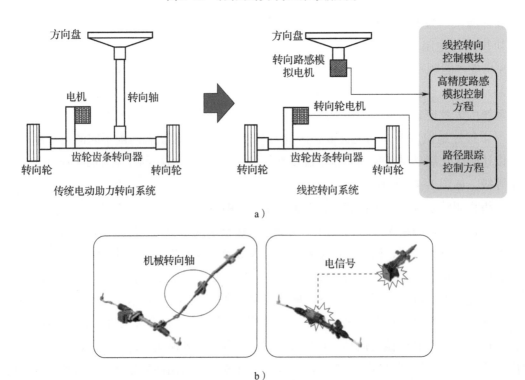

图1-20 电动助力转向系统到线控转向系统的技术变革

线控转向关键技术包括：路感控制、稳定性控制和容错技术。路感控制通常包含两个部分：路感规划和路感跟踪。路感规划为通过理论建模分析设计出能够反映当前实时路感的方向盘反馈力，路感跟踪为通过控制算法实现反馈力矩跟踪控制。获取路感反馈力矩的方法有参数拟合法和基于动力学模型的方法，其中第二种是目前研究的主流。线控转向系统的冗余技术主要从电源、执行器、传感器、控制器和通信等方面对相关部件进行备份。冗余是一种较为简单直观的容错控制手段，多项研究都采用了备份执行器的方式提高转向系统的可靠性。

2. 底盘平台一体化发展趋势

随着新能源汽车需求量爆发式的增长，底盘平台化开发模式已经开始应用在产品设计和制造过程中，通过平台化实现零部件高集成度，降低开发成本，缩短开发周期，减少零部件数量。特别是在电驱动方面，对底盘系统和电驱动系统的集成设计，实现了纯电动汽车产品的平台化设计，逐步形成新一代动力系统的底盘平台化技术，提升了纯电动汽车的整体性能。平台化最终要解决的核心问题在于如何充分融合车辆运动学与动力学，提升整车的驾驶性能。

电动汽车平台的发展经历了三个主要的发展阶段。

（1）第一阶段：传统油改电平台

纯电动汽车发展初期，产品性能无法满足消费者需求，几乎以探索性开发为主，为降低整车开发成本和周期，快速获得纯电动车型产品，主机厂采用从传统燃油汽车平台改造的方式进行纯电动汽车开发。该平台的主要缺点显而易见：底板不规整，动力蓄电池可布置空间小，续驶里程短；侵占乘员舱空间，人机工程设计差；整车碰撞安全传力路径对动力蓄电池和乘员舱保护不足，结构优化空间有限；整车热管理维度单一，续驶里程保持率很低。图 1-21 所示为油改电平台，在这种架构下，汽车企业突破了电动汽车核心技术，实现了双向逆变充放电式电机控制器，可以兼容大功率直流、交流充电，一定程度上克服了充电设施不完善的问题。同时，汽车企业在油改电平台中采用了高电压架构、高安全性的动力电池，续驶里程可达 400km，满足日常使用需求。

（2）第二阶段：基于旧平台的设计

基于旧平台设计就是在原有传统汽车平台上设计电动汽车，设计过程需要迁就旧平台，如图 1-22 所示，典型代表为日产聆风（Leaf）、通用雪佛兰 Bolt。早期的特斯拉 Roadster 在旧平台基础上重新设计了车辆底盘，以使其更有利于动力蓄电池系统的布局。随着私家车领域对电动汽车接受程度越来越高，行业也从政策驱动转向市场驱动，为了满足消费者多样化的需求，基于旧平台的设计在三电（动力蓄电池、电机、电控）系统上进一步集成创新，推出了电驱动三合一、充配电三合一系统，继而实现了三电系统的平台化，同时推出了高集成度的低压控制器和车载智慧屏，实现了低压控制模块和智能座舱模块的平台化。

图 1-21　传统油改电平台　　　　　　　　图 1-22　基于旧平台的设计

（3）第三阶段：全新设计平台

全新一代纯电动平台以最大化电池布置空间为核心，围绕模块化、电动化、智能化、安全、空间、全新电气架构进行开发和定义。全新设计的纯电动平台成功突破了纯电动汽车整车集成技术，基于高性能的动力蓄电池、八合一电驱动总成、宽温域高效热泵系统融合创新，使得搭载该平台的高端车型可实现整车最大续驶里程超过 1000km，0—100km/h 加速时间最短 2.9s，低温续驶里程提升超 20%，充电 5min 最大行驶里程超过 150km，给用户带来了全场景高效体验。与此同时，通过对整车架构关键节点的模块化设计，该平台拥有优异的高带宽特性，如图 1-23 中所示的比亚迪 e 平台 3.0 架构能够覆盖轴距 2.5~3.5m 的紧凑型及中大型轿车、SUV、MPV 以及未来不同级别的高性能智能电动汽车。

图 1-23　比亚迪 e 平台 3.0 高带宽拓展

全新纯电动汽车专用平台具备以下特征：高集成度、模块化动力总成，动力资源可以灵活配置；为实现大功率快充，高端车型开始搭载 800V 高电压动力平台；最大化动力蓄电池系统搭载空间，电池、车身集成设计保证底板平整化，实现不同动力系统和不同续驶里程配置；满足五星级碰撞安全要求的车身底盘结构设计，针对平整后底盘、下车体结构传力路径和短前后悬架吸能空间小的特征，进行整车传力路径重新分配优化；搭载应用线控底盘系统，支持高级别自动驾驶需求；采用乘员舱、动力蓄电池、驱动系统一体化集成热管理系统，通过智能热管理技术的应用不断提升电动汽车环境适应性；应用多种轻量化技术手段，包括钢铝耦合车身、全铝车身、铝制底盘结构件、镁铝合金轮毂等。乘用车底盘设计方面，出现了新的底盘形态（图 1-24），如特斯拉的前单电机、后双电机的布置，智己的后轮转向系统、清华大学的城市共享汽车底盘，PIX、悠跑、Rivian 等推出的滑板式底盘等，这是电驱动技术与智能化技术融合的新趋势。长城汽车 2021 年发布的智慧线控底盘，包含线控转向、线控制动、线控悬架、线控加速 / 换档，支持 L4 级及以上等级的自动驾驶，核心部件全部自主研发设计，实现从汽车"制造"迈向汽车"智造"。

a）特斯拉Model S Plaid：
前单电机，后双电机

b）智己L7：双向12°后轮
转向系统

c）清华大学：城市共享
汽车底盘

d）PIX Moving：滑板式底盘

e）悠跑科技：滑板式底盘

f）长城：汽车智慧线控底盘

图 1-24 乘用车底盘的新形态

3. 底盘控制软件集成化

新能源汽车智能化发展将大幅增加汽车所需的计算能力，而传统的电子系统架构难以满足未来的需求。一是智能汽车 ADAS 功能越来越复杂，所需 MCU 数量迅速增长，单车平均 MCU 个数已经从不足十个发展至上百个；二是先进的智能汽车代码量已达 2 亿行，据预测，未来 L5 级自动驾驶的智能汽车软件代码量将突破 10 亿行；三是实现 L2 级以上自动驾驶能力将导致车用传感器数量大幅增长，对海量数据的安全性及计算速度也有更高的要求。所以随着高算力芯片的发展，高度集成化的控制器为解决该问题提供了思路。

除了底盘平台化的探索，控制软件集成化同样是极其重要的技术发展方向。目前提供底盘协同控制方案的厂商包括博世、采埃孚、大陆等国际零部件巨头企业和保时捷等一些豪华汽车生产商，他们从 20 世纪 90 年代起已经开始研发，在底盘控制领域具有丰富的技术积累。而我国一些自主整车企业和零部件供应商从 2000 年才开始进行底盘协同控制的研发，目前尚处于发展的早期阶段，与博世等国际巨头仍存在很大差距。下面具体介绍国外厂商产品情况，主要包括博世集成式车辆动态控制（IVC）系统、采埃孚 cubiX® 底盘一体化控制器和保时捷 4D 底盘控制系统。

博世集成式车辆动态控制系统可集成制动、后轮转向、矢量电机等，车辆低速时后轮反向转向，缩短转弯半径；车辆高速时后轮同向转向，提升车辆的稳定性。采埃孚 cubiX® 底盘一体化控制器作为车辆运动控制的中央协调器，会将接收到的上层控制目标进行分解，通过内部的车辆运动控制算法分解出各个底盘执行器的控制指令，如目标后轮转角、目标制动、驱动力等，进而综合利用各个执行器实现期望的车辆运动目标（图 1-25）。保时捷 4D 底盘控制系统则从三个维度（纵向、横向和垂向）集中分析当前行驶条件，从而计算出有关行驶条件的最佳信息，并持续实时反馈给所有底盘系统部件，这就是底盘控制的第四维度，这使得各个系统能够共同提前对行驶条件做出反应。

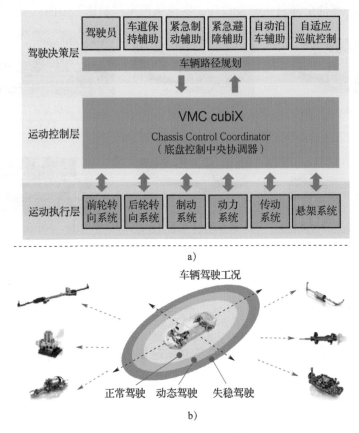

图 1-25　采埃孚 cubiX 底盘

开发体系方面，全栈开发底盘是重要的一环。华为提出 HI 全栈智能汽车解决方案，包含一个全新的计算与通信架构，智能驾驶、智能座舱、智能电动、智能网联和智能车云五大系统，以及激光雷达等全套的智能化部件。百度研发了涵盖自动驾驶、车路协同、高效城市的全栈式智能交通解决方案。经纬恒润打造了包含环境感知、决策规划、控制执行、系统集成的智能驾驶全栈式解决方案。整车企业中，上汽、长城、蔚来、一汽解放也在全栈开发方面有所布局和行动。可以看到，现阶段，多元化优势企业的集聚为底盘系统和零部件发展提供了新机遇。

4. 智能化发展新趋势

在底盘平台从电动化到智能化的变革中，不同阶段的整车模块化架构对底盘的需求有所不同，底盘产业的变革趋势将逐渐向着高安全可靠、驾乘舒适和长续驶里程的方向发展。电动化对底盘的需求在于制动系统可以不依赖于发动机真空源的助力，提高了能量回收效率、提升了制动性能和舒适性。智能化对底盘执行的需求可不完全依赖人力的主动制动／转向／加速，但由于有系统控制，对功能安全的要求特别高，一方面要做到安全冗余备份，另一方面要求失效率低，且切换至失效模式的时间要短。

现阶段自动驾驶系统更多是在感知和决策层进行研究，让汽车能看得远，但在走得稳方面仍有欠缺。其关键技术点在于底盘域与自动驾驶域的冗余交互，这对底盘提出了新的要求，即在 L3 级及以上等级自动驾驶时系统应满足失效运行模式，此时需要第二套冗余系统的接管。另外一个方向是底盘域控制器是否应集成自动驾驶最小系统，当自动驾驶域出现问题后，底盘域仍可接管并承担一定的功能，确保行车安全。除此之外，目前有些整车企业在动力和底盘控制方面进行研究，共同构成了动力底盘域控制器，感知驾驶员转向输入以及加速度和减速度输入信息定义目标六自由度车辆运动，然后连续计算重心处的六分力，以实现该目标，如图 1-26 所示。

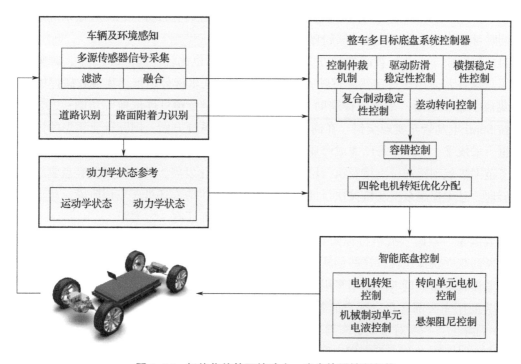

图 1-26　智能化趋势下的动力、底盘协同控制架构

2.2　商用车底盘发展趋势

商用车是支撑我国交通运输能力的重要保障。我国的公路、铁路运输量排名世界第一，每年客运人数为 1000 亿人次，货运量为 380 亿 t，而车辆运输在客运及货运中占据主导地位，占比分别为 99% 及 84%；同时，车辆行业也是确保我国能源安全和能源转型战略目标落地的重要保障。众所周知，我国石油资源紧张，对外依存度超过 70%。据统计，我国 48% 左右的石油用于道路交通，而在道路交通中商用车行业的石油消耗远高于乘用车行业。目前商用车行业面临工业革命 4.0 叠加能源革命 3.0 的新形势，排放减碳、运输提效倒逼商用车向电动化、智能化、网联化和低碳化转型，这也成为商用车行业技术变革的推动力，引发了整个商用车产业链的调整与重构，包括商业模式、产业价值链及技术创新链的调整与重构。

随着商用车电动化和智能化的发展，智能驾驶对底盘系统提出了新的要求，需要底盘系统能够在不完全依赖人力的情况下实现车辆的主动制动、转向、驱动，并要求底盘系统具备冗余备份、容错控制的能力。智能化的线控底盘主要由线控转向、线控制动、线控驱动、智能悬架及线控换档五大系统组成，取消了大量的机械连接装置及液压 / 气压等辅助装置，并能够实时识别车辆的运行状态及工况，通过电子电控技术将控制信号输出至底盘相关执行机构，实现对整车的控制，满足用户对整车安全性和舒适性的要求。基于上述特点，整车企业及系统供应商均提出了满足智能驾驶需求且具有自身特色的底盘系统解决方案，同时对于底盘系统特性及发展趋势达成了初步共识。

目前国际整车企业在智能驾驶方面起步较早，发展也比较迅速。2015 年，奔驰公司获得了全球首张商用车自动驾驶行驶牌照；2017 年，沃尔沃公司推出集成式碰撞缓解系统，集成了紧急制动、车道保持辅助、驾驶员疲劳预警及预见性巡航等功能；2022 年，特斯拉 Semi 电动货车实现交付。在商用车底盘的关键系统方面，国际行业领先的供应商如博世、采埃孚、克诺尔等已完成产业布局。他们通过兼并、收购及战略合作等方式，使其业务范围扩展到感知、决策及执行层面，实现了规模化发展，其产品涵盖底盘驱动、制动、转向、悬架控制系统及机械执行部件。而国内自主供应商还处于发展阶段，与上述国际一流供应商相比，在产品功能、性能、覆盖范围等方面还有一定差距。

随着国家"双碳"战略目标的具体化及逐步落地，再加上"新四化"相关领域的新技术不断涌现并快速迭代，这些创新科技重塑了商用车行业的发展道路，改变了物流及客运的商业模式。从最近 5 年商用车用户变化趋势的分析结果来看，大客户、中小车队客户逐渐成为商用车头部客户，客户的关注点从一次性购车成本降低转变为全生命周期成本（TOC）的降低。一项对重型货车驾驶员的调查数据显示，人为因素导致的商用车事故比例高达 73%，而燃油与人工费用占商用车整车 TOC 的 40% 以上，这也说明了商用车未来的技术高地是解决安全、节能低碳及舒适性方面的问题，这也给商用车行业提供了足够的动力发展辅助驾驶及高级别自动驾驶技术，促使底盘技术革新，提升自动驾驶对终端用户营运场景的覆盖度，推动商用车底盘由传统底盘系统向智能化方向发展。底盘执行器的执行方式从机械式向电子化、电气化方向不断发展，底盘的控制执行方式正在发生根本性的改变，更加趋向于使用弱电信号控制强电器件，使控制变得更加灵敏和准确，有助于提升智能驾驶车辆行驶的精准性、安全性和舒适性。

国家发展和改革委员会于 2020 年发布的《智能汽车创新发展战略》中提出，到 2025 年，我国要实现有条件自动驾驶的智能汽车达到规模化生产。各地也积极出台地方政策，加快测试示范基地的建设，推动汽车工业升级，加快智能网联汽车发展，全国已经批准成立超过 30 个测试示范区。国家也在大力推动商用车驾驶辅助系统的强制装配，通过法规明确要求"两客一危"车辆强制性安装部分驾驶辅助系统，推动商用车在安全、能耗、运输效率等方面进行持续改善。商用车大客户的车队运营特性使得商用车智能化存在少人及无人多重发展模式，也促使车队运营平台管理、调度等新的商业模式诞生，在矿山、港口、工业园区等工作轨迹固定、场景较为封闭的特定区域实现无人化、智能化改造，使得无人驾驶提前落地，目前已在多个区域成功试运营。

　　从目前底盘的发展趋势来看，底盘系统及部件正在向高度集成化方向发展，集成系统的功能可覆盖驱动、转向、制动及悬架功能，实现横、纵、垂向融合控制，保证紧急状态下底盘行驶姿态的安全，支撑安全性能提升的同时实现底盘 TOC 大幅度降低。以商用车车辆编队行驶为例，高速公路场景中，如果两辆车以 12m 的间距行驶，第一辆车的风阻系数会降低 18.9% 左右，第二辆车的风阻系数更是会降低 75% 左右，综合计算平均每辆车节能超过 10%；三辆车在高速公路场景中编队行驶时，每辆车的平均能耗为单车行驶的 75%，节能效率可达 25% 左右。基于车队管理的车辆编队行驶技术能够显著降低高速场景的车辆能耗，同时通过少人化、无人化节省人员费用，这些费用的降低可以抵消智能化所带来的成本提升，这也成为智能驾驶将在商用车特定场景中优先落地及"新四化"将在商用车领域快速发展等行业共识的基础。

第 2 章
智能底盘的技术范围
及基本属性

1 智能底盘的定义及技术范围

1.1 智能底盘的定义

　　智能底盘是为自动驾驶系统、座舱系统、动力系统提供承载平台，具备感知、预判和控制车轮与地面间相互作用、管理自身运行状态的能力，具体实现车辆智能行驶任务的系统，如图 2-1 所示。智能底盘域集成自动驾驶最小系统及相应通信系统，具备与自动驾驶系统交互极端动力学控制边界的能力，当自动驾驶域出现问题后，底盘域与自动驾驶系统交互协商各自的故障降级处理模式，可接管并承担一定的功能，确保行车安全。智能底盘域所能提供的车辆稳定性控制应同时支持自动驾驶域和手动驾驶域，并在以上二者切换的过程中承担平滑过渡责任。

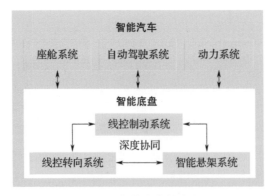

图 2-1　智能底盘的定义

1.2 乘用车智能底盘的技术范围

　　传统底盘是制动、转向、悬架和行驶系统的集合体，传统底盘中的传感器主要用于获取振动、温度、速度等物理量并依此进行简单的闭环控制。智能底盘则是对各传感器采集物理量进行融合分析并以此对系统进行精准调控，从而具备对地面状态的感知能力和极限工况下对自身行驶与控制状态的感知能力。通过智能底盘线控系统，可实现对底盘域的综合协调控制、失效运行控制等。智能底盘与智能座舱、自动驾驶系统、动力系统构成了智能汽车，智能底盘通过接收自动驾驶系统的路径规划信息，结合环境信息，计算车辆极限，并对横向和纵向控制进行优化。

传统底盘主动安全执行机构（制动系统、驱动系统、转向系统、悬架）成为现代车辆必不可少的组成部分。随着越来越多不同类型的主动安全执行系统在汽车上得到应用，且不同方向的电子控制系统往往是围绕着其控制方向的某一个或几个指标进行提升，所以不同方向的电子控制系统同时作用时，将在相互影响和耦合作用下由于控制目标不同而引发冲突。如轮胎的摩擦圆是一定的，但不同方向的轮胎受力却会彼此影响。因此如何避免控制系统间的冲突，并且合理利用轮胎在不同方向所受力的耦合关系，进而实现整车性能的提升是智能底盘与传统底盘的区别点。

随着电子技术、车联网和无人驾驶技术的高速发展，智能底盘域分层式协调控制可通过网络通信的方式实现信息共享和交互，同时也可保证各个底盘电子控制系统的独立性，在一定程度上可以做到多个系统的协调控制。智能底盘集成了底盘域控制和线控执行系统，它的发展具备线控执行系统标准化和底盘运算控制平台化两大趋势，对于这两大趋势而言，它具备了完整的模块化结构方案，有比较清晰的 E/E 架构，因此作为线控转向、线控制动、线控驱动及线控转向四大线控系统而言可以提供模块化的方案；在智能底盘发展过程中出现了底盘域控制技术，这使独立移动底盘成为可能，可以根据客户要求进行智能生态座舱安装；底盘域控制运算平台大，为软件集成运算提供了可能，它具备了成熟的软件架构，同时也具备了更多的软、硬件资源。故，智能底盘是一个模块化方案，是智能生态的承载平台，同时也是一个更大的软件运算平台。因此智能底盘的研究范围包括电驱动、制动、转向和悬架。

智能底盘可以包含以下功能：

1）具备针对不同个性化驾乘风格的智能调节能力，针对正常、越野、极限等工况自适应实现纵、横、垂向的协同控制，保障驾乘人员的舒适性，满足用户的个性化需求。

2）具备底盘安全运动状态预测与安全边界计算的能力，能够在极端工况下实现最小闭环最快闭环的底盘动力学智能控制，并实现对现有动力学控制安全边界的拓展。

3）底盘域控制器集成自动驾驶最小系统及相应的通信系统，并具备与自动驾驶系统交互极端动力学控制边界的能力，当自动驾驶域出现问题后，底盘域控制器与自动驾驶系统交互协商各自的故障降级处理模式，可接管并承担一定的功能，确保行车安全。

4）自动驾驶域与手动驾驶域是平行关系，底盘域则覆盖以上两个领域。底盘域控制器所能提供的车辆稳定性控制应该同时支持以上两者，并在两者切换的过程中承担平滑过渡责任。

5）具备底盘关键部件失效后保持运行的能力，在底盘主控制系统、部件、网络故障时冗余部分仍能按照预期目标进行运动控制。

6）具备抵御对底盘域的典型网络攻击的能力，特别是在紧急情况下可实现对车辆的"隔离"控制和安全接管。

7）具备对底盘执行系统、零部件等异常状态或异响的智能感知能力，实现替代驾驶员对底盘健康状态的智能感知与管理。

1.3 商用车智能底盘的技术范围

汽车智能化的本质是汽车作为交通工具和工业产品从机械化，到电气化，到信息化，再到智能化的发展和升级。在智能化阶段，汽车搭载先进的传感器、控制器、执行器等零部件，通过车载传感系统和信息终端实现与人、车、路等之间的智能信息交换（V2X），使车辆具备智能环境感知、决策和执行能力。智能底盘承担车辆中的"控制执行"部分，其主要职责为接受智能驾驶系统的指令，控制车辆按照人的意愿到达目的地，最终实现替代人来操作的目的。智能交通场景如图 2-2 所示。

图 2-2 智能交通场景

从产品维度来看，智能底盘的核心职责为精准执行控制指令，通过底盘线控技术将驾驶员的操纵命令转换成电信号，实现电控系统和驾驶员之间的机械接口解耦，可更加灵活地对底盘系统特性进行调节。同时，在系统、软硬件上具备通信冗余、低压电源冗余、感知冗余、主控制器冗余等设计，且遵循功能安全和信息安全的设计流程，确保在自动驾驶模式下底盘总体安全可靠，以实现与上层感知和决策的高度协同，并具备故障模式下的降级或安全接管，从而保证底盘的承载与行驶功能安全可靠。从面向功能的开发转为面向需求服务的开发，智能底盘产生新的域控制架构，其将核心控制功能集中于域控制器内，能够实现对线控制动、线控转向、智能悬架等各个子系统进行深度协同控制，响应精准且快速，打破各个子系统之间功能简单叠加形成的壁垒；同时，具有强大的硬件计算能力和丰富的软件接口，可以实现软硬件解耦以及功能与硬件解耦，有利于支持 OTA 升级，从而实现核心算法的快速迭代和优化。

从技术发展维度来看，随着技术的发展及融合，智能底盘的功能边界会逐渐扩展，尤其在商用车领域，滑板式底盘等产品路线的诞生及推广，可通过交互及保留最小智能驾驶系统功能，实现底盘与 X（车、路、人、云等）的智能信息交换、共享。智能底盘具备复杂环境感知、智能决策、协同控制等功能，拓展了识别车辆行驶中的安全及危险状态的能力。智能底盘在行驶过程中通过纵向、横向和垂向控制系统的协同控制使智能商用车可以按照规划路径安全行驶，且在行驶过程中，能够结合不同工况进行能量回收，实现低碳节能。智能底盘将成为新的移动终端，可将人、车、路、信息等融为一体，促进无人驾驶成为现实。随着辅助驾驶系统的日益普及和自动驾驶系统的逐步落地，传统动力系统升级为三电系统，商用车底盘系统上传统的机械零部件得到简化，电控程度越来越高，由此衍生出越来越丰富的商用车智能化应用场景。

从产业链维度来看，底盘智能化还包含以底盘核心系统及关键部件研发和生产制造过程为主的汽车产业链自主开发及智能化制造能力，即对研发设计、生产制造、销售使用、出行服务、回收利用等产业链条各主要核心环节的自主掌控及智能化制造水平。核心系统及部件的自主开发及掌控水平代表了我国智能底盘产业的整体水平，其制造生产线的智能化水平将显著影响汽车产品生产制造的经济性和一致性。底盘智能化还涉及汽车产品、产业相关的材料、能源、交通、城市及基础设施等各领域的智能化，各领域智能化水平将不同程度地影响到智能底盘产品和智能底盘产业链的整体水平，是底盘智能化的重要组成部分。

底盘智能化后，其传统的承载、行驶两大基础功能仍得到保留。在承载功能上，智能底盘可为智能驾驶系统、智能座舱系统和动力系统提供承载平台。在行驶功能上，智能底盘需具备在驾驶员不介入的情况下对底层执行机构的主动控制能力；同时，当车辆行驶环境、道路条件发生变化时，智能底盘应具备对车轮和路面间的相互作用感知、预判和控制的能力。智能底盘系统的行驶功能更多的是针对智能驾驶系统，是智能驾驶功能在车辆上实现的具体执行系统。在智能驾驶汽车中，车辆接收到智能驾驶任务时，依照决策规划算法计算出到达终点的最优路径，同时对接收到的传感器感知信息进行融合分析，分辨周围环境，并通过 V2X 技术了解路端状态，线控底盘在行驶过程中通过横向和纵向控制系统的配合使智能汽车可按规划路径安全行驶，且汽车在行驶过程中可实现加减速、车距保持、换道、超车、驻车等基本功能。

智能底盘路线图主要针对可满足智能驾驶功能的相关智能底盘系统核心技术进行综述。路线图的框架以智能底盘总体目标为牵引、底盘系统技术路径为主体支撑。技术路径从底盘系统架构、技术实现路径、底盘系统总体关键指标等维度进行论述。底盘系统架构中包括制动系统、转向系统和悬架；关键指标涵盖整车级、系统级和核心部件级。技术实现路径主要论述了场景分析、底盘控制技术、功能安全及失效模式应对等细节内容。

新能源商用车的驱动构型技术路线繁多，从整车应用场景的需求及各技术路线特点来看，未来相当长时间内各技术路线将保持共存状态，故在路线图中不对新能源商用车各种技术路线的驱动系统构型展开详细论述。同时，商用车型谱构成复杂，包含微、轻、中、重系列，每个系列又可分为载货、牵引、自卸、专用、客车和特种车等品系，智能底盘路线图在实现覆盖大多数商用车类型的同时，也将聚焦于路线图本身所需展示的内容，因此路线图主要探讨满足 GB 12676—2014《商用车辆和挂车制动系统技术要求及试验方法》及 GB 17675—2021《汽车转向系　基本要求》等国家标准要求的商用车底盘。

2　智能底盘的基本属性

智能底盘的三大属性是安全、体验和低碳，如图 2-3 所示。

图 2-3　智能底盘的基本属性

智能底盘的第一个属性是安全。安全属性主要分为主被动一体化安全、功能安全、预期功能安全及信息安全四部分。底盘的智能化拓展了主被动安全控制的边界，提升了其主被动安全性能；功能安全包括系统失效后冗余系统的切换性能和功能安全水平；预期功能安全是规避由功能不足或可合理预见的人员误用所导致的危害和风险的功能；信息安全则关注采取措施防御未经授权的访问和操纵，保证底盘安全运行。

智能底盘的第二个属性是体验。用户对智能汽车的体验感十分重视，而底盘是决定驾乘体验的重要部分。智能底盘可从三方面提升驾乘体验：第一是通过车控协同提升驾乘体验，促进纵、横、垂向协同动力学控制与智能驾驶协同优化，提升驾乘舒适性；第二是提供自迭代的个性化驾乘体验，收集与识别个性化驾乘数据，通过人车交互与自学习迭代，提供符合驾乘人员心理预期的驾乘体验；第三是通过数据驱动专业驾乘体验，基于对专业驾驶员的行为数据分析，提供专业驾驶服务，提升驾乘乐趣。

智能底盘的第三个属性是低碳。智能底盘应提供更低能耗的行驶表现。此外，由于底盘智能化后，引入了包括线控制动、转向、悬架中的电动单元等在内的耗能装置、域控制器计算平台以及传感部件，因此底盘自身的能耗应尽量降低。

第 3 章
智能底盘总体路线图

1 路线图总体思路及组织分工

1.1 路线图总体思路

汽车产业正在进行电动化、智能化、数字化的转型与升级，聚焦到汽车不可或缺的底盘，其正迎来从传统底盘到电动底盘，再到智能底盘的技术变革。智能底盘成为汽车电动化、智能化转型的融合载体，是汽车智能驾驶落地的基础，更与智能汽车安全、可靠行驶、减排降碳等要求息息相关。

本路线图在制订过程中基于产业链自主可控的总目标，采取跟随发展和赶超发展结合、部件与底盘融合、乘用车与商用车并举的总体思路，发挥整个行业的力量，通过充分沟通与交流，共同完成智能底盘路线图的编制。

1.2 路线图组织分工

本路线图的研究编制依托于中国汽车工程学会成立的线控制动与底盘智能控制工作组，50 余家单位、160 多位专家参与其中，图 3-1 为智能底盘路线图编制的组织分工。

本路线图的研究编制按照两纵四横的理念设六个工作组：

两纵是乘用车智能底盘工作组和商用车智能底盘工作组，分别由比亚迪和一汽解放牵头，负责乘用车和商用车智能底盘的冗余域控制架构、综合协同控制、失效模式与安全机制以及失效运行控制方面路线图的研究编制。

四横是线控制动系统工作组、线控转向系统工作组、开发与测试平台工作组和标准规范工作组。其中，线控制动组由清华大学牵头，负责线控液压制动、线控气压制动和EMB 的系统冗余设计、系统集成优化、精准快速控制和故障检测重构方面路线图的研究编制；线控转向组由蜂巢智能转向牵头，负责乘用车线控转向、商用车线控转向的系统冗余设计、系统集成优化、精准快速控制和故障检测重构方面路线图的研究编制；开发与测试平台组由清华大学牵头，负责设计 / 建模 / 仿真 / 测评工具链、台架道路测试与评价体系方面路线图的研究编制；标准规范组由经纬恒润牵头，负责协同控制接口、冗余性能要求、测试评价规范方面路线图的研究编制。其中，乘用车智能底盘组和商用车智能底盘组还要发挥统领的作用。

乘用车智能底盘工作组	商用车智能底盘工作组
比亚迪、奇瑞、长城、东风、瑞立科密、经纬恒润、浙江亚太、蜂巢智能转向、一汽、万向钱潮、北京航空航天大学、中汽中心、合肥工业大学、清华大学、国汽智联、长安、宁德时代、上汽乘用车、经纬达	一汽解放、同济大学、北京理工大学、比亚迪、宇通、浙江万安、蜂巢智能转向、合肥工业大学、瑞立科密、万向钱潮、深圳技术大学、长安新能源、北京航空航天大学、清华大学、北汽福田、吉利商用车

线控制动系统工作组

清华大学、浙江万安、长城、浙江亚太、瑞立科密、拿森、北京航空航天大学、长安新能源、蜂巢智能转向、万向钱潮、比亚迪、北汽新能源、江铃、一汽、中国汽研、精诚工科、北汽福田、宁德时代、上汽乘用车、经纬达、吉利商用车

线控转向系统工作组

蜂巢智能转向、清华大学、吉林大学、吉利汽车、北汽新能源、北京航空航天大学、合肥工业大学、经纬恒润、一汽、江铃、万向钱潮、长城、一汽解放、比亚迪、北京理工大学、北汽福田、宁德时代、上汽乘用车、吉利商用车

开发与测试平台工作组

清华大学、华为、中科院电工所、北京航空航天大学、万向钱潮、一汽解放、合肥工业大学、比亚迪、中汽中心、蜂巢智能转向、经纬恒润、中国汽研、一汽、航迹、宁德时代

标准规范工作组

经纬恒润、中国汽车技术研究中心、比亚迪、中国汽车工程研究院、中科院电工所、一汽解放、清华大学、浙江亚太、万向钱潮、弗迪动力、北京航空航天大学、合肥工业大学、蜂巢智能转向、百度智行、长安、航迹、宁德时代、厦门金龙

图 3-1　智能底盘路线图编制的组织分工

2　总体目标及关键节点

2.1　总体目标

自主智能底盘发展 2025 年和 2030 年总体目标如图 3-2 所示。

2025年	• 装载自主品牌线控制动、线控转向的智能底盘在有行业影响力的企业实现批量应用 • 智能底盘关键技术指标达到国际先进水平 • 关键部件产业链实现自主可控
2030年	• 拥有自主智能底盘和线控执行系统的整车和零部件企业初步形成品牌效应 • 智能底盘总体达到国际先进、关键技术指标达到国际领先水平 • 智能底盘形成完整的自主可控产业链 • 培育有国际竞争力的企业

图 3-2　自主智能底盘 2025 年和 2030 年总体目标

1．2025年目标

1）装载自主品牌线控制动、线控转向的智能底盘在有行业影响力的企业实现批量应用。

2）智能底盘关键技术指标达到国际先进水平。

3）关键部件产业链实现自主可控。

2．2030年目标

1）拥有自主智能底盘和线控执行系统的整车和零部件企业初步形成品牌效应。
2）智能底盘总体达到国际先进、关键技术指标达到国际领先水平。
3）智能底盘形成完整的自主可控产业链。
4）培育有国际竞争力的企业。

2.2　乘用车智能底盘发展关键节点

乘用车智能底盘发展的关键节点需要包括底盘系统的智能化和线控化。底盘系统的智能化指的是接收自动驾驶系统的信号，自动操控车轮，实现转向、制动和悬架控制，对车辆的横向、纵向和垂向三向协同控制。底盘系统的线控化以线控转向、线控制动和主动悬架为主，如图 3-3 所示。智能线控底盘需要具备手动操控和自动驾驶模式，既要兼顾驾驶员的操控体验，又要兼顾自动驾驶的功能。

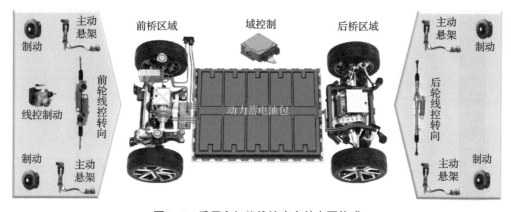

图 3-3　乘用车智能线控底盘的主要构成

线控转向系统包括前轮线控转向、后轮线控转向、手感模拟单元以及相应的冗余控制；线控制动系统包括了 "Two-box" "One-box" 和 EMB 等方案，以及相应的冗余控制和解耦技术；主动悬架包括 CDC 减振器、空气弹簧、纯电动主动悬架、纯液压主动悬架。智能线控底盘以执行机构线控化为基础，实现纵、横、垂（X、Y、Z）三向协同控制，达到高安全性、高舒适性、高能效比目标。

如图 3-4 所示，自主乘用车智能底盘发展的关键技术时间节点为 2025 年和 2030 年。

到 2025 年应实现以下几个方面的目标。

1）产品目标：实现单电机驱动、前后桥双电机驱动、三电机驱动和四电机驱动构型的应用。ESC、eBooster、冗余 EPS、RWS、DAS、IBS、RBU、EMB 等实现国产化，支持 OTA、底盘信号集中域控、执行器冗余备份。实现国产化多腔气囊和连续阻尼可变减振器的批量应用，产品达到批量装车水平。

2025年

2030年

产品目标

2025年：
- 实现单电机驱动、前后桥双电机驱动和三电机驱动的构型应用
- ESC、eBooster、冗余EPS、RWS、DAS、IBS、RBU、EMB等实现国产化，支持OTA，底盘信号集中域控，执行器冗余备份，产品达到批量装车水平
- 实现国产化多腔气囊和连续阻尼可变减振器的批量应用，产品达到批量装车水平

2030年：
- 高度集成化轮端驱动构型（轮毂电机），智能轮胎技术应用
- 支持OTA，底盘信号集中域控制，执行器冗余备份，主干网络通信速率大幅提升，构建网络安全体系、电气系统架构国产化，产业链生态完善
- 主动悬架实现国产化，产品

技术目标

2025年：
- 实现X、Y方向的智能底盘一体化控制
- 实现驱动、制动一体化底盘域控制架构，系统协同控制功能
- 实现双向协同控制的智能底盘硬件架构和底盘域控制器软件架构
- 突破多电机参与智能底盘线控子系统的架构

2030年：
- 实现X、Y、Z方向的智能底盘一体化控制
- 实现四轮驱动汽车底盘的高度集成化控制，底盘域控制器可实现底盘基础控制功能上移，支持软件定义底盘、OTA升级等
- 实现三向协同控制的智能底盘硬件架构和底盘域控制器软件，智能底盘具备自学习、自适应和主动控制的能力
- 多电机参与智能底盘线控子系统的架构，实现软件自主可控和量产

企业目标

2025年：
- 智能盘关键性能达到国际领先水平，关键、核心零部件、制造装备国产化
- 实现智能底盘的集成化、平台化设计，形成以底盘域控制为核心的智能底盘技术，关键技术指标达到国际领先水平

2030年：
- 智能底盘关键性能整体达到国际领先水平，关键、核心零部件制造、测试装备与开发工具国产化
- 成熟的智能底盘产业链

市场目标

2025年：
- 智能底盘大规模在整车上装配，培育有国际竞争力的企业

2030年：
- 中国方案的智能底盘在全球更加完善

图3-4 乘用车智能底盘关键技术时间节点

2）技术目标：实现 X、Y 方向的智能底盘一体化控制；实现驱动、制动一体化底盘域控制架构、系统协同控制功能；实现双向协同控制的智能底盘硬件架构和底盘域控制器软件；突破多电机参与智能底盘线控子系统的架构。

3）企业目标：智能底盘关键性能达到国际领先水平，关键、核心零部件、制造装备国产化；实现智能底盘的集成化、平台化设计，形成以底盘域控制为核心的智能底盘技术，关键技术指标达到国际领先水平。

4）市场目标：智能底盘大规模在整车上装配，培育有国际竞争力的企业。

到 2030 年应实现以下几个方面的目标。

1）产业目标：高度集成化轮端驱动构型（轮毂电机）、智能轮胎技术应用；支持 OTA、底盘信号集中域控、执行器冗余备份、主干网络通信速率大幅提升、构建网络安全体系、电气系统架构；主动悬架国产化，产业链生态完善。

2）技术目标：实现 X、Y、Z 方向的智能底盘一体化控制；实现四轮驱动汽车底盘的高度集成化控制，底盘域控制器可实现底盘基础控制功能上移，支持软件定义底盘、OTA 升级等；实现三向协同控制的智能底盘硬件架构和底盘域控制器软件，智能底盘具备自学习、自适应和主动控制的能力；多电机参与智能底盘线控子系统的架构，实现软硬件自主可控和量产。

3）企业目标：智能底盘关键性能整体达到国际领先水平，关键、核心零部件制造、测试装备与开发工具国产化；成熟的智能底盘产业链。

4）市场目标：中国方案的智能底盘在全球更加完善。

2.3　商用车智能底盘发展关键节点

商用车高级别自动驾驶需要智能驾驶系统对汽车底盘进行高精度和高稳定性的控制，智能底盘是实现商用车整车智能驾驶的最优方案。

为了全方位描述商用车智能底盘的技术发展路线，商用车智能底盘技术路线图分别基于产品、技术、企业、市场和产业链五个维度阐述了未来商用车智能底盘发展的关键技术时间节点及目标，如图 3-5 所示。

到 2025 年左右，L4 级商用车自动驾驶技术将在封闭场景实现规模化应用。

1）产品目标：商用车智能底盘产品能够覆盖低速和封闭营运场景，并率先实现部分场景无人驾驶技术落地，同时整车 TCO 降低 10%。

2）技术目标：商用车底盘控制架构从分布式控制架构过渡到底盘域控，底盘系统多传感器底盘系统动力学控制能够实现横、纵方向融合控制；底盘控制系统在单点故障后通过失效功能降级来应对，控制系统能够实现软件硬件分离。

3）企业目标：商用车智能底盘中，自主品牌的核心部件及子系统在国内的商用车行业占据主导地位。

4）市场目标：在整个商用车行业，装备有智能底盘的商用车市场占有率达到 30%。

5）产业链目标：商用车智能底盘的关键部件及核心子系统形成自主可控的产业链。

	2025年	2030年
产品目标	· 覆盖低速、封闭营运场景 · 实现部分无人驾驶技术落地 · TCO降低10%	· 覆盖高速、开放营运场景 · 实现高度无人驾驶 · TCO降低40%
技术目标	· 从分布式控制架构过渡到底盘域控 · 底盘多传感器 · 横、纵向融合控制 · 单点故障，失效功能降级 · 软硬件分离	· 底盘域控 · 底盘多传感器信息融合 · 底盘横、纵、垂向融合控制 · 失效全功能冗余 · OTA实现控制软件升级及功能扩展
企业目标	· 智能底盘中，自主品牌的核心部件及子系统占据主导地位	· 智能底盘中，自主供应商具备国际领导性品牌影响力
市场目标	· 装备智能底盘的商用车市场占有率达到30%	· 装备智能底盘的商用车市场占有率达到60%
产业链目标	· 关键部件及核心子系统形成自主可控的产业链	· 关键部件及底层系统形成完整的自主产业链

图3-5 商用车智能底盘关键技术时间节点

到2030年左右，L4级自动驾驶技术将在开放场景实现规模化应用。

1）产品目标：商用车智能底盘产品能够覆盖高速、开放运营场景，实现高度无人驾驶，同时整车TCO降低40%。

2）技术目标：商用车底盘控制架构实现底盘域控；底盘控制系统能够进行多传感器信息融合，并对横、纵、垂三方向进行协同融合控制；底盘控制系统能够实现失效全功能冗余；支持通过OTA实现控制软件升级及功能扩展。

3）企业目标：在商用车智能底盘中，自主供应商具备国际领导性品牌影响力。

4）市场目标：在整个商用车行业，装备有智能底盘的商用车市场占有率达到60%。

5）产业链目标：商用车智能底盘关键部件及底层系统形成完整的自主产业链。

第2部分

乘用车智能底盘

PART 02

第 4 章
乘用车智能底盘技术路线图

1 智能底盘发展愿景及总体目标

1.1 智能底盘发展愿景

智能底盘将全方位拓展汽车行驶安全性边界，构建更加全面的安全体系，最终实现零交通事故的目标。

智能底盘将实现纵、横、垂向一体化控制。一方面对汽车进行动态性能的精确调校和 NVH 的主动优化，在多种气候环境与复杂道路条件下都给驾乘人员带来安全随动的操控体验；另一方面与智能座舱共同实现汽车高级行驶品质，营造静宜舒适的出行氛围。

智能底盘将更加低碳环保。线控系统结合轻量化的整车物理结构、高效的动力系统、低摩擦阻力的运动部件、优化的制动能量回收控制等多项技术，将有效提升汽车出行低碳化水平，降低能耗和排放，建设绿色、环保、节能、和谐的汽车生态。

智能底盘将助力汽车产业与大数据、物联网、云计算等新技术的协同发展，驱动智能网联汽车在研发、生产、服务等环节的变革，实现汽车与绿色能源、智能交通、智慧城市深度融合的智能共享出行。

1.2 智能底盘总体目标

在我国汽车产业稳步前进的背景下，智能底盘将通过技术创新体系助力节能与新能源汽车以及智能网联汽车的发展。到 2025 年左右，智能底盘实现平台化，国内乘用车智能底盘的装配率达到 90%；装载自主品牌线控制动、线控转向的智能底盘产品实现大规模批量化应用；关键部件产业链实现自主可控；智能底盘的节能降耗贡献更加突出；到 2030 年左右，智能底盘实现模块化，国内乘用车实现智能底盘的普及，中国方案的智能底盘将更加完善；生产智能底盘和线控执行系统的中国整车和零部件企业初步形成品牌效应；关键核心技术自主化水平显著提升，关键指标达到国际领先水平，形成完整的自主可控产业链；智能底盘的节能效果进一步提升；涌现出一批具有国际竞争力的底盘零部件企业。

智能底盘作为汽车自动驾驶系统、座舱系统、动力系统的承载平台，具备管理自身运行状态并完成车辆智能行驶任务的能力。当前新能源汽车与智能网联汽车融合发展的需求对智能底盘的发展提出了更高的要求，由此确定智能底盘技术三个重点发展领域，即智能底盘构型技术、智能底盘控制技术、智能底盘冗余技术，如图 4-1 所示。

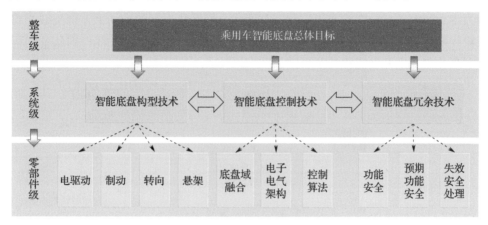

图 4-1　智能底盘的技术体系

智能底盘的发展与汽车低碳化、信息化、智能化的发展方向紧密关联，相互促进。整车的性能提高离不开核心零部件、关键系统以及相关基础设施技术的进步。智能底盘作为核心技术之一，其技术水平制约着新能源汽车与智能网联汽车的发展。同时，整车的性能需求也将带动核心零部件与系统的技术进步，从而实现整车与零部件、各系统相辅相成的技术创新。

1．智能底盘构型技术

如图 4-2 所示，智能底盘构型技术包含线控制动、线控转向、线控悬架等智能执行系统，其中线控制动与线控转向作为智能底盘的支撑技术，其技术进步和性能水平直接决定了智能底盘的整体性能。随着智能网联汽车应用场景的不断丰富，新形式的汽车结构与底盘构型设计将不断涌现，例如高集成化的轮端驱动系统、智能轮胎以及滑板式底盘等。

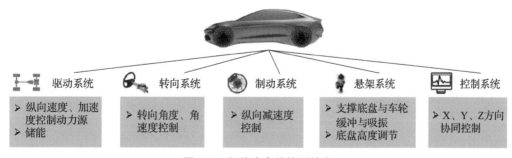

图 4-2　智能底盘的构型技术

2．智能底盘控制技术

如图 4-3 所示，伴随着汽车电子电气架构的发展，域集中架构、域融合架构以及车载计算机架构逐步开始应用，基于 SOA 的软件架构逐步成为主流；车内总线的传输速率不断提升，V2X 技术得到飞速发展，汽车广泛采用 OTA 方式升级软件；高级别自动驾驶要求线控系统做到足够的冗余设计。以上技术的发展都对智能底盘的控制系统提出了新的要求，底盘域控制技术、横、纵、垂向运动综合协同控制、智能底盘失效模式与安全机制等技术成为重点研究领域。在汽车电动化、智能化、网联化发展的推动下，整车的开发方式与开发流程随之发生变化。汽车产品深度数字化开发受到了更多的关注，因此要创新性研究智能底盘控制先进开发流程与工具链。

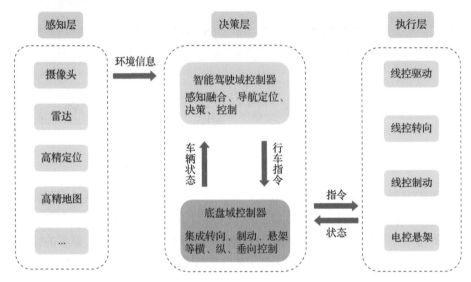

图 4-3 智能底盘域与智能驾驶域的交互

随着自动驾驶技术的发展，未来汽车将基于视觉输入规划车辆行驶路径，选择驾驶风格并进行多系统配合协同控制（图 4-4），基于雷达、摄像头的感知和中央控制单元的决策，覆盖车辆横、纵、垂三个方向的动态控制，通过执行机构的快速响应和精准执行，带给用户全新的驾驶体验。

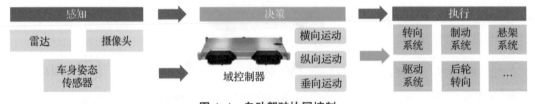

图 4-4 自动驾驶协同控制

智能底盘将融合 ADAS 传感器信息，实现车、路、云协调控制（图 4-5），提升车辆安全性。例如当车辆突遇前方事故时，摄像头会提前侦测路况，中央控制器做出决策，制动系统第一时间预紧，减少制动距离，同时激活线控转向与后轮转向，实现主动避障，使车辆更稳定、行驶更安全。

图 4-5　车、路、云协调控制

底盘系统可对路面信息进行精准判断，并可对驾驶路径进行规划（图 4-6a），通过识别车辆稳定区域（图 4-6b），协助自动驾驶系统完成路径规划。摄像头及感知系统负责识别路况和目标位置，结合底盘系统反馈的稳定区域信息，在安全区域内完成路径规划，并由智能底盘系统完成精准执行。

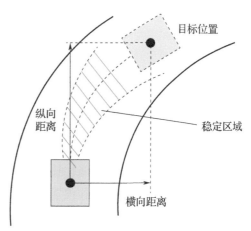

a）路径规划示意　　　　　　　b）稳定区域识别方式

图 4-6　智能底盘融合 ADAS 信息进行精准执行

3．智能底盘的冗余技术

目前汽车行业已经进入了一个新的时代，电动化和智能化是其中的两个主要的特征，这也是我国在汽车领域追赶甚至超越传统汽车强国的重要发力点。为了顺应这一发展趋势，对传统底盘就有了技术革命的要求，由传统底盘到智能底盘的发展过程将会加速。

底盘智能化后，虽然仍然继承了传统底盘的承载和行驶两大功能，但是由于电动化和智能化的要求，承载的对象和完成行驶的手段都发生了很大的改变。首先，电动化和智能化必然会大量地增加底盘的电气、电子和可编程电子（E/E/PE）的部件或子系统，这些部件或子系统的失效对整车构成危害的风险将越来越大；其次，汽车的智能化虽然将人从大部分的驾驶操作中解放出来，但是从另一方面来说，汽车本身需要承担原来由驾驶员执行的操作，整车的智能化需要承担更多与安全相关的任务，底盘部分也同样需要应对整车智能化所带来新的安全挑战。所以智能底盘的发展需要有安全相关的风险分析、安全开发及相应的评估准则或指南进行支撑，如图 4-7 所示。

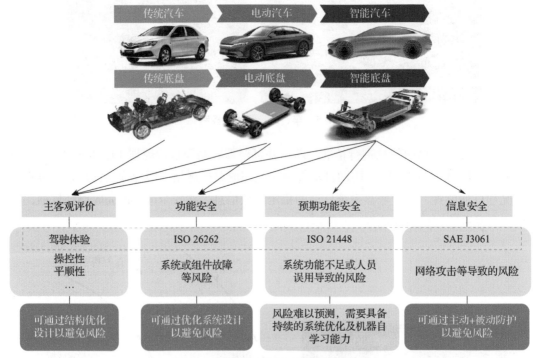

图 4-7　智能底盘的测试评价体系内容

为了解决近年来电动化、智能化技术在车辆上应用所带来更多和更复杂的安全问题，国际标准化组织对汽车功能安全和预期功能安全的技术及其标准化的推进力度愈发加大，也在不断地对这些技术标准进行完善。与此同时，联合国（UN/WP.29）、欧盟及美国等相关组织和国家也陆续将汽车功能安全和预期功能安全理念及管理体系引入相关技术法规，特别是自动驾驶汽车安全相关法规。我国相继出台的多项政策和规划将汽车功能安全和预期功能安全技术及标准研究上升至国家战略层面。同样地，在智能底盘的应用上，可以把汽车功能安全和预期功能安全技术及标准引入进来规范智能底盘的开发过程及制定产品安全的评估准则。

2　智能底盘技术路线图

为了全面描述智能底盘的技术发展路径，乘用车智能底盘组技术路线图分别考虑了总体趋势和总体指标方面的内容，并分别描述各部分的技术演进时间表，如图 4-8 和图 4-9 所示。

到 2025 年左右，技术指标为满足 L3 级及以下等级的自动驾驶。

1）总体趋势：驾驶员可以在任何时间接管系统，如遇特殊情况时驾驶员没有及时接管驾驶任务，系统应适时执行风险减缓策略，可将车辆安全停止在车道内，或者在条件允许时，进行变道将车辆安全地停到应急车道或路肩上。实现驱动、制动一体化，线控制动、线控转向可实现部分功能具备冗余方案。线控悬架具备阻尼连续可调、刚度可调和四轮独立高度可调功能。驱动构型以三电机驱动和四电机驱动为主。系统构型支持高级智能驾驶功能，智能底盘在整车上大规模装配。

	现状	2025年	2030年
总体趋势	• 技术指标满足L2级及以下等级的自动驾驶	• 技术指标满足L3级及以下等级的自动驾驶 • 驾驶员可以在任何时间接管系统；如遇特殊情况时驾驶员没有及时接管驾驶任务，系统应适时执行风险减缓策略，可将车辆安全停止在车道内，或者在条件允许时，进行变道将车辆安全地停到应急车道或路肩上	• 技术指标满足L4级及以上等级的自动驾驶 • 在ODD范围内，当遇到特殊情况，系统有能力执行风险减缓策略，将车辆停止在安全停车区域，例如当车辆在高速公路上行驶，在条件允许时，系统有能力将车辆驶离高速公路
	• X和Y向执行：普及ESC、eBooster、EPS，具备OTA功能 • Z向执行：线控悬架需具备连续阻尼可调功能 • 驱动构型：前后桥单电机驱动、前后桥双集中电机驱动 • 系统构型支持L2级ADAS功能，智能底盘在整车上完成初步装配，培育有国际竞争力的产品	• X和Y向执行：实现驱动、制动一体化，线控制动、线控转向可实现部分功能具备冗余方案 • Z向执行：线控悬架具备连续阻尼可调、刚度可调和四轮独立高度可调功能 • 驱动构型：三电机驱动、四电机驱动 • 系统构型支持高级智能驾驶功能，智能底盘在整车上大规模装配	• X和Y向执行：实现驱动、制动、转向一体化，线控制动、线控转向可实现全功能冗余，线控转向可折叠、伸缩或静默方向盘，为驾驶员提供舒适的乘坐空间 • Z向执行：实现高度智能化的线控悬架，可根据路面状态进行能量回收 • 驱动构型：高集成化轮端驱动构型 • 支持高级智能驾驶和自动驾驶功能，中国方案的智能底盘更加完善

图4-8　智能底盘技术路线图总体趋势

		现状	2025年	2030年
总体指标	质量要求	• 关键总成部件使用寿命大于10万km	• 关键总成部件使用寿命大于20万km	• 关键总成部件使用寿命大于30万km
	成本要求	• 在保障功能、性能、安全性前提下，底盘综合成本不超过传统系统成本的30%	• 底盘综合成本与传统系统基本持平	• 底盘综合成本低于传统系统
	新型电子电气架构	• 智能底盘主干网络通信速率<100Mbit/s；电磁兼容测试不低于3级水平	• 智能底盘主干网络通信速率≥100Mbit/s；电磁兼容测试达到4级水平	• 普及以太网；智能底盘主干网络通信速率>500Mbit/s；智能底盘整体电磁兼容测试达到4级及以上水平

图4-9　智能底盘技术路线图总体指标

2）总体指标：在质量要求方面，关键总成部件使用寿命大于 20 万 km。成本要求方面，底盘综合成本与传统系统基本持平。新型电子电气架构方面，智能底盘主干网络通信速率≥100Mbit/s，电磁兼容测试达到 4 级水平。

到 2030 年左右，技术指标为满足 L4 级及以上等级的自动驾驶。

1）总体趋势：在 ODD 范围内，当遇到特殊情况，系统有能力执行风险减缓策略，将车辆停止到安全停车区域，例如当车辆在高速公路上行驶，在条件允许时，系统有能力将车辆驶离高速公路。实现驱动、制动、转向一体化，线控制动、线控转向可实现全功能冗余，线控转向系统可折叠、伸缩或静默方向盘，为驾驶员提供舒适的乘坐空间。实现高度智能化的线控悬架，可根据路面状态进行能量回收。驱动构型方面采用高集成化轮端驱动构型。支持高级智能驾驶和自动驾驶功能，中国方案智能底盘更加完善。

2）总体指标：在质量要求方面，关键总成部件使用寿命大于 30 万 km。成本要求方面，底盘综合成本完全取代传统系统。新型电子电气架构方面，普及以太网，智能底盘主干网络通信速率＞500Mbit/s，智能底盘整体电磁兼容测试达到 4 级及以上水平。

3 智能底盘技术路径及关键指标

3.1 智能底盘系统技术路径

智能底盘总体发展阶段可以分为智能底盘 1.0、智能底盘 2.0 和智能底盘 3.0，其中，智能底盘 1.0 为现阶段所满足的技术要求，智能底盘 2.0 为到 2025 年需满足的技术要求，智能底盘 3.0 为到 2030 年需满足的技术要求。为实现各阶段的发展总体目标，经过对我国整车企业及一线技术专家的集中调研，梳理出每一个阶段涉及的具体技术目标，如图 4-10 所示。

1. 智能底盘1.0

总体目标：实现智能底盘关键性能达到国际先进水平，关键零部件、制造装备国产化；智能底盘完成部分整车装配；形成完整的自主可控智能底盘产业链。

底盘构型：实现前 / 后桥单电机驱动和前 / 后桥双集中电机驱动构型；制动和转向构型普及 ESC、eBooster、EPS 的同时具备 OTA 功能；实现空气弹簧在乘用车上的批量应用，实现电控减振器关键零部件国产化、标准化；车辆 X、Y 方向实现部分线控化和独立控制。

底盘控制关键技术：通过复杂动力学模型实现精确计算，电子电气架构方面采用高带宽、高速、低时延（如百兆以太网）的车载总线技术，如 CAN FD、FlexRay 等；域控制技术方面实现驱动、制动一体化控制，域控制系统与智能驾驶系统统一接口；完善智能底盘功能安全设计流程，建立预期功能安全设计分析流程；构建智能底盘信息安全防护体系。

	智能底盘1.0	智能底盘2.0	智能底盘3.0
总体目标 技术水平	智能底盘关键性能达到国际先进水平，关键零部件国产化	智能底盘关键性能达到国际领先水平，关键核心零部件国产化	智能底盘关键性能整体达到国际领先水平，关键、核心零部件制造、测试装备与开发工具国产化
市场	智能底盘完成部分整车装配	智能底盘完成整车全部装配	中国方案的智能底盘更加完善
产业链	形成完整的自主可控智能底盘产业链	进一步完善智能底盘产业链	成熟的智能底盘产业链
底盘构型 驱动构型	前/后桥单电机驱动、前后桥双电机驱动	单电机驱动、前后双电机驱动、三电机驱动、四电机驱动	高度集成化轮端驱动构型（轮毂电机），智能轮胎技术应用
线控制动、转向	普及ESC、eBooster、EPS，具备OTA功能	ESC、eBooster、冗余EPS、RWS、DAS、IBS、RBU、EMB，支持OTA、底盘信号集中域控、执行器冗余备份	支持OTA、底盘信号集中域控、执行器冗余备份，主干网络通信速率大幅提升，构建网络安全体系
电控悬架	空气弹簧在乘用车的批量应用；实现电控减振器关键零部件国产化、标准化	实现国产化多腔气囊和连续阻尼可调减振器的批量应用；产品达到批量装车水平	主动悬架国产化、产业链生态完善
智能（线控）化程度	X、Y方向实现部分线控化和独立控制	X、Y双向实现线控化和协同控制	智能底盘具备主动控制、自适应、自学习能力，可在X、Y、Z三方向实现协同控制
底盘控制关键技术 新型电子电气架构	复杂动力学模型精确计算；高带宽、高速、低时延（如百兆以太网）的车载总线技术，如ICAN FD、FlexRay等	高带宽、高速、低时延的车载总线技术（如百兆以上以太网）	普及以太网
域控制技术	驱动、制动一体化控制、域控制系统与智能驾驶系统统一接口	实现底盘一体化域控、实现软件定义底盘平台与智能驾驶系统统一接口	实现四轮驱动汽车底盘的高度集成控制（4轮驱动+ESC+EPS+空气悬架），支持软件定义底盘、OTA升级等
智能底盘电控系统功能安全	完善智能底盘功能安全设计流程、建立预期功能安全设计分析流程、构建智能底盘信息安全防护体系	实现功能安全与预期功能安全标准在智能底盘上的示范应用；实现信息防护体系落地实施	全面实现功能安全标准和预期功能安全标准的应用；信息安全防护体系全面实施

图 4-10　智能底盘技术路径

2．智能底盘2.0

总体目标： 智能底盘关键性能达到国际领先水平，关键、核心零部件、制造装备国产化，智能底盘完成整车全部装配，进一步完善智能底盘产业链。

底盘构型： 实现单电机驱动、前/后桥双电机驱动、三电机驱动和四电机驱动；制动和转向实现 ESC、eBooster、冗余 EPS、RWS、DAS、IBS、RBU、EMB，支持 OTA、底盘信号集中域控、执行器冗余备份；实现国产化多腔气囊和连续阻尼可变减振器的批量应用，产品达到批量装车水平；X、Y 双方向实现线控化和协同控制。

底盘控制关键技术： 实现高带宽、高速、低时延的车载总线技术（如百兆以上以太网）；实现底盘一体化域控，实现软件定义底盘并与智能驾驶系统统一接口；实现功能安全与预期功能安全标准在智能底盘上的示范应用，实现信息防护体系落地实施。

3．智能底盘3.0

总体目标： 智能底盘关键性能整体达到国际领先水平，关键、核心零部件制造、测试装备与开发工具国产化，中国方案的智能底盘更加完善，形成成熟的智能底盘产业链。

底盘构型： 实现高度集成化轮端驱动构型（轮毂电机）、智能轮胎技术应用；智能底盘的构型技术可支持 OTA、底盘信号集中域控、执行器冗余备份，主干网络通信速率大幅提升，构建网络安全体系、电气系统架构；主动悬架国产化，产业链生态完善；智能底盘具备主动控制、自适应、自学习能力，可在 X、Y、Z 三方向实现协同控制。

底盘控制关键技术： 普及以太网，实现四轮驱动汽车底盘的高度集成控制（4 轮驱动 + ESC+EPS+ 空气悬架），支持软件定义底盘、OTA 升级等；全面实现功能安全标准和预期功能安全标准的应用，信息安全防护体系全面实施。

3.2 智能底盘系统关键指标

为实现各阶段具体的技术目标，经过对我国整车企业及一线技术专家的集中调研，参考与国际整车企业交流获取的信息，梳理出每一个阶段涉及的关键技术指标，如图 4-11 所示。

到 2025 年左右，技术指标满足 L3 级及以下等级的自动驾驶。

1）功能要求：线控能力上实现 X、Y 双方向线控化和协同控制；集成能力上实现小规模的独立功能复合应用，如主动前轮转向配合防抱死系统在对开路面缩短制动距离、主动前轮转向配合牵引力控制系统在对开路面提升加速度性能等，降低驾驶员操作的心智负荷。

2）安全要求：实现功能安全与预期功能安全标准在智能底盘上的示范应用，确定智能底盘功能安全和预期功能安全评价测试方法，初步建立评价认证流程；制定智能底盘的信息安全开发流程，流程可具体落地，将相关重要零件定义为信息安全关键零件，并向行业推广；完成 10 万 km 实车道路数据采集，构建预期功能安全场景不少于 100 个。智能

关键技术指标		现状	2025年	2030年
功能要求		线控能力：实现X、Y方向部分线控化和独立控制	线控能力：实现X、Y双方向线控化和协同控制	线控能力：线控底盘自适应控制、自主学习，可在X、Y、Z三方向实现协同控制，从执行系统升级为管控一体的智能运动装置，具备高度的集成化控制能力，对纵、横、垂三向进行动力学整合
		集成能力：初步具备执行分布化，控制集成化的能力，将电动汽车的驱动电机系统作为底盘的关键执行系统，通过转矩矢量控制等先进技术进一步加强车辆的驾驶性	集成能力：实现小规模的独立功能复合应用，如主动前轮转向配合防抱死系统在对开路面短制动距离、主动前轮转向在对开路面提升加速性能等，引起控制系统对加速降低驾驶员操作端的心算负荷	集成能力：更进一步支持通过集成配合线控本身的软件能力来调整车辆性能，实现软件通过软件迭代和定义品牌的概念，能够与智能驾驶系统实现软件无缝对接，挡车辆跟随目标轨迹行驶，并向智能驾驶系统提供实时的动力学反馈和边界约束；支持对各行系统进行健康状态的监控和预测
安全		完善智能底盘功能安全设计流程，建立预期功能安全设计分析流程；构建智能底盘信息安全防护体系；开展实车道路数据采集，构建预期功能安全场景测试评价数据库	实现功能安全与预期功能安全标准在智能底盘上的示范应用，确定智能底盘功能安全和预期功能安全评价测试方法，初步建立评价认证流程；制定智能底盘的信息安全开发流程，流程可具体落地，将相关重要零件定义为信息安全关键零件，并向行业推广；完成10万km实车道路数据采集，构建预期功能安全场景不少于100个	全面实现功能安全和预期功能安全标准的应用，推进实施智能底盘功能安全和预期功能安全评价认证体系，初步遴选出具备认证资质的测试机构；信息安全防护体系全面实施，行业内形成权威认可的机构对智能底盘产品的安全性能进行认证，国内智能底盘产品能够满足欧美国家的安全准入条件；完成50万km实车道路数据采集，构建预期功能安全场景不少于500个
		智能底盘控制器故障容错时间间隔（FTTI）≤100ms；执行器部分冗余，单功能系统随机硬件失效率≤10FIT	智能底盘控制器故障容错时间间隔（FTTI）介于10~50ms；全功能系统全部冗余，主-冗系统切换时间≤10ms	智能底盘控制器故障容错时间间隔（FTTI）介于1~10ms；执行器部分冗余，单功能系统随机硬件失效率≤1FIT；主-冗系统切换时间≤1ms
体验		驾驶员为自动驾驶系统的后备，可在任何时间立即接管全部动态驾驶任务	驾驶员为动态驾驶任务的后备，当收到介入请求及时接管全部动态驾驶任务，系统本身需具备冗余	系统为动态驾驶任务的后备，驾驶员可选择不接管动态驾驶任务，自动执行风险最小化（MRC）策略，系统需具备至少双冗余
		底盘动力学客观评价（依据QC/T 480—1999《汽车操纵稳定性指标限值与评价方法》）不低于90分，主观综合评价不低于8.5分	具备子系统的个性化订制能力，提供可调的性能带宽，满足多样性的用户需求	通过动力学融合发挥子系统组合的优势，在驾乘性、经济性等性能上相比智能底盘2.0进一步提升
低碳		纯电动汽车百公里电耗（CLTC）较传统底盘降低10%	纯电动汽车百公里电耗（CLTC）较传统底盘降低5%	纯电动汽车百公里电耗（CLTC）较传统底盘降低1%

图4-11 智能底盘分阶段关键技术指标

底盘控制器故障容错时间间隔（FTTI）介于 10~50ms；执行器全部冗余，全功能系统随机硬件失效率≤10FIT[注]；主 – 冗系统切换时间≤10ms。驾驶员为动态驾驶任务的后备，当收到介入请求及时接管全部动态驾驶任务，系统本身需具备冗余。

3）体验要求：具备子系统的个性化订制能力，提供可调的性能带宽，满足多样的用户需求。

4）低碳要求：纯电动汽车百公里电耗（CLTC）较传统底盘降低 5%。

到 2030 年左右，技术指标满足 L4 级及以上等级的自动驾驶。

1）功能要求：线控底盘自适应控制、自主学习，可在 X、Y、Z 三方向实现协同控制，从执行系统升级为管控一体的智能运动装置，具备高度的集成化控制能力，对纵、横、垂三域进行动力学整合。更进一步支持通过集成配合线控本身的软件能力来调整车辆性能，实现软件定义汽车、线控定义品牌的概念，并能通过软件实现迭代和进化；能够与智能驾驶系统实现无缝对接，指挥车辆跟随目标轨迹行驶，并向智能驾驶系统提供实时的动力学反馈和边界约束；支持对各执行系统进行健康状态的监控和预测。

2）安全要求：全面实现功能安全标准和预期功能安全标准的应用，推进实施智能底盘功能安全和预期功能安全评价认证体系，初步遴选出具备认证资质的测试机构；信息安全防护体系全面实施，行业内形成权威性的机构对智能底盘产品的安全性能进行认证，国内智能底盘的产品能够满足欧美国家的安全准入条件；完成 50 万 km 实车道路数据采集，构建预期功能安全场景不少于 500 个。智能底盘控制器故障容错时间间隔（FTTI）介于 1~10ms；执行器部分冗余，单功能系统随机硬件失效率≤1FIT；主 – 冗系统切换时间≤1ms。系统为动态驾驶任务的后备，驾驶员可选择不接管动态驾驶任务，自动执行风险最小化（MRC）策略，系统需具备至少双冗余。

3）体验要求：通过动力学融合发挥子系统组合的优势，在驾乘性、经济性等性能上相比智能底盘 2.0 进一步提升。

4）低碳要求：BEV 百公里电耗（CLTC）较传统底盘降低 1%。

⊖ 注：1 FIT=10^{-9}/h，特指 1 个单位的产品在 1h 内出现 1 次失效（或故障）的概率为 10^{-9}。

第5章
乘用车智能底盘构型的组成要素

1 底盘及电池[⊖]一体化构型

1.1 背景

电动汽车的续驶里程、充电时间、电池安全为目前消费者最关注的痛点问题，为解决消费者关心的续驶里程问题，在动力蓄电池层面的解决思路就是让电池装下更多的电量，提升电池系统能量密度。在电池系统集成方面取消模块，加大与电动汽车底盘的集成度，构成 CTC（电芯与底盘集成）。各整车企业和电池厂商在动力蓄电池结构方面的研发创新始终围绕着提升成组效率和空间利用率的目标，从而达到提升能量密度、提升生产效率、降低成本的目的。电池与底盘的深度集成，是国际汽车工业的主流技术趋势，越来越多的整车制造商和零部件供应商都进行了相关开发和测试。

1.2 现状分析

电池的材料体系、电池与底盘的集成和智能化作为关键技术，直接影响整车的续驶里程、充电时间和用车体验。

电池与底盘集成化是动力蓄电池系统结构创新的发展方向，其有望使成组效率达到90% 以上，空间利用率达到 70% 以上，零件数量将进一步下降至 400 个左右。动力电池的设计大致可以分为 3 个大的阶段，分别是标准化模块的 1.0 时代、采用大模块的 CTP 2.0 时代和代表目前业界最高水平的 CTC 3.0 时代（电池与底盘集成）。

在 1.0 时代，动力蓄电池被称为标准化模块，结构非常繁琐，从内到外分别为电芯、蓄电池模块组和电池包。许多个电芯打包成一个电芯组，许多个电芯组再打包成蓄电池模块，最后组成电池包安装于汽车上。但只有电芯用于供电，这种"过度打包"不仅需要设计、生产额外的零部件，也要占用额外的空间，这就导致电芯的空间占比很小。

⊖ 为叙述方便，如无特指，本章电池均指动力蓄电池。

2.0 时代被称为"大模组"时代，主要思路就是设计更大的模组（模块），以减少模组数量甚至是无模组，从而尽可能减少模组层面的零件数量和空间占用，最有代表的是宁德时代的 CTP 技术和比亚迪的刀片电池。

3.0 时代标志着电池和底盘集成设计的方案开始问世。CTC 是 "Cell-to-Chassis" 的简称，即将电池和底盘融合设计。同时，还需有更智能的电池管理系统（BMS），对电池的使用进行更智能的监控、管理和优化。

从目前状况来看，电池与底盘集成化研究的研发主体主要是电池企业和整车企业，他们的技术路线也略有不同。

1. 特斯拉

特斯拉的理念是电池既是能源设备，也是结构本身。在 2020 年 9 月的电池日上，特斯拉发布了全新的 CTC 整包封装技术，即取消电池包设计，直接将电芯或模块安装至车身上，如图 5-1 所示。应用 CTC 技术后的新架构是物理层面的创新，将电池组作为车身结构的一部分，连接前后两个车身大型铸件，取消原有座舱底板，用电池上盖取代，座椅直接安装于电池上盖。装配顺序为上车身（车身＋前铸件＋后铸件）完成装配后，再将电池结构与车身完成连接。该方案属于承载式车身技术路线。

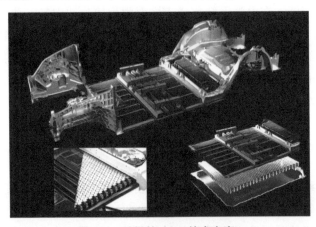

图 5-1 特斯拉 CTC 技术方案

CTC 技术有助于将车辆的结构平台进一步单元化，从而进一步降低制造成本。马斯克曾表示，采用了 CTC 技术后，配合一体化压铸技术，可以节省 370 个零部件，为车身减重 10%，每千瓦时的电池成本可降低 7%。CTC 技术并非仅适用于 4680 电芯，同样适用于 2170 电芯，预计未来还将兼容其他尺寸的电芯。目前特斯拉柏林工厂将采用 CTC 技术生产 Model Y。特斯拉的 CTC 结构电池方案具有以下特点：

1）4680 电芯正极朝上放置，沿车身横向逐行交错排列，电芯采用侧面冷却的方式。

2）通过黏合剂填充电芯上下以及电芯之间的间隙，提高整个电池系统的强度、刚度和抗扭、抗剪切力，黏合剂除了起到结构连接的作用外，对热量也起到一定阻隔的效果。

3）电池的上盖涵盖了密封电池和车身底板的两个功能，由多个加强结构结合在一起，前排座椅的承载结构所在箱盖有加强设计，座椅承载件横向布置，对整车横向刚度起到加强作用。

2．零跑

2022 年 4 月 25 日，零跑正式发布了 CTC 电池底盘一体化技术，该技术可以提升车辆续驶里程约 10%，将率先在零跑 C01 车型上搭载，如图 5-2 所示。此外，零跑还宣布将对 CTC 技术免费开放共享。零跑的设计思路是把电池安装至电池托盘内，然后再将这个托盘安装至下车体下方，整体宛如一个倒扣的餐盘。同时，为了提高电池的牢固程度，电池的上下表面也和托盘、车身固定。零跑创新性地应用了 CTC 双骨架环形梁式结构，将电池骨架结构和车身结构合二为一，整个集成化设计既是车身结构，又是电池结构。该方案属于承载式车身技术路线，该方案使零部件数量减少 20%，结构件成本减低 15%，整车刚度提高 25%，实现了电池与底盘的高度集成化和模块化。

图 5-2　零跑 CTC 电池底盘一体化技术

在电池的密闭性方面，相比于传统电动汽车，零跑 CTC 技术下电池包融合在车体内部，由此导致对纵梁刚度提出极高要求。为了解决这一问题，零跑采用特殊工艺，提高了焊接质量、精度控制和焊接的一致性，同时也提出了新的气密性检测方法和返厂维修方案。在车身和托盘的连接处，采用了"铆钉＋密封胶条"的组合，利用车身纵梁、横梁形成完整的密封结构，保证了其防水性能。此外，零跑还将 BMS 和云平台结合成了 AI BMS 大数据智能电池管理系统，AI BMS 可以实时监控电池的各项指标，并把数据发送到云端进行 AI 数据建模，由此得到电池的当前状态，并可通过 App 反馈给车主。基于大数据，AI BMS 可以对历史数据进行学习，并提供更高效的充电策略以及对电池进行监控等，并可通过 OTA 进行全生命周期的软件更新，让电池更安全。

零跑的 CTC 方案主要有模块集成和去掉电池包上盖与整车集成两个特点。

1）模块集成。零跑的方案并没有将电芯直接集成，而是采用了模块集成的方式。该方案在目前阶段更容易实现，此外能够具备较好的维修性。

2）去掉电池包上盖与整车集成。零跑的 CTC 集成方案是去掉电池包的上盖，但电池包其他部分以及与整车的装配、固定方式基本不变。该方案下整车的装配线、工艺等不需要做大的调整，可以继续沿用；但由于少了上盖，整个电池包的密封性和对乘员舱的热失控防护需要加强。

结构上的优化和提升将在整车层面带来高适配性和强扩展性方面的帮助。

首先是高适配性，零跑CTC技术与整车匹配度提高，可快速柔性化批量生产，达到高度集成化和模块化，可跨平台适配未来各级别、各类型车型。

其次是强扩展性，零跑CTC技术可兼容智能化、集成化热管理系统，未来可兼容800V高压平台，支持400kW超级快充，并且有新意的是零跑提出未来可实现"加油式"充电，即充电5min，续驶里程超过200km。

3. Canoo

Canoo是一家来自美国加利福尼亚州的电动汽车初创公司，在2019年即推出了滑板式底盘，并提出将电池和底盘集成的方案，如图5-3所示。方案中并没有设计单独的电池包，而是将电池模块与底盘融为一体，然后再与车身完成连接，属于非承载式车身技术路线。在减轻底盘质量的同时也可以降低一部分成本。

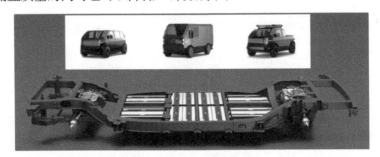

图5-3　Canoo滑板式底盘

从公布的专利（图5-4）可知，Canoo的方案主要是将模块布置在底盘中间由纵横梁构建的隔间内，前后四个模块沿轴向布置，中间四个模块沿横向布置。

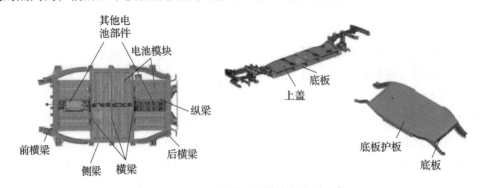

图5-4　Canoo方案：将模块集成到底盘

1）前后两端模块沿着轴向进行布置，可作为底盘的纵向结构件，增强底盘的纵向刚度，以抵抗在前后碰撞时造成的形变；同理，中间的模块沿横向进行布置，可以增强底盘在侧碰时的横向刚度，抵御侧碰带来的形变。

2）由于取消了电池箱体，对模块的密封与防护由支架的上盖和底板来完成。Canoo

的方案是将支架与模块密封起来。此外为了加强对底部冲击的防护，在底板的外面增加了一层底部防护板。

4. 宁德时代

宁德时代计划在 2025 年实现集成化 CTC，2030 年实现智能化 CTC，如图 5-5 所示。宁德时代的集成化 CTC 技术不仅会重新布置电池，还会纳入包括驱动电机、电控、DC/DC 变换器、OBC 等动力部件。宁德时代的 CTC 技术，将电芯与车身、底盘、电驱动、热管理及各类高低压电控制模块等集成于一体，使行驶里程突破 1000km，并通过智能化动力域控制器优化动力分配和降低能耗，百公里电耗有望降至 12kW·h 以下。

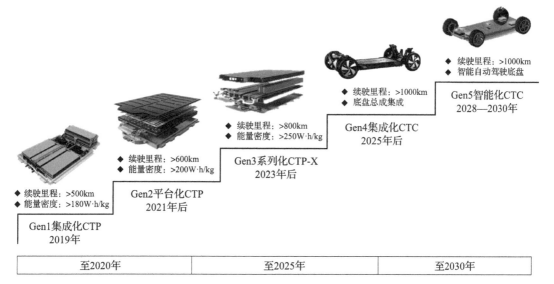

◆ 续驶里程：>500km
◆ 能量密度：>180W·h/kg

Gen1集成化CTP
2019年

◆ 续驶里程：>600km
◆ 能量密度：>200W·h/kg

Gen2平台化CTP
2021年后

◆ 续驶里程：>800km
◆ 能量密度：>250W·h/kg

Gen3系列化CTP-X
2023年后

◆ 续驶里程：>1000km
◆ 底盘总成集成

Gen4集成化CTC
2025年后

◆ 续驶里程：>1000km
◆ 智能自动驾驶底盘

Gen5智能化CTC
2028—2030年

至2020年	至2025年	至2030年

图 5-5　宁德时代：电池系统实现集成化、平台化、轻量化

注：Gen 1 指第一代，Gen 2~Gen 5 依此类推。

5. LG

LG 在 2021 年首次公开了一份 CTC 专利，专利号为 KR1020210017172A。众所周知，软包电池由于自身的结构特性，无法独立固定，因此 LG 的 CTC 方案选择将模块集成到底盘（Module to Chassis）。在 LG 的 CTC 方案中，电池包下托盘与车辆底盘集成于一体，上盖板与液冷板集成于一体，模块安装于下托盘横纵梁形成的隔断内，通过螺栓与底盘固定。框架前端为 BMS 和高压控制器件留有空间，高低压电线路则通过两侧和中间的通道布置。

LG 考量的初衷是进一步去掉冗余结构件，提高模块的空间利用率和系统能量密度，同时简化电池系统和整车工艺，该方案的总体思路如图 5-6 所示。

国内外还有许多企业都重视 CTC 技术，如福特、沃尔沃、大众等，国内初创公司悠跑科技以滑板式底盘为主打，也会应用 CTC 技术作为动力支持。

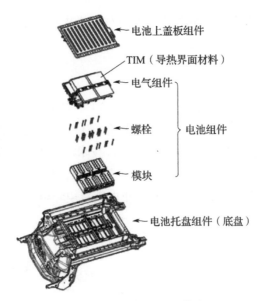

图 5-6 LG 公司 CTC 技术

综合来看，动力蓄电池体系的创新主要体现在电池材料和系统结构两方面，以上创新对动力蓄电池体系能量密度的提升以及更好地在新能源汽车领域发展都具有重要的意义。动力蓄电池最关键的是材料，如果在材料体系中不能持续创新，而只是在电池结构等方面做创新，虽然对电池系统性能有一定提升作用，但不会出现革命性的变化。当前正处于单体蓄电池能量密度提升向电池系统能量密度提升转变的关键时刻，而固态电池、碳硅负极等新技术距离大规模应用落地还有一定距离。电池材料的创新及新材料落地应用趋缓，单体蓄电池能量密度在短期内很难有大幅提升，通过结构创新提升电池系统能量密度成为当前的关键技术。

1.3 技术趋势分析

未来的电池系统集成化演进方向将是电芯直接集成至汽车底盘（CTC）。CTC 直接将电池整合到底盘框架中，是动力蓄电池系统集成化的进一步拓展。CTC 的目标不仅限于电池重新排布，还将纳入包含电驱、电控的三电系统，通过智能化动力域控制器，优化动力分配、降低能耗。但是电池与底盘、车架等结构的高度集成可能诱发新的电芯失效模式，安全风险亟待评估，亟须针对一体化电动底盘电池系统开发创新技术以进行正向安全防护设计。国内外众多整车企业和供应商正在紧密地进行相关的产品研发、试验验证以及产品供应链搭建，目前正处于概念到量产阶段。

电池与底盘集成产业发展必须围绕高能量密度、长寿命、安全、智能化、降低成本五个核心原则，产业及总体目标如下。

1）突破电池新材料技术的应用难题，解决电池与底盘集成一体化后，与车身连接的结构问题、密封问题和 NVH 问题，实现电池与底盘深度集成，达成能量密度和使用寿命显著提升的目标。

2）在整车环境下进行全面系统匹配、电气安全测试和电磁兼容性试验、热失控试验、整车碰撞试验、防水试验、气密性试验等法规要求的试验，对电池系统全生命周期进行优化设计和充放电循环寿命验证，提升产品的可靠性与耐久性。

3）加大电池与底盘集成智能化方面的探索力度，进行车辆有序充电和车网互动技术的应用测试及验证，促进电池与底盘集成智能化发展。

4）通过电池与底盘集成，减少零部件数量，提升在新材料、新结构和新工艺方面关键核心技术的自主化水平，增强关键零部件的国产化能力，形成协同高效、安全可控的产业链，同时降低电池与底盘集成化产品的成本。

5）搭建电池与底盘集成化的综合性能试验平台，进一步研究并改进与整车的适应性，匹配先进的线控技术，实现智能电动底盘与车身的机械解耦、与智能座舱的电子解耦。形成并优化具有针对性的标准化接口和行业标准规范，完善电池与底盘集成一体化的综合性能测试评价体系。

6）建立完整的电池底盘一体化产业链与创新链。在未来的电力系统中，电动汽车将与储能电站共同担负稳定电网的重要责任，并有望成为分布式储能的主体。

到 2025 年，电池与底盘集成化性能达到国际先进水平，实现高能量密度、长寿命、高安全性和先进的制造工艺，实现电池与底盘集成与上车身解耦，底盘智能控制系统与智能座舱控制系统解耦，整车的密封性能、NVH 性能、碰撞安全性能和耐久性能可满足整车法规要求，核心器件、关键材料与部分制造装备实现国产化，电池与底盘集成实现产业化，可以在量产车型进行批量应用。

到 2030 年，在 2025 年成果基础上，使电池与底盘集成化性能达到国际先进水平，电池与底盘集成实现平台化、标准化，应用该技术的车型实现大规模生产。同时，车辆有序充电和车网互动技术取得一定的突破。

1.4 创新行动计划

如图 5-7 所示，底盘与电池一体化构型在 2025 年和 2030 年的创新行动计划如下。

2025年	2030年
• 突破电池与底盘集成新结构设计及先进装配工艺技术 • 实现电池与底盘集成部分与上车身的机械解耦，可以在量产车型进行批量应用，关键性能处于国际领先水平	• 电池与底盘集成实现智能化、标准化、平台化，实现全面产业化 • 重点技术在于不仅需要保证电池本身的密封性、安全性，还需要保证电池与车身集成后乘员舱密封性、安全性、电池与底盘集成的工艺技术，以及测试技术、有序充电和车网互动技术等

图 5-7 底盘与电池一体化构型创新行动计划

1）2025 年，突破电池与底盘集成新结构设计及先进装配工艺技术，实现电池与底盘集成部分与上车身的机械解耦，可以在量产车型进行批量应用，关键性能处于国际领先水平。

2）2030 年，电池与底盘集成实现智能化、标准化、平台化，实现全面产业化。重点技术在于不仅需要保证电池本身的密封性、安全性，还需要保证电池与车身集成后乘员舱密封性、安全性、电池与底盘集成的工艺技术，以及测试技术、有序充电和车网互动技术等。

2 线控制动及线控转向

2.1 背景

随着我国汽车产业的消费升级，包含电动化、智能化、网联化和共享化的汽车"新四化"变革方兴未艾。"新四化"之间相辅相成、共同促进，其中，电动化是基础，智能化是核心，最终实现普遍的网联化与共享化。智能底盘作为汽车智能化的载体之一，可实现部分或全部解放人的操作，完成自动驾驶或无人驾驶的功能，是"新四化"汽车的重要执行部分。智能底盘包括线控制动系统、线控转向系统、智能悬架系统，以及围绕三个系统在横向、纵向和垂向上实现深度协同与融合功能的控制系统。众所周知，制动系统与转向系统作为车辆驾驶的主要执行单元，是底盘的重要组成部分，也是与驾驶安全相关的关键控制环节。基于自动驾驶的需求，制动与转向系统的单系统执行回馈与跨系统的协同控制响应就显得至关重要。

2.2 现状分析

在线控转向方面，目前市场的主流产品以传统的电动助力转向（EPS）系统为主，系统包括扭矩（角度）传感器、电动机、转向管柱、转向节、减速机构和电子控制单元（ECU）等。各大汽车厂商、供应商等对线控转向系统做了深入研究，如 TRW、德尔福、采埃孚、蜂巢智能转向等企业均制造了物理样机并进行试验研究；主机厂如奔驰、宝马、通用等展出了采用线控转向的概念车。但是受制于安全、成本与技术成熟度，目前线控转向在量产车上并没有得到普及。我国生产的电动转向系统目前还是以采用低端有刷电机和小转矩无刷电机的 C-EPS 产品为主，对于智能驾驶所需的大助力 DP-EPS、BD-EPS 方面依赖国际合资供应商，如图 5-8 所示为一种典型的 DP-EPS 系统结构。

在线控制动方面，当前针对线控液压制动系统的研究主要集中在以下三方面：

1）踏板感觉模拟。线控制动系统取消了踏板和主缸之间的机械连接，踏板力需要通过模拟器或算法模拟的方式提供给驾驶员，踏板感觉模拟的好坏决定了线控制动系统品质的优劣。目前主要的研究方法集中在试验方法，一般是通过对大量的试验数据进行分析归纳，得到踏板力与踏板行程和车辆状态之间的关系，通过弹簧或作动器对踏板反馈力进行模拟。

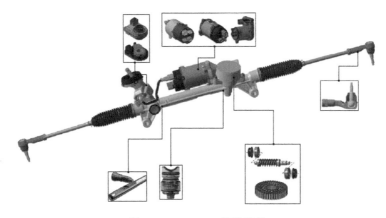

图 5-8　DP-EPS 系统结构

2）主动制动。上层决策系统根据当前车辆状态和驾驶员操作意图，向线控制动系统发出制动请求，线控制动系统则需要准确、快速地响应这个请求。主动制动旨在提高车辆的稳定性和安全性，高级驾驶辅助系统（ADAS）、紧急制动系统（AEB）及自动驾驶系统等都使用了这一功能。目前，所有关于主动制动的研究基本分为基于经验设计的方法和基于动力学模型计算的方法，应用到的控制技术研究涵盖了常见的如 PID 控制、最优控制、鲁棒控制、滑模控制、模糊控制、神经网络控制、模型预测控制等算法。

3）制动能量回收。制动能量回收系统中的协调分配再生制动力矩和制动力矩是关键技术之一，控制策略的研究基本围绕这一技术展开。

线控制动系统是汽车技术门槛较高的领域，全球主要的线控制动企业有博世（图 5-9）、大陆、采埃孚，其余几家都被整车企业控股，如爱信对应丰田，日信对应本田，万都和 MOBIS 对应现代。日立和日产的关系比较特殊，E-ACT 是全球最早的针对纯电动新能源汽车的线控动系统，专利权归日产，但是生产制造由日立负责。

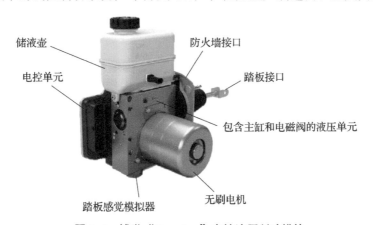

图 5-9　博世"One-box"电控液压制动模块

通过对国内外线控制动系统的差别进行分析，可知产品设计、性能基本趋同。图 5-10 对比了国内外线控制动模块的质量、最大压力、建压能力和量产时间。

博世-IPB		
	质量	5.6kg
	最大压力	180bar
	建压能力	<150ms@8cc

采埃孚-IBC gen2		
	质量	5.3kg
	最大压力	200bar
	建压能力	<150ms@9cc

大陆-MKC1 evo		
	质量	6kg
	最大压力	190bar
	建压能力	<165ms@8cc

弗迪动力-BSC		
	质量	6.5kg
	最大压力	180bar
	建压能力	<140ms@8cc

伯特利-WCBS		
	质量	5.8kg
	最大压力	180bar
	建压能力	<150ms@8cc

MiniEye-onebox		
	质量	5.6kg
	最大压力	180bar
	建压能力	<150ms@8cc

图 5-10　国内外线控制动模块对比

注：$1bar=10^5Pa$。

依据制动系统设计的相关标准及法规要求，包括 ECE R13-H《关于乘用车制动认证的统一规定》（*Uniform Provisions Concerning the Approval of Passenger Cars with Regard to Braking*）和 ISO 26262：2018《道路车辆—功能安全》（*Road vehicles—Functional Safety*），当制动系统发生失效时，对于具备 L1~L2 级高级驾驶辅助功能的系统来说，需要由驾驶员负责将车辆制动至静止状态，因此，系统需要保留纯机械连接的备份模式。而对于具备 L3~L5 级高级别自动驾驶功能的车辆，由于在特定场景下，即当制动系统发生单回路失效时，允许驾驶员将车辆操作全部交给系统执行，因此，需要具备冗余备份系统，且该系统可以随时接管并将车辆自动停靠在安全地带。系统自动处理水平需要持平或者高于目前驾驶员的操作水平。

因此，只有具备了制动冗余备份与外部冗余备份（电源备份、通信备份）的线控制动系统，才能够满足 L3 级及以上级别自动驾驶的需求。

当前针对线控液压制动系统的研究已经成熟，但由于成本及相应的法规约束限制，目前在市场上推出的产品都没有进行外部冗余备份设计，因此只能满足 L1、L2 级的高级驾驶辅助，还不能满足 L3、L4 级自动驾驶的需求。

当前有大量的国内供应商正在集中力量开发线控制动系统，比如比亚迪弗迪动力、长城精工、拿森、中汽创智、格陆博、上海同驭等。

比亚迪弗迪动力推出了一款智能集成安全控制系统 BSC，该系统迎合了新能源汽车配套市场对此类创新制动系统的迫切需求，其市场前景值得期待。弗迪动力制动安全控制系统 BSC 不仅包含电控助力制动模块，还包含传统的 ESP 模块，自 2014 年立项以来，经过了 6 年的研发匹配技术积淀，突破车身稳定性控制技术，在牙克石、黑河、盐城等多地试车场完成比亚迪多款新能源车型冬夏季匹配验证，保证车辆行驶过程中的操纵稳定性。BSC 的关键技术是采用伺服电机控制活塞泵快速以及精准建压。电机采用最大功率可达 600W 的无刷电动机，经弗迪动力电机研发中心核心团队全力打造，最高转速可达 9000r/min 以上，进而有效降低增压时间，紧急制动时可在 140ms 建压达 10MPa，从而有效缩短制动距离。

长城汽车采用完全摒弃传统制动系统中制动液和液压管路等部件的 EMB 方案，实现了完全的人车解耦，通过系统的冗余设计，支持 L4 级以上自动驾驶，规划 2023 年达到量产状态。

拿森开发了 NBooster+ESC 冗余线控制动解决方案。据拿森介绍，这套方案具备电源冗余、通信冗余、控制器冗余、执行器冗余、轮速冗余和驻车冗余六大制动冗余特征，可充分满足 L2 级脱手辅助驾驶、L3、L4、L5 级自动驾驶、限制场景 / 全自动泊车等不同场景里的自动驾驶应用，无论是 NBooster 失效，还是轮速传感器失效，抑或是 ESC 失效，都有备份方案保证车辆正常制动。

中汽创智科技有限公司由兵器装备集团、中国一汽、东风汽车、长安汽车、南京江宁经开科技共同出资成立，智能底盘技术是中汽创智首批 12 项核心技术规划之一。公司计划第一阶段在 2023 年 12 月之前实现集成智能制动系统 IBC、冗余智能制动 IBC+RBU 量产，致力于实现支持高阶自动驾驶功能，并在 T3 新车型上量产应用。

格陆博科技是软银中国、方广资本、达晨创投等著名投资机构投资的智能驾驶和线控底盘系统国家高新技术企业。格陆博主营 EPB、EPS、ESC、"Two-box""One-box"等线控执行核心系统，目前其线控执行系统已向国内主流自主品牌和合资品牌整车企业供货。

上海同驭主要产品有制动助力器、转向 EPB、底盘控制器等，驻车冗余控制器为新亮点技术，串入单轮线束回路可实现冗余控制。

2.3　技术趋势分析

基于当前的市场环境需求与技术开发背景，针对 2025 年、2030 年线控制动和线控转向技术做出如下分析。

线控制动第一阶段需要夯实电子液压制动（EHB）产品的应用。EHB 以传统的液压制动系统为基础，用电子元器件代替了一部分机械部件的功能，使用制动液作为动力传递媒介，控制单元及执行机构布置得比较集中，有液压备份系统。

正常工作时，制动踏板与制动器之间的液压连接断开，备用阀处于关闭状态。电子踏板配有踏板感觉模拟器和电子传感器，ECU 可以通过传感器信号判断驾驶员的制动意图，并通过电机驱动液压泵进行制动。电子系统发生故障时，备用阀打开，EHB 系统变成传统的液压制动系统。

EHB 没有了真空助力器，结构更简单紧凑；采用电动驱动，响应也更加迅速；容易集成 ABS、TCS 以及 ESC 等辅助功能，兼容性强；踏板解耦，能够实现主动制动以及能量回收。

线控制动在第二阶段（2025 年）需要针对 L3 级及以上的自动驾驶功能开发制动冗余备份，针对接管稳定性的要求，分为以下两个阶段：

1）RBU 备份阶段，对前轴或单管路交叉布置实现制动冗余，满足基本需求，实现一定场景下的系统自动接管与系统降级，具备 ABS 低选控制能力，满足 L3 级自动驾驶要求。

2）ESC 备份阶段，实现对前后四轴管路进行制动冗余控制，具备单独控制轴的冗余 ABS 备份，满足 L4 级及以上等级自动驾驶要求。

同时，需要探索多级冗余备份系统的研究。例如考虑在前轴引入 EPB 系统，实现前轮 EPB 控制、双控 EPB 等多级冗余方案。再次，需要逐渐探索引入更高执行响应的 EMB 系统，比如 EHB 与 EMB 的联合控制。

线控制动的第三阶段（2030 年）为电子机械制动（EMB）。EMB 与 EHB 最大的区别在于它不再需要制动液和液压部件，制动力矩完全是通过安装在 4 个轮胎上的由电机驱动的执行机构产生。EMB 系统的 ECU 根据制动踏板传感器信号及车速等车辆状态信号，驱动和控制执行机构电机来产生所需要的制动力。与传统制动系统相比，EMB 完全抛弃液压、气压装置，采用电机直接施加制动力，是创新、智能、灵活的集合体。顺应当前汽车电动化、自动化的发展趋势，可以更好地支持电子电气架构的演变。L3 级及以上等级的自动驾驶要求驾驶员接到介入请求后可不立即接管车辆，L4、L5 级自动驾驶要求车辆可以自动执行风险最小化策略，要求制动系统解耦制动踏板与执行器，避免驾驶员动作干扰主动安全系统正常工作。EMB 实现了完全的人车解耦，便于系统对车辆进行操控，实现高等级自动驾驶的人机共驾。

相比于 "Two-box" 方案，EMB 系统实现对 iBooster、ESC、EPB 系统的替代，以及对 iBooster、ESC、制动管路、储液壶、制动钳等机械部件的替代，如图 5-11 所示；相比于 "One-box" 方案，EMB 系统实现对 IBC、EPB 系统的替代，以及对 IBC、制动管路、储液壶、制动钳等机械部件的替代，简化了系统整体结构。

EMB　　真空助力器及电子真空泵/iBooster　　ESC/ABS　　EPB/制动钳　　液压制动管路

图 5-11　EMB 可替代的机械部件

EMB 系统制动响应时间为 100ms 以内，相对真空助力器 +ESP（420ms）与 "Two-box" "One-box"（150ms）的响应时间，EMB 响应迅速，紧急制动时可减小制动距离，提升行人和车辆的安全性，如图 5-12 所示。

图 5-12　EMB 的优势

传统制动系统零部件数量较多、拆装难度大，且需定期进行更换制动液、排气等维护保养项目，维护保养成本高，且存在制动液泄漏、回收不当等造成的环境污染问题。EMB 系统零部件数量少，拆装方便，且不涉及制动液更换等保养项目，维护保养便捷，无环境污染。但从现阶段的应用来看，EMB 系统制动力效果与可靠性将会是各个零部件公司的攻关重点，EMB 系统对于车轮抱死的调节没有液压制动系统那么精准，且轮毂的平面面积对于电机所能施加的制动力以及散热性也存在着制约。

基于当前 EMB 系统的诸多应用难题，国内外众多供应商与主机厂正在探索尝试将 EHB 与 EMB 系统融合的协同制动系统方案。例如布雷博的 SENSIFY™ 线控制动系统，预计于 2024 年年初上市，如图 5-13 所示。该系统集合了先进的人工智能软件与布雷博的制

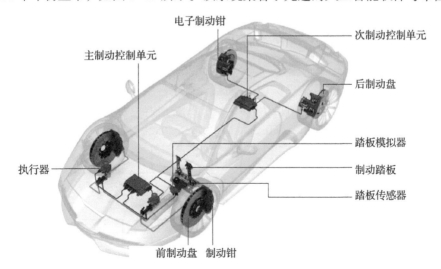

图 5-13　布雷博混合式线控制动系统

动部件，包含制动钳、制动盘和摩擦材料等当前产品组合，并搭载数字技术和人工智能，构建出一个灵活平台。该系统既缩短了线控制动的执行响应时间，优化了制动液压管路，又解决了当前 EMB 系统的一些技术痛点，诸如电机功率问题、对于高温的耐承受能力以及 NVH 性能。

EMB 系统最大的特点就是彻底放弃液压制动，且反应速度会比 EHB 系统更快，完全通过 ECU 驱动控制执行电机产生制动力，免去制动液管路的维护，减少对环境的影响。该阶段彻底摒弃传统制动液压传输的形式，属于真正意义上的线控制动。该阶段执行机构完全按照控制系统所采集到的智能驾驶系统或驾驶员的驾驶需求信息，由导线传递执行能量，以数据线或者无线传输的方式传递控制信号，用以驱动终端执行部件的制动执行。

随着整车架构从分布走向融合成为趋势，EMB 系统采用四轮独立驱动的架构，将应用层控制算法集成至中央计算单元，轮端保留驱动，与中央集成式电气架构吻合，如图 5-14 所示。

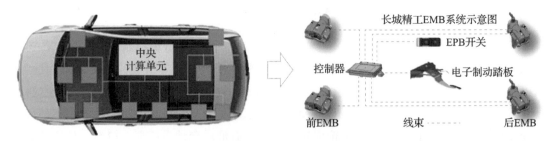

图 5-14 EMB 系统架构与中央集成式架构吻合

线控转向大体可以分为两个阶段。在第一阶段（2025 年）需规划冗余 EPS 系统，随着驾驶辅助等技术的日益复杂和自动驾驶技术的日趋成熟，如何保证自动驾驶状况下车辆的安全是未来汽车发展的关键问题之一。特别是 L3 级及以上级别的自动驾驶，允许驾驶员在一定时间内脱手驾驶。因此在高级别的智能驾驶中，EPS 系统没有驾驶员手动操作的备份，当电子元器件发生严重故障时，直接切断电机助力并不是一个安全状态，这时避免转向无助力的功能安全目标就需要达到 ASIL-C 甚至 ASIL-D 等级。此时就需要有相关的冗余硬件方案和相应的软件措施来保证 EPS 系统在这种状态下仍能提供全部或部分助力（图 5-15），不至于造成汽车转向机构失控，这也是深度智能驾驶的功能安全要求之一。

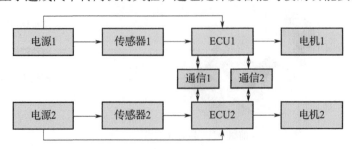

图 5-15 一种冗余 EPS 系统电气架构

随着汽车智能驾驶能力的提升和底盘域功能的进一步集中，转向系统在第二阶段（2030 年）将完全实现线控转向。如图 5-16 所示，线控转向系统包含路感模拟器、转向控制器（底盘域控制器）、转向执行器，可以全面实现底盘域控制功能，一些制动算法、转向控制软件和悬架的功能软件全面上移到域控制器中，智能驾驶功能通过域控制器与转向、制动等系统进行交互得以实现。图 5-17 为蜂巢智能转向开发的线控转向系统。

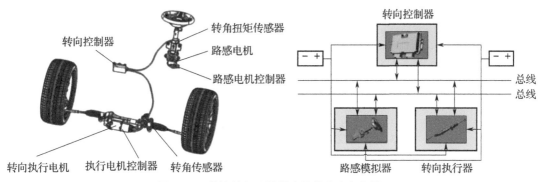

图 5-16　线控转向系统基本结构和电气架构

图 5-17　蜂巢智能转向开发的线控转向系统

2.4　创新行动计划　

如图 5-18 所示，线控制动系统与线控转向系统的 2025 年和 2030 年创新行动计划如下。

2025 年：实现 EHB+ 制动冗余备份的批量化应用，具备冗余 ABS 能力，实现在 L3 级自动驾驶水平的车型上大批量应用，EMB 系统实现样机研制。实现线控转向的整车功能验收匹配和小规模应用，转向冗余控制需至少满足当某一回路发生故障时，另一回路最大可提供 50% 的助力完成靠边停车。

2030 年：线控制动冗余备份可支持 RPA、HPP 和 AVP 场景泊车功能，行车场景可支持 L3、L4 级自动驾驶水平，实现 EMB 在乘用车上的小规模应用。实现线控转向的批量化应用，转向冗余控制可满足当某一回路发生故障，另一回路接管并提供 50% 或 100%的助力（100% 助力需采用双动力集成模块或更大电机），并能够实现在原地、低速和高速工况下的正常转向。

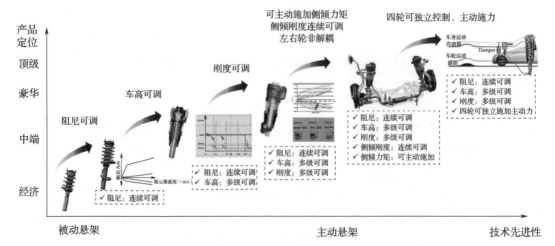

2025年　　　　　　　　　　　　2030年

- 实现EHB+制动冗余备份的批量化应用，具备冗余ABS能力，实现在L3级自动驾驶水平的车型上大批量应用，EMB系统实现样机研制
- 实现线控转向的整车功能验收匹配和小规模应用，转向冗余控制需至少满足当某一回路发生故障时，另一回路最大可提供50%的助力完成靠边停车

- 线控制动冗余备份可支持RPA、HPP、AVP场景泊车功能，行车场景可支持L3、L4级自动驾驶水平，实现EMB在乘用车上的小规模应用
- 实现线控转向的批量化应用，转向冗余控制可满足当某一回路发生故障，另一回路接管并提供50%或100%的助力（100%助力需采用双动力集成模块或更大电机），并能够实现在原地、低速和高速工况下的正常转向

图 5-18　线控制动系统与线控转向系统创新行动计划

3 智能悬架

　　智能悬架是指根据车辆状态，通过电控系统智能地控制悬架执行机构，调节阻尼、高度、刚度，以及施加主动力等，以改善车辆舒适性和操纵稳定性的系统。为满足不断提高的驾乘体验和自动驾驶需求，智能悬架近年来发展迅速，悬架形式及发展趋势如图 5-19 所示。智能悬架可以为用户打造极致和差异化的驾乘体验，为主机厂打造特有的技术亮点和品牌基因。汽车电动化、智能化的快速发展，带动了智能悬架技术的快速发展。当前智能悬架核心技术掌握在奔驰、奥迪、大陆、VC、采埃孚、舍弗勒等国外主机厂和供应商手中，以保隆、孔辉、拓普、浙减等为代表的国内供应商发展迅猛，开始逐渐量产配套半主动空气悬架，国内部分主机厂也开始自主开发和量产控制系统。

图 5-19　悬架形式及发展趋势

3.1　智能电控减振器

3.1.1　背景

为满足整车舒适性、操控性、安全性、低能耗、通过性的需求，电控减振器的发展历程按照从双模态减振器，到电磁阀式阻尼连续可调减振器，到磁流变减振器，再到可升降阻尼连续可调减振器的趋势发展，图 5-20 所示为电磁阀式减振器与磁流变减振器的优缺点对比。

类型 I	类型 II
电磁阀式减振器	磁流变减振器
优点： ①耐久性好 ②成本低，资源多	优点： ①响应快 ②动态范围宽，低速大阻尼 ③斜率递减的阻尼特性
缺点： ①响应较慢 ②动态范围较窄 ③低速区阻尼分度不明显 ④压缩阻尼力较小 ⑤对清洁度等要求较高	缺点： ①资源较少，成本高 ②磁流变液稳定性随使用时间会衰减，需要特殊配方的突破 ③失效模式阻尼力较低 ④对减振器本体材料耐磨性要求高

图 5-20　电磁阀式减振器与磁流变减振器的优缺点对比

传统减振器只能在不同运行速度下选择一条阻尼曲线，而电控阻尼可调减振器相对传统的减振器有更为丰富的阻尼曲线带宽、更快的响应时间；配合控制器算法程序，使整车在不同的路面、不同的工况都可以选择最合理的减振器阻尼曲线，从而实现操纵稳定性与舒适性的最佳状态。

在智能底盘中共享整车感知信号——路面状态、车辆运动信息、驾驶需求等信号，结合悬架控制算法，可以通过对减振器的控制实现对整车 Z 向、俯仰、侧倾、横摆等方面的控制，如图 5-21 所示。

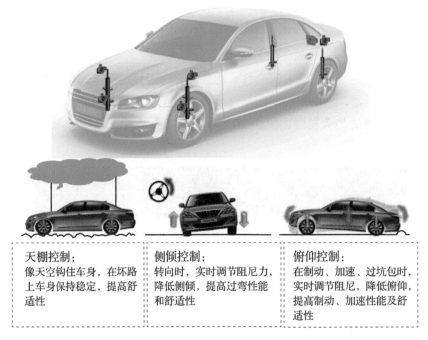

天棚控制:
像天空钩住车身,在坏路上车身保持稳定,提高舒适性

侧倾控制:
转向时,实时调节阻尼力,降低侧倾,提高过弯性能和舒适性

俯仰控制:
在制动、加速、过坑包时,实时调节阻尼,降低俯仰,提高制动、加速性能及舒适性

图 5-21　智能电控减振器的控制模式

3.1.2　现状分析

国内供应商如浙减、九鼎、宁江山川、森森、弗迪科技、东机工、戈尔德等企业处于电控减振器发展初期阶段,在逐步对主机厂进行供货的过程中。磁流变减振器只有京西重工在批量供应各大主机厂,并形成一定的垄断地位。KYB、万都、天纳克等企业都具备电控减振器的开发能力。

国外经历了长时间的发展,采埃孚和蒂森已经完成电磁阀式阻尼可调电控减振器、双阀式电控减振器、快升降电磁阀式减振器等产品的开发。

3.1.3　技术趋势分析

电控减振器在未来采用智能底盘的高端车型上具有巨大的应用前景,行业内企业在电控减振器开发、电磁阀开发、控制器软件开发和系统调校与匹配等方面都面临机遇和挑战。

电磁阀式电控减振器的核心在电磁阀的设计、开发、制造能力,电磁阀按照外置和内置两条技术路线发展。电磁阀设计的关键能力在仿真方面,同时通过制造工艺的控制确保产品质量一致性也是重点。国内电磁阀开发都是从国内变速器电磁阀、发动机电磁阀、压缩机电磁阀等转型过来进行开发,先导式减振器电磁阀研发还处于能力建设中。

磁流变减振器具有很大潜力,如图 5-22 所示,其阻尼力大、响应时间快,后续有可能具备代替电磁阀式电控减振器的能力。磁流变减振器的核心难点在磁流变液的开发,清华大学孵化的科马智能及华中科技大学、东升创驰等均掌握了一定磁流变液、磁流变减振器及系统开发的能力，并在市场不断推广。

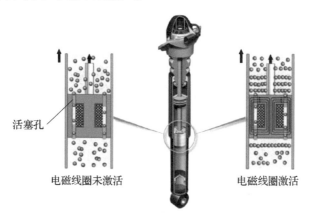

活塞孔

电磁线圈未激活　　　　　　　　电磁线圈激活

图 5-22　磁流变减振器示意图

电控减振器作为应用于未来智能底盘的高端智能化零部件，是掌握市场先机的核心技术。在产业与总体目标上要实现：电磁阀自主研发、技术平台化、零件通用化、电控减振器系列化、控制软件自主化、控制架构通用化、系统集成开发自主化。

2025 年阶段目标：电控减振器阻尼具备舒适型和运动型两种阻尼模式，开发单阀电控减振器可控制压缩和复原模式，开发双阀电控减振器可分别对压缩和复原模式进行控制。

2030 年阶段目标：开发磁流变电控减振器实现更大阻尼力，控制范围大于 10000N（1m/s），减振器响应时间小于 15ms。开发双阀可举升电控减振器，可分别对压缩和复原模式进行独立控制，同时实现举升功能。

3.1.4　创新行动计划

通过智能电控减振器实现对车辆横向、纵向和垂向的控制。在有人驾驶时，提升平顺性、操纵性和稳定性的技术指标；在自动驾驶时，提升舒适性和安全性的技术指标。在整车侧向维度技术指标方面，智能电控减振器可依据预期目标实现对侧倾、横摆相位一致性的有效干预，可降低横摆响应速度以配合侧向力较慢建立，实现稍慢但更精确的响应风格。在车辆纵向控制技术指标方面，通过阻尼调整，可依据预期目标降低俯仰和提升瞬态轮胎载荷。在整车垂向控制维度，智能电控减振器可依据预期目标实现平顺性控制，借助半主动悬架系统的动载波动估计改善行驶稳定性，平衡舒适性与轮胎接地的需求矛盾。

如图 5-23 所示，智能电控减振器在 2025 年和 2030 年的具体创新行动计划如下。

2025 年：在系统上，控制软件集成在域控制器中，使用高度传感器（或加速度传感器）和车身加速度传感器（或惯导）进行车轮及车身垂向加速度及相对速度计算。在算法上，与底盘域控制融合，与驱动、制动、转向等多系统协同控制，实现敏捷转向、减小制动距离、车辆动态（横摆）控制等高级功能；基于路面特征的全地形自动识别系统，根据识别结果自动切换减振模式；具备载荷、温度补偿控制及性能衰减检测。在硬件上，实现单电磁阀式减振器为主，具备双阀式电控减振器等及系统的开发能力，实现比例精度更高、响应时间更短、调节范围更大，传感器采用 PSI5 协议。

2025年   2030年

- 系统：控制软件集成在域控制器中，使用高度传感器（或加速度传感器）和车身加速度传感器（或惯导）进行车轮及车身垂向加速度及相对速度计算
- 算法：与底盘域控制融合，与驱动、制动、转向等多系统协同控制，实现敏捷转向、减小制动距离、车辆动态（横摆）控制等高级功能；基于路面特征的全地形自动识别系统，根据识别结果自动切换减振模式；具备载荷、温度补偿控制及性能衰减检测
- 硬件：实现单电磁阀式减振器为主，具备双阀式电控减振器等及系统的开发能力，实现比例精度更高、响应时间更短、调节范围更大，传感器采用PSI5协议

- 系统：控制软件集成在域控制器或中央控制器中，通过算法优化及高精地图、车路云协同等多种感知融合，减少传感器数量
- 算法：与摄像头、高精地图、车路云协同等多种感知融合，提前识别路面并进行控制
- 硬件：随着对响应速度需求的提高和国内磁流变液技术的突破，磁流变减振器成本降低，或与电磁阀式减振器并存，同时双电磁阀式减振器得到更多应用

图 5-23 智能电控减振器创新行动计划

2030 年：在系统上，控制软件集成在域控制器或中央控制器中，通过算法优化及高精地图、车路云协同等多种感知融合，减少传感器数量。在算法上，与摄像头、高精地图、车路云协同等多种感知融合，提前识别路面并进行控制。在硬件上，随着对响应速度需求的提高和国内磁流变液技术的突破，磁流变减振器成本降低，或与电磁阀式减振器并存，同时双电磁阀式减振器得到更多应用。

3.2 智能空气悬架

3.2.1 背景

智能悬架不但需要做到阻尼连续可调，同时也需要对车身高度进行调整，图 5-24 所示为可调节车身高度的智能悬架类型。空气悬架通过对空气弹簧的充放气实现对车高的升降，空气压缩机作为动力源，储气罐作为蓄能器。空气悬架可以可分为开式和闭式，闭式升降速度高。虽然空气悬架的舒适性好，但是对于苛刻恶劣的环境适应性不强，适合轿车、城市型 SUV 使用。液压调节悬架是另一种可以调节车身高度的智能悬架系统，主流的液压调节悬架分为 AHC 和 eLevel。AHC 系统通过液压泵驱动实现车高调节，通过液压交联实现主动侧倾控制；eLevel 类似慢主动悬架，但车高调节后可维持车高。液压调节悬架的在举升过程中阻尼力增加，舒适性会受影响，但环境适应性强，适合越野车，需要定期保养维护。

类型 I	类型 II
空气悬架	液压调节悬架（AHC、eLevel等）
• 通过对空气弹簧的充放气实现车高的升降，空气压缩机作为动力源，储气罐作为蓄能器 • 可分为开式和闭式，闭式升降速度高	• AHC：液压泵驱动实现车高调节，液压交联实现主动侧倾控制 • eLevel：类似慢主动悬架，但车高调节后可维持车高
舒适性好，但对于苛刻恶劣的环境适应性不强 适合轿车、城市型SUV使用	典型结构举升阻尼力增加，舒适性会受影响，但环境适应性强 适合越野车，需要定期保养维护

图 5-24　智能悬架高度调节的形式

智能空气悬架技术从诞生以来，伴随着汽车电子、控制技术、材料成型等先进技术的迅速发展，智能空气悬架技术日趋成熟。随着各大汽车品牌，特别是自主品牌在中高端车型的布局，无论是提升品牌价值，还是提升车辆性能，智能空气悬架已经成为主机厂不可或缺的技术，中高端车型配置智能空气悬架已成为行业趋势。伴随着新能源汽车、智能驾驶的发展，智能空气悬架也将产生更多的功能扩展及应用价值。

智能空气悬架有两大核心优势：舒适性提升和车身高度调节。车身高度调节功能又可以实现通过性、行驶稳定性、经济性这三项性能的提升。

1. 舒适性提升

空气弹簧的特性带来了低偏频的设计空间，对舒适性提升非常有利。同时，配置阻尼可调减振器，通过阻尼调节弥补瞬态工况下低偏频带来的不利影响。对于空气悬架，采用多腔式空气弹簧，可通过调节空气弹簧体积实现刚度可调，如图 5-25 所示。

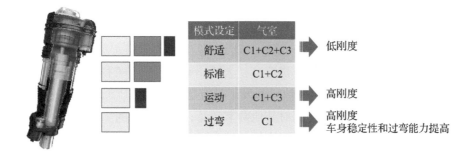

模式设定	气室	
舒适	C1+C2+C3	低刚度
标准	C1+C2	
运动	C1+C3	高刚度
过弯	C1	高刚度 车身稳定性和过弯能力提高

图 5-25　多腔式空气弹簧的多级刚度可调

2. 车身高度调节

通过气囊的充气、放气调节车身高度。车身升高，提升了车辆的通过性能，进行避障及通过一些越野路况；车身降低，质心下沉，提升了车辆的行驶稳定性；同时，风阻得到改善，从而提升了经济性。

综上所述，智能空气悬架的核心特点是主动力的产生不依赖于作动器相对运动速度。这一点可使其在任何驾驶工况通过直接施加垂向载荷影响车辆载荷转移特征。采用全主动悬架的车辆运动控制的维度更多，可有效拓宽车辆可控运动边界。智能空气悬架技术的规划应用不仅是汽车工业发展的必然，对提升车辆质感、高级感，提升品牌竞争力也是不可或缺的。

3.2.2　现状分析

目前智能空气悬架系统的量产项目主要集中在欧美等汽车工业较发达的地区，其零部件产业配套相对齐全，产品成熟度高，关键零部件如空气弹簧、电控减振器、压缩机、控制阀等供应商主要集中在欧洲等地。国内随着新能源汽车的发展，智能空气悬架发展迅速，特别是新势力汽车企业采用智能空气悬架车型的量产，推动了空气悬架产业在国内的发展，孔辉、保隆等供应商迅速成长并取得量产项目的开发。但国内的空气悬架产品水平较国外还有较大差距，系统集成能力较弱，零部件开发经验较少，产品链不全，核心零部件还需通过进口解决。

3.2.3　技术趋势分析

智能空气悬架系统可应用于轿车、SUV、MPV等车型，系统主要零部件有空气弹簧、电控减振器、压缩机总成、控制阀总成、储气罐总成、空气管路、高度传感器、加速度传感器、悬架电子控制单元等。

国外空气弹簧供应商如大陆、威巴克、凡士通等，空气弹簧开发比较成熟，已经在多家主机厂多款车型上量产应用。大陆、威巴克还具有多腔空气弹簧的开发能力，多腔空气弹簧能实现空气弹簧刚度的快速调节。大陆、威巴克还具有系统集成能力，大陆还开发了闭环系统。近几年随着国内主机厂空气悬架项目的开发逐渐成熟，国内空气弹簧供应商如孔辉、保隆等均有量产项目开发。国内产品较国外产品需更多的产品验证，特别在气囊方面，如何兼顾抗疲劳与防爆破，还与大陆、威巴克存在差距。

压缩机总成主要集中在三家国外供应商：大陆、威伯科和安美科。其中大陆还具有用于其闭环系统的集成方案Cairs。威伯科开发了具有增压功能的压缩机总成，可以充分利用储气罐的压力气体。安美科产品相对其他两家产品，具有更大的工作功率。

控制阀总成目前成熟的供应商主要为国外的RAPA，其几乎垄断了控制阀的供应。

智能空气悬架系统既要实现兼顾操控性的同时，极大地提升整车舒适性，又要实现车身高度调节相关的诸多附加功能。系统根据模式选择及路况信息等，主动控制减振器电磁阀实现减振器阻尼调节；控制气路电磁阀及压缩机实现车身的升高降低及悬架刚度变化。对于多腔空气弹簧，通过控制刚度转换阀的开闭，可以实现悬架刚度的快速转换。

同时，受限于当前的零部件资源及设计经验的不足，零部件的设计开发存在周期跟品质上的风险。在系统集成方面，智能空气悬架涉及电路、气路、机械传递等，如何做好系统的集成、匹配同样存在着挑战。智能空气悬架的核心技术可以分为三大块：悬架控制算法、传感器及信号处理技术和执行端硬件技术。

（1）悬架控制算法

对悬架系统控制的研究大致可以分为两大类——理论研究和工程应用研究。

理论研究目前主要限于高等院校等研究机构，研究重点是各种控制算法的收敛性和有效性。主要基于悬架系统的各项理论特性指标（如车体加速度、悬架动挠度、车轮动载荷等）优化控制算法，如模糊神经网络控制、鲁棒控制、自适应控制、滑动模态控制等。

工程应用研究是从悬架系统物理结构实现以及系统实现的成本等角度出发而提出的各种控制策略。如在悬架系统动力学建模中将其假设成理想的线性系统，常见的有天棚阻尼控制、PID 控制、决策控制等。同时从成本的角度出发，在满足所需性能的前提下，尽可能减少悬架系统所需的传感器数量。目前国内主要的几大主机厂以及系统供应商都在进行这方面的研究、开发和验证工作。

（2）传感器及信号处理技术

目前大部分信号处理技术都是针对轮端和车身上的各类传感器的实时信号进行处理的，以此得到车轮加速度、车身姿态、悬架高度变化和路面不平度等参数用于后续的控制算法。该信号处理方式必然存在响应滞后问题，无法最大限度地进行精准控制，由此预瞄控制应运而生。预瞄控制悬架系统是智能悬架中最具发展潜力的悬架系统，通过前轴为后轴预瞄，可以大幅提高响应速度，实现更精准的控制。或者进一步在预瞄传感器研究上取得突破，研制出性能可靠、价格低廉的预瞄传感器，必将使车辆悬架系统性能产生质的飞跃。

（3）执行端硬件技术

目前智能悬架执行机构主要采用液体和气体这两种工作介质，其都具有可压缩性，但这种可压缩性也具有明显的缺点——动作响应滞后。所以如何将执行机构的响应时间、响应频率以及响应精度进行大幅提升，是执行端硬件的关键核心技术。同时在对材料、结构、工艺和稳定性的研究上，也要进一步提升，比如气囊的橡胶材料、工艺，减振器电磁阀的结构可调性、阻尼力一致性，气泵的振动噪声控制等。

目前我国大部分主机厂已成立了多系统联合开发团队，从调研、计算、仿真、试验、调校等多维度进行开发，整合多方资源，实现了从供应商管控到零部件设计开发、系统集成、软件策略开发的突破，已经建立了相对健全的技术规范，初步掌握了智能空气悬架系统及零部件的设计能力。

3.2.4 创新行动计划

如图 5-26 所示，智能空气悬架在 2025 年和 2030 年创新行动计划如下。

2025 年：在系统方面，实现控制软件集成在域控制器中，开式系统为主，升降速度大于 3mm/s，初步应用创新技术，如闭环系统、空气供给单元集成方案等，对智能空气悬架系统功能的扩展及算法进行优化。在算法方面，实现基于路面特征的全地形自动识别系统，根据识别结果自动升降车高。在硬件方面，以单腔式空气弹簧为主，空气压缩机采用直流无刷电机，传感器采用 PSI5 协议。

2025年	2030年
• 在系统方面，实现控制软件集成在域控制器中，开式系统为主，升降速度>3mm/s，初步应用创新技术，如闭环系统、空气供给单元集成方案等，对智能空气悬架系统功能的扩展及算法进行优化 • 在算法方面，实现基于路面特征的全地形自动识别系统，根据识别结果自动升降车高 • 在硬件方面，以单腔式空气弹簧为主，空气压缩机采用直流无刷电机，传感器采用PSI5协议	• 在系统方面，实现控制软件集成在域控制器或中央控制器中，一体化闭式系统大规模应用，升降速度>10mm/s • 在算法方面，与摄像头、高精地图及车路云协同等多种感知融合，提前识别路面，提前进行车高升降，实现智能空气悬架系统与多系统的联合控制，以及与车载智能系统的融合，实现人车交互 • 在硬件方面，实现多腔式空气弹簧的更多应用

图 5-26　智能空气悬架创新行动计划

2030 年：在系统方面，实现控制软件集成在域控制器或中央控制器中，一体化闭式系统大规模应用，升降速度大于 10mm/s。在算法方面，与摄像头、高精地图及车路云协同等多种感知融合，提前识别路面，提前进行车高升降，实现智能空气悬架系统与多系统的联合控制，以及与车载智能系统的融合，实现人车交互。在硬件方面，实现多腔式空气弹簧的更多应用。完成闭环系统及集成化供给单元在实车上的搭载，提高系统利用率，实现轻量化。

4　高集成化分布式驱动

4.1　背景

高集成化分布式驱动是将电机置于车轮轮毂内 / 轮边，取消了如传动轴、差速器、半轴等大量复杂传动部件的颠覆性驱动形式。如图 5-27 所示，轮端驱动的动力结构与内燃

a）内燃机驱动底盘　　　　　　b）轮端驱动电动底盘

图 5-27　内燃机驱动底盘与轮端驱动底盘对比

机传动系统（或者中央电机驱动）完全不同，高集成化分布式驱动系统具有结构紧凑、动力传递效率高、主动安全控制性能好等显著优势，在空间占用和能量损失等方面具有更大的通用性和潜力，是新一代智能底盘的理想驱动形式，也被许多移动出行倡导者认为是未来智能汽车必不可少的解决方案。同时，作为轮端模块的关键部分，越来越多的整车制造商和零部件供应商对其进行开发和测试。

4.2　现状分析

高集成化分布式驱动分为轮边电驱动和轮毂电驱动两种类型，德国采埃孚公司和中国比亚迪公司为代表的轮边电驱动已在城市公交车辆上得到了应用。电动皮卡公司 Rivian 采用 "Quad-motor" 四电机轮边驱动系统，通过四电机的矢量转矩控制系统可实现独立的转矩矢量控制，能够消除转向过度和转向不足，从而在越野和雪地中通过快速机动保持车辆稳定和响应。

在乘用车领域，国外如 Protean、Elaphe、舍弗勒、NSK 也在持续开展轮毂电机领域的研发。其中 Protean 于 2022 年 3 月宣布，其在中国的合资公司无锡威孚电驱科技有限公司已与中国汽车制造商东风汽车的研发部门东风汽车技术中心达成合作，双方将共同推动该公司 ProteanDrive 轮毂电机解决方案的市场推广，如图 5-28 所示。

在欧洲，斯洛文尼亚 Elaphe 已与荷兰电动汽车制造商 Lightyear 建立合作伙伴关系，首款车型 Lightyear 0 在欧洲交付，如图 5-29 所示。除了 Lightyear 0，美国 Lordstown Endurance 皮卡车仍将使用美国俄亥俄州本地制造的 Elaphe 轮毂电机。

图 5-28　ProteanDrive 轮毂电机结构示意图　　图 5-29　应用在 Lightyear 0 上的 Elaphe 轮毂电机

随着高集成化分布式电机技术的不断发展，大量的轮毂 / 轮边电机开发者及其系统解决方案不断涌现，如图 5-30 所示。

近年来，国外也涌现了一些分布式驱动和制动、转向及悬架高度集成的产品。舍弗勒通过轮毂电机和车轮悬架，以及车辆悬架系统和机电转向的执行器进行集成化设计，将驱动装置整合成为一个紧凑的单元，如图 5-31 所示。自动驾驶原型车 Mover 的关键技术就是轮毂驱动中带 90° 转向的转向驱动模块，通过 4 个转向驱动模块，车辆可实现单个车轮的独立转向控制，具有良好的动态操作性。2021 年 10 月，现代摩比斯（Mobis）宣布

轮毂电机供应商		电机供应商		动力传动系统制造商	轴承制造商	轮胎制造商	汽车零部件供应商		滑板底盘开发者
Protean	Elaphe	Nidec	Dana TM4	Neapco	NTN	米其林	舍弗勒	现代摩比斯	REE

• 英国总部 • 供货于 Local Motor 自动驾驶客车 "Olli"	• 斯洛文尼亚总部 • 供货于 Lordstown Endurance • 目标成为乘用车轮毂电机销量第一	• 宣称2023年量产 • 100kW • 32kg（20in车轮）	• Dana Inc.和 HydroQuebec 合作公司 • 中国客车电动车型车轮供应商	• 开发中 • 高转矩需求 • 可支持小尺寸车轮	• 30kW，带同轴减速器 • 可应用于现有转向和悬架系统	• 30kW "active wheel" • 7kg	• 开发中 • 轮毂电机及角模块概念	• 开发中 • 前后轮毂角模电机块概念	• 以色列初创企业 • 分布式驱动模块的滑板底盘正在开发当中 • 目标覆盖乘用车和商用车领域

图5-30 全球分布式驱动开发商及其系统解决方案供应商

在新技术 E-corner 模块的开发中取得了成功，该模块将转向、制动、悬架和驾驶系统集成到一个车轮中。现代 Mobis 计划在 2023 年之前开发一款滑板式底盘模块，通过对 4 个电子转角模块的集成控制，然后将其与自动驾驶控制技术相结合，最终在 2025 年提供专用汽车移动解决方案，从而实现对现实世界车辆性能的优化。REE 是目前备受关注的滑板式底盘领跑者，其开发了全新一代电动汽车平台，该平台是完全扁平、可扩展和模块化的，为客户提供了充分的设计自由。REE Corner 将转向、制动、悬架、动力总成和控制等关键车辆部件集成到轮端模块，如图 5-32 所示。

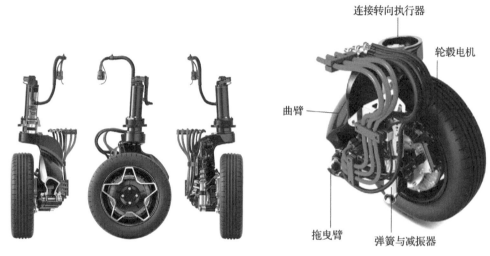

图 5-31　舍弗勒智能转向驱动模块（E-corner）

图 5-32　REE Corner

从技术可行性的角度来说，轮毂电机可采用减速驱动方案，但实际上更多的还是采用直接驱动。正所谓零件越多失效风险相对越大，考虑到车辆基本会采用四个轮毂电机，若采用零件更多的减速驱动方案，则无形中风险也将倍增。由前文可知，虽然轮毂电机在发展的初始阶段的成本较为昂贵，但零件的减少也是技术推动的一个方向。从瞬态性能的角度出发，通过消除齿轮的背冲和机械要求，直接驱动将提供绝对最佳的瞬态转矩率（单位时间的转矩变化），从而确保在滑移控制情况下的使用保真度。从布置空间来看，减速分布式驱动方案的电机直径受限严重，匹配能力减弱，很难有发挥的空间。

目前轮毂电机在城市公交车辆和乘用车上的应用研究日益受到重视，为快速推动轮毂电机产业发展，我国多家汽车企业与国外厂商合资合作。如 Protean、Elaphe、e-Traction 等国际上轮毂电机技术领先的几家企业都有中资企业的身影或者被中资企业全资收购。目前来看，国内乘用车领域的分布式驱动系统及其控制系统产品集成化设计水平仍不够，关键元器件如 IGBT、IPM 等功率模块等仍需依靠进口，在可靠性、耐久性、电磁兼容性、环境适应性方面与国外技术产品相比还有一定差距；而因为可靠性及寿命的评估标准和测试能力起步较晚，产品的设计和制造工艺仍有待进一步完善。目前分布式驱动系统的成本与市场产业化需求相比，差距仍然明显，尚未形成完整的、满足汽车工业标准的供应链体系。

4.3 技术趋势分析

高集成化分布式驱动电动汽车是新能源汽车的重要发展方向，将轮毂/轮边电机安装在轮辋内部或附近，使汽车具有车身布置灵活、结构紧凑、易于实现底盘模块化设计等优点；同时各轮驱动/制动转矩独立可控，具备高机动性和高可靠性，更易实现车辆主动控制。目前采用轮边/轮毂电机驱动系统的分布式驱动电动汽车尚未实现大规模量产，结合分布式驱动系统的特点和相关技术现状，轮边电机驱动系统可能率先在低地板电动公交车、电动载重货车上实现批量应用；而随着轮毂电机驱动系统技术的日臻成熟和成本的日益降低，轮毂电机驱动系统将初步从高性能、高机动性越野车辆及豪华乘用车产业化应用过渡到常规乘用车批量应用。

现阶段电动汽车按照驱动系统布置形式分为集中式驱动布置和分布式驱动布置两种形式。集中式驱动布置形式按照电机数量可分为单电机和双电机两种；而分布式驱动布置形式按照电机安装位置可分为轮边电机和轮毂电机两种，如图 5-33 所示。

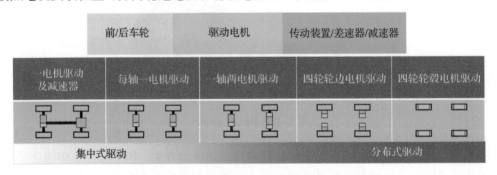

图 5-33 常见电动汽车驱动形式与车辆对应关系

轮边电机的驱动布置形式将对车辆的操纵性和舒适性产生影响，但是在要求较低的商用车行业，轮边驱动电机的优势则变得很显著，它可以大大简化车辆结构，缩短动力传递路径，进一步提高能量的传递效率，使电能得到最大限度的利用。而且轮边电机系统由于其电机安装位置离轮毂近的特点，对后期的维修服务非常友好，所以轮边电机在商用车市场很受欢迎。但其缺点也非常明显，轮边电机的安装，尤其是在后轴驱动的情况下，由于车身和车轮之间存在很大的变形运动，对传动轴的万向传动具有一定的限制，对车辆的操纵性和舒适性将产生影响。正因为轮边电机显著的优缺点，其目前在商用车领域的应用前景远好于乘用车领域。

从车辆动力学的角度，驱动系统以多种形式集成在车辆轮端，必然造成车辆非簧载质量的增加，将车辆的簧载质量和非簧载质量结合分析可知，非簧载质量的增加会对驾驶舒适性产生不利影响，它也使车辆舒适性和操纵稳定性控制更为困难。但可通过调整悬架减振器和加强减振器结构（以管理车身结构中增加的负荷）来减轻其影响。此外，对于某些类型的车辆，如货车和 SUV，它们具有更高的簧载与非簧载质量比，乘客对此类车辆的驾驶舒适性的期望也可能要求较低。2010 年，路特斯工程（Lotus Engineering）公司使用 Protean 公司的轮毂电机改装了一款 2007 年的福特福克斯，每个车轮增加 30kg。通过比较前后操纵稳定性的数据可知，增加的非簧载质量可以用典型的舒适性和操纵稳定性的优化技术来解决。

高集成化分布式驱动的其他关键技术问题，如耐久性、热管理和电气安全等均有待解决。虽然目前还没有出现轮毂电机的大规模生产，但通过验证车辆在研究试验和测试中积累的大量里程数据，研究员们验证了通过确保足够的密封性（防尘、防水和电气保护）和耐腐蚀性能够提高分布式驱动系统的耐久性。在极端工况下（如高温环境且电机被覆盖泥浆的情况下），为保护轮毂电机，避免受制动器的热辐射和电机发热加剧而造成过热失效，许多轮毂电机均采用液冷的冷却方式。电气安全方面，当单个电机失效时，另一侧的电机必须要在几十毫秒内做出反应，防止不利的扭矩转向而造成车辆失稳。尽管以上关键技术问题会对车辆的集成带来挑战，但是在过去的 20 多年里，我国已积攒了足够的设计、开发和测试经验，已为分布式驱动在车辆上的量产应用打下了坚实的基础。

除技术问题外，分布式驱动的应用还受其他几个因素的阻碍。例如，到目前为止，电动汽车的成本才刚接近燃油汽车，具有一定的成本竞争力，但在探索分布式驱动的路上还需要时间。尽管现在电动汽车变得更有竞争力，但是大多数车辆的开发者和制造者均采用独立的动力系统、底盘系统、安全和设计开发流程和模式，难以让分布式驱动的优势在整车上全面发挥。轮毂电机成本虽然比传统电机驱动系统更高，但其在整车层面具备一定的成本优势，因此在选择动力系统时，应对轮毂电机在整车物料（BOM）、供应链和质量管理、开发周期和成本等诸多方面进行综合分析。

高集成化分布式驱动产业发展必须围绕高效、安全、舒适、降（低成）本四个核心原则，产业及总体目标主要如下。

1）突破轮毂 / 轮边电机与制动、转向、悬架和热管理系统整车性能匹配的技术应用难题，解决电机本体与驱动装置（如电机的减速装置）、驱动系统与整车载荷谱匹配问题，实现驱动系统与制动系统（也可能包括转向、悬架）的机械集成，掌握整车运行工况下分布式驱动系统热管理的一般规律，实现高集成化分布式驱动系统效率的显著提升。

2）在整车环境下进行全面机械故障识别、电气安全测试和电磁兼容性法规验证等，对高集成化分布式驱动系统进行全寿命周期优化设计和疲劳寿命验证，提升产品可靠性与耐久性。

3）从悬架匹配设计与参数优化、底盘角模块集成与轻量化、底盘主/被动控制技术等角度进行研究，以实现轮端驱动非簧载质量负面效应的抑制，提升高集成化分布式驱动车辆驾驶舒适性。探究高集成化分布式驱动转矩脉动的抑制途径和方法，实现汽车内外噪声的优化，满足乘坐舒适性要求，完善终端客户的用车体验及产品销售售后服务体系，进一步加强产业化推广。

4）提升高集成化分布式驱动产品关键核心技术的自主化水平，增强关键零部件的国产化能力，形成协同高效、安全可控的产业链，同时降低高集成化分布式驱动产品的成本。

5）通过搭建符合高集成化分布式驱动特性的综合性能验证平台，进一步研究多工况、多功能的独立与耦合试验，形成并完善具有针对性的标准规范，完善高集成化分布式驱动系统的综合性能测试评价体系。

到 2025 年，突破轮端驱动液冷结构与动密封问题、实现低转矩脉动和低噪声的目标，同时驱动系统还具有抗振动冲击能力、环境适应性、高可靠性，可满足整车工况要求；掌握分布式驱动转矩矢量控制关键技术，实现与制动、转向的功能集成；掌握高集成化分布式驱动系统测试技术，形成系统化测试评价标准规范；基本解决高集成化分布式驱动系统上下游产业链的同步配套问题，具备小批量供货能力；在特殊应用场景下（例如在物流配送车上）形成小规模整车商业化应用试点。

到 2030 年，实现分布式驱动底盘深度集成，实现汽车底盘动力学一体化控制并实现量产应用；国内轮毂电机供应链规模壮大，轮毂电机成本大幅降低，具备大批量稳定供货能力；轮毂电机在新能源汽车领域，特别是智能汽车上取得大范围应用，具有 3~5 个量产车型。

4.4 创新行动计划

如图 5-34 所示，高集成化分布式驱动在 2025 年和 2030 年创新行动计划如下。

2025年	2030年
• 高集成化分布式驱动产品在底盘上搭载应用，实现驱动、制动和转向功能集成，探究不同构型的底盘角模块在整车上的集成应用，搭建底盘验证平台 • 在特殊应用场景上，通过轮毂电机的小批量示范应用，验证高集成化分布式驱动系统全生命周期可靠性和疲劳寿命	• 在车辆上实现高集成化分布式驱动在能量利用效率、底盘一体化控制、驾驶舒适性等方面的综合提升 • 探究整车BOM成本、供应链及质量管理成本及后期维护成本等方面的整车降低成本策略，增强分布式驱动关键零部件的国产化能力，进一步降低使用成本，实现在乘用车上的批量应用

图 5-34 高集成化分布式驱动创新行动计划

2025 年：高集成化分布式驱动产品在底盘上搭载应用，实现驱动、制动和转向功能集成，探究不同构型的底盘角模块在整车上的集成应用，搭建底盘验证平台；在特殊应用场景上，通过轮毂电机的小批量示范应用，验证高集成化分布式驱动系统全生命周期可靠性和疲劳寿命。

2030 年：在车辆上实现高集成化分布式驱动在能量利用效率、底盘一体化控制、驾驶舒适性等方面的综合提升；探究整车 BOM 成本、供应链及质量管理成本及后期维护成本等方面的整车降低成本策略，增强分布式驱动关键零部件的国产化能力，进一步降低使用成本，实现在乘用车上的批量应用。

5　智能轮胎

5.1　背景

据公安部交通管理局统计数据，重特大交通事故中，大、中型商用车辆占比超过77%，路面湿滑、弯坡组合等"路"的因素是诱发重特大交通事故的主要原因，其中，危化品运输车、长途客车等高安全等级车辆的安全、平稳运行对行驶路面状态高度敏感。近年来，因路面破损、结冰湿滑等路面异常情况引发了多起安全事故，造成了重大人员伤亡和经济损失。同时，智能驾驶已成为汽车行业战略发展方向，当前智能驾驶汽车传感器均无法实现对路面信息的精确感知，对车辆行驶安全性难以保障。智能驾驶汽车当前在目标感知过程中通常关注环境中的运动物体、交通标识等交通组成元素，普遍采用摄像头、激光雷达、毫米波雷达、IMU 等传感器，形成以视觉感知为主、多种雷达为辅的感知方案。路面状态作为影响车辆运行安全和效率的重要信息，目前相关针对性研究较少，现有感知系统方案也难以对路面信息这一影响车辆行驶安全的关键因素进行精确感知。

轮胎是车辆唯一与路面接触的部件，所有的道路干扰和作用力都作用在轮胎上，轮胎的受力参数、接触状态等信息直接反映了车辆行驶状态和当前路面信息。轮胎与传感器融合形成智能轮胎，能够有效解决路面状态感知不精确问题，大幅提升智能驾驶汽车行驶安全性。智能驾驶汽车目前主要依赖的视觉传感器可基于获取到的图像数据对路面情况（障碍物、坑洼、坡度等）进行初步识别，但却无法获得轮胎与路面的接触状态、受力情况等细节信息，尤其在高速行驶或极端工况下以及雨、雪、雾等恶劣环境下，基于视觉的路面特征预测能力将受到极大影响。而轮胎蕴含了从"触觉"层面对路面特征进行感知的巨大潜力。通过增加轮胎内置传感器赋予车辆触觉感知能力，对基于视觉的路面感知进行触觉层面的信息反馈和融合，对提升极端行驶工况和危险路面条件下的路面实时、精细感知能力具有重要意义。

轮胎智能化是通过在轮胎内部植入传感器芯片，使得轮胎从传统的被动部件变成可感知路面和轮胎本身受力变形的主动部件，从而实现轮胎信息化。轮胎智能化涉及传感器技术和数据分析与管理等，能为车内和外部用户的控制系统提供数据信息，包括对行车速度、轮胎气压、轮胎温度、轮胎磨耗程度和轮胎与路面的附着系数等参数的监测，使其在不同情况下都能保持最佳的运行状态，提高了安全系数。轮胎智能化实现对轮胎以及接触路面的感知，一方面有助于提高行车安全性，例如可降低劣质路面上发生交通事故的风险，智能轮胎感知到的参量也可以作为车辆动力学控制的输入量，对整车动力学控制优化也具有关键作用；另一方面，智能轮胎系统所感知到的路面信息可以与其他传感器如激光雷达、摄像头等测绘的地图进行融合，从而生成全面立体的环境地图。

5.2 现状分析

对于国外轮胎品牌如倍耐力、马牌等，其轮胎准静态的数据采集技术目前已基本成熟，如对载荷、胎压和胎温等数据的监控，同时轮胎传感器电池能耗与寿命也达到较高的高度，但其实时动态数据采集技术，如轮胎力和力矩、附着系数、路面识别技术等，数据算法还在验证与优化，尚不具备应用能力。

国内轮胎品牌如玲珑，当前还处于起步研发阶段，与国外一线品牌存在较大差距。表 5-1 总结了部分轮胎企业 / 品牌当前智能轮胎技术情况。

表 5-1　部分轮胎企业 / 品牌当前智能轮胎技术情况

企业 / 品牌	智能轮胎研发状况	应用情况
米其林	RFID/TPMS 技术，轮胎数据收集监测（胎压、速度、温度、载荷、花纹深度与磨耗等监测，以及定位、轮胎识别）、轮胎数据存储等	部分功能应用（如轮胎识别、胎压监测、胎温监测、载荷监测、磨耗监测、定位等）
马牌	ContiSense 智能轮胎系统技术，轮胎数据收集监测（胎压、速度、温度、载荷、花纹深度与磨耗等监测，以及定位、轮胎识别）、轮胎数据存储等	部分功能应用（如轮胎识别、胎压监测、胎温监测、载荷监测、磨耗监测、定位等）
倍耐力	CyberTire 智能轮胎系统技术，轮胎数据收集监测（胎压、速度、温度、载荷、花纹深度与磨耗等监测及报警，以及定位、轮胎识别）、剩余里程提醒、轮胎数据存储等，轮胎力和力矩监测正在开发中	部分功能应用（如轮胎识别、胎压监测、胎温监测、载荷监测、磨耗监测、定位等）
佳通	轮胎数据收集监测（胎压监测、速度监测、温度监测、轮胎识别）、轮胎数据存储等	部分功能应用（如轮胎识别、胎压监测、胎温监测）
玲珑	轮胎数据收集监测（胎压监测、速度监测、温度监测、轮胎识别）、轮胎数据存储等	部分功能应用（如轮胎识别、胎压监测、胎温监测）

随着传感器集成化程度的提高和制造工艺水平的提升，以及数据智能分析算法的快速发展，将传感器阵列与轮胎进行结合使得对路面状态进行精细化感知成为可能。

当前，国外已实现智能轮胎产品化，针对智能轮胎的研究集中在几家大型的轮胎企业 / 品牌，如大陆、固特异、倍耐力等，这些企业 / 品牌已开始推动智能轮胎在汽车上的应用，并已经开发出产品样机。如马牌开发的智能轮胎，通过轮胎滚动的磨损特性来检测胎面花纹深度，从而确定更换轮胎的时间，也可以通过传感器的监测保持轮胎内的最佳充气压力，延长轮胎使用寿命并且降低能耗，此外，该智能轮胎还具备负载检测功能，这些功能将使汽车行驶更加节能、安全。国外企业研发的智能轮胎目前能够实现对胎压、轮胎损坏、温度的监测以及简单的路面异常识别功能，然而大多依赖独立传感器，对路面信息的采集能力有限，难以实现不同复杂道路工况下的路面状态精准识别。国内针对智能轮胎的研究主要集中在北京航空航天大学、中国科学院、天津大学、吉林大学等院校及机构，以上院校及机构的学者们在智能轮胎传感器布置方式、基于轮胎数据实现对路面类别等信息的辨识等方面开展了研究，但还需要与轮胎厂商开展深度合作，在轮胎与传感器集成化设计制造及产业化应用方面开展深入研究。

5.3　技术趋势分析

随着智能汽车、无人驾驶汽车技术的发展，轮胎作为唯一与地面接触的承载整车质量、提供附着力的零部件，其智能化可使轮胎从传统的被动部件变成可感知路面和轮胎本身受力变形的主动部件，并将其融合到智能汽车发展中，可促进汽车智能化，尤其是自动驾驶技术的发展。目前智能轮胎技术还处于发展阶段，技术应用主要集中在轮胎信息识别、胎压 / 温度监测等较初级领域，较深入的智能化应用尚未涉及。国外轮胎供应商如倍耐力、米其林等企业研发相对较深入，应用水平较高，而国内自主品牌近几年才刚刚涉及或正准备涉及，尚未有较为全面成熟的产品推出。

随着汽车工业的不断发展，整车对轮胎技术的要求也随之越来越高，目前轮胎行业已有的新技术包括低滚阻轮胎、静音棉轮胎、自修复轮胎等，目前主流轮胎品牌技术能力罗列见表 5-2。

表 5-2　主流轮胎品牌技术能力

新技术	米其林	马牌	佳通	玲珑	中策	万力	赛轮
缺气保用轮胎	■	■	■	■	■	■	■
低滚阻轮胎（滚动阻力≤6.5N/kN）	■	■	■	■	■	■	■
静音棉轮胎	■	■	△	△	△	△	△
自修复轮胎	■	■	△	△	△	△	△
免充气轮胎	■	×	×	×	×	×	×

注：■表示已有技术，△表示开发中，×表示无。

目前，结合供应商的能力水平，我国汽车主机厂已推进应用的新技术见表 5-3 所列。

表 5-3　我国汽车主机厂已推进应用的新技术

新技术	应用情况	供应商 / 品牌
低滚阻轮胎（滚动阻力≤6.5N/kN）	已应用	大部分供应商 / 品牌
静音棉轮胎	已应用	马牌、米其林
自修复轮胎	已应用	马牌、米其林
静音棉 + 自修复一体	已应用	马牌、米其林

智能轮胎通过智能传感器系统打通轮胎与整车信息互动，实现轮胎身份信息识别、车辆载荷监测、胎压胎温监控、速度监测、轮胎磨损监控、胎纹深度监控、轮胎力和力矩监测等。通过智能轮胎数据的分析与管理系统，实现轮胎数据采集、换胎预测、远程诊断、异常报警、轮胎使用建议等数据的分析与管理。其中，轮胎身份识别即实现轮胎在生产、库存、运输、使用等环节的自动识别，可提高轮胎管理智能化水平及管理效率；车辆载荷监测即通过轮胎传感器，监测车辆各轮位的轮胎承载质量信息；胎压胎温监控即通过轮胎传感器，监测轮胎实时胎压和胎温状况；车辆速度监测即通过轮胎传感器监控轮胎滚动半径，通过算法计算车辆行驶速度，了解车辆的运行状况；轮胎磨损监控即通过轮胎传感器采集轮胎数据，例如采集加速度信号，识别轮胎振动频率的差异，通过系统算法计算轮胎的磨损情况，并及时进行换胎预警提示；轮胎力和力矩监测即通过轮胎传感器，基于加速度信号，计算轮胎接地印迹的形状，进行轮胎纵向、横向、垂向方向加载力的识别，并通过优化算法实现力和力矩的实时估算。

智能轮胎可以大量地从仿生触觉概念和原理中获得创新来源，在传感机制、数据处理算法等方面对触觉感知过程进行模拟，实现对路面状态的感知。因此，智能轮胎在走向产业化的过程中，需要突破触觉感知理论、信息处理、智能轮胎设计制造等核心理论和关键技术瓶颈，解决智能轮胎系统的集成与应用难题，研制完全自主化的智能轮胎传感器，在未来 5~10 年内取得大量原始创新成果，技术水平达到世界领先。

提升驾驶安全性是智能轮胎的主要应用目标，考虑到仿生感知概念可对智能轮胎相关技术带来诸多启发，本节将智能轮胎的研究和产业化过程归类为两大主题：智能轮胎仿生触觉感知和基于智能轮胎的多感官仿生融合感知。对应于这两个主题，本节将智能轮胎的技术攻关过程分为以下阶段。

阶段一：仿生触觉启发的智能轮胎研发。

这一阶段（图 5-35）主要针对触觉感知仿生设计目标，采用轮胎内置多种基于触觉仿生机制的新型传感器或商用传感器，搭配供电、数据传输和数据处理装置，完成智能轮胎触觉感知系统部署。智能轮胎应当具有针对接触路面和轮胎自身状态的实时、精准识别能力，可用于车辆安全预警和驾驶过程动力学优化，从而减少因道路识别能力、轮胎状态感知能力不足带来的驾驶风险。

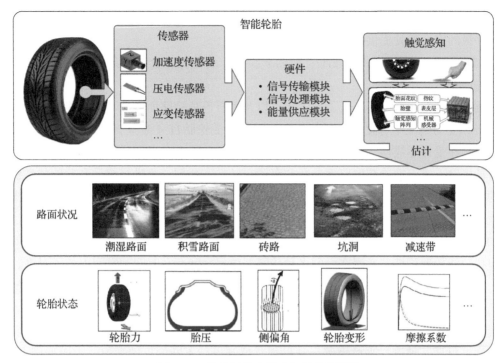

图 5-35　仿生触觉启发的智能轮胎研发

2025 年开发基于多参量感知传感器阵列、具有路面和轮胎状态实时识别能力的智能轮胎产品，实现初步推广和应用。

阶段二：基于智能轮胎的多感官仿生融合感知系统研发。

这一阶段（图 5-36）主要针对当前基于车载传感器的路面状态识别方案存在的感知精度缺陷，研发包含智能轮胎触觉感知在内的多感官、多模态仿生融合感知系统，实现对复杂路面特征的提前精确预测和实时感知，帮助车辆完成面向全地形路面的识别任务，自主判断场景识别需求。

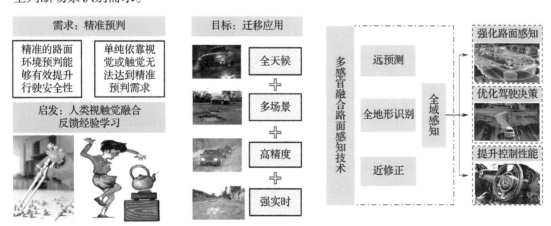

图 5-36　基于智能轮胎的多感官仿生融合感知系统研发

2030 年实现车辆针对不同场景和工况对不同路面状态的灵活自适应识别,为车辆完成更高等级的安全驾驶提供技术支撑。

2025 年智能轮胎关键核心技术:轮胎非线性、多工况、全寿命条件下多维数据采集和特征提取技术。

极端行驶工况和雨、雾、雪等恶劣天气以及砂石等危险路面条件下,智能驾驶汽车的轮胎运行和受力情况十分复杂,且其状态数据特征受轮胎自身寿命及环境影响动态波动,同时轮胎存在受力非线性、材料非线性等特点。对轮胎全寿命周期采集到的多维数据进行有效特征提取,进而准确获取路面参数和车辆行驶状态数据,是进行路面和轮胎状态触觉感知的关键,故需要研究轮胎非线性、大载荷、多工况条件下的多维数据采集及特征提取问题,实现轮胎全寿命多工况下的路面触觉感知。

2030 年智能轮胎关键核心技术:多源数据融合感知技术。

包括智能轮胎传感器数据在内的多种传感器数据之间存在时间和空间上的不对齐,应当着力解决多源信息时空匹配与数据深度融合难题,从而实现基于其他传感器获得的基础路面信息,如障碍物、天气、起伏、坑洼等,并利用智能轮胎触觉感知能力在与路面实际接触过程中识别的信息对基础路面信息进行反馈、修正和补充后对路面进行详细参数预测,如粗糙度、材质、坡度、平整度等,帮助视觉感知进行不断的反馈学习,进而形成全面、准确的路面三维信息。

5.4 创新行动计划

针对智能驾驶汽车目前搭载的感知系统在路面状态信息获取方面存在的信息严重不足问题,在未来 5~10 年间应通过研究人类触觉感知信号传递与处理机制,提出模拟人类触觉的智能轮胎触觉感知机理,弥补车辆对路面状态感知的缺陷,在此过程中应当确保智能轮胎在多工况、大周期、强载荷的工作条件下同样具有较高的触觉感知准确性。为了提升智能驾驶汽车在复杂路况下的全域感知能力,除了对基于智能轮胎的单一触觉感知任务进行探索外,还需充分发挥已有车载传感器提前对路面特征进行全局预测方面的优势,同时弥补视觉路面感知在极端工况、恶劣天气、危险路面等条件下感知的实时性和精准性所受到的限制,最终建立高精度、强鲁棒性的路面状态感知体系,在基于智能轮胎的多感官仿生融合感知方面取得理论、技术和产品上的成果积累。

2025 年应完成基于触觉感知理论的智能轮胎技术初步推广与应用,将智能轮胎应用于整车开发中,实现轮胎身份信息识别以及车辆载荷、胎压胎温、速度、轮胎磨损与胎纹深度的监控,基本实现轮胎与车辆系统的交互。通过探究人类手指表面触觉感受器的工作原理,设计智能轮胎触觉感知元件分布矩阵和集成方案,实时采集行驶状态和道路参数。利用在高强度动态载荷和长使用周期下的智能轮胎输出特性,研究基于深度学习理论的轮胎触觉感知算法,对汽车行驶状态和路面接触情况进行量化表征和特征提取。研究复杂工况下传感器信号噪声处理算法和基于数据分析的信号关键特征提取算法,从时间和空间维度对传感器信号序列进行滤波、重构，消除轮胎实际行驶时的干扰和波动所造成的信号噪声和偏移，提高触觉感知算法的鲁棒性。此外，还应研究基于深度学习的非线性触觉感知算法，探索传感器输出信号的时间序列到行驶状态、道路参数等高维数据的多重映射关系，建立轮胎非线性接触状态下的路面参数智能辨识模型。

2030 年完成基于智能轮胎的多感官融合感知技术研发和应用，实现力与力矩、摩擦系数、路面状态等相关信息采集，通过智能轮胎传感器和算法的优化，以及与车载智能系统的融合，真正实现轮车交互及信息传输，最终用于自动智能驾驶系统。以智能轮胎与车载视觉传感器进行融合为例，可研究以视觉为主、以触觉反馈为辅的感知方案，开展路面特征识别及预测研究。具体而言，在视觉识别基础路面特征的基础上，在轮胎内布置触觉传感器赋予轮胎触觉感知能力，模拟人类视觉感知在先、触觉反馈补充的融合感知机制，探索将智能驾驶汽车视觉识别结果与轮胎触觉信号融合方法。基于视觉、触觉传感器获取到的数据，研究基于多模态特征的视觉 – 触觉感知融合算法，针对基于视觉进行提前、全面路面感知以及基于触觉进行实时、精确路面感知的双重优势，构建复杂工况下的路面参数精准预测模型。针对时间滞后和空间错位对视觉 – 触觉实时融合感知的不利影响，研究视觉 – 触觉信息关联机制，对二者的时间序列数据进行时间域和空间域的重构，分别生成在时间和空间维度上的信息对，建立视觉 – 触觉实时融合算法。在视觉 – 触觉实时融合特征基础上，结合视觉传感器可进行远距离提前识别的优势，建立基于视觉识别结果的虚拟触觉预测模型，实现轮胎实际接触前的远距离视觉 – 触觉融合。以生成路面信息感知闭环为目标，研究远距离视觉 – 触觉融合与实时视觉 – 触觉融合匹配算法，实现对路面三维信息的全面掌握。

综上，如图 5-37 所示，通过算法开发与优化，实现通过智能芯片传感器对轮胎身份信息、车辆载荷、胎压胎温、速度、轮胎磨损、胎纹深度等数据的收集与分析功能，以及解决电池能耗与寿命稳定性、信号电磁干扰与电磁兼容的问题。通过算法升级、传感

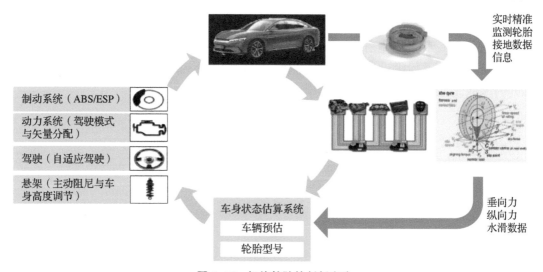

图 5-37　智能轮胎的创新实践

器与算法融合，实现对轮胎的纵向力、侧向力、附着系数、不同路面状态的监测和智能轮胎传感器数据系统与车载智能系统的融合。车辆通过轮胎内置的传感器芯片，实时精准地监测轮胎状态，然后通过系统算法，评估车身当前的状态，同时通过与车载智能系统进行融合，输出至相关联的系统，如制动系统、悬架系统等，各系统基于反馈的数据信息再进行处理调整，最终确保整车的智能化与驾驶安全性。

如图 5-38 所示，智能轮胎在 2025 年和 2030 年的创新行动计划如下。

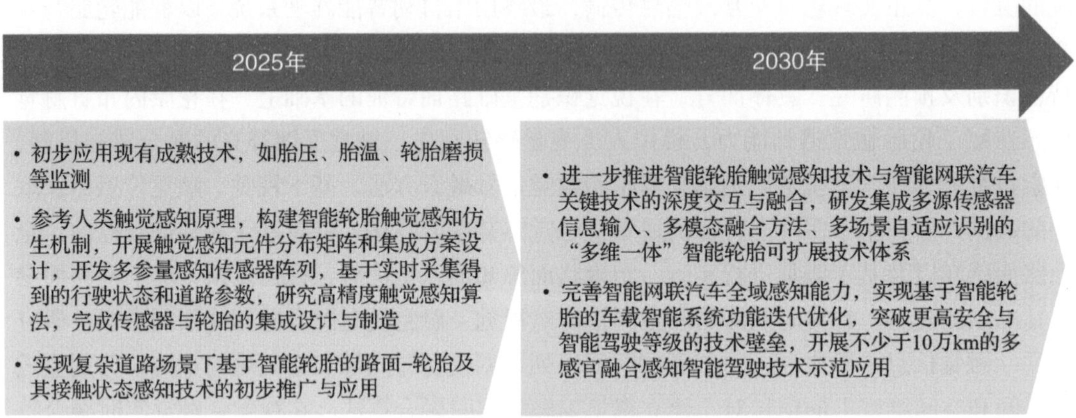

图 5-38　智能轮胎创新行动计划

2025 年：初步应用现有成熟技术，如胎压、胎温、轮胎磨损等监测技术，参考人类触觉感知原理，构建智能轮胎触觉感知仿生机制，开展触觉感知元件分布矩阵和集成方案设计，开发多参量感知传感器阵列。基于实时采集得到的行驶状态和道路参数，研究高精度触觉感知算法；完成传感器与轮胎的集成设计与制造，最终实现复杂道路场景下基于智能轮胎的路面 – 轮胎及其接触状态感知技术的初步推广与应用。

2030 年：进一步推进智能轮胎触觉感知技术与智能网联汽车关键技术的深度交互与融合，研发集成多源传感器信息输入、多模态融合方法、多场景自适应识别的"多维一体"智能轮胎可扩展技术体系；完善智能网联汽车全域感知能力，实现基于智能轮胎的车载智能系统功能迭代优化，突破更高安全与智能驾驶等级的技术壁垒，开展不少于 10 万 km 的多感官融合感知智能驾驶技术示范应用。

第6章
乘用车智能底盘控制

1 智能底盘域控制

1.1 背景

通常意义下，底盘有两个主要作用，一个是承载，另一个是行驶。行驶离不开车辆的主动安全功能以及驾驶乘坐舒适性。底盘智能化以后，对驾乘安全性和舒适性也有了更进一步的要求。近年来，伴随着电子技术、传感器技术和车载网络技术的发展，汽车底盘的主动安全技术及相应的执行机构也得到高速发展，例如防抱死制动系统、主动悬架系统和电子稳定性控制系统等。诚然，随着底盘控制系统的装车率越来越高，这些电子控制系统使汽车的行驶安全性和乘坐舒适性有了显著提高，但伴随而来的底盘多个电控系统间相互耦合导致的冲突也愈发明显。智能底盘域控制作为解决各执行机构耦合冲突问题的有效手段，受到了学术界和工业界的广泛关注。因其充分考虑了各执行系统间的耦合影响，从硬件和软件上对控制目标进行优化处理，根本上解决了各子系统间的冲突，实现了整车综合性能最优。

除前述显著优势外，智能底盘域控制还解决了汽车软硬件升级问题。传统汽车的电子电气架构采用的是分布式结构，功能系统的核心为ECU，因此智能功能的升级依赖于ECU和传感器数量的增加，但由此产生的研发和生产成本也会剧增，并带来安全性降低、算力不足等问题。一方面，ECU数量的激增，对汽车线束长度、传输速度等方面都有更高的要求；同时，在汽车功能开发过程中，单车智能化功能的激增也会导致开发周期大幅增长。另一方面，在现有的分布式架构之下，难以做到众多ECU之间的快速协同升级。更加智能化的功能实现，要求各个执行机构ECU之间进行高效的信息和数据交换，以便应对突发情况保障驾驶安全。但分布式架构下，各个ECU之间通过CAN总线传输，速度有限，难以满足智能汽车内部信息高效流转的需求。智能底盘域控制可以将汽车电子电气架构集中化，将原本孤立的ECU相互融合。在域控制的全新架构下，汽车智能化升级的研发边际成本将逐步递减，从而满足智能汽车迅速发展的需求。

当前，汽车产业正面临电动化和智能化的重大变革，对应产生了更多的功能需求，软件复杂度也逐步提高。SOA（面向服务的架构）、域控制器等一系列新技术应运而生。车辆的整车电子电气架构正面临从多个 ECU 向集中式域控制发展。

1.2 目标及核心技术

1.2.1 产业及总体目标

制动系统和转向系统是智能底盘的纵向和横向执行系统，随着智能化的发展，这两个系统也在朝着各自的技术智能化方向演进。在智能底盘中，制动系统和转向系统除需执行各自独立的控制外，还需进行系统间协调控制，这在传统底盘的构架下无法做到。这是因为，传统底盘的电控系统仍采用分布式电子架构，其核心控制器包括电动助力转向（EPS）系统、电子制动系统（EBS）、电子稳定性控制（ESC）系统等，仍采用单独的控制器进行采样、控制和执行，这使得控制器之间的交互存在诸多困难。一个控制器的变更会引起其他控制器的变更，在此基础上还需采用某一控制器主控、协调其他控制器配合的方式。受限于控制器的外部信号采集能力、运算能力、网络信号交互等影响，无法实现整车底盘复杂的协同控制功能开发。同时，由于底盘控制的核心算法分散在各控制器中，分布式控制器往往需要单独进行标定和开发，限制了整车的平台化策略，大大增加了整车开发成本。因此，智能底盘域控制器的开发势在必行。

针对 2025—2030 年的研究目标，已有主机厂按照中央集中式域控制器思路设计，将车辆的主控制器合并为车辆控制平台、人机交互平台、智能驾驶平台以及互联平台，再外加其他的局部执行器。按照行业对全新一代 E/E 架构开发的共识，首先出现独立 ECU，功能根据 ECU 进行一定程度的分离，功能与 ECU 一一对应；其次出现分域的概念，包括动力系统、底盘、车身等域，同一个域的 ECU 被合并，域与域的交流较少；在此基础上通过控制网关跨功能连接加强域与域之间的联系，可以处理更加复杂的功能，比如自动驾驶；然后出现核心域控制器对功能进行整合，可以实现更复杂的功能；未来出现虚拟域，专属硬件减少，应用以太网加强通信能力，汽车更像是一台高性能计算机。

对于智能底盘，域控制技术将会是一个明显的发展趋势。动力系统域与底盘域随着通信技术的发展已逐渐融合，形成以驱动、制动、转向等系统深度融合的动力底盘域控制器。随着智能驾驶技术的成熟，动力底盘域与智能驾驶域会进一步融合，成为整车的中央域控制"大脑"。域控制融合过程中，相应的电子电气架构也会进行更新和迭代，满足域控制器之间以及域控制器和执行机构之间的通信需求，同时，软件系统也会随之升级。

1.2.2 阶段目标

1）2025 年：底盘横、纵、垂三维协同线控，具备动力学控制全功能冗余备份；实现软件定义底盘，形成标准化软件分离。

2）2030 年：底盘横、纵、垂三维协同控制实现自适应和自学习，全面满足功能安全、预期功能安全、信息安全对底盘软件、硬件、通信的要求；实现高度集成的软件定义底盘，支持 OTA 升级。

1.2.3　分阶段核心技术

2025 年是实现智能底盘域控制的第一阶段，需在传感器信号处理、动力学模型、感知以及分布式架构向集中式架构靠拢等方面进行更深入的工业化探索。利用多源传感器数据对车辆状态、整车参数、轮地接触状态等变量进行高精度、高冗余、低延时的实时估计。估算的参数包含但不限于：载荷估计与预测、质量估计与预测、速度估计与预测、路面状态特征估计、车辆姿态估计与预测。

智能汽车需要大量的、精确的底盘系统信号，然而底盘传感器种类繁多，信号模式和处理方法各异，且大量传感器信号汇入控制器对信号实时处理提出更高要求，因此亟须研究新型底盘域控制算法解决多源传感器信号实时处理、校验与解算等相关问题。同时，当前各类传感器分布较广，各类信号间时序融合造成信号处理上不必要的困难，融合传感器能有效解决问题，提高各类信号的质量。

智能汽车直接前馈预瞄控制和众多车身状态参数估算需要精确的车辆模型，而底盘、车辆及轮胎动力学呈现复杂非线性特性，如何精确快速求解车辆的复杂动力学模型，是保证智能底盘域控制稳步发展的关键核心技术。

智能汽车在复杂场景下需要更高精度的感知能力，以保证类驾驶员视角。研究复杂交通场景下底盘动力学域控制对车辆动力学状态的精确感知与预瞄技术，探索车辆运行动力学稳定边界精确量化机制，消除高复杂、动态交通环境的不确定性，都对智能底盘的落地至关重要。

在这一阶段，需解决部分分布式的功能无法进行融合的问题，以实现驱动系统、制动系统、转向系统和悬架系统的分布式协同控制以及新功能融合开发；同时，需向以功能为划分依据的域控制模式靠拢，软硬件分离，进而形成高集成度的核心控制器和高标准化的低级别控制器组合。

到 2030 年，拟实现整车的驱动、制动（含机械制动和能量回收）、转向、悬架等功能深度融合，开发动力底盘域控制器。在架构上实现软硬件解耦，以标准接口的形式来实现对底盘部件的集成协同控制，并且能够灵活应对不同 ADAS 功能对底盘部件的不同性能需求，消除各功能间的冲突，实现以个性化的驾乘感受和低能耗为目标在轮胎线性区行驶和以车辆稳定性为目标在轮胎非线性区行驶。同时开发统一的能够为自动驾驶域和动力底盘域共享的整车动力学模型；完成底盘域控制器的实时硬件在环（HIL）仿真系统搭建；完成远程驾驶数据和 HIL 系统的联合运行研究。

动力底盘域各系统与整车安全、舒适性强相关，对其健康状态的在线监测可在一定程度上避免车辆驾驶过程中出现失效或性能衰退，因此，车辆的故障自诊断、故障报告功能，可提前告知驾驶员可能出现的故障并提醒驾驶员及时检修，也是提升底盘系统智能性的相关重要技术的一部分。

随着智能汽车时代的到来，芯片算力几何级增长，执行器向智能化演进，极大地推动了车辆朝着集成化控制的方向变革，加快了底盘从单部件单维控制向多部件多维协同控制发展，底盘控制也从分散式控制迈向动力底盘域动力学集成控制。

动力底盘域集成控制的愿景将完成复杂工况下汽车横、纵、垂向动力学的系统特性分析，建立适用于复杂线控底盘系统、动力系统、能量管理系统以及整车系统集成的控制系统架构的设计理论和方法，包括对复杂控制系统的抽象描述和分解，建立各子系统之间的关联和交互，实现多控制功能模块的集成、多控制目标的融合和多控制输入命令的集成，以及极限工况降级处理等；实现汽车横、纵、垂向动力学功能深度融合，提升多自由度控制的整体感，优化驾乘感受，提升操纵灵敏性，帮助车辆入弯，减小驾驶者的操作难度，避免车辆转向不足现象，降低车辆瞬态转向时横摆角速度的波动，使车辆能够快速准确地跟随驾驶员的操纵，极限工况时车辆不失稳。

1.3 现状分析

1.3.1 产品分析

底盘域控制器主要负责具体的汽车行驶控制，主要用于控制转向系统、制动系统、驱动系统以及线控悬架。底盘域内所涉及的控制系统大多都具备较高的安全等级需求，需要符合 ISO 26262：2018《道路车辆 – 功能安全》标准中的 ASIL D 安全等级，因此底盘域具备较高的行业门槛。目前国内多数底盘域控制器仍处于实验室阶段。博世研发的底盘域控制器如图 6-1 所示，ESP/IPB 作为控制器，除集成博世开发的基础软件外，还集成了第三方软件，主要包含了来自底盘域其他控制模块的控制策略软件。

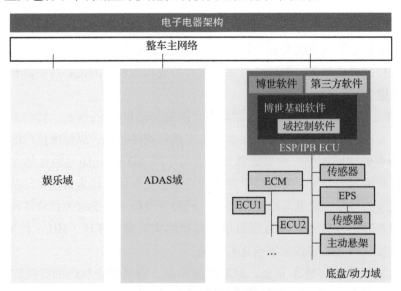

图 6-1　博世底盘域控制器架构

采埃孚的车辆运动控制（VMC）系统是连接车辆驾驶决策层与行驶执行层的中枢运动控制协调系统，目标是利用车辆上所有具备可控裕度的执行器对车辆运动进行联合控制，以期在性能及舒适度上更好、更智能地实现驾驶员预期。对自动驾驶系统来说，VWC 系统则是准确及智能实现轨迹跟踪的重要中枢协调控制部分。采埃孚 VMC 系统通过与自动驾驶的决策层进行交互，可以控制的执行机构层包括前轮转向系统、后轮转向系统、制动系统、动力系统、传动系统和悬架系统，其控制架构如图 6-2 所示。

在人工驾驶场景上，VMC 系统可以实现的功能包括如下方面。1）低速泊车及灵活驾驶：①减小所需泊车位尺寸；②减轻泊车操作负担。2）低速对开路面起步：①减少对开路面起步驾驶员方向修正；②提高起步动力性。3）中速自由动态驾驶：①提高车辆动态操控跟随性；②避免使用制动干预，保持车辆动力性，提高驾驶舒适性。4）高速自由动态驾驶：①提高高速动态操控驾驶稳定性；②延长车辆动态驾驶状态停留时间，避免进入失稳驾驶状态；③避免使用制动干预，保持车辆动力性，提高驾驶舒适性。5）中、高速对开路面制动：①减少对开路面制动时驾驶员方向修正；②提高制动效能。

在自动驾驶场景上，VMC 系统可以实现的功能包括如下方面。1）L2 级全轮转向自主泊车：①自动化敏捷泊车，减小所需泊车位尺寸；②底盘协调控制，以实现对泊车轨迹的准确跟踪和执行。2）L4 级自动驾驶：①对轨迹规划和轨迹分解执行分层，以专业化实施底盘协调控制；②底盘协调控制，以提高对泊车轨迹跟踪和实现的准确性；③在自动驾驶系统进行动态驾驶时（如紧急避让），可实现对车辆状态和可用避险能力更准确及更大裕度可行性的感知及执行。

大陆提出了底盘域控制器的三层架构，分别为多域融合控制器、动力及底盘域控制器和底盘域控制器，如图 6-3 所示。对于多域融合控制器，采用算力高于 10000 DMIPS[⊖]的计算内核，功能安全等级可以达到 ASIL D 等级，支持多路千兆以太网、CAN、FlexRay 和 LIN 等多种车载通信协议。对于动力及底盘域控制器，采用算力高于 4000 DMIPS的计算内核，功能安全等级可达到 ASIL D 等级，支持以太网、FlexRay、CAN 和 LIN 等车载通信协议。对于底盘域控制器，算力可低于 4000 DMIPS，功能安全等级达到 ASIL D 等级，可支持单通道百兆以太网、FlexRay、CAN 和 LIN 等车载通信协议。

目前主流的底盘域控制器架构可分为三种：分散控制结构（图 6-4a）、集中控制结构（图 6-4b）和分层 - 监督控制结构（图 6-4c）。分散控制结构指的是传统分散式 ECU 的开发模式，即供应商 A、B、C 和 D 分别负责对应汽车性能指标（驱动、制动、操纵稳定性和平顺性）的开发，相应的传感器、ECU 和执行器也由对应供应商提供，汽车整车制造企业（OEM）只负责对驱动、制动、转向和悬架系统的整车集成。集中控制结构指的是汽车整车制造企业和供应商同时对车辆的综合性能进行开发，车辆综合性能将体现为对驱动、制动、操纵稳定性和平顺性的综合协同控制，由传感器感知的车辆状态将反馈到车辆动力学全局控制器，控制指令将分别发送给驱动、制动、转向和悬架的执行器。车辆的分层 - 监督控制结构将由汽车整车制造企业提出整车综合性能，执行器的控制策略需上移至车辆动力学协调控制器，供应商 A、B、C 和 D 分别开发驱动控制、制动控制、转向控制和悬架控制，汽车整车制造企业将控制策略进行域控制器动力学集成和整车测试评价。

⊖ DMIPS（Dhrystone Million Instructions Executed Per Second）表示处理器在运行 Dhrystone 测试程序时每秒执行百万条指令，用于处理器整型运算性能的测量。

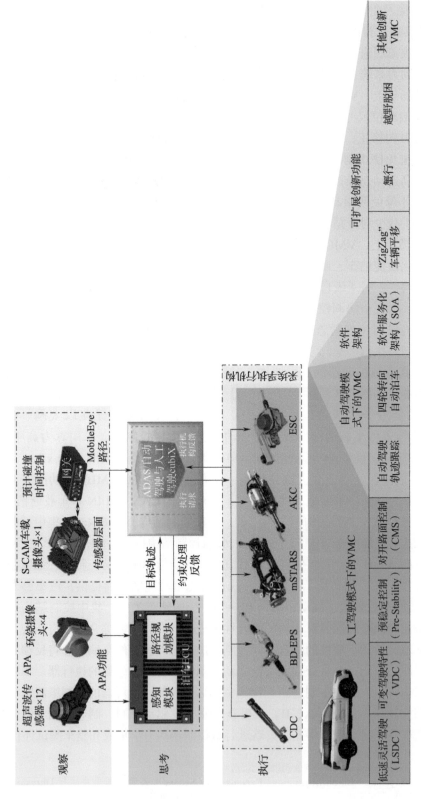

图 6-2 采埃孚车辆运动控制架构

高性能的安全及运动计算平台 多域融合控制器	› 微处理器(S32G-274)+(微控制器) › 可选的SoM接口 › >10000 DMIPS › 可达到 ASIL D等级 › 面向Autosar Adaptive/Classic（AP+CP）的软硬件预集成嵌入式解决方案 › 通信协议：多通道 Gb级以太网、CAN、FlexRay、LIN	Autosar Adaptive平台
安全及运动主控制器 动力及底盘域控制器	› 微处理器(S32G-338) › >4000 DMIPS › 可达到 ASIL D等级 › Autosar Classic平台 › 通信协议：以太网、FlexRay、CAN、LIN	
底盘域ECU 底盘域控制器	› 微处理器(Aurix) › <4000 DMIPS › 可达到 ASIL D等级 › Autosar Classic平台 › 通信协议：单通道百兆以太网、FlexRay、CAN、LIN	Autosar Classic平台

图 6-3　大陆底盘域控制器发展路线图

注：SoM 是 System-on-Module 的缩写，是在随时可投入生产的单块印制电路板上提供嵌入式处理系统的各种核心组件，包括处理器内核、通信接口和内存模块等。

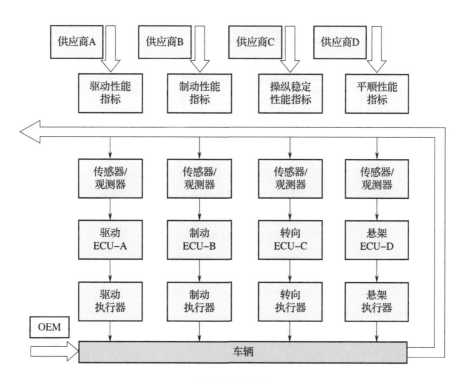

a）分散控制结构

图 6-4　车辆动力学协调控制器架构

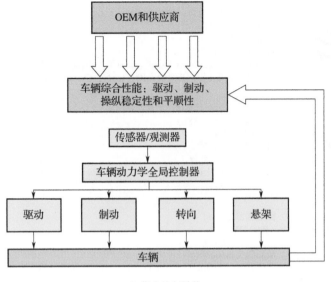

b）集中控制结构

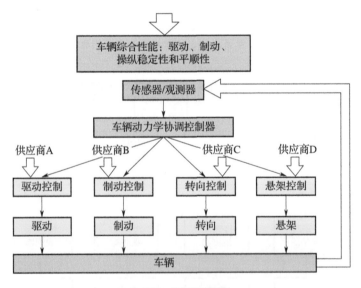

c）分层 - 监督控制结构

图 6-4　车辆动力学协调控制器架构（续）

1.3.2　技术分析

　　底盘域控制技术多停留在理论阶段，少数供应商如采埃孚、大陆等，也仅处于在对域控制架构的规划阶段，国外厂商产品主要包括博世集成式车辆动态控制（IVC）系统、采埃孚 cubiX® 底盘一体化控制器和保时捷 4D 底盘控制系统。特斯拉已经迈入了将分布式的 ECU 通过中央计算机统一控制并进行跨域融合的阶段，并可实现一些全新的融合功能开发。

为实现底盘域控制，可采用传感器上移至域控制从而减少线束成本的方案，通过以太网实现 ADAS 域和底盘域的融合与信息交互。智能驾驶辅助系统通过将纵向、横向与垂向控制请求发送至底盘域控制器，进而对线控制动、电机转矩控制、线控转向与电控主动悬架进行控制，各个子系统分别具备冗余设计方案。若底盘域控制完全失效，ADAS 仍可以通过与线控制动、电机转矩控制、线控转向及电控主动悬架的 ECU 进行交互，实现全场景的冗余控制方案。

为实现以上目标，同时需要对底盘域三个部分在不同发展阶段所使用的主要芯片方案进行评估分析，并逐步推进国产化。

1. 底盘域控制器决策部分

决策部分包括车规 MCU 以及相应的通信接口芯片。MCU 目前的供应商主要是国外芯片厂家，如 ST、Infineon、NXP、Renesas 等，以及国内芯片厂家，如芯旺、杰发等。目前 MCU 芯片大部分是 32 位 120MHz 主频，支持功能安全等级为 ASIL B 或以上等级；第二阶段 MCU 将提升至双核 300MHz 主频，每个域由域控制单元（DCU）控制，DCU 作为域网关，并连接到集中式的 DCU 控制系统。底盘和安全域控制器是连接集中式网关到本地应用（包括电动制动助力器、电子稳定控制和电子驻车制动器）的网关。第三阶段 MCU 可支持三核 400MHz 主频，以 ASIL D 为安全等级目标。除了改进算力和减少对线束的需求，还需支持通过 OTA 升级和扩展提供安全性，以适应底盘和安全域中的新应用，更好地适应辅助驾驶及自动驾驶的安全目标。

通信接口目前主要采用以太网（AVB/TSN）、CAN/CAN-FD/CAN-XL、FlexRay 等多种车载通信协议，还包括 PSI5 外围传感器接口作为汽车传感器应用的接口，支持 125kbit/s 和 189kbit/s 的数据传输速率。目前车规 CAN 协议芯片主要方案来自 NXP 和德州仪器，国产厂家芯力特和赛卓正在发力车规部署，PSI5 接口芯片主要来自 ST 和 AMS。

2. 底盘域感知部分

底盘域不同零部件对传感器有角度、位置、速度、电流、加速度、角速度等精确数据采集需求，为决策系统提供可靠的支持。表 6-1 统计了第一阶段底盘域主要零部件所需传感器。

表 6-1 底盘域感知传感器

零部件	分类	描述
EPS	感知	方向盘扭矩转角传感器
EPS	感知	电流传感器
ABS	感知	轮速传感器
EPB	感知	车灯位置传感器

（续）

零部件	分类	描述
EPB	感知	电机速度反馈
ESC	感知	轮速传感器
ESC	感知	6 轴惯性模块：3D 加速度传感器和 3D 陀螺仪
EBB	感知	轮速传感器
EBB	感知	制动踏板传感器

以轮速传感器为例，第二阶段系统方案的发展趋势是从现有大部分方案中采用 TLE4941、SC9641 等芯片方案，支持方波输出、PWM 输出、轮速和方向检测，并提升至支持 AK 协议输出、支持更多功能安全和故障诊断功能、兼顾胎压检测和自动泊车等应用。第三阶段，为满足自动驾驶需求，国内外芯片公司均提出了冗余双芯片设计方案，以提升安全性。

以非接触式位移传感器为例，在加速踏板和制动踏板上，第二阶段将实现加速和制动功能二合一，并于 2025 年之前实现配合自动驾驶的双冗余功能。为满足新能源汽车的电磁干扰要求，传感技术从霍尔编码器过渡到电感式编码器。第三阶段同时支持离线 OTA 编程技术，满足应用灵活性和更高的安全性。

3. 底盘执行部分

底盘执行部分包括三相栅极驱动、高低边驱动、阀驱动、H 桥预驱动、MOSFET、电源 SBC 等芯片。表 6-2 整理了目前第一阶段底盘域执行器所需传感器。

表 6-2　第一阶段底盘域执行器所需传感器

零部件	分类	描述
EPS	执行	三相栅极驱动器
EPS	执行	MOSFET
EPS	执行	电源 SBC
EPS	执行	高低边驱动
EPS	执行	阀驱动
ABS	执行	三相栅极驱动器
ABS	执行	MOSFET
ABS	执行	电源 SBC
ABS	执行	高低边驱动
ABS	执行	阀驱动

（续）

零部件	分类	描述
EPB	执行	电源 SBC
EPB	执行	H 桥预驱动器
EPB	执行	MOSFET
EPB	执行	高低边驱动
ESC	执行	阀驱动
ESC	执行	H 桥预驱动器
ESC	执行	三相栅极驱动器
ESC	执行	MOSFET
EBB	执行	阀驱动
EBB	执行	三相栅极驱动器
EBB	执行	MOSFET

1.4 路径选择及行动建议

1.4.1 技术路径

我国已经制定了汽车操纵稳定性和行驶平顺性相关标准，但是这些测试评价方法标准相对独立。悬架系统性能的好坏直接影响整车行驶平顺性，转向系统性能的好坏决定了汽车的转向灵敏性、轻便性和操纵稳定性，制动系统的制动效能和制动时的方向稳定性直接影响了汽车的行驶安全性。智能底盘域控制器的技术路径在于综合改善整车动力学特性，技术路径中将会深入研究可控子系统之间相互制约和相互影响的耦合机理，包括用于改善汽车动力学特性的防抱死制动系统（ABS）、主动前轮转向系统（AFS）、四轮转向（4WS）系统和主动悬架系统（ASS）等底盘电控系统。智能底盘域控制研究的技术路径可分为如下两个阶段。

1. 2025年实现面向高级别自动驾驶汽车的底盘域架构

底盘域架构评价方法：研究底盘域电子电气架构评价方法，研究底盘功能分配对硬件、算力、成本、电气复杂度、架构沿用性、扩展性等性能的影响，探索基于功能分配优化、算力集中、高实时、高可靠性、高性价比等多重边界的架构变体评价模型。

底盘域电子电气架构技术：研究面向高级别自动驾驶汽车应用场景的线控底盘分层协调控制硬件及网络架构；基于功能分配和冗余结构分析，开展高集成度的底盘域核心控制器与高标准化的低级别控制器、传感器和执行器等硬件的组织架构研究；基于架构变体评价模型开展多维度、多目标寻优，构建以高速车载以太网为主干网，兼容 CAN/CAN-FD、FlexRay 等协议的新一代高集成度、低时延、高可靠性、高性价比的底盘域架构。

2. 2030年实现冗余线控系统通信

底盘域跨域高速主干网通信技术：研究速率可达 1Gbit/s 的高速车载以太网技术作为底盘域跨域通信的主干网络，开展含 TSN、AVB、SOME/IP、TCP/IP 等通信协议在内的以太网通信协议栈技术研究以及基于 IEEE802.1as、802.1Qav、802.1br 和 802.3bu 等以太网标准协议的以太网快速连接转换、时间同步触发技术，满足底盘域跨域通信的高带宽、低时延要求；开展车载以太网数据传输结构、容错重传机制研究，满足底盘域与智能驾驶域通信的可靠性要求。

底盘域内总线实时冗余容错通信机制：构建网络探索算法及时滞失效分析方法，研究车载总线实时网络调度算法，满足底盘域内通信的实时性要求；研究基于 CAN/CAN-FD、FlexRay 总线的车载总线冗余结构及余度管理方法，进行故障快速切换技术研究，满足底盘域内通信的可靠性要求。

多协议底盘域控制网关技术：研究兼容车载以太网、CAN/CAN-FD、FlexRay 等协议的异构网络路由交换技术，实现底盘域内外多协议异构网络通信。

1.4.2 关键技术指标

2025 年：智能底盘域控制器集成制动、转向、悬架等控制模块；采用高性能 CPU，综合算力不小于 10kDMIPS；线控执行系统控制器硬件失效率不大于 10FIT，诊断覆盖率不小于 99%；具备爬行模式、舒适制动 / 加速、分离路线控制等高级操纵稳定性功能架构；符合 ISO 26262：2018《道路车辆—功能安全》或 GB/T 34590《道路车辆—功能安全》标准。

2030 年：智能底盘域控制器具有可扩展、可升级、高兼容等开放性特点，可应用于不同平台、不同车型；架构设计满足 ISO 26262：2018《道路车辆—功能安全》或 GB/T 34590《道路车辆—功能安全》和 ISO 21448：2022《道路车辆—预期功能安全》标准，具有高可靠冗余防失效机制；主干网络通信速率可达 1Gbit/s，支持以太网（AVB/TSN）、CAN/CAN-FD、FlexRay 等多种车载通信协议，通信时延不大于 1ms，时间同步不大于 1ms。

1.4.3 具体创新行动计划

如图 6-5 所示，智能底盘域控制在 2025 年和 2030 年创新行动计划如下。

2025 年：整合转向、制动和悬架系统的当前行业现状，制定集成式底盘域控制器的需求。先提取归纳各系统分散的需求，然后充分分析各项需求，提出功能指标和功能安全目标，再在此基础上逐级分解为软硬件需求，指导软硬件的设计、验证，最后按照 V 流程进行软硬件样机的开发。

	2025年	2030年
关键技术指标	• 智能底盘域控制器集成制动、转向、悬架等控制模块 • 高性能CPU，综合算力≥10kDMIPS • 线控执行系统控制器硬件失效率≤10FIT，诊断覆盖率≥99% • 具备爬行模式、舒适制动/加速、分离路线控制等高级操纵稳定性功能架构 • 符合ISO 26262或GB/T 34590标准	• 智能底盘域控制器具有可扩展、可升级、高兼容等开放性特点，可应用于不同平台、不同车型 • 架构设计满足ISO 26262或GB/T 34590和ISO 21448标准，具有高可靠冗余防失效机制 • 主干网络通信速率可达1Gbit/s，支持以太网（AVB/TSN）、CAN/CAN-FD、FlexRay等多种车载通信协议，通信时延≤1ms，时间同步≤1ms
创新行动	• 整合转向、制动和悬架系统的当前行业现状，制定集成式底盘域控制器的需求 • 先提取归纳各系统分散的需求，然后充分分析各项需求，提出功能指标和功能安全目标，再在此基础上逐级分解为软硬件需求，指导软硬件的设计、验证，最后按照V流程进行软硬件样机的开发	• 将整车的驱动、制动（含机械制动和能量回收）、转向、悬架等功能深度融合，开发动力底盘域控制器 • 架构上实现软硬件的解耦，以标准接口的形式来实现底盘部件的集成协同控制，并且能够灵活应对不同ADAS功能对底盘部件的不同性能需求，消除各功能间的冲突，实现车辆在轮胎线性区内行驶以个性化的驾乘感受和低能耗为目标，在轮胎非线性区行驶以车辆稳定性为目标

图 6-5 智能底盘域控制技术路线

2030 年：将整车的驱动、制动（含机械制动和能量回收）、转向、悬架等功能深度融合，开发动力底盘域控制器。架构上实现软硬件的解耦，以标准接口的形式来实现底盘部件的集成协同控制，并且能够灵活应对不同 ADAS 功能对底盘部件的不同性能需求，消除各功能间的冲突，实现车辆在轮胎线性区内行驶以个性化的驾乘感受和低能耗为目标，在轮胎非线性区行驶以车辆稳定性为目标。

2 横、纵、垂向运动综合协同控制

2.1 背景

随着对车辆操纵稳定性、行驶安全性和驾乘舒适性的要求不断提高，面向车辆横、纵、垂方向的主动控制技术得到了广泛的研究与应用，例如电子稳定控制（ESC）系统、牵引力控制系统（TCS）以及主动悬架系统（ASS）等。一方面，这些控制功能的引入提升了车辆底盘的控制品质，另一方面，也给底盘控制带来了新的挑战。首先，各功能在动力学维度上相互独立，性能存在干扰；其次，各子系统信息相对独立，状态估计失准；再次，各子功能优化目标相异，决策困难。因此，有必要针对车辆横、纵、垂运动进行综合协同控制。

2.2 目标、关键节点及核心技术

2.2.1 产业与总体目标

随着汽车电动化、智能化及网联化技术的不断进步，分散式底盘系统的各子系统独立控制已经无法满足人们对于汽车驾驶性能日益增长的需求，汽车的底盘控制从传统的横、纵、垂三向独立运动控制平台，逐步过渡到以底盘一体化协同控制为核心的平台。应依托国内主机厂强大的研发资源、整合能力和市场应用优势，搭建基于横、纵、垂综合协同控制平台架构，在国内市场实现整车批量应用，关键技术指标达到国际先进水平，关键零部件实现自主研发。

2.2.2 分阶段目标和关键节点

2025年：实现横、纵、垂方向部分线控化和协同控制，满足L3级及以下等级的自动驾驶需求。线控制动与线控转向实现部分功能交叉冗余。底盘域零部件初步实现联合标定，提高生产装配效率。

2030年：线控底盘完成横、纵、垂三方向的动力学整合，实现自适应协同控制、自适应学习，满足L4级及以上等级的自动驾驶需求，线控制动、线控转向可实现全功能交叉冗余。底盘域全部零部件基本实现联合标定。

2.2.3 分阶段关键核心技术

2025年：横、纵向实现驱动、制动一体化协同控制，实现小规模的独立功能的复合应用，如主动前轮转向配合防抱死制动系统在对开路面缩短制动距离，主动前轮转向系统配合牵引力控制系统在对开路面提升加速性能等，降低驾驶员操作的心智负荷。横、纵向协同进行扭矩控制，增加车辆极限性能，扩展转向特性线性区。

2030年：横、纵向实现驱动、制动、转向一体化协同控制，线控底盘从执行系统升级为智能运动装置，具备较强的集成控制能力。结合横、纵、垂三向控制，实现车辆动态转向辅助，动态消除车辆低频运动，提高车辆舒适性。同时实现高效节能，提升整车能量全局规划能力。

2.3 现状分析

2.3.1 产品分析

国外在智能底盘协同控制的研发方面由于其在传统汽车上的技术积累以及先发优势，已有一定的成型产品。国内一些自主整车企业和零部件供应商从2000年开始进行智能底盘协同控制的研发，虽然与博世等国际巨头仍存在一定差距，但产业尚处于发展早期阶段，还有较大的追赶机会。

国外厂商产品主要包括博世集成式车辆动态控制（IVC）系统、采埃孚 cubiX® 底盘一体化控制器和保时捷 4D 底盘控制系统。

其中，博世集成式车辆动态控制系统主要控制车辆的制动与后轮转向，通过车辆低速时后轮反向转向，缩短转弯半径，车辆高速时后轮同向转向，提升车辆的稳定性。系统采用前馈式控制逻辑，控制器统一对所有执行器发出指令，执行器无需等待控制器的进一步的反馈，整车反应更迅速，同时工作更统一。

采埃孚 cubiX® 底盘一体化控制器作为车辆运动控制的中央协调器，会将接收到的上层控制目标进行分解，通过内部的车辆运动控制算法分解出各个底盘执行器的控制指令，如目标后轮转角、目标制动、驱动力等，进而综合利用各个执行器实现期望的车辆运动目标。cubiX® 底盘一体化控制器对于低速的驾驶工况，主要关注的是如何减小车辆转弯半径，实现更为敏捷灵活的驾驶体验；对于中速或中高速的驾驶工况，更多关注的是兼具舒适和灵活的车辆驾驶特性，提高车辆正常行驶和动态操纵区域的车辆响应；对于更高车速的驾驶工况，cubiX® 的预稳定控制功能配合可变驾驶特性功能，可有效改善车辆稳定性。预稳定控制功能通过对整车横摆的闭环控制，旨在 ESC 介入之前，弥补车辆的不足转向或抑制过度转向的趋势，并尽量使用除制动以外的其他执行器，减少 ESC 介入或推迟 ESC 介入时机，减少驾驶过程中的制动干预，改善 NVH 性能。

保时捷 4D 底盘控制系统则从三个维度（纵向、横向和垂向）集中分析当前行驶条件，计算出有关行驶条件的最佳信息，并持续实时反馈给所有底盘系统部件，以此作为底盘控制的第四维度，从而使得各个系统能够提前对行驶条件做出反应。在动态转弯过程中，电子减振器控制与自适应空气悬架、后轮转向系统相互配合，实现最佳入弯特性、最大的灵活性和稳定性。4D 底盘控制在车辆开始转弯时为底盘系统提供信息，这意味着各个系统能够提前在关键时刻启动，并保障车辆以最快的速度过弯。保时捷的 4D 底盘控制系统除了能够调节车身高度外，更利用遍布于车身各处的感知器来侦测车辆在纵向、横向以及垂向的动态变化，从而调整底盘设定。

国内厂商产品主要包括长城汽车 GEEP 域控制架构和蔚来智能底盘域控制器。

2020 年，长城汽车开发了 GEEP 3.0 的域控制架构，涵盖车身控制、动力底盘、智能座舱、智能驾驶 4 个域控制器，并且目前已经应用到各个车型上。GEEP 3.0 之后是 GEEP 4.0，GEEP 4.0 将整车软、硬件高度整合，其由中央计算、智能座舱及高阶自动驾驶 3 个计算平台，外加 3 个区域控制器（左、右、前）组成。该架构采用 SOA 设计理念，开放标准 API 接口，实现功能可扩展，全面满足用户智能化需求。另外可以支持整车级的 OTA 升级能力，包含动力底盘系统、影音娱乐系统、车身系统、智能驾驶系统等。

蔚来自主研发的底盘域控制器，集成冗余驻车、空气悬架、减振器等控制功能，可以对底盘的舒适性、操控性进行全面调校，并支持 FOTA 升级，迭代更灵活。蔚来底盘域控制器采用全栈自研模式，供应商只供应负责执行的 MCU 和硬件，系统的定义工作由整车企业完成。

随着消费者对产品的要求越来越高，线控底盘已经从简单的电子电控单元逐渐成为联合多方位控制器的智能化载体，不仅要承担制动、加速、转弯这一类基本功能，还需要针对横、纵、垂多维度对多控制器进行协调控制，实现对汽车运行进行更精准的控制，能够更加主动地依据车辆状态和驾驶员操作来制定决策并执行，呈现出逐步电子化、智能化的趋势。

目前国外关于横、纵、垂综合协调控制的技术已经完成布局并开始逐步实现，主要依托于智能底盘域控制器实现多维的精确控制，实现方案多为收集多控制器、传感器的数据信息，然后通过信息解耦，分析不同维度的行驶状态，从结果中计算出最佳行驶状态信息，综合协调不同维度的行驶状态，直接作用于不同的底层控制器。

目前国内的协调控制技术仅仅停留在概念阶段，没有将综合协调控制技术进行落地量产。线控转向、线控制动技术受限于国外零部件大企业的技术垄断，实现智能底盘的基本载体还不完善，还在发展单项线控技术，未将零散的线控技术集合发展，不能综合考虑不同控制器的优劣势，仅仅按部就班地执行头部控制器的控制信息，未全面考虑整车控制器的协调控制。

未来智能底盘的发展，从线控化程度来看，将从过去横、纵向的线控化往未来横、纵、垂三个方向发展；同时，未来智能底盘会具备主动控制，包括自适应学习的能力。目前也有一些企业在研究自适应学习，通过摄像头扫描道路情况，让车辆调整其悬架状态，以轻松应对不平坦路面。从底盘关键技术来看，一方面需要采用高带宽、高传输速率的通信架构；另一方面整个底盘也要实现底盘域的高度集成化，从而实现软件定义底盘。但大多数企业还只是根据简单的速度工况或者道路状况实现对 X、Y、Z 三个方向的线控执行机构进行协同控制，没有进行全工况、全时段的综合控制，协调控制仅停留在单一工况。未来，需扩大工况的覆盖范围，进一步保障车辆的安全性、舒适性、经济性、通过性和平顺性。

2.3.2　技术分析

全线控底盘具有可控性高、精度高、响应快、易于实现底盘模块化设计与主动安全控制等特点，是实现智能驾驶的理想载体。全线控底盘既能利用单个线控系统实现车辆主动安全控制，如主动前轮转向、直接横摆力矩控制和侧倾稳定性控制等，又可通过各线控系统协同控制，进一步提升车辆在极限工况下的操纵稳定性与安全性。但全线控底盘各线控系统之间存在强耦合、多干涉、性能彼此影响、控制相互关联的特点，基于驾驶工况辨识及各线控系统性能优势，通过全线控底盘协同控制提升车辆在极限工况下的主动安全性是学界研究的热点和难点。

基于规则的行驶工况辨识方法逻辑简单、计算量小；基于模型和神经网络的行驶工况辨识方法精度与鲁棒性较高、工况适用性好；而基于多方法融合的行驶工况辨识方法可充分利用各类方法的优势提升辨识精度和工况适用性。

对于底盘协调控制，主动前轮转向（AFS）可以在侧滑角较小的情况下，通过转向角补偿有效地产生所需要的偏航力矩。相比之下，直接横摆力矩控制（DYC）即使在车辆运行在非线性区域时，也可以通过对单个车轮施加驱动 / 制动力直接干预车辆的横摆运动。因此，理想的偏航力矩在 AFS 和 DYC 之间的实时和最优分配一直是许多研究的课题。

横向加速度较小时，车辆侧倾运动常被忽略；然而，车辆侧倾运动引起的载荷转移会严重影响车辆的整体纵向和横向力以及轮胎的侧偏刚度。因此，在危急情况下，车辆的横摆和垂直动力学是显而易见的。基于对车辆侧倾状态的识别，需进一步研究主动悬架系统与差动制动之间的控制权限。

底盘执行器特性也需要充分考虑。底盘协调综合控制中很少考虑动态响应和时间延迟。对于具有多模式的控制策略，不同控制模式之间的频繁切换在鲁棒性设计方面仍然是一个挑战。

对于自动驾驶车辆，可以在轨迹规划模块中生成车辆的理想速度、加速度、横摆角速度和道路曲率，这与驾驶状态识别密切相关。因此，轨迹规划可以在很大程度上帮助全线控车辆进行驾驶状态识别和底盘协调控制。此外，在路径跟踪过程中如何实现底盘协调控制还有待进一步研究。

全线控底盘系统主动安全控制依赖于精确的车辆稳定状态判别，现有的车辆稳定性判断技术主要针对单一的横摆稳定性或侧倾稳定性判断，因此，建立综合反映车辆横、纵、垂多维度稳定状态的归一化判别机制至关重要。

总结来说，全线控底盘系统多目标协同优化控制有助于提升车辆主动安全性，现有研究大多集中于车辆横、纵耦合关系及各线控执行器自身的工作特性对整车控制的影响，应构建高效、高安全性底盘子系统协同控制架构。

2.4　路径选择及行动建议

2.4.1　技术路径

2025 年：实现对驾驶工况的准确辨识和精确的车辆稳定性状性态判别。

2030 年：建立车辆横、纵、垂耦合关系及分析各线控执行器工作特性对整车控制的影响，实现关键驾驶条件下的协调控制、传感器和执行器故障的容错控制以及运动规划的综合控制。

2.4.2　关键技术指标

2025 年：驾驶工况辨识率达到 90% 以上，车辆稳定状态误判率降低到 5% 以下。

2030 年：驾驶工况辨识率达到 97% 以上，车辆稳定状态误判率降低到 2% 以下，建立综合反映车辆横、纵、垂多维度稳定状态的归一化判别机制，容错控制成功率达到 98%。

2.4.3　具体创新行动计划

如图 6-6 所示，横、纵、垂运动综合协同控制在 2025 年和 2030 年的具体创新行动计划如下。

2025 年：建立驾驶工况辨识系统和车辆稳定状态判别方法，综合识别驾驶工况与车辆稳定状态。

2030 年：建立车辆横、纵、垂耦合关系及分析各线控执行器工作特性对整车控制的影响，实现关键驾驶条件下的协调控制，实现基于传感器和执行器故障的容错控制以及基于运动规划的综合控制。

	2025年	2030年
关键技术指标	• 驾驶工况辨识率达到90%以上，车辆稳定状态误判率降低到5%以下	• 驾驶工况辨识率达到97%以上，车辆稳定状态误判率降低到2%以下，建立综合反映车辆横、纵、垂多维度稳定状态的归一化判别机制，容错控制成功率达到98%
创新行动	• 建立驾驶工况辨识系统和车辆稳定状态判别方法，综合识别驾驶工况与车辆稳定状态	• 建立车辆横、纵、垂耦合关系及各线控执行器工作特性对整车控制的影响，实现关键驾驶条件下的协调控制，实现基于传感器和执行器故障的容错控制以及基于运动规划的综合控制

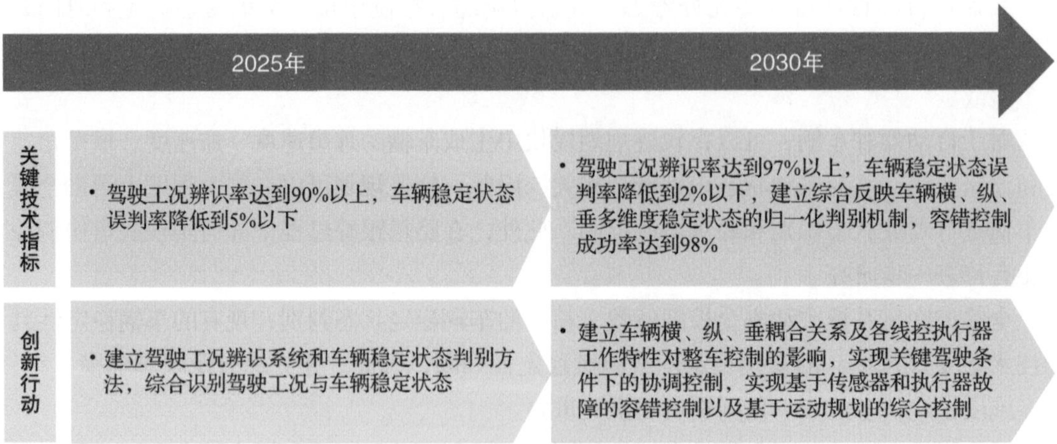

图 6-6　横、纵、垂运动综合协同控制技术路线

第7章
乘用车智能底盘的冗余

1 失效模式及安全机制

1.1 背景

随着电子电气技术、传感器技术和车载网络技术的进步，汽车底盘电控系统得到了高速发展。一方面汽车电子电气架构将迎来升级，汽车架构从分布式向域集中式，再向中央计算式逐渐进化，底盘电子电气架构也正处于从分布式向域集中式过渡的阶段。另一方面线控、电驱动方式逐渐取代机械、液压控制，底盘电子化逐渐崭露头角。同时智能驾驶的发展也对底盘性能和安全性提出了更高要求，一旦某一个执行器发生故障，必须要有冗余备份对当前系统进行接管，确保短时间内继续完成功能的执行。此外智能化也要求系统具有优良的安全机制，保障系统不受侵害。因此，智能驾驶车辆要满足功能安全以及预期功能安全的要求。底盘系统需要提升可靠性，满足智能冗余、功能安全的性能要求，为保证在有故障情况下功能仍正常，要保留冗余可操作性。同时必须保障系统具有物理安全、信息采集安全、传输安全和信息处理安全，具备对相关危害行为的保护机制。

对于智能底盘涉及的线控制动系统，有别于传统的制动系统，一种是仍以液压作为制动力传递源的解耦制动系统，其系统设计尚可考虑应急情况下通过驾驶员的踏板力消除解耦间隙以提供应急制动能力；另一种为电子信号操纵的解耦制动系统，由于驾驶员与终端制动执行部件间已经完全解耦，当制动系统发生单点失效时，驾驶员无法通过体力提供应急的制动能力。线控转向（SBW）系统基本上脱离了机械式的转向，它的信号来源可能是底盘域控制器，也可能来源于自动驾驶，也可能来源于驾驶员方向盘的直接操作，与传统转向方式相比是一套机械去耦的总成。所以对于该类线控系统的失效模式和安全机制要求方面，除需要考虑传统系统正常失效模式和安全机制外，还需要同步考虑替代驾驶员所带来的安全冗余需求。

功能安全定义是"不存在由电子电气系统的功能异常表现引起的危害而导致不合理的风险"。要想避免"不合理的风险"，第一步是要正确地识别风险，并对风险进行 ASIL 等级评估，从而得到相关项的安全目标。有了安全目标后，才能按照 V 模型对相关项进行功能安全开发。因此，危害分析与风险评估是进行功能安全开发的关键一步，为提高复杂系统的可靠性和安全性提供方法与途径。

1.2 目标、关键节点及核心技术

1.2.1 产业与总体目标

智能底盘应能自动获取自动驾驶域的失效状态以及是否持续满足设计运行条件，并能采取风险减缓措施以达到最小风险状态。智能网联汽车应能按照道路交通安全法律法规及有关部门的相关规定安全行驶。智能网联汽车产品准入过程保障要求：应按照整车功能安全开发的相关规定进行功能安全分析，明确功能安全要求；同时，应定义驾驶自动化系统功能安全相关零部件的开发接口要求，明确角色和责任要求，确保在系统、硬件和软件各层级满足整车安全要求。

智能底盘应能自动检测危害系统物理、信息采集、传输和信息处理等方面的行为，并能采取相应的防御、反击、风险减缓、危险提示等紧急应对措施。建立智能底盘系统硬件、软件、操作系统、应用软件和网络等各部分的安全机制措施。建立权限管理、系统黑匣、智能分析、应用处理、软件升级等系统安全保护机制措施。下面从线控制动系统、线控驻车制动系统和线控转向系统的角度分析产业目标。

1.线控制动系统

线控制动系统的总体需求仍与现有的传统制动系统保持一致，现行法规对于制动系统的基本要求仍适用于线控制动系统，涉及乘用车制动系统的主要强制性标准及法规为 GB 21670—2008《乘用车制动系统技术要求及试验方法》以及 ECE R13-H《关于乘用车制动认证的统一规定》。

关于功能安全目标相关方面，对线控制动的行车制动系统部分，主要从表 7-1 所列几个维度评估其安全控制目标。

表 7-1 线控制动的整车安全目标

序号	整车危害	安全目标
1	非预期的减速	车辆非预期的减速应满足非预期减速的安全度量，例如，车辆的减速度值应在某安全范围内
2	非预期的减速能力下降	车辆非预期的减速能力下降应满足非预期减速能力下降的安全度量，例如，应确保车辆的减速能力在某安全范围内
3	非预期的纵向运动	车辆非预期的纵向运动位移应满足非预期的纵向运动的安全度量，例如：在车辆停驶的情况下，应确保车辆纵向位移在某安全范围内
4	非预期的侧向运动[①]	车辆非预期的侧向运动应满足非预期侧向运动的安全度量

①非预期的侧向运动可能是由制动力不均衡、非预期的制动功能激活或丢失而导致车辆偏离预期轨迹。

2．线控驻车制动系统

线控驻车制动系统的安全控制目标评估维度见表 7–2。

表 7–2　线控驻车制动的整车安全目标

序号	整车危害	安全目标
1	非预期的驻车制动夹紧	车辆非预期的驻车制动夹紧应满足非预期减速的安全度量，例如，车辆的驻车制动执行的车速值应在一定的安全范围内
2	非预期的驻车制动释放和驻车能力下降	车辆非预期的驻车制动释放应满足非预期驻车能力丧失和下降的安全度量，例如，确保车辆的驻坡能力在某安全范围内，在驻车制动的情况下，确保车辆纵向位移在某安全范围内

3．线控转向系统

根据对传统 EPS 结构进行失效分析，可以绘制如图 7–1 所示的故障分析树（FTA）。

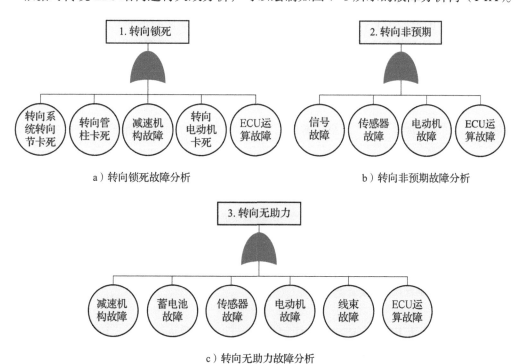

a）转向锁死故障分析

b）转向非预期故障分析

c）转向无助力故障分析

图 7–1　转向系统故障分析树

对于导致失效模式的机械故障，开发中会通过各类耐久、冲击和道路试验等来检测和消除。对于电子器件引起的失效，当前一般根据 ISO 26262：2018《道路车辆—功能安全》的功能安全要求，采用标准化流程进行软硬件开发，分析电控系统并配合安全机制来避免电子器件的失效。

传统 EPS 的 ECU 电控系统框架如图 7-2 所示，主要包含扭矩传感器、主控芯片、电源管理芯片、MOSFET 组成的逆变桥、相线断路器及其预驱芯片、电动机及其位置传感器等。

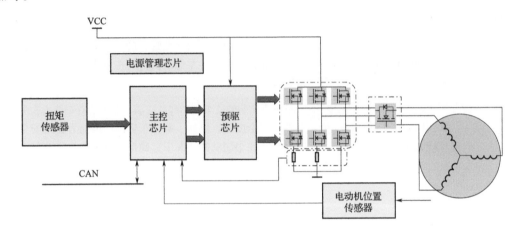

图 7-2　传统 EPS 的 ECU 电控系统框架

根据 GB 17675—2021《汽车转向系　基本要求》，对于该转向系统，需满足以下转向功能安全目标要求（表 7-3）：1）避免转向锁死达到 ASIL D 等级；2）避免转向非预期助力达到 ASIL D 等级；3）避免转向无助力满足 QM 等级。

表 7-3　GB 17675—2021《汽车转向系　基本要求》

序号	整车危害	ASIL 等级	安全目标
1	非预期的侧向运动	D	车辆非预期的侧向运动应满足非预期侧向运动的安全度量[①]
2	非预期的失去侧向运动控制	D	应确保驾驶员对车辆侧向运动的控制能力，相应转向操纵力应满足非预期失去转向控制的安全度量
3	失去助力情况下的转向沉重	QM 或 A	转向操纵力应满足转向沉重的安全度量

①安全度量应基于目标市场来确定。

因此，对于传统 EPS 系统，其中任何电子器件发生严重故障后，EPS 系统都会切断电动机助力，避免 EPS 系统出现转向锁死或者转向非预期助力的状况。系统由电动助力模式切换到依靠驾驶员手动操作的模式，从而使系统处于安全状态。

1.2.2　分阶段目标和关键节点

2025 年：智能线控底盘是实现自动驾驶的必要条件，传统机械／液压系统被精确的电子传感器和电气化执行元件所代替，建立基于域控制器的电子电气架构平台，汽车底盘逐步应用更加智能的物理架构。故障检测、失效缓解措施、安全机制是智能线控底盘应对自身异常或外部危险事件的主要机制与措施。

在故障检测和失效缓解措施方面，建立健全故障形式分析机制和完善故障失效模型，实现精准识别传感器、执行器、系统层和软件层的自身故障，从而降低系统的残余风险。以系统失效识别为基础，清晰明确安全机制的控制逻辑，达到保证安全机制性能的前提下降低冗余部件数量。通过计算机仿真验证、台架试验、整车路试相结合的方式，充分验证智能底盘的集成容错与故障诊断算法成熟度，从而整体提高智能底盘多系统间的功能安全性，提升产品冗余设计，开发高覆盖率诊断机制，提升产品可靠性。

在系统安全机制方面，研究针对物联网、互联网等的安全保护方法，初步建立智能底盘安全保护机制开发理论体系；研究基于智能底盘子域控制器的整车信息安全 E/E 架构，研究基于整车域控制器的信息安全 E/E 架构；研究国家商用密码算法在系统安全中的应用；建立高信息安全机制的系统开发体系。

2030 年：传感器、执行器、控制器朝着高精度、智能化、集成化方向发展。

在失效模式保护方面，进一步优化智能底盘软硬件冗余算法设计，提出多种冗余方式，将冗余技术应用在整个电子电气架构的开发过程中；同时智能底盘能够提前以视觉、听觉或其他可以感知的方式提示技术监督员下达的驾驶操作命令，以满足在 L4 级自动驾驶领域的功能安全要求。智能网联汽车从单车智能化逐步向智能化与网联化相融合的路径发展，该发展路径需要高速无线通信系统、交通信息网络、信息安全等技术协同发展，总线良好的数据容错性能和无线通信的数据安全技术是车路云一体化协同发展的基础。搭建行业标准化的 OTA 系统，建立弹性的 OTA 安全机制，完善软件升级系统架构的安全性。构建汽车电子软件工具链、控制器底层软件产品、系统化电子电气架构设计软件工具和自主车载总线协议技术的成规模的商品体系，实现软件安全技术的自主可控。车辆大部分 ECU 消失以后，中央计算单元支配各种传感器和执行器，建立以计算平台为核心的电子电气架构平台。建立车辆信息的实时监控和上传后台，实时分析车辆工作状态并进行故障安全保护，具备智能提示、主动安全防护和智能救援等完整的安全保护体系。

在系统安全机制方面，完成基于智能底盘安全保护机制理论的智能底盘系统开发流程；建立智能底盘系统安全机制相关标准、试验方法等标准体系。

1.2.3　分阶段关键核心技术

2025 年：根据 ISO 26262：2018《道路车辆—功能安全》标准对线控底盘的使用场景与危险事件进行综合分析，智能网联汽车底盘功能安全必须达到 ASIL D 等级。通过对主要安全机制与措施的研究，确定目前智能网联汽车的关键技术在于传感器、电机、通信网络、控制单元的故障诊断与容错补偿。使用多种算法状态观测器方案对传感器进行主动容错控制，其中双传感器冗余方案是常见的容错控制策略。执行电机的容错控制策略一般采用硬件冗余与软件算法冗余相结合的方式，以保证单一电机失效情况下的系统冗余性能。软件算法采用自适应滤波估计值与测量电流电压值组成的故障特征向量作为故障诊断标准，建立电机诊断与容错控制策略，根据故障特征向量的故障诊断结果，进一步进行角度反馈控制和转矩反馈控制修正来实现容错控制。采用多个 ECU 控制单元并联的形式设计 ECU 容错方案，将控制算法和故障检测算法放在多个控制器中，保证一个控制器出现故障另一个控制器可以及时接管。为了验证容错算法性能，还需要具备智能网联车辆路径跟踪的上层控制功能，实现路径跟踪控制算法的状态反馈和误差控制。

2030 年：智能底盘控制系统由根据驾驶员意图和路况的被动辅助响应，变为根据人、车、路特性进行主动控制。机械/液压系统被精确的电子传感器和电控执行元件所代替，冗余的线控底盘为自动驾驶提供全面的安全保障。为此，智能网联汽车需要实现软硬件分离、全数据的通信和软件 OTA 升级，底盘系统因此要实现软硬件的解耦。底盘系统要跟随新的 E/E 架构逐步实现底盘运动的集中控制，轻量化的系统有利于保障系统的安全可靠。

1.3 现状分析

1.3.1 产品分析

1. 国外产品发展现状

特斯拉在其在售车型上实现了底盘域控制器与智能驾驶系统的信号交互以及传感融合。其保持了原有的动力 CAN 总线和底盘 CAN 总线，额外增添 CAN 总线来实现动力 CAN 总线和底盘 CAN 总线的融合，充分考虑动力 CAN 总线和底盘 CAN 总线关键的交互需求，同时实现网络通信的功能安全冗余，保证通信安全和关键信号的通信速率要求。特斯拉将 ADAS 域作为底盘域的冗余，在底盘域发生故障时，可以控制制动、转向、悬架和驱动的执行。特斯拉自动驾驶控制器拥有两个专用神经元网络处理器，配备两组电源系统和 RAW，可实时进行判断，不需要将数据保存在存储器设备上。在数据采集和处理方面，特斯拉装配大量的摄像头和雷达，并运用 AI 计算和 CNN 计算，通过语义信息处理来实现驾驶员检测和车内外环境感知，以此支撑其先进的自动驾驶和人机交互功能。在智能底盘架构方面，特斯拉采用双电机和三电机结构，线控转向系统内置双层电机绕组，传感器系统配备两个转向角传感器，确保了结构硬件的冗余性。制动系统会检测制动踏板操作，并利用电机产生相应的液压，另外，不进行踏板操作也能产生液压。电机采用双层绕组，匹配双组传感器，两个制动行程传感器，两组微控制器，以此确保冗余性。

2．我国现有产品差距

硬件基础方面，在线控系统机械结构可靠性、机电装置性能、线控系统集成化设计、主要传感器性能及电子控制单元（ECU）研发技术等方面与国外供应商存在差距。软件平台和控制算法方面，在车辆动力学控制以及底层执行系统控制算法的研究上尚落后于国外主要零部件供应商，缺少线控系统的验证经验和充足的可靠性验证数据，且软件开发工具链大多依赖于进口。

在智能底盘系统安全机制方面，行业内主要依托自动驾驶功能安全，确保自动驾驶车辆有应对系统软硬件故障或失效合理控制风险的能力，对智能底盘本身提出了需要建立系统安全机制，特别是信息安全保护的概念，但尚未形成相关具体操作方法和产品。

1.3.2　技术分析

在新型电子电气架构方面，下一代的车载总线具有高带宽、高速率和低延时性，车载通信系统需要具备冗余设计并满足 ISO 26262：2018《道路车辆—功能安全》标准中要求的最高汽车安全性等级，信息安全方面应具备故障诊断和容错控制功能，并满足功能安全与预期功能安全要求。智能驾驶的底盘主动控制接口需要满足底盘集成控制的需求，实现信息互通互用和系统相互协调，达到敏捷的动力学控制能力。未来的发展趋势带来的挑战同样不小，安全等级、可靠性、线控程度和复杂动力学模型计算精度等都是未来需要解决的问题。目前还需要加强国内软硬件的自主可控，逐步扩大国产化线控系统应用，积累线控系统的验证经验和数据支撑，着重进行车辆动力学控制以及底层执行系统控制算法研究，逐步形成完整的国产化软件开发工具链。

1.4　路径选择及行动建议

1.4.1　技术路径

到 2025 年，线控转向需实现冗余 EPS 系统，当前博世、采埃孚都开发了基于 6 相电机或 12 相电机的冗余 EPS 系统。表 7-4 展示了冗余 EPS 系统失效模式下的安全机制。在这些主流的设计中，着重关注以下两点：1）实时监测软硬件故障；2）具备两个以上功能模块相互备份。冗余系统需保证在单侧系统失效的情况下，备份系统依旧可以保证车辆进行降级操作，让车辆可以转移至安全区域。两套系统之间会协同调控，但需在设计上保证不存在相互干涉影响问题，从而实现系统控制的独立性。同时，考虑系统成本的问题，可以从系统甚至整车层面考虑安全机制，从而降低对单个系统模块的要求。

表 7-4　冗余 EPS 系统失效故障容错状态

失效状态	失效器件	故障安全状态
电源失效	电源	有效电源侧提供 50%~100% 的助力需求
ECU 失效	主控芯片、预驱芯片、逆变桥、采样电阻	有效 ECU 侧提供 50%~100% 的助力需求
电机失效	电机	有效电机侧提供 50%~100% 的助力需求
通信失效	MCU 间通信线路、CAN 通信芯片	调整 MCU 交互信息、电机输出 100% 助力需求
传感器失效	扭矩传感器、电机位置传感器	调整 MCU 交互信息、电机输出 100% 助力需求

转向系统在第二阶段的线控转向系统是机械去耦的总成对象，传感器的不稳定性、电子器件失效和数据传输的不准确性都会对转向控制产生显著的影响，因此线控转向系统对电子零部件具有更高的要求，在分析失效模式与安全机制时也应与机械式转向有所不同。

随着电子液压制动技术的进一步成熟，电机的驱动控制技术已基本取得突破，面对电子机械制动（EMB）系统，急需解决的关键技术包括电子机械制动系统的机械可靠性设计、整车稳定性控制技术及形成控制闭环所必需的传感器技术。其系统在安全和容错技术方面重点需要考虑如下几方面内容，见表 7-5。

表 7-5　电子机械制动系统失效故障容错状态

失效状态	故障安全状态
电源失效	有效电源侧至少能提供满足应急制动需求的制动能力
ECU 失效	有效 ECU 侧至少能提供满足应急制动需求的制动能力
电机失效	有效电机侧至少能提供满足应急制动需求的制动能力
通信失效	调整 MCU 交互信息、电机输出至少能提供满足应急制动需求的制动能力
传感器失效	调整 MCU 交互信息、电机输出至少能提供满足应急制动需求的制动能力

对线控转向系统可以从硬件冗余和软件容错两方面进行安全机制分析。硬件冗余方面可参考冗余 EPS 系统的设计方式，采用双侧备份设计。软件容错方面应充分考虑线控转向系统的控制方式，它的控制信号来源可能是底盘域控制器，可能是自动驾驶控制器，也可能来源于驾驶员对方向盘的直接操作。因此，既应考虑整车底盘内的协调控制，同时也应考虑与智能驾驶控制、驾驶员控制方式间的协同和协同方式对各个系统模块安全性要求的影响。

在硬件冗余和软件容错技术应用中应高度重视其互补性。硬件冗余技术能够在硬件层面提升技术可靠性，软件容错技术能够有效减少硬件冗余，在系统空间、成本、控制效果等方面发挥积极作用。

1.4.2　关键技术指标

2025 年：智能底盘控制器故障容错时间间隔（FTTI）达到 10~50ms；执行器全部冗余，全功能系统随机硬件失效率不超过 10FIT；主 – 冗系统切换时间不超过 10ms。驾驶员为动态驾驶任务的后备，当收到介入请求时及时接管全部动态驾驶任务，系统本身需具备冗余。

2030 年：智能底盘控制器故障容错时间间隔（FTTI）达到 1~10ms；执行器部分冗余，全功能系统随机硬件失效率不超过 1FIT；主 – 冗系统切换时间不超过 1ms。系统为动态驾驶任务的后备，驾驶员可选择不接管动态驾驶任务，系统自动执行风险最小化策略；系统至少需具备双冗余。

1.4.3　具体创新行动计划

基于智能底盘支持的整车功能，明确可能的用车场景，建立典型功能对应的车辆使用场景库，场景的确定还需综合自动驾驶等级的发展。识别典型功能的失效模式，并应用危害分析和风险评估方法来评定系统 ASIL 等级，为后续系统和产品设计提供总体目标。

基于典型功能的失效引发的危害事件和场景，研究系统安全状态。安全状态的定义与自动驾驶等级有着紧密联系，驾驶员是否在环，更是直接导致对系统执行的安全状态要求不同，所以需结合自动驾驶降级机制影响下的智能底盘安全状态和危机工况下的安全状态两个维度综合考虑和确定最终适用于智能底盘的安全状态要求。例如配合 L3 级及以上等级自动驾驶使用的智能底盘，应考虑自动驾驶系统的最小系统备份、故障降级处理模式等内容。同时，随着线控底盘的发展，解耦的转向和制动系统可以发挥车辆运动控制中的最大价值，紧急工况的避障控制在解耦后应被赋予更大的控制权限。

基于对危害事件的分析，为确保系统能切实可靠地保证人员安全，需研究各项影响安全的指标参数并考虑阈值定义思路，指标参数和阈值定义得是否合理，直接影响系统能否于存在安全风险时有效发挥作用。影响安全的指标参数，应包含但不限于加速、减速、转向等各车辆运动指标及主 – 冗系统切换时间、备份系统接管成功率、FTTI 等，应综合场景全面考虑。阈值定义思路则从整车实车测试和仿真验证两个方向综合考虑。同时需考虑定义的指标参数和阈值信息的分解，整车层级的要求需进一步分到零部件。另外还需考虑是否对部件性能有进一步的要求，如制动减速度要求、转向系统响应速度要求等。

针对车辆先进通信技术进行研究和归纳，包括但不限于 CAN-FD 和千兆以太网，明确各类通信技术原理、优缺点和典型应用场景，结合智能底盘和自动驾驶发展，总结车辆通信技术发展趋势。同时，考虑基于功能安全的需求，进一步研究通信网络构型，引入冗余设计。另外，除对通信方式的研究外，针对通信内容的保护也应有所考虑，分析可能的失效并根据功能安全等级研究有效的安全机制。对已有系统架构进行进一步细化研究，形成子系统，即各具体零部件架构方案。为实现系统级的架构目标，需对子系统架构设计要点进行研究，并针对各设计要点的具体设计方案展开深入研究，包括但不限于故障监测、故障诊断、故障重构、失效处理，传感器、电源、电机、通信设计和冗余信号接口的标准化、冗余架构的标准化、共因失效的应对策略，以及以服务调用为核心的软件功能等内容，为后续产品软硬件设计提供基础。

如图 7-3 所示，失效模式与安全机制研究在 2025 年和 2030 年的具体创新行动计划如下。

2025 年：建立智能底盘的风险分析库，通过风险分析，制定与智能底盘相关的 E/E/PE 系统的相关安全目标/需求及对应的安全等级（ASIL），并向行业推广；建立预期功能安全对智能底盘风险分析的指导体系，提供具体的分析方法及接受准则，并向行业推广；制定智能底盘的功能安全开发流程，流程可具体落地。

2030 年：形成智能底盘功能安全的评估准则，行业内形成权威性的机构对智能底盘产品的安全性能进行认证；国内智能底盘产品能够满足欧美国家的安全准入条件。

	2025年	2030年
关键技术指标	• 智能底盘控制器故障容错时间间隔（FTTI）达到10~50ms • 执行器全部冗余，全功能系统随机硬件失效率≤10FIT • 主-冗系统切换时间≤10ms • 驾驶员为动态驾驶任务的后备，当收到介入请求时及时接管全部动态驾驶任务，系统本身需具备冗余	• 智能底盘控制器故障容错时间间隔（FTTI）达到1~10ms • 执行器部分冗余，全功能系统随机硬件失效率≤1FIT • 主-冗系统切换时间≤1ms • 系统为动态驾驶任务的后备，驾驶员可选择不接管动态驾驶任务，系统自动执行风险最小化策略；系统至少需具备双冗余
创新行动	• 建立智能底盘的风险分析库，通过风险分析，制定与智能底盘相关的E/E/PE系统的相关安全目标/需求及对应的安全等级（ASIL），并向行业推广 • 建立预期功能安全对智能底盘风险分析的指导体系，提供具体的分析方法及接受准则，并向行业推广 • 制定智能底盘的功能安全开发流程，流程可具体落地	• 形成智能底盘功能安全的评估准则，行业内形成权威性的机构对智能底盘产品的安全性能进行认证 • 国内智能底盘产品能够满足欧美国家的安全准入条件

图 7-3 失效模式与安全机制技术路线

2 转向系统的冗余控制

2.1 背景

在 20 世纪 50 年代，转向系统主要还是以液压形式为主。到了 21 世纪，电动助力转向系统飞速发展，取代了液压转向成为市场主流。在当今汽车发展浪潮下，智能驾驶成为行业一个新的发展机遇，而智能驾驶也对汽车的功能安全提出了更高的要求。转向系统作为汽车横向控制最重要的系统，功能安全等级要求也要相应地提高。L3 级别的 ADAS 系统对转向的安全等级要求至少要满足 ASIL D。

根据 GB/T 34590.5《道路车辆　功能安全　第 5 部分：产品开发：硬件层面》的规定，不同汽车安全完整性等级（ASIL）对随机硬件失效目标值的要求参考表 7-6。

表 7-6　随机硬件失效概率度量（PMHF）评估参考

ASIL 等级	随机硬件失效目标值
D	$< 10^{-8}/h$（10FIT）
C	$< 10^{-7}/h$（100FIT）

由表 7-6 可得，ASIL C 要求的硬件随机失效率在 100FIT 以下，ASIL D 要求的硬件随机失效率在 10FIT 以下。因此，为满足 ASIL 等级需求，转向系统硬件故障率须降低。

而电动助力转向系统故障发生的较多原因是电器元件故障，为规避此问题，有两种思路：一是选择 FIT 值更低的电器元件，此方案下某些元件可能要到军用或者航空级才能达到要求；二是采取冗余设计规避此问题。根据当前行业发展情况来看，转向系统采取硬件冗余设计是降低故障率的首选方案。冗余转向系统是为了满足智能驾驶需求，对 EPS 系统中的关键零部件（TAS、电机、ECU、电源、通信网络）都进行备份设计，如图 7-4 所示。

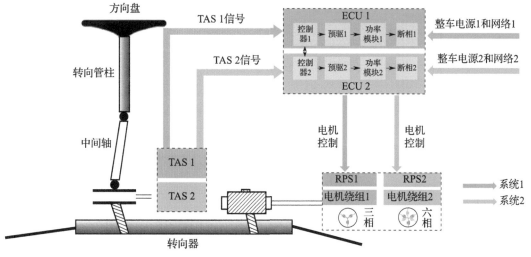

图 7-4　冗余转向系统构型

2.2 总体目标

传统 EPS 系统由扭矩转角传感器、控制器、助力电机等组成。如图 7-5a 所示，其基本工作原理是：扭矩转角传感器测得的方向盘扭矩信号和车速信号一同传输至控制器，经处理器处理和计算以决定助力电机的助力方向和助力电流的大小，从而完成转向助力控制。传统 EPS 系统硬件构成包括一套外部输入接口（电源接口、网络接口）、一个无冗余的扭矩转角传感器、一套控制器及三相电机。传统 EPS 系统失效率为 300~700FIT。

如图 7-5b 所示，冗余转向系统是指在传统 EPS 系统的基础上，对控制系统的硬件和软件采用冗余设计。采用冗余设计的硬件组件有外部输入接口、扭矩转角传感器、控制器、驱动电路、助力电机、电机位置传感器等。

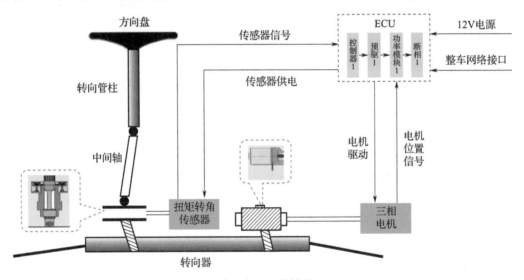

a）非冗余 EPS 系统架构

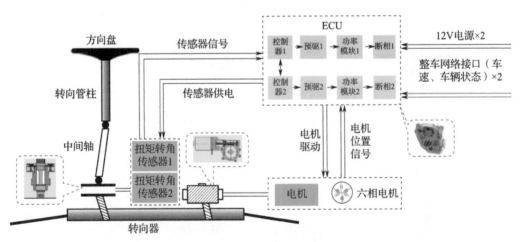

b）典型的冗余 EPS 系统架构

图 7-5　传统转向系统与冗余转向系统对比

到 2025 年，掌握完全冗余转向系统的机械系统及软件的开发等能力，掌握 C-EPS、DP-EPS、BD-EPS 关键零部件以及子系统的关键设计和工艺能力，实现对自主品牌高端车型的配套。

到 2030 年，掌握线控转向多冗余方案的关键技术，满足功能安全和可靠性要求，实现对自主品牌高配车型的配套，帮助实现整车 L4 级智能驾驶的要求。

2.3　现状分析

当前冗余架构的控制模式大概分为三种，见表 7-7，分别为主 - 主控制模式、主 - 从控制模式和主 - 备份控制模式。主 - 主控制模式因两个 MCU 间交互信息少，对前端输入（扭矩转角信号、CAN 信号）一致性处理工作会相对复杂，甚至需通过硬件层级实现，如一个控制器会同时采集两路 CAN 信号等；但是双 MCU 间交互信息少使得该模式对芯片及传输带宽要求不高，且信息交互的功能安全要求较低。主 - 从控制模式需要信息同步技术、故障检测技术、故障仲裁技术和切换技术。因有些信息交互可以通过软件实现，前端输入的硬件架构会相对简单，如果 MCU 间的信息交互量大，会导致对芯片选型及内部通信可承载带宽的要求更高。

表 7-7　转向系统冗余架构

主 - 主控制模式	主 - 从控制模式	主 - 备份控制模式
示意图		
两个 MCU 各自计算并输出扭矩命令，各自输出电机总扭矩需求的 50%；不会对各自输出进行交互，自检故障时自主切断，另一路保持工作；MCU 间交互信息：外部输入信号、校验信息	主 MCU 负责计算及平均分配两个电机的输入扭矩，辅助 MCU 仅实时计算（或仅接收信息），主 MCU 正常工作时，辅助 MCU 计算值仅用于校验；MCU 间交互信息：TAS 信号、电机位置、电机电压电流、温度、扭矩命令等	两套独立的控制电路，当一套失效时，完全切换到另一套

表 7-8 总结了市场上主流供应商的冗余转向系统方案。

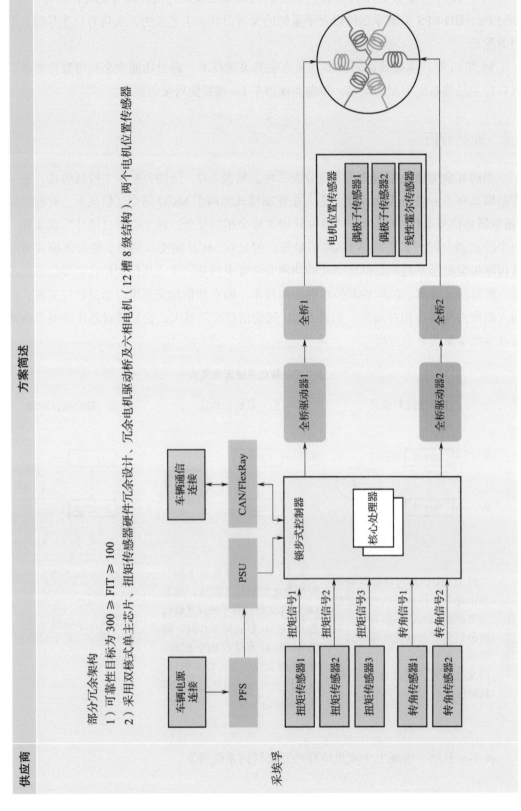

表 7-8　主流供应商冗余转向系统方案

| 供应商 | 方案简述 |

部分冗余架构
1）可靠性目标为 300 ≥ FIT ≥ 100
2）采用双核式单主芯片，扭矩传感器硬件冗余设计，冗余电机驱动桥及六相电机（12 槽 8 级结构），两个电机位置传感器

采埃孚

完全冗余架构

1）失效率目标为 FIT<10，适用于 L3 级自动驾驶，采用扭矩传感器硬件冗余设计、转角传感器硬件冗余设计、处理器芯片（双核式）冗余设计、电源模块冗余设计，车辆接口电路及插接器冗余设计，双驱动芯片、双电机位置传感器、电机双绕组（12 槽 8 极结构）

2）双 MCU 通信形式为 CAN/CAN-FD，预留 FlexRay。交互信息包含通用命令和扭矩需求，同步命令包含通用数据、同步命令和扭矩需求

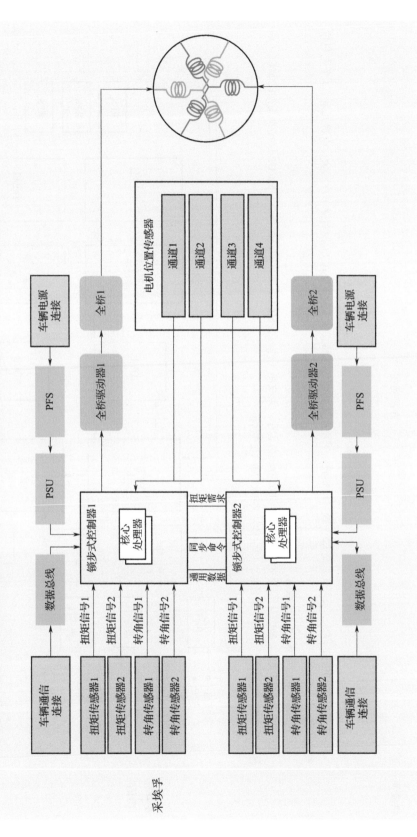

采埃孚

（续）

供应商	方案简述
蒂森克虏伯	部分冗余架构 1）失效率在100FIT以内，支持L2或L2.5级自动驾驶，采用扭矩转角传感器冗余（3+2型式），控制器芯片冗余、电机冗余、3个电机位置传感器 2）双MCU通信形式：CAN通信 3）主-从控制模式：MCU1作为主路芯片，MCU2为辅路芯片，无故障工作时，MCU1计算和分配扭矩，MCU2仅接收及存储MCU1的输入及电源、电压等信息，不做计算，待主路故障时，MCU2接管 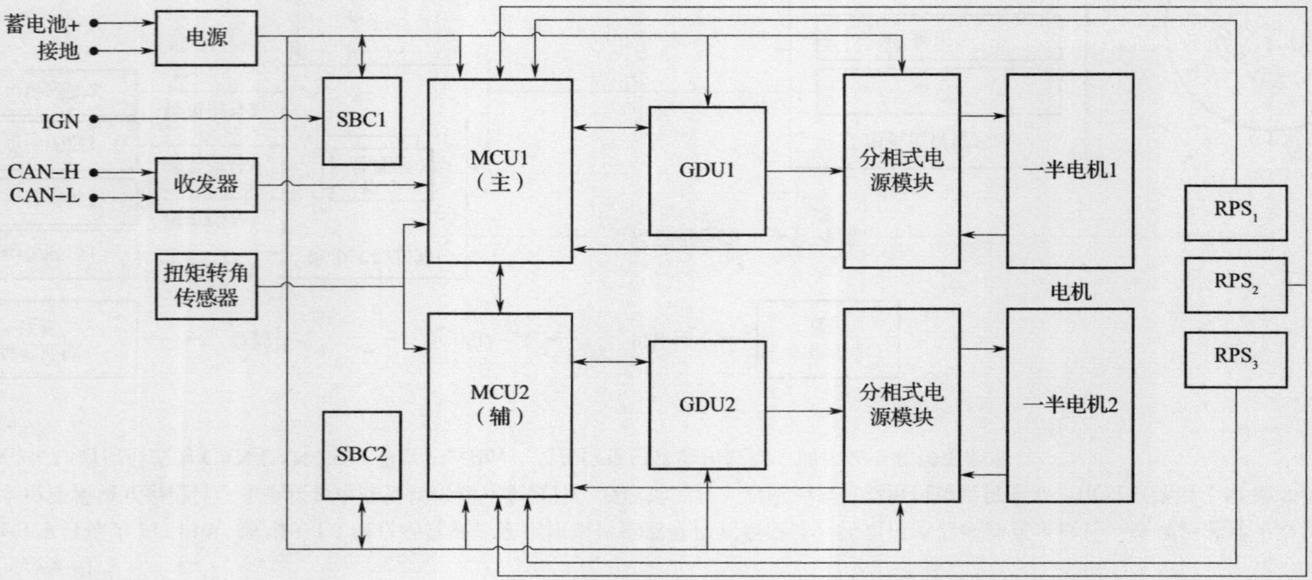

方案示意框图中的主要模块：

- 电源（蓄电池+、接地）
- IGN
- 收发器（CAN-H、CAN-L）
- 扭矩转角传感器
- SBC1、SBC2
- MCU1（主）、MCU2（辅）
- GDU1、GDU2
- 分相式电源模块
- 一半电机1、一半电机2（电机）
- RPS₁、RPS₂、RPS₃

完全冗余架构

1）失效率目标为 10FIT 以内，采用扭矩转角传感器冗余（4+2 型式），控制器芯片冗余、电机冗余、4 个电机位置传感器

2）双 MCU 通信形式：CAN 通信

3）主-主控制模式：MCU1 和 MCU2 各自计算并输出扭矩命令，各自输出电机总扭矩需求的 50%；MCU1 和 MCU2 不会对各自输出进行交互，自检故障时自主切换，另一路保持工作

蒂森克虏伯

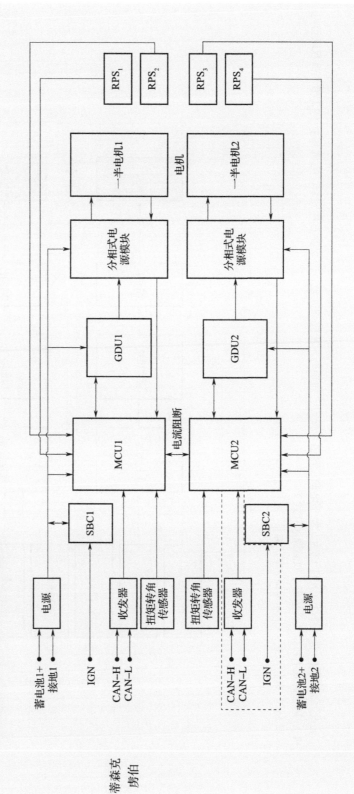

（续）

供应商	方案简述	

完全冗余架构：失效率为 10FIT 以内，整车电源、通信双接口，扭矩转角传感器冗余，控制器芯片冗余，电机冗余（12 槽 8 极双绕组电机），巨磁阻式电机位置传感器（双晶圆芯片式）

双 MCU 通信形式：CAN 通信 / 串口通信

耐世特

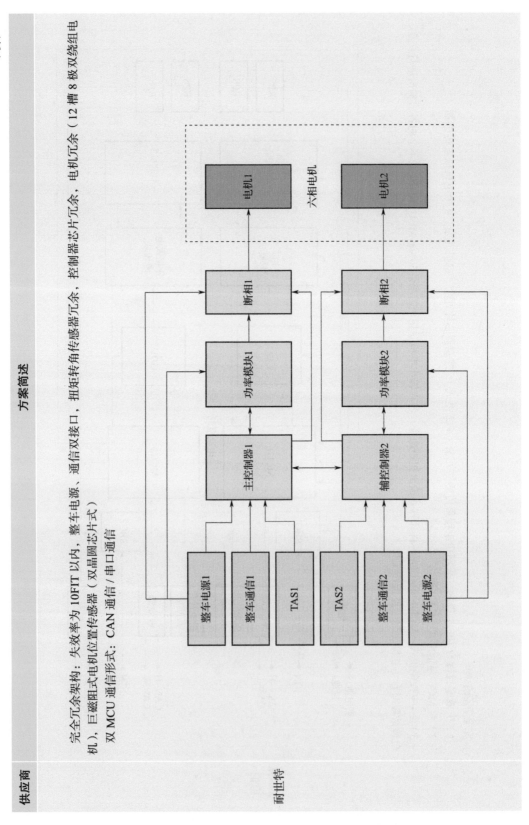

多冗余架构：失效率为 10FIT 以内，采用双电源接口，双整车通信接口，两个扭矩转角传感器，双控制器方案，双驱动模块，双电机位置传感器，十二相电机

双 MCU 通信形式：CAN/CAN-FD 通信

博世
华域

方向盘

扭杆

转向器

CAN_A

电源A

扭矩转角传感器_A

CAN_B

电源B

电源反接切断保护_A

MCU_A

MCU_B

扭矩转角传感器_B

电源反接切断保护_B

预驱_A

预驱_B

预驱_C

预驱_D

功率桥_A

功率桥_B

电机位置传感器_A

功率桥_C

功率桥_D

电机位置传感器_B

电机_A

电机_B

电机_C

电机_D

冗余交互

能量连接

信号连接

机械连接

2.4 路径选择及行动建议

如图 7-6 所示，转向系统冗余控制在 2025 年和 2030 年的技术路线如下。

2025 年：支持自动驾驶等级为 L3 的功能场景冗余，控制器失效率不超过 10FIT。

2030 年：支持自动驾驶等级为 L4 和 L5 的全功能场景冗余，控制器失效率≤1FIT。

2025年	2030年
· 支持自动驾驶等级为L3的功能场景冗余，控制器失效率≤10FIT	· 支持自动驾驶等级为L4和L5的全功能场景冗余，控制器失效率≤1FIT

图 7-6　转向系统冗余控制技术路线

3　制动系统的冗余控制

3.1 背景

制动系统冗余是指当制动系统电子部件发生一处失效时，一套系统制动功能失效，另一套系统可实现全部或部分制动系统功能。制动系统常见的冗余方案为双液压控制单元、双电源、双轮速采集、双 CAN 传输，如图 7-7 所示。

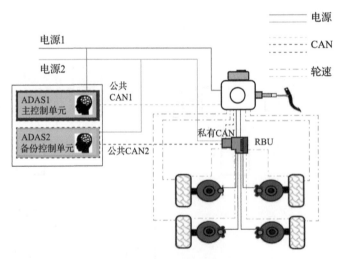

图 7-7　制动系统冗余架构

L3 自动驾驶要求：当检测到系统失效时，要预留一定时间给驾驶员接管。要满足 L3 以上自动驾驶要求，一定要满足冗余设计要求。冗余方案可作为实现功能安全的一个方案，冗余更容易达成功能安全目标。

3.2　总体目标

到 2025 年，掌握电动制动系统、电子液压制动系统机械结构和液压系统拓扑设计，掌握线控制动系统的软硬件开发及冗余备份技术和高效制动能量回收技术，实现集成电动助力、踏板解耦、踏板感觉模拟或补偿、制动能量回收、失效备份、车身稳定控制等功能的"One-box"＋液压备份式结构的线控制动系统。功能安全等级达到 ISO 26262：2018《道路车辆—功能安全》或 GB/T 34590《道路车辆　功能安全》中的 ASIL D 级。

掌握电子机械制动（EMB）系统的机械结构性能和可靠性设计方法，有能力进行常规制动、ABS、ESC、高效制动能量回收功能的控制策略开发及优化，实现样机整车集成及测试，在 2025 年，制动系统的冗余控制至少需要具备 ABS 功能。

到 2030 年左右，掌握线控制动系统的全套软硬件开发技术，能够自主研发具有解耦结构和失效安全功能、高制动能量回收能力、主动建压能力和高精度压力控制能力的集成化线控动系统。集成 EHB 和 EMB 电子控制单元设计，实现 EHB+EMB 的制动冗余技术的应用。

3.3　现状分析

1. 博世IPB+RBU

博世 IPB+RBU 方案是在 IPB 液压传递经过主缸后立即串联接入 RBU，如图 7-8 所示。此方案博世已为捷豹路虎完成开发，目前已经达到量产条件。其中 IPB 液压单元一共包含 14 个电磁阀，其中 4 个保压电磁阀、4 个减压电磁阀、6 个开关电磁阀。6 个开关电磁阀分别是 1 个 TSV 阀、2 个 CSV 阀、2 个 PSV 阀、1 个 SSV 阀。TSV 和 CSV 阀属于常开电磁阀；PSV 和 SSV 阀属于常闭电磁阀；PSV 阀为柱塞隔离阀；SSV 阀为踏板模拟器隔离阀。IPB 液压单元实现基础制动的工作原理是，当驾驶员踩下制动踏板后，其制动请求被踏板行程传感器和压力传感激活装置探测到。控制单元接收到制动请求信号后，控制电磁阀工作，并通过行星轮和滚珠丝杠配合，把无刷电机的旋转运动转化成线性运动，从而推动活塞建立压力。高压制动液经过 2 个主回路进入 4 个轮缸，实现基础制动。在基础制动实现过程中，制动主缸里的制动液不会通过 2 个主回路进入 4 个轮缸，而是在踩下制动踏板后进入踏板模拟器中为驾驶员提供脚感。在基础制动的情况下，驾驶员踩踏板或者松踏板的动作不会引起 4 个保压电磁阀和 4 个减压电磁阀开关变化。如果需要实现 ABS、TCS、VDC 等功能，则通过从活塞出来的高压制动液经过保压阀和减压阀的控制来实现。

正常工作时，RBU 单元不起作用。USV1 阀和 USV2 阀不通电打开，HSV1 阀和 HSV2 阀不通电关闭，制动液在 RBU 模块中按图 7-9 所示的路线流动。RBU 中的电机不工作时不加压。

IPB 失效时，RBU 单元起作用。如图 7-10 所示，USV1 阀和 USV2 阀通电关闭，HSV1 阀和 HSV2 阀通电打开，制动液在 RBU 模块中按图中所示路线流动。RBU 中的电机工作，建压。

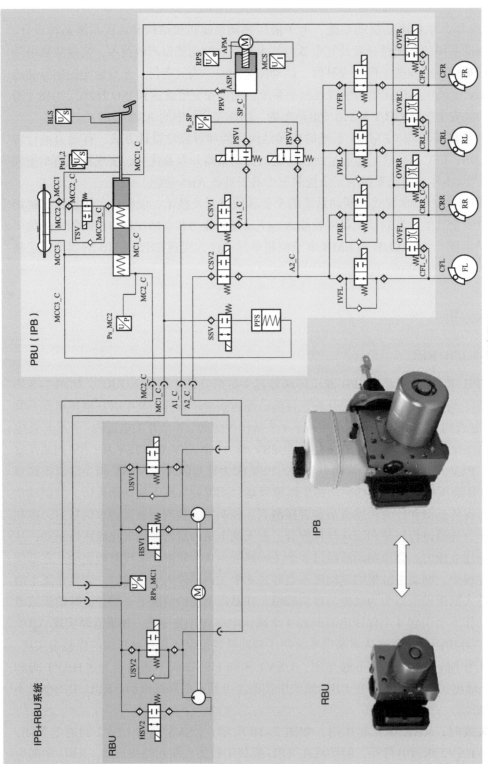

图 7-8 IPB+RBU 系统原理

CSV—回路隔离阀 PSV—柱塞泵隔离阀 SSV—踏板模拟器隔离阀 TSV—测试分离阀 PFS—踏板模拟器隔离阀 ASP—建压腔 PRV—腔室重注阀 APM—建压活塞电机 IVFL—左前进油阀 IVFR—右前进油阀
IVRL—左后进油阀 IVFR—右前进油阀 IVFR—右前进油阀 OVFL—左前泄压阀 OVRL—右后泄压阀 OVFR—右前泄压阀 Ps SP—建压腔室压力信号 HSV—高压阀 Pts—踏板行程传感器 BLS—制动灯开关信号
RPS—转子位置信号 MCS—电机电流信号 Ps SP—建压腔室压力信号 MC—主缸压力信号 CFL—左前制动卡钳接口 CRR—右后制动卡钳接口 CRL—左后制动卡钳接口 IVRR—右后进油阀
CFR—右前制动卡钳接口 MCC1_C—主缸腔室2a回路 MCC2_C—主缸腔室2回路 MCC3_C—主缸腔室3回路 MCC1_C—主缸腔室1号回路 MCC2_C—主缸2号回路
SP_C—建压腔回路 A1_C—建压回路1 MCC1_C—主缸腔室接口 A1_C—建压回路1 A2_C—建压回路2 CFL_C—左前制动卡钳回路 CRR_C—右后制动卡钳回路 CFR_C—右前制动卡钳回路

126

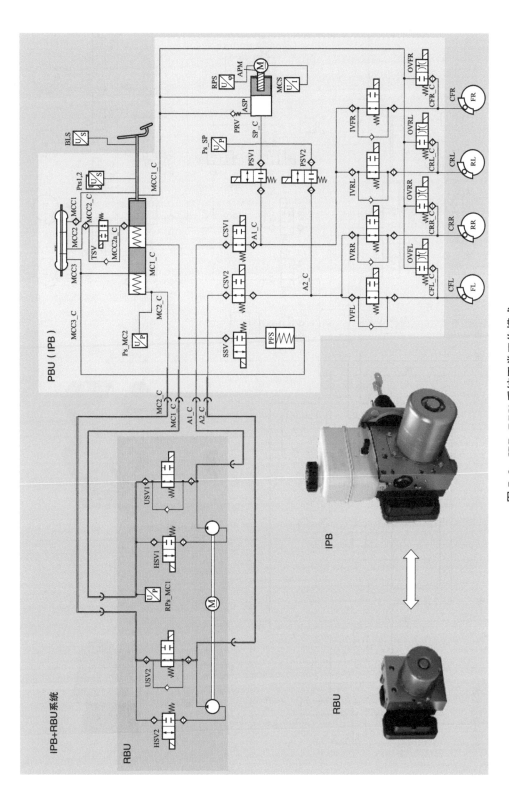

图 7-9 IPB+RBU 系统正常工作模式

注：此图中缩略语参考图 7-8 图注。

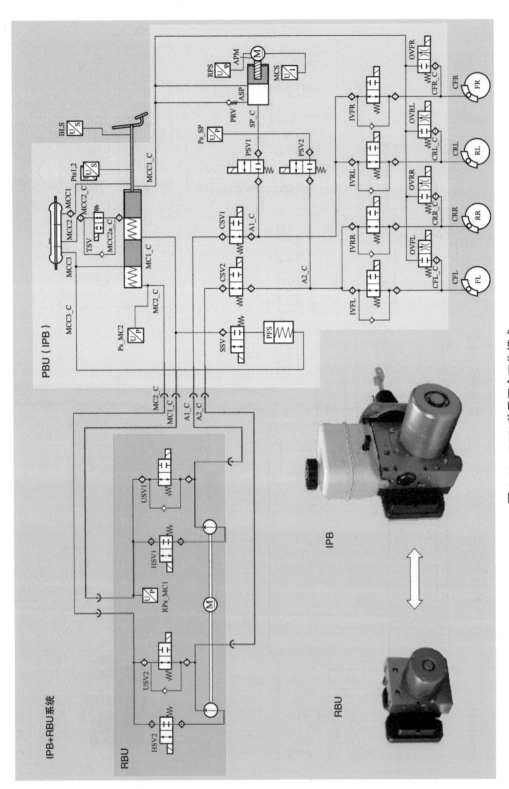

图 7-10　RBU 单元冗余工作模式

注：此图中缩略语参考图 7-8 图注。

RBU 单元与传统 ESP 有很多相似之处，RBU 采用了两进两出的方案，RBU 总共 4 个阀（2 个回路控制阀、2 个高压阀），无储能器，1 个压力传感器，1 个电机，2 个泵；传统 ESP 采用了两进四出，传统 ESP 总共 12 个阀（2 个回路控制阀、2 个高压阀、4 个输入阀、4 个输出阀），2 个储能器（两个回路各一个），1 个压力传感器，1 个电机，2 个泵。

2．iBooster+ESP/ESPhev

该系统由电子智能助力器单元 iBooster 和 ESP/ESPhev 系统组成，如图 7-11 所示。当驾驶员踩制动踏板时，由 iBooster ECU 控制电机转动，再通过齿轮齿条推动主缸活塞，产生驾驶员需要的制动力。图 7-12 所示为

图 7-11　iBooster+ESP/ESPhev 系统

iBooster+ESP/ESPhev 系统原理，iBooster+ESPhev 系统在减速度低于 0.3g 时会打开 ESPhev

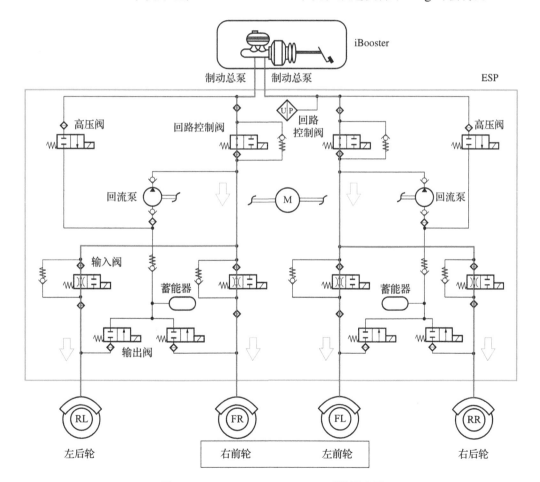

图 7-12　iBooster+ESP/ESPhev 系统原理图

的泄压阀，将 iBooster 产生的液压存储到 ESPhev 的储能器中以实现制动解耦。由于储能器采用的是弹簧活塞原理，所以管路会产生一定的压力，且此压力随着制动减速度增大而增大，即减速度为 0.3g 时此压力达到最大（为轮缸压力），从而造成不能实现能量 100% 回收。目前蔚来、小鹏、广汽等均使用该方案。

3. TRW IBC+SBM

TRW 针对 L3 级及以上自动驾驶需求，推出了 IBC+SBM 系统。分为 IBC+SBM1 和 IBC+SBM2 两个平台。IBC+SBM1 的系统实物和系统原理如图 7-13 和图 7-14 所示。正常 IBC 增压制动时，IBC 的三通阀导通助力活塞与制动轮缸，DAP 阀打开，由 IBC 电机进行建压。当系统由备份单元 SBM 增压制动时，IBC 所有阀处于默认状态，SBM 的 BPV 阀关闭、RCV 阀关闭、IDV 阀关闭，由 SBM 从蓄能器 BSA 直接抽出液体给前轴车轮进行建压。SBM1 可对两前轮进行独立调节，相对博世的两路 X 型控制，可实现横向调节。该方案 2020 年在大切诺基车型上已量产，在奔驰某车型、菲亚特某车型和通用全球电动汽车平台上的应用也在开发中。

SBM2 可调节四路，在主模块失效的情况下，能实现 4 轮 ABS 功能，且建压能力能使制动系统在 500ms 内达到 1.0g（g=9.8m/s^2）的减速度。TRW IBC+SBM2 的液压系统原理如图 7-15 所示。

对于备份 SBM2 模块，其增压过程中 IBC 所有阀处于默认状态，其中三通导通主缸与轮缸，SBM2 的 BPV 阀关闭、RCV 阀关闭、IDV 阀关闭，前轴车轮由 SBM2 泵从储能器直接抽取液体实现增压，后轴车轮由 SBM2 泵从主缸抽取液体实现增压。

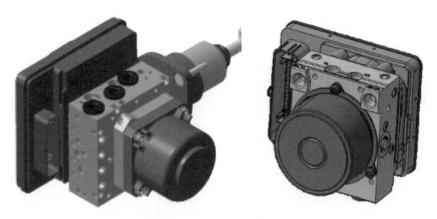

图 7-13　TRW IBC+SBM1 系统

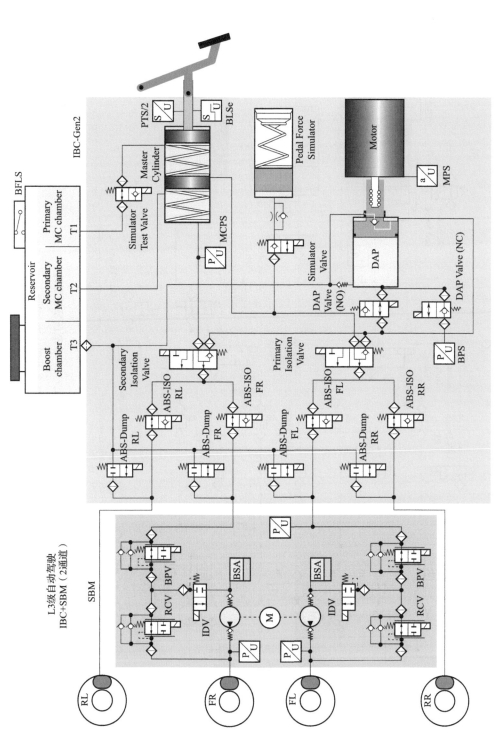

图 7-14　TRW IBC+SBM1 系统原理

Master Cylinder—制动主缸　Pedal Force Simulator—踏板模拟器　Simulator Test Valve—模拟器测试阀门　Simulator Valve—模拟器入口阀　Reservoir—储液壶　Boost chamber—储液壶辅压腔
Primary MC chamber—储液壶主腔室　Secondary MC chamber—储液壶副腔室　Primary Isolation Valve—主隔离阀　Secondary Isolation Valve—副隔离阀　BPV—常开阀（正常制动时候常开）
IBC 失效后闭合（防止 LPA 的液体流向 IBC）　RCV—泄压阀（利用其开闭控制轮缸的压力）　IDV—开关阀（平常常闭，锁住蓄能器里面的液体使其不参与正常的制动）　BSA—增压蓄能器　DAP—助力活塞
DAP Valve(NO)—正常开启的助力活塞阀门　Motor—液压马达　ABS-Dump RL—左后 ABS 泄压阀　ABS-Dump FR—右前 ABS 泄压阀　ABS-Dump FL—左前 ABS 泄压阀
ABS-Dump RR—右后 ABS 泄压阀　ABS-ISO FR—右前 ABS 保压阀　ABS-ISO FL—左前 ABS 保压阀　ABS-ISO RR—右后 ABS 保压阀　MCPS—主缸压力传感器
MPS—电机位置传感器　BLSe—制动灯开关信号　PTS—踏板行程传感器

131

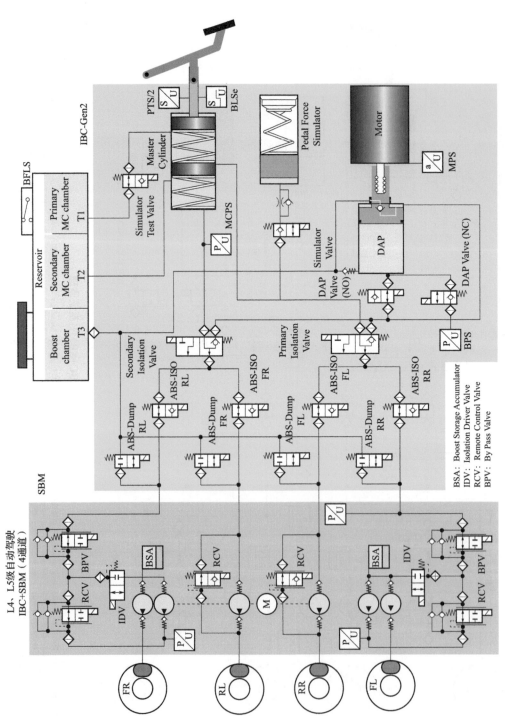

图 7-15 TRW IBC+SBM2 液压系统原理

注：此图中缩略语参考图 7-14 图注。

BSA：Boost Storage Accumulator
IDV：Isolation Driver Valve
RCV：Remote Control Valve
BPV：By Pass Valve

4．EBB+ESC-H

早期 TRW 也有类似 iBooster+ESChev 的方案，也就是 EBB+ESC-H，该系统在 0.3g 减速度下能实现 90% 能量回收，如图 7-16 所示。

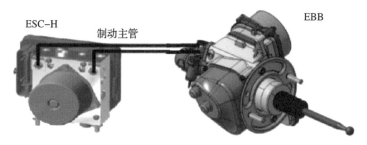

图 7-16　TRW EBB+ESC-H 系统

5．大陆

大陆作为 "One-box" 先驱，对于制动系统冗余的方案有 MK C1+MK 100 HBE 的方案，该方案与 TRW 的 IBC+SBM1 系统相同，仅对前轮实现主动增压，如图 7-17 所示为系统实物。

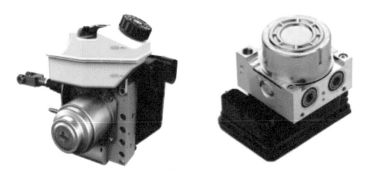

图 7-17　MK C1+MK 100 HBE 系统

6．万都IDB+RCU

万都采用的 IDB+RCU 冗余方案中，IDB 为主制动模块，RCU 为冗余制动模块，同时 EPB 为电子驻车。

万都针对 L3 级自动驾驶需求，推出了 IDB+RCU 系统，与博世的 IPB+RBU 接近。IDB 的外形尺寸为 175mm×195mm×177mm，质量为 4.9kg，RCU 质量为 2kg，IDE 最大制动压力可以达到 21.5MPa，制动响应时间为 150ms。图 7-18 所示为万都 IDE+RCU 的系统原理，该方案采用 H 形制动方式，制动过程前、后轴分开，IDB 为主要制动模块并且可以通过液压控制制动钳，当 IDB 出现失效时 RCU 将控制前轴制动钳。IDB 将持续控制右后 EPB 并且 RCU 将控制左后 EPB。IDB 和 RCU 将通过内部私有 CAN 进行检查。

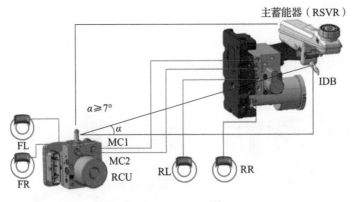

a）IDB+RCU 系统

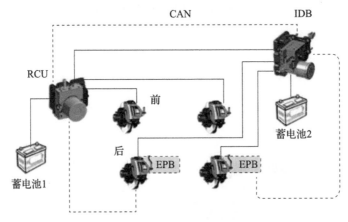

b）IDB、RCU 与 EPB 之间的连接回路

图 7-18　万都制动系统冗余方案

　　如图 7-19 所示，万都针对 L3 级自动驾驶需求还有集成度更高的产品 IDB2 HAD。在一个模块中集成双绕组电机和双电路板。2024 年沃尔沃将成为第一个应用该系统并量产的整车企业。

图 7-19　IDB2 HAD 模块

3.4　路径选择及行动建议

如图 7-20 所示，制动系统的冗余控制在 2025 年和 2030 年的技术路线图如下。

2025 年：整体方案采用摩擦制动为主，再生制动为冗余的制动系统方案。完善 "Two-box" "One-box+RBU" 线控制动冗余方案，功能安全等级达到 ISO 26262：2018《道路车辆—功能安全》或 GB/T 34590《道路车辆　功能安全》中的 ASIL D 级，并形成大批量应用。主 – 冗切换时间为 10~20ms。针对冗余系统至少要实现冗余制动减速度大于 0.5g、建压时间为 500ms~1s 的要求，实现多级冗余控制，部分具备冗余 ABS 功能。

2030 年：整体方案采用再生制动为主的制动系统。完善前轴电子液压制动和后轴电子机械制动的线控制动冗余方案，功能安全等级达到 ISO 26262 或 GB/T 34590 中的 ASIL D 级，并形成大批量应用。主 – 冗切换时间达到 10ms 以下。针对冗余系统至少要实现冗余制动大于 0.64g、建压时间小于 500ms 的要求，实现多级冗余控制，具备冗余 ABS 功能。

2025年	2030年
• 整体方案采用摩擦制动为主，再生制动为冗余的制动系统 • 完善 "Two-box" "One-box+RBU" 线控制动冗余方案，功能安全等级达到 ISO 26262 中的 ASIL D 级，并形成大批量应用 • 主-冗切换时间为 10~20ms • 针对冗余系统至少要实现冗余制动减速度>0.5g、建压时间为 500ms~1s 的要求，实现多级冗余控制，部分具备冗余 ABS 功能	• 整体方案采用再生制动为主的制动系统 • 完善前轴电子液压制动和后轴电子机械制动的线控制动冗余方案，功能安全等级达到 ISO 26262 中的 ASIL D 级，并形成大批量应用 • 主-冗切换时间达到 10ms 以下 • 针对冗余系统至少要实现冗余制动减速度>0.64g、建压时间<500ms 的要求，实现多级冗余控制，具备冗余 ABS 功能

图 7-20　制动系统冗余控制技术路线图

第3部分

商用车智能底盘

PART 03

第8章
商用车智能底盘技术
路线图

1 智能底盘发展愿景及总体目标

1.1 智能底盘发展愿景

　　国务院 2020 年正式提出《新能源汽车产业发展规划（2020—2035）》，体现了国家对于汽车行业坚持创新、协调、绿色、开放、共享的新发展理念，坚持电动化、网联化、智能化发展方向，以融合创新为重点，突破关键核心技术，同时可以看到更高级别的智能驾驶汽车在未来必然能够得以推广普及。由于商用车场景化营运的特性，其可以不受场景等制约因素影响，通过并完成试验场封闭测试走向商业化示范运营阶段；同时，要实现高级别自动驾驶，就需要智能驾驶系统对汽车底盘的控制足够精确与稳定。

　　商用车智能底盘是实现自动驾驶的核心执行机构，同时智能底盘线控化是实现自动驾驶的必然选择。线控底盘技术的应用改变了过去那种复杂的机械连接设备和液压、气压等零部件，在很大程度上促进了能量利用效率提升，也在很大程度上提高了新能源汽车可支持的续驶里程。在考虑安全冗余的前提下，所有执行单元之间的连接都是通过信号的交互完成的。因此，与传统底盘相比，智能底盘响应速度快、控制精度高，有助于提高车辆的安全性。

　　未来，智能底盘将各个线控子系统与汽车的其他电控单元进行高度集成，一系列面向智能驾驶及未来城市出行的智能底盘系统创新解决方案将陆续量产落地，如智能线控一体化底盘、智能线控转向角模块（iCorner）、智能后轮转向（iRWS）系统，以及电子液压助力转向（EHPS）系统等，可满足不同自动驾驶场景的应用需求，提升车辆在行驶过程中的安全性和舒适性；在极端危险工况下，可主动干预，对车辆的纵向、横向和垂向运动进行协同控制，减轻或避免人员伤害，减少物品及公共财产损失。智能底盘域控制器可通过集成自动驾驶最小系统，具备与自动驾驶系统的交互能力，同时也获得了必备的感知能力，依靠智能驾驶系统的巡航信息和地图信息，调节车辆至最经济的运行速度，并根据前方的道路地形进行运行姿态调整，使得车辆动力系统运行在高效的工作区间，实现燃油消耗降低，还有助于制动片磨损率的降低、污染物排放的抑制及车辆运行效率的提升。

智能底盘的线控化，使得汽车底盘电子系统在整个系统中的占比不断加大，整个系统更加智能化的同时，也将整个车辆系统的复杂性提高到空前的高度。而电子系统是目前车辆系统的核心，在可靠性层面，电子系统的可靠性相比于机械系统要低，根据 ISO 26262：2018《道路车辆—功能安全》或 GB/T 34590《道路车辆　功能安全》相关方法判断，智能底盘产品大多集中在 ASIL C 和 ASIL D 级别，商用车智能底盘关键系统在开发过程中，需结合硬件冗余方法和解析冗余方法，对面向自动驾驶的智能底盘关键系统进行冗余设计，确保主系统失效后，备份系统在功能、性能上能满足特定营运场景的使用需求。

在新的市场变化下，商用车的商业模式发生巨大变化，越来越多的生产企业从提供产品到提供产品及服务，进而再向提供服务解决方案转变。服务化已成商用车整车智能化发展的重要方向，这使得商用车智能底盘需在特定的场景下实现高度无人驾驶要求。在所覆盖的营运场景内实现车端（底盘、智能驾驶系统、智能上装系统）、路端（5G 车路协同）、云端（运营云控平台）的有效融合，如图 8-1 所示，智能驾驶车路协同系统解决人力成本过高、作业复杂等行业性问题，提升车辆运输效率及营运效率，降低车辆能耗和人力成本。封闭场景是商用车智能化落地的首选，底盘智能化结合上装智能化，使车辆具备"自主观察、思考和行动"的能力，实现自动行走（直行、转弯、倒车等）、自动卸挂（牵引座降低、离开）、自动接挂（牵引座升起、接合）等功能，达到智能底盘自动驾驶目的的同时，实现自动装 / 卸载等智能作业，可以使港口、仓库的物流与管理变得更加高效、安全、环保，也有助于缓解物流行业技术工人（尤其专业驾驶员）日益短缺的问题。

图 8-1　智能驾驶车路协同系统

1.2　智能底盘总体目标

国家发展和改革委员会、中央网信办、科技部等 11 部委联合发布《智能汽车创新发展战略》，其中关于智能汽车战略及指导意见的落地，加速了国内商用车高级别自动驾驶的发展。要实现高级别自动驾驶，就需要智能驾驶系统对汽车底盘的控制足够精确与稳定。线控智能底盘是实现整车智能驾驶系统的最佳方案。线控智能底盘在行驶过程中通过横向和纵向控制系统的配合使智能汽车可以按照规划路径安全行驶，并且在汽车行驶过程中可实现加减速、车距保持、换道、超车、驻车等功能。到 2025 年左右，L4 级自动驾驶技术将在封闭场景实现车距保持、换道、超车、驻车等功能，实现封闭场景规模化应用；到 2030 年左右，L4 级自动驾驶技术将在开放场景实现规模化应用。

目前智能驾驶商用车已经从试验场封闭测试走向社会道路测试及商业化示范运营阶段，商用车智能底盘将聚焦功能安全、节能技术，助力商用车的智能、网联和新能源三合一的发展。到 2025 年左右，商用车智能底盘产品实现低速、封闭营运场景覆盖，率先实现部分无人驾驶落地，同时整车的 TCO 成本降低 10%；底盘控制架构从分布式控制架构过渡到底盘域控制；底盘系统动力学控制实现横、纵向融合控制；底盘控制系统在单点故障后采用失效功能降级应对；控制系统实现软、硬件分离；国内智能底盘产品实现自主品牌的核心部件及子系统占据主导地位；智能底盘市场占有率达到 30%；关键部件及核心子系统形成自主可控的产业链。到 2030 年左右，商用车智能底盘产品实现高速、开放营运场景覆盖，实现高度无人驾驶，TCO 降低 40%；底盘控制架构实现底盘域控制架构；底盘系统动力学控制实现横、纵、垂三方向融合控制；底盘控制系统实现失效全功能冗余；控制功能拓展，实现与硬件解耦，控制软件升级及功能拓展支持 OTA。

2 智能底盘技术路线图

为了全面描述商用车智能底盘的技术发展路径，商用车智能底盘技术路线图分别考虑了产业目标、技术目标、企业目标、市场目标和产业链目标五个维度，并分别描述了各部分的技术演进时间表，如图 8-2 所示。

	2025年	2030年
产品目标	• 覆盖低速、封闭营运场景 • 实现部分无人驾驶 • TCO降低10%	• 覆盖高速、开放营运场景 • 实现高度无人驾驶 • TCO降低40%
技术目标	• 分布式控制方式、底盘域控制并存 • 底盘多传感器 • 横、纵向融合控制 • 单点故障、失效，功能降级 • 软、硬件分离	• 底盘域控制 • 底盘多传感器信息融合 • 底盘横、纵、垂三方向融合控制 • 单点故障、失效，全功能冗余 • 实现OTA
企业目标	• 智能底盘中，自主品牌的核心部件及子系统占据主导地位	• 智能底盘中，自主供应商具备国际领导性品牌影响力
市场目标	• 匹配智能底盘的整车市场占有率达到30%	• 匹配智能底盘的整车市场占有率达到60%
产业链目标	• 关键部件及底层系统形成自主可控的产业链	• 关键部件及底层系统形成完整的自主产业链

图 8-2 智能底盘技术路线图

3　智能底盘技术路径及关键指标

智能底盘是实现自动驾驶控制意图的主体执行机构，属于自动驾驶的核心功能模块。高响应、高精准特性的智能底盘是实现更高级别自动驾驶的基础。商用车底盘系统主要由驱动系统、制动系统、转向系统和悬架系统组成，可实现对底盘的横向、纵向、垂向的运动状态以及整车运动过程中的横摆、侧倾姿态控制。各个系统之间的技术壁垒较高，涉及电子、控制、计算机、力学、机械等多学科融合；同时，目前底盘采用的分布式控制架构存在各个系统的 ECU 种类、数量繁多，各个系统端口不一致，通信及控制差异很大，工作时协调控制难、机械执行响应慢，功能可扩展性较差等问题，无法实现跨系统的协同控制响应，目前只能适用于低级别自动驾驶控制。

在"安全、节能、环保"的趋势下，智能底盘线控化发展带来的底盘控制系统电气化进程在不断加快。以线控驱动、线控制动、线控转向及主动悬架等为执行机构，结合底盘域控制、集中控制的底盘 E/E 架构，组成了底盘新一代架构，并且已成为智能底盘的发展方向。底盘新一代架构的出现和发展为线控底盘智能集成控制提供了良好的机遇，同时，也带来了更多的挑战。系统的冗余程度更高、耦合更紧密、控制目标更加复杂多样，在底盘新一代架构基础上实现底盘系统多目标集成控制变得迫在眉睫。

3.1　智能底盘系统技术路径

1. 现状分析

商用车作为货物、人员的运输载体，其主要的价值产生于营运过程，智能底盘作为技术变革的产物，其终极目标是通过功能拓展实现所有终端客户的营运场景的覆盖以及人员负荷、人力成本的降低。智能底盘的智能化发展，可以简化驾驶员驾驶技能，降低驾驶员劳动负荷，提升车辆及人员的安全性。智能底盘的网联化发展，带来了车队管理系统、远程后台系统及车辆调度云管理平台发展。智能底盘的电动化发展，使得驱动电机及电机控制技术迅速成熟，同时结合制动能量回收，提升用户的实际效益；智能底盘的共享化发展，实现了商用车新的商业模式，提升商用车作为生产资料的商品属性，打通货源及车源渠道，提升了运输效率。以上这些有利因素使得商用车具备智能驾驶落地及产业化的基础。

近年来，智能汽车依托本身的感知能力，开始对自己所处的环境和路径任务具有了"基本认知力"。复杂的应用场景对智能底盘控制系统的"执行力"也提出了更高要求。为确保提供满足轨迹跟踪需求的底盘系统动力学性能表现，车辆应具有快、准、稳地改变运动状态的能力，因此，底盘集成动力学控制成为提升其稳定性和快速机动能力的重要途径。

商用车悬架系统目前主要匹配钢板弹簧作为弹性元件的被动悬架，悬架系统的刚度、阻尼等主要参数不可实时调节。随着 GB 7258—2017《机动车安全技术条件》和 JT/T 1178—2018《营运货车安全技术条件》系列标准的发布，电控空气悬架（ECAS）在指定类型的商用车及挂车上开始匹配。国外的一些高端车型上也匹配了阻尼连续可调减振器及主动横向稳定器，可结合底盘感知系统或者算法对路况进行预判，提前介入底盘的姿态控制，拓宽悬架刚度调节范围，配合 ESC，实现车身俯仰、侧倾、垂向的舒适性改善，使得整车能以更高的速度更安全应对极限工况。

商用车转向系统的情况比较复杂，由于有较大的转向助力需求，EPS、EHPS 系统在相当长的时间内还是会共存的。在轴荷 4.5t 以上的前轴中，目前常用的循环球式转向器已不能满足强度要求，需要开发具有大传动比、能适应高负荷的传动形式的机械转向器，目前国内外还没有成熟的机械转向器资源。

商用车的气压制动系统发展比较完备，EBS 已经实现了前、后桥解耦，同时配备储能设备，也实现了人力与执行动力的解耦。同时 ESC 在某些车型上为法规要求配置项，已在市场批量运用；在新能源车型上已具备集成制动能量回收功能，目前更高效的能量回收方式已经在验证阶段。但是受到硬件资源的限制以及气体可压缩特性的影响，关键参数的估算误差以及减速度控制误差目前均超过 15%，在低附着路面仍然存在短暂抱死现象。

2．技术路径总体目标

底盘系统控制架构从分布式到底盘域控制的集中式，需要更高的算力提升、更复杂算法的实现以及成本的整合控制。底盘域控制器可以称为智能驾驶系统的"小脑"，通过控制策略解耦、控制功能集成，实现全矢量控制条件下的最优化，底盘域控与智能驾驶域的交互，直接获得整车的感知数据。通过对底盘系统功能解析、子系统性能要求及指标分解，实现关键部件及核心子系统的自主开发；通过对底盘控制方式的优化，进行横、纵、垂三向融合，实现底盘运行效率提升；通过针对失效模式制定安全机制，实现底盘安全性能提升。

3．2025年技术路径目标

运营场景：智能底盘主要覆盖低速封闭营运场景（港口、矿山、园区），实现远程操控、精准停车、定点停车等功能，实现少人化的高级别智能驾驶，使得一次性购车成本的提升可以被人工成本的减少、燃油消耗的降低及运输效率提升带来的收益所抵消。

底盘控制：采用分布式控制架构，基于路径规划的底盘横、纵向协调控制，实现部分紧急工况的伤害降低或规避伤害。

功能安全及失效模式应对：当底盘控制系统单点失效时，底盘控制系统可执行功能降级安全保护机制，在规定时间内使得车辆在本车道或者靠路边停车。

4．2030年技术路径目标

运营场景：智能底盘主要覆盖高速开放场景（干线、市区），实现预见性巡航、自动换道、路口自动通行、避障超车、车队保持等功能，实现高级别无人驾驶，使得一次性购车成本的提升可以被人工成本的减少或消除、燃油消耗的降低及运输效率提升带来的收益所覆盖。

底盘控制：采用集中域控制方式，域控制器集成底盘核心子系统的应用层控制功能，实现基于底盘横、纵、垂三方向融合控制的底盘动态控制，实现紧急工况的伤害规避。

功能安全及失效模式应对：当底盘控制系统单点失效时，底盘控制系统可执行功能安全保护机制，实现核心安全性功能不丧失、性能不下降，确保智能底盘可在规定距离内保持安全行驶。

3.2　智能底盘系统关键指标

1. 底盘系统总体指标

2025 年：质量方面，对于关键总成部件使用寿命，公路牵引车大于 150 万 km，载货车大于 80 万 km，自卸车大于 30 万 km。在保障功能、性能、安全性的前提下，底盘综合成本不超过传统系统的 30%，通过节能技术实现整车全生命周期的成本平衡。智能底盘主干网络通信速率不低于 100Mbit/s，网络传输效率不低于 80%；电磁兼容测试不低于 3 级水平。

2030 年：质量方面，对于关键总成部件使用寿命，公路牵引车大于 200 万 km，载货车大于 100 万 km，自卸车大于 50 万 km。智能底盘可完全取代传统系统，通过节能技术实现整车全生命周期的成本有较大收益。普及以太网，智能底盘主干网络通信速率不低于 500Mbit/s，网络传输效率不低于 87%。智能底盘整体电磁兼容测试达到 4 级及以上水平。

2. 底盘系统关键技术指标

智能底盘在继承了传统底盘性能（动力性、经济性、制动性、操纵稳定性、平顺性以及通过性）的基础上，还需实现智能汽车的新功能所带来的性能要求，本部分将智能底盘性能重新划分为安全、低碳及体验三个维度。

安全维度指标主要关注如下方面：底盘控制系统横、纵、垂向在预设场景中的运动控制效果；底盘控制系统的响应时间、执行精度的相关要求；底盘控制系统在功能安全、信息安全方面的相关要求；底盘控制系统的功能冗余、故障时系统切换时间的相关要求；底盘控制系统核心部件的可靠性要求。

低碳维度指标主要关注如下方面：通过结构、功能集成化设计，底盘电驱动部件的总功率及功率降低值；规定场景中，采用电驱动底盘的制动能量回收效果。

体验维度指标主要关注如下方面：驾驶员对于底盘操纵机构人机工程方面的体验；底盘加、减速性能；底盘 NVH 相关性能；特定场景条件下，底盘姿态的控制效果。

第9章
商用车智能底盘构型的组成要素

1 智能底盘的整体构型

1.1 现状分析

随着电子控制技术和传感器技术的快速发展，多种汽车底盘电子控制系统也相继问世并在实车上得到广泛应用，如驱动防滑（ASR）系统、防抱死制动系统（ABS）、电子稳定性控制（ESC）系统、电动助力转向（EPS）系统、主动前轮转向（AFS）系统、防侧翻稳定性控制（RSC）系统、主动悬架（ASS）系统、连续减振控制（CDC）系统。基于上述电控系统开发了诸多辅助驾驶系统，如车道保持辅助（LKA）系统、自动泊车辅助（APA）系统等。上述底盘电控系统的开发及应用能够极大提升商用车的行驶安全性。

不过上述各种汽车电子控制系统都有其局限性。例如，当轮胎力进入非线性区时，主动转向系统和电子稳定性控制系统的控制作用会被大大削弱；在某些特定工况下，电子稳定性控制目标与防侧翻控制目标会发生冲突。上述情况不仅会弱化各种汽车电子控制系统的控制效果，甚至会降低汽车行驶的稳定性及安全性。目前，开发更多的电子控制系统，实现高级别智能驾驶是商用车底盘发展的方向和趋势，如何做好各个控制功能模块的协同控制是接下来的重点和难题。由于车辆系统是一个高度时变非线性系统，为了使车辆性能达到最优，需要对上述电子控制系统进行深度融合和协同控制。

汽车上电子控制系统的增加带来的是ECU的增多，使车载控制系统越来越网络化和集成化。由于各大汽车厂商及零部件供应商都有自己不同的研发模式，这导致各个电子控制系统的标准及接口千差万别，使不同厂家、不同产品的可移植性、兼容性较差，极大地增加了不同汽车电子控制系统的集成难度及开发成本。

未来智能底盘的发展趋势是对传感器、执行机构和控制系统进行最大限度的整合，减小乃至消除传统底盘控制中各个子系统的局限性，削弱不同子系统间的干涉，优化提升各个子系统的功能，使不同子系统协同工作，最大限度地提升整车性能及底盘系统集成度。

1.2　底盘系统构型目标

1．总体目标

基于新能源商用车能量回收需求，智能底盘在纵向控制方面将驱动控制、制动控制进行集成，在考虑车辆实时动力性需求及整车安全边界的条件下，提高电机驱动工作效率与能量回收效率，实现整车节能效果的最大化。

智能底盘集成控制系统通过整合现有的传感器、执行机构和控制系统，综合控制车辆各动力学子系统，能够消除传统动力学控制的局限，减少车辆内部各子系统之间的干涉和耦合，充分发挥新一代底盘系统的工作潜能，使得"人 - 车 - 环境"闭环系统性能达到最优，同时提升车辆的综合性能。

智能底盘依据模块化思路划分为多个子模块，并在整个智能底盘及子模块内规范接口定义及载荷、轴距、轮距等基本参数的拓展范围，建立融合硬点设计、DMU 分析及调校优化相结合的开发流程，形成通用性强、性能好、质量成本最优的多种悬架系统、线控转向系统、线控制动系统和线控驱动系统等子模块，最终实现智能底盘的平台化开发。

如图 9-1 所示，底盘系统构型在 2025 年和 2030 年的阶段目标如下。

图 9-1　商用车智能底盘系统构型 2025 年和 2030 年阶段目标

2．2025年底盘系统构型阶段目标

轮边构型实现驱动、制动一体化，采用准集成式架构，减少 ECU 数量，单一 ECU 实现更多的功能。

3．2030年底盘系统构型阶段目标

轮边构型实现驱动、制动、转向、悬架一体化，采用高性能底盘域控制器，中央计算结合域控制器的集成式架构，在横、纵方向控制上减少系统控制延迟，实现底盘系统动力学的单轮独立控制及独立调节，实现多向融合控制，提升对各个场景极限工况的覆盖度，采用更高带宽的以太网技术，传感器、执行器就近接入区域控制器，实现硬件的即插即用。

1.3 商用车底盘构型特点

与乘用车相比，商用车在设计和技术特征方面是用于运送人员和货物的汽车，也可用于牵引拖车，而乘用车的设计和技术特征主要用于搭载乘客和行李。商用车按其应用领域的不同可分为载人、载货和专用车辆，商用车底盘构型会因为其应用领域的不同而出现巨大的差异。

如图 9-2 所示，扫雪车的底盘与传统汽车的底盘具有较大差异。根据机场扫雪车的整体结构和工作环境，扫雪车设计了前后独立驱动的串联式混合动力机构，该底盘构型方案有效解决了传统扫雪车传动结构复杂、车辆重心高等问题。某些特殊用途的多轴重型车辆为了降低车辆质心高度，解决超常规零部件的运输问题，将轮毂电机、线控制动系统和线控转向系统集成到车轮模块内，实现底盘的高度集成化，结构紧凑，空间利用率高。

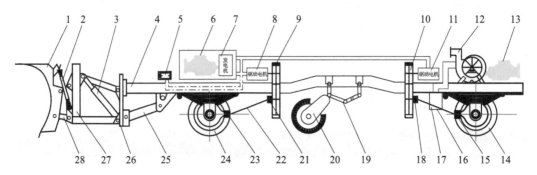

图 9-2 一种扫雪车底盘布置简图

1—雪铲 2—弹簧 3—升降液压缸 4—承载底盘 5—电池组 6—发动机 7—发电机 8、11—独立驱动电机
9、10—升降轴箱 12—鼓风机 13—作业发动机 14—后轮 15、18、21、23—万向节 16、22—传动轴 17—吹雪箱
19—辊刷举升 20—辊刷及其连接部件 24—前轮 25—支撑杆 26—固定架 27—支撑立板 28—摇臂

如图 9-3 所示，多系统集成式车轮模块结构方案将驱动系统、线控转向系统、制动系统和悬架系统集成到车轮模块。在该系统中线控转向系统是核心，其主要功能是实现车轮转向，同时兼顾与驱动系统、制动系统和悬架系统的匹配。

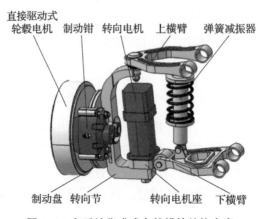

图 9-3 多系统集成式车轮模块结构方案

2　线控制动及线控转向

2.1　线控制动

我国具有山区、平原、丘陵等复杂多样的地形，同时商用车的运行速度最高可以达到 100km/h，使得商用车在长途运输中，驾驶员会经常遇到各种紧急情况，不当的制动操作会导致车辆掉头、甩尾、折叠、侧滑及侧翻等整车失控现象。为了解决上述问题，商用车用 ABS 等主动安全系统应运而生。ABS 于 20 世纪 30 年代开始使用在铁路列车及飞机上面，当时 ABS 系统由电磁式轮速传感器和液压电磁阀及机械控制机构组成，由于机械控制的准确性存在不足，防抱死制动系统的应用发展较慢，只能覆盖单一附着系数的路况。在 20 世纪六七十年代，随着全球电子技术的发展，数字电子技术、大规模集成电路的发展和微型计算机的运用，使电子控制式防抱死制动系统的发展成为可能。电子控制式防抱死制动系统日趋成熟，成本不断降低，并且体积小、质量小、控制精度高，其安全效能十分显著，受到广泛欢迎和认可。1981 年，威伯科公司和奔驰公司合作推出了大客车和载货汽车用防抱死制动系统，20 世纪末，威伯科公司与奔驰公司合作开发了全新的电子制动系统（EBS）。与此同时，博世公司与斯堪尼亚公司也进行了 EBS 研发的合作，1993 年，斯堪尼亚和博世公司首次在世界范围内将少量生产的第一代 EBS 产品推向欧洲市场。1996 年，欧洲第二代 EBS 产品已经作为标准配置安装在奔驰公司新上市的重型商用车 ACTROS 上。到 2000 年为止，80% 的欧洲商用车制造商都会把 EBS 作为标准 / 可选配置，此时 EBS 已具备了成熟的产品特征，得到了广泛的认同。

为应对整车及底盘的智能化发展，线控制动系统逐渐成为一种更优的解决方案。目前商用车成熟的线控制动系统技术路线分为 EHB（电子液压制动）系统、EBS（电控气压制动）系统、EMB（电子机械制动）系统三大类，其中 EBS 系统在商用车上已有普遍应用。EBS 系统主要由中央控制器、前后桥模块、ABS 电磁阀、轮速传感器等部件构成，其功能模块覆盖了 ABS、减速度控制、稳定性控制、舒适性控制、制动辅助、外部制动请求（XBR）、ASR 及坡道起步辅助等功能。由于 EBS 系统具备储能装置，同时通过备压阀将控制气路截断，采用电信号控制，动力系统实现了与人力的解耦，通过前后模块控制，实现了前后桥的制动解耦及理想制动力分配。

图 9-4 所示是以威伯科公司早期 EBS 为基础开发的一款 EBS 构型方案，在该方案中，核心部件是前后轴上的比例继动阀和 ABS 电磁阀。比例继动阀是线性阀，可以对前后轴制动压力进行线性调节。

图 9-5 所示是威伯科公司新一代 EBS 构型方案，在该构型方案中，前轴由两个 ABS 电磁阀和一个单通道轴调节器组成，后轴由一个双通道轴调节器组成，其中双通道轴调节器左右两侧对称（内部结构与单通道轴调节器一致）。该构型方案可以实现对四个车轮压力的精确调节。与以前的 EBS 相比，该构型方案是用单 / 双通道轴调节器替换了比例继动阀。

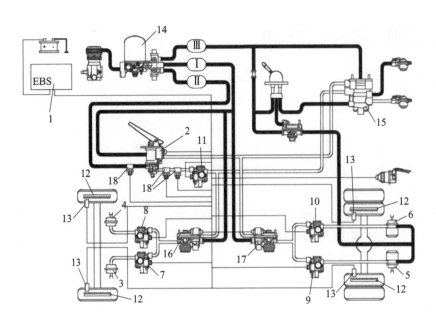

图 9-4 基于制动总泵的 EBS 构型方案

1—EBS 电控单元　2—制动总阀　3—前左制动气室　4—前右制动气室　5—后左制动气室　6—后右制动气室
7—前左 ABS 电磁阀　8—前右 ABS 电磁阀　9—后左 ABS 电磁阀　10—后右 ABS 电磁阀　11—电磁阀
12—ABS 齿圈　13—轮速传感器　14—气源　15—挂车控制阀　16—第一比例继动阀
17—第二比例继动阀　18—压力传感器

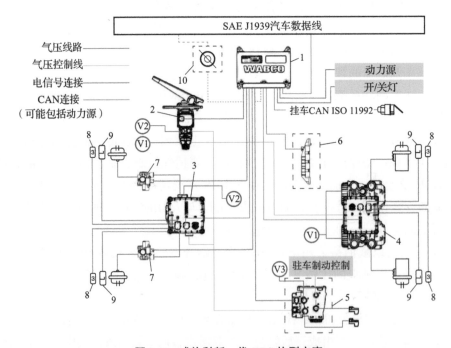

图 9-5 威伯科新一代 EBS 构型方案

1—EBS 中央模块　2—制动信号发生器　3—单通道轴调节器　4—双通道轴调节器　5—挂车控制阀
6—ESC 控制模块　7—ABS 电磁阀　8—ABS 传感器　9—磨损传感器　10—方向盘转角传感器

图 9-6 所示为半挂车稳定性控制系统，该稳定性控制系统是在 ABS/TCS 基础上进行开发的。在原始的 ABS/TCS 基础上，分别在牵引车前后轴和半挂车车轴的制动管路中加装 3 个二位三通电磁阀，再加装方向盘转角传感器用于测量方向盘转角。稳定性控制系统与 ABS 控制器进行集成，提高半挂车的行驶稳定性。

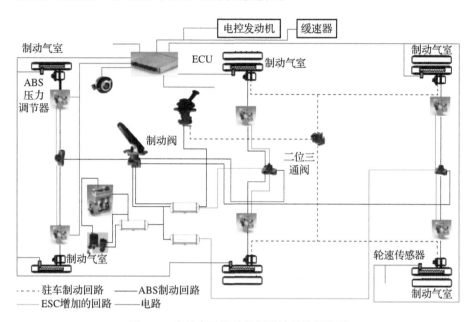

图 9-6 半挂车稳定性控制系统结构示意图

图 9-7 所示为商用车 CRBS 系统构型方案，由于再生制动是新能源商用车核心技术，目前国内主流的再生制动方法为串联制动控制，其能量回收效率能达到 15% 以上，所增设的电机再生制动会影响车辆的前后制动力分配，需要对前后轮气压制动和电机的再生制动进行调节，以使驾乘人员获得较好的制动感受。为了使车辆具有最佳的制动效能和制动稳定性，制动力分配曲线应当按照理想制动力分配曲线进行分配，车辆的制动距离也最短。当制动强度超过 0.7 时，车辆进行紧急制动，出于制动安全性的需求，ABS 介入工作，电机不再进行制动，但在 ABS 系统的控制下，车辆的制动力分配仍符合理想制动力分配曲线。

制动系统作为整车重要的安全系统，从法规层面上来说，国家法规对制动系统的结构、性能的要求不断提升。商用车制动系统标准 GB 12676—2014《商用车辆和挂车制动系统技术要求及试验方法》在修订时就参考了欧洲经济委员会 ECE R13《关于 M、N 和 O 类车辆制动认证的统一规定》的相关内容，对 EBS 系统及汽车列车电子制动力分配等内容进行了前瞻性要求；GB 7258—2017《机动车运行安全技术条件》中也要求部分车型强制安装 EBS。2019 年 9 月，全国汽车标准化技术委员会提出了推荐性国家标准《商用车电控制动系统（EBS）性能要求及试验方法》征求意见稿，这从国家技术标准层面进一步推动了电控制动技术的发展。

图 9-8 所示是将 EBS 与 EMB 系统进行对比。EMB 系统是一种区别于 EBS 的全新电

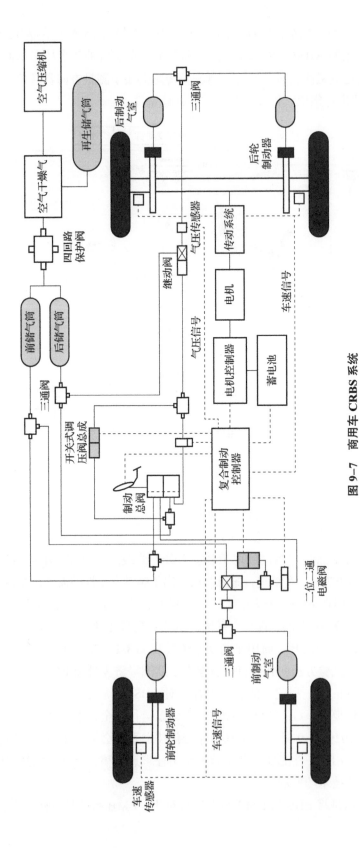

图 9-7　商用车 CRBS 系统

控制动技术路线，EMB 系统特点是采用电机取代气室，工作能源也从压缩空气转变为电能，同时制动踏板从 EBS 的气电双路信号变为纯电信号。EMB 系统是真正意义上的纯线控制动，由于电力没有气体的可压缩性，在控制精度及系统的响应速度上有了极大提升，制动响应时间由 500ms 减少至 230ms，90—0 km/h 制动距离相比于 EBS 可减少 14%。同时，EMB 系统每个轮边都有电机制动器，并集成 ABS 控制功能。由于其响应快、精度高，EMB 系统可实现制动时车辆的姿态及稳定性控制，同时各个轮边电机可独立控制，更有利于满足未来智能汽车高冗余的需求。目前国内商用车的 EMB 系统资源比较少，只有瀚德万安（瑞典 HADEX 和万安科技合资公司）推出了相关样机产品，如图 9-9 所示。

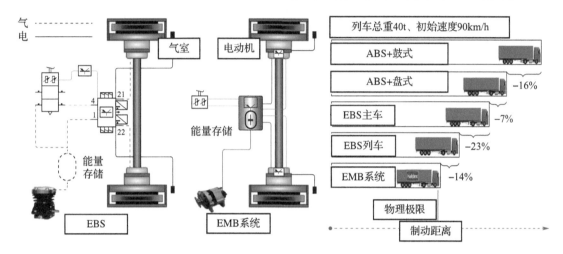

图 9-8　EBS 与 EMB 系统对比

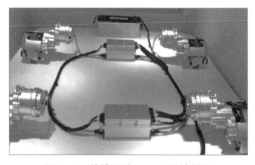

图 9-9　瀚德万安 EMB 系统样机

2.2　线控转向

　　商用车转向轴载荷跨度可由 2t 至 20t，同时商用车应用场景也具有多样性，因此商用车现有的转向执行装置存在多种技术路线，从国内外现有解决方案来看，主要包括电动转向、电子液压助力转向及电控全液压转向等几种形式。同时商用车线控转向系统与严格意义上的线控转向系统略有不同，商用车线控转向系统可接受并执行智能驾驶系统的转向指令，不需要驾驶员手动操作，但方向盘和转向器之间仍然有机械连接，没有实现纯线控。

在电动助力转向系统中，转向器是可以将旋转运动变成直线运动的一组齿轮机构，同时起到减速传动的作用。按照电动助力转向系统所用的减速机构种类可以将电动助力转向系统分为循环球式助力转向系统、蜗轮蜗杆式助力转向系统和齿轮齿条式助力转向系统三类。与乘用车相同，若依据电机布置位置不同又可以分为转向柱助力式（C-EPS）、小齿轮助力式（P-EPS）、双小齿轮助力式（D-EPS）、转向齿条助力式（R-EPS）四种类型。各种类型的助力系统从结构上都包括扭矩转角传感器、助力电机、电子控制单元等主要部件。

电液耦合转向系统可分为机械系统、液压系统和电控系统三个组成部分。机械系统中，主体是方向盘、转向管柱、转向连杆等机械式转向结构。如图9-10所示，将电机与蜗轮蜗杆连接作为电动助力，增加了循环球式转向器作为液压助力。驾驶员在方向盘上输入的力矩，与电机助力装置的输出力矩相加，在循环球式转向器中与液压力矩相耦合，最终输出至转向连杆上，提供整车的转向力矩，实现电液耦合转向助力。

如图9-11所示，电子液压助力转向系统在原有传统液压助力转向系统的基础上增加了方向盘角度传感器、电机控制器和一些电控执行器。电子液压助力转向系统可实现转向助力大小随车速变化可调节的目的。

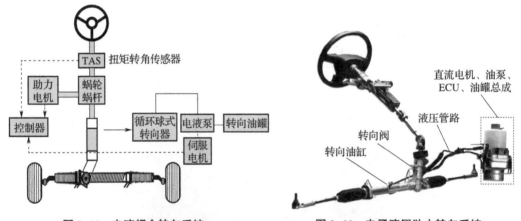

图9-10　电液耦合转向系统　　　　　　图9-11　电子液压助力转向系统

线控转向系统的路感真实性、转向舒适性、智能化的体验主要取决于具备智能化功能的机械连接转向器的性能。商用车转向器大多采用循环球式转向器，该种转向器起源于国外，发展至今产品已经很成熟，并已形成规模化生产，在商用车领域广泛应用。国际供应商主要有博世、采埃孚、克诺尔，国内供应商主要有沙市恒隆、浙江世宝、新乡豫北等。总体来看，国内转向器产品的间隙及摩擦性能够满足线控转向的精准性及稳定性要求，与国际供应商相比，国内转向器产能基本接近，主要是在质量控制及产品一致性方面仍然存在一定差距。

电动转向是实现线控转向的最佳方案，目前电动转向可以满足轻型及以下车辆的需求，对于中重型车辆纯电动转向系统转向器，国内外仍无成熟的解决方案。国内商用车线控转向系统中的电动转向器或电子液压助力转向器仍然在品质控制、产品一致性方面与国际一流供应商存在差距，这将影响路感补偿功能的效果，从而进一步影响路感及转向舒适性。

　　由于目前商用车线控转向系统中，方向盘与转向器之间仍然存在机械连接，因此与路感和舒适性相关的技术与传统转向系统基本相同，一方面是机械机构中的摩擦、刚度、间隙、助力特性及软件补偿的调校与控制；另一方面，与乘用车不同，商用车具有载荷变化大的特性，因此软件自适应补偿的范围将会更加宽泛。线控转向系统路感及舒适性目标与传统转向系统相比应是相近甚至超越的。线控转向系统路感应根据车速、方向盘转角和转向执行电机的力矩进行确定，低速行驶时，要求转向具有轻便性，随着车速的提高，路感应增强，应保证驾驶员路感的稳定性。为超越传统汽车的路感，在路感模拟机构中还需要增加回正控制模块，一方面保证低速工况下方向盘可以回到中心位置，另一方面保证高速工况下方向盘回正的超调量较小或不会超调。

　　未来商用车线控转向系统也将实现转向操纵模块与执行模块之间没有机械连接，如图 9-12 所示，转向操纵模块可以实现方向盘折叠收缩、方向盘左右平移等功能，这些功能将通过机械方面的创新技术提供支撑。智能线控转向控制策略根据车况和驾驶员意图主动控制前轮转角，从而提高操纵稳定性、主动安全性和舒适性等。对于转向的主动控制包括可变角传动比、主动前轮转向、高级辅助驾驶、自动转向等需求，以此确定上层目标转角的大小，下层则体现为对转角目标的跟随。

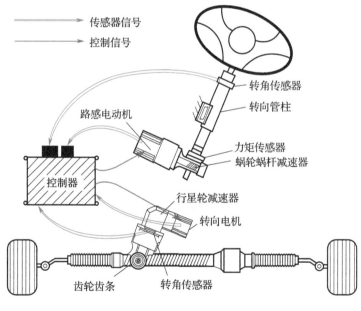

图 9-12　线控转向系统

　　对于某些专用的重型车辆，其机动性能和操纵性能受施工现场条件和车身长度过长所限，常规的前轮转向无法满足重型专用车辆在横向运动方面的要求，因此全轮转向逐渐被应用到重型车辆上。

　　图 9-13 展示了一款全轮电控液压转向系统方案的原理。该转向系统主要组成包括前

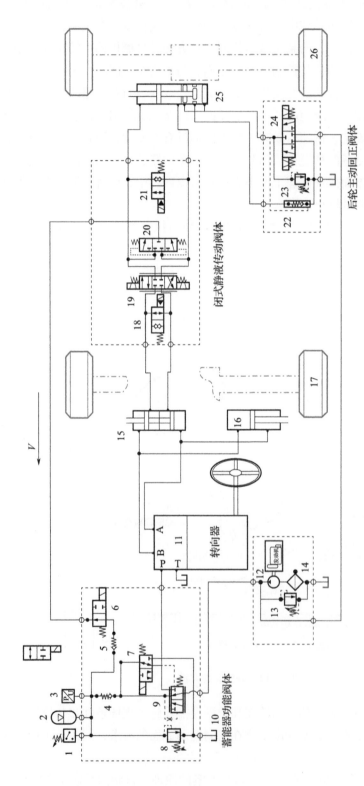

图 9-13　一款全轮电控液压转向系统方案原理

1—压力开关　2—蓄能器　3—压力传感器　4、5—单向阀　6—补偿换向阀　7—主油路换向阀　8、13、23—溢流阀　9—优先阀　10—油箱　11—蓄电池组
12—液压泵　14—过滤器　15—前桥联动液压缸　16—前桥助力液压缸　17—前桥　18—前桥联动液压缸静液压腔短路阀　19—换向模式换向阀　20—静液管路调节阀　21—后桥液压缸驱动腔短路阀　22—后桥联动液压缸驱动腔短路阀　24—后轮主动回正换向阀　25—后桥液压缸　26—后桥

桥转向子系统、后桥协同转向子系统、后桥主动回正子系统、蓄能器子系统。在该全轮电控液压转向系统中还引入了传感器和电子控制系统。该全轮电控液压转向系统可以有效提升重型商用车在转向时的横向稳定性。

3　智能悬架

目前大部分商用车配置的还是被动悬架，其组成部分包括减振器、弹性元件等。被动悬架的刚度和阻尼不可调，当路面不平度较大时，会大大降低驾驶员和乘客的乘坐舒适性。随着智能网联技术的发展，用户对车辆操纵稳定性及乘坐舒适性的要求也越来越高，被动悬架已经逐渐无法满足未来智能底盘发展的需求。

半主动悬架目前是研究热点，其主要技术是采用阻尼可变减振器实现对悬架阻尼的调节，可广泛应用于商用车领域，满足商用车性能需求，具有较好的市场应用前景。图 9-14 展示了一款半主动悬架的工作原理，其隔振率可提升 5%。

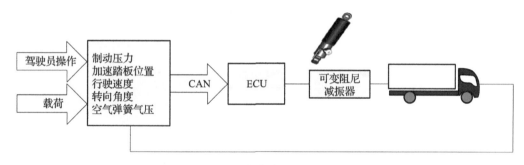

图 9-14　一款半主动悬架工作原理

图 9-15 所示是一款外置式调节阀控式 CDC 减振器，和普通减振器相比较，它具有阻尼连续变化、阻尼力调节范围宽、结构紧凑、响应速度快、工作可靠等优点。该款减振器可分为两大部分：CDC 减振器本体和 CDC 阀。

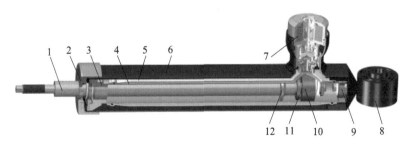

图 9-15　CDC 减振器结构组成

1—活塞杆　2—防尘盖　3—导向及油封　4—内筒　5—中间缸　6—外筒　7—CDC 阀
8—吊耳　9—底阀　10—活塞阀　11—流通阀支座　12—限位块

在半主动悬架基础上发展而来的主动电控悬架可在车辆行驶过程中通过传感器实时采集路面及车辆信息并发送给 ECU，ECU 计算后再向执行机构发出相应的控制指令，将悬架刚度和减振器阻尼力调节到合适值，使车辆的操纵稳定性及平顺性达到最优状态。在车辆行驶过程中，通过主动悬架系统对车身高度进行相应调节也是主动悬架重要的控制功能之一。常见的主动悬架有电控空气悬架和油气悬架。

在商用车中空气悬架得到广泛应用。传统的空气悬架是将空气弹簧当成弹性元件，在车辆行驶过程中车身高度保持不变。随着电子控制技术的迅速发展，在传统空气悬架基础上发展而来的电控空气悬架（ECAS）成为研究热点。传统空气悬架是通过机械式高度调节阀来对气囊进行充放气，电控空气悬架用高度传感器和电磁阀组合来代替传统的机械式高度调节阀。电控空气悬架 ECU 通过传感器实时采集路面信息、车辆状态信息等参数，然后对执行机构（电磁阀或电机）发出相应的控制指令，对车身高度进行调节，使车辆在行驶过程中的姿态保持平衡，从而使车辆的操纵稳定性和行驶平顺性达到最优，提高驾驶员或乘客的乘坐舒适性。

如图 9-16 所示，电控空气悬架通过 ECAS 控制器输出的电磁阀控制信号控制气路的连通与关闭，对空气弹簧进行充气或放气，进而实现车身高度的调节，以适应车辆不同行驶条件下对车身高度的要求，达到改善车辆行驶性能的目的。

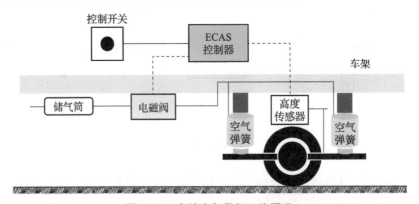

图 9-16　电控空气悬架工作原理

油气悬架也是一种较为常见的主动电控悬架。其将高压气体作为弹性介质，将液压油作为力传递的介质。油气悬架的刚度和阻尼特性较好，既具备传统悬架的基本功能，又能满足未来主动悬架阻尼和刚度可变的需求。对油气悬架采用主动控制的方法，可对其阻尼特性和刚度特性进行调节，提高车辆的操纵稳定性和行驶的平顺性。油气悬架在实际中也有多种类型，其中单筒式和互联式较为常见。

如图 9-17 所示，单筒式油气弹簧关键组成部件包括：活塞杆、缸筒、单向阀等。当车辆行驶在不平路面时，车辆受到路面激励，油气悬架的活塞组件部分在缸筒内做往复运动。当油气悬架被压缩时，地面传给车辆的振动和冲击可以被高压气体吸收。当油气悬架拉伸或压缩时，液压油由主油腔流入环形腔，可有效削弱车身振荡。

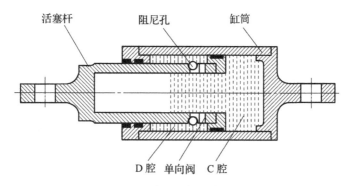

图 9-17　单筒式油气弹簧结构组成

　　图 9-18 所示是互联式油气悬架结构简图，其主要是由两个单筒式油气弹簧通过高压软管连通而成。单向阀和阻尼孔在悬架被压缩时打开；在悬架被拉伸时，单向阀关闭，阻尼孔开启。在悬架拉伸或压缩时，液压油在油气弹簧的腔内和蓄能器之间流动，使得气囊体积也随之发生变化，进而对蓄能器内的液压油的压力进行改变，与此同时悬架输出力的大小也发生改变。

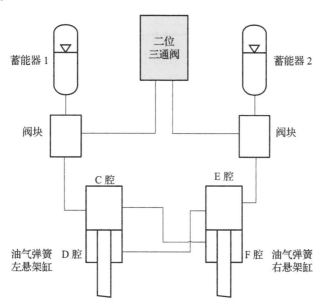

图 9-18　互联式油气悬架结构简图

第 10 章
商用车智能底盘控制

1 商用车智能底盘运行场景

1.1 背景

营运场景对于智能底盘技术路线及产业化落地的影响是决定性的。商用车营运场景目前可以分为港口、封闭物流园区、智慧厂区物流、矿区、干线物流、城市配送、快速公交（BRT）、机场转运、城市环卫九大营运场景，这九大营运场景可以归纳到低速封闭场景和高速开放场景，见表 10-1。我国高级别智能驾驶商用车正陆续投入运营，拥有车道居中控制（LCC）、自适应巡航（ACC）、AEB、行车网联、V2V 编队近车距行驶、ACC+LKA 自动跟车、弯道行驶等核心功能。对于运营场景的分析，需要提取天气、路况、会车、车辆自身状况、驾驶员等要素特性，规划底盘满足各要素所需要达成的动力学控制目标，同时底盘集成控制可按目标贡献的权重进行有序调动，最终目的是制定出各个典型场景所应具备的功能以及功能的指标定义。

表 10-1　商用车主要营运场景

场景		场景描述
公路	干线	车辆功能：干线物流运输
		道路条件：高速公路
		天气条件：需要适应雨、雪、雾等多种天气
		驾驶行为：跟车、超车、会车、避障等
		其他条件：满载、半载、空载多种载荷，夜晚适应性
场地	港口	车辆功能：港口内集装箱自动运输
		道路条件：港口铺装路面，部分区域有车道线，无坡度
		天气条件：需要适应雨、雪、雾等多种天气
		驾驶行为：自主行驶、自动化调度、与港口设备交互、跟车、超车、会车、避障等
		其他条件：满载、空载，24h 连续作业

（续）

场景		场景描述
场地	园区	车辆功能：园区自动环卫或倒短运输
		道路条件：园区铺装路面，部分有车道线
		天气条件：需适应雨、雪、雾等多种天气
		驾驶行为：自主行驶、自动化调度、避障
		其他条件：点对点固定线路作业
	矿区	车辆功能：矿区土方、煤炭等倒短运输
		道路条件：土路、路况恶劣
		天气条件：需适应雨、雪、雾等多种天气，尘土多
		驾驶行为：自主行驶、自动化调度、自动倾卸、跟车、会车、避障
		其他条件：点对点固定线路作业
城市	快速公交	车辆功能：固定线路人员运输
		道路条件：公共道路中的专用车道，有车道线
		天气条件：需适应雨、雪、雾等多种天气
		驾驶行为：自主行驶、自动化调度、避障
	城市配送	车辆功能：城市内人员、货物运输
		道路条件：公共道路
		天气条件：需适应雨、雪、雾等多种天气
		驾驶行为：自主行驶、自动化调度、跟车、超车、会车、避障
		其他条件：开放道路混流

1.2　总体目标

1. 产业与总体目标

自主开发满足开放场景、实现高度无人驾驶需求的智能底盘产品，提出满足不同营运场景的智能底盘产品功能需求以及实现功能所需攻克的核心技术。同时，以国内主机厂为主体，联合营运系统供应商、智能驾驶系统供应商及底盘系统供应商，在所覆盖的营运场景内实现车端（底盘、智能驾驶系统、智能上装系统）、路端（5G 车路协同）、云端（运营云控平台）有效融合，扩大智能底盘产品场景覆盖度。解决人员短缺、人力成本过高、作业复杂等行业性问题。达成提升底盘功能安全性、车辆运输效率及以及营运效率，降低车辆能耗、人力成本等目的，实现用户 TCO 成本降低，自主产品产业化应用。

2．2025年阶段目标

商用车智能底盘系统运行场景 2025 年阶段目标如图 10–1 所示。到 2025 年左右，完成具备预见性巡航、自动紧急制动、车道居中、紧急转向辅助等高级功能的底盘控制功能开发，掌握满足上述功能的底盘控制系统的软、硬件开发，掌握关键系统及部件的预见性维护技术，功能安全等级达到 ISO 26262：2018《道路车辆—功能安全》或 GB/T 34590《道路车辆　功能安全》中的 ASIL D 级，可满足矿山、港口等场地封闭场景应用，实现部分无人驾驶。

智能底盘在商用车上获得一定的市场占有率（30%），国产自主电控底盘控制系统在主流整车企业的部分车型上获得应用突破，形成批量供货。匹配智能底盘的单车可与其覆盖的营运场景大生态有效匹配，整车 TCO 成本降低 10%。

3．2030年阶段目标

商用车智能底盘系统运行场景 2030 年阶段目标如图 10–1 所示。到 2030 年左右，自

	2025年	2030年
目标	• 完成具备自动紧急制动、车道居中等高级功能的底盘控制功能开发并掌握关键技术 • 功能安全等级达到ASIL D级 • 在矿山、园区等场景应用，实现部分无人驾驶 • 智能底盘在商用车上市场占有率达到30%，整车TCO成本降低10%	• 自主完成具备高级功能的底盘控制系统开发，掌握底盘控制系统E/E架构开发，掌握相关关键技术开发 • 功能安全等级达到ASIL D级 • 在公路、城市等开放场景应用，实现高度无人驾驶 • 智能底盘在商用车上获得60%市场占有率，整车TCO成本降低40%
技术路径	• 建立智能驾驶场景库，基于现有的智能辅助驾驶方案，加快在实车上的道路测试 • 优化智能驾驶商用车智能底盘的横、纵向运动协同控制相关算法，实现自主行驶、跟车、超车、会车、避障等功能，通过循迹行驶、匹配智能上装、提升运输效率等方式，降低TCO • 完善商用车智能网联测试评价体系，加快推广自动驾驶规模化测试和商业化试点	• 丰富和完善智能驾驶场景库，实现更多商用车智能辅助驾驶技术在多种运行场景下的落地 • 优化智能驾驶商用车智能底盘的横、纵、垂向运动协同控制相关算法，实现相关高级功能成熟应用，开发出面向智能驾驶的商用车全冗余智能底盘，降低TCO • 建立能够实现国家及行业法规要求的商用车智能网联测试评价体系
关键技术指标	• 优化完善智能驾驶场景库构建流程，构建更加丰富的场景库、场景分类、场景要素 • 对具备冗余能力的智能底盘的控制算法及执行器结构等进行优化 • 完善商用车智能网联测试评价体系，加快推广自动驾驶规模化测试和商业化试点	• 构建符合国家及行业法规要求的智能驾驶场景 • 开发出面向智能驾驶的商用车全冗余智能底盘 • 建立能够实现国家及行业法规要求的商用车智能网联测试评价体系

图 10–1　商用车智能底盘系统运行场景 2025 年和 2030 年技术路线图

主完成具备紧急自动避让、高速自主领航代驾、车辆编队行驶、自动停车入库等高级功能的底盘控制系统开发。掌握底盘控制系统 E/E 架构开发，系统软、硬件开发，掌握关键系统及部件的健康管理技术。功能安全等级达到 ISO 26262：2018《道路车辆—功能安全》或 GB/T 34590《道路车辆　功能安全》中的 ASIL D 级。可满足公路、城市等开放场景应用，实现高度无人驾驶。

智能底盘在商用车上获得一定的市场占有率（60%），国产自主线控底盘控制系统在主流整车企业的部分车型上获得应用突破，形成批量供货。匹配智能底盘的单车可与营运场景大生态有效匹配，整车 TCO 成本降低 40%。

1.3　现状分析

1．典型场景特性分析

（1）干线物流场景

如图 10-2 所示，在干线物流场景中，商用车行驶工况受到各种约束，行驶工况单一，不易受到外部行驶环境影响。因此单车需具备高度智能化，对于感知、决策、执行精准度的要求较高，发生故障时需根据自身安全机制采取措施，也可以通过车队电台进行人工干预。商用车在大部分时间内都是在专用车道内行驶，专用车道为商用车队列行驶提供了有利条件。在队列行驶过程中，可以结合不同工况对车辆的距离及车速进行实时调节，有效地改善队列的行驶效率，实现节能减排。

图 10-2　干线物流无人驾驶

我国有着 9 万亿元的物流市场，物流行业对自动驾驶有着巨大需求。目前能进行量产的高速公路物流自动驾驶技术为 L2 级，在干线物流这一领域存在着非常激烈的竞争。国外在高速公路物流 L4 级自动驾驶的研发要领先于国内，在国内，相对于汽车企业，政府则比较积极。2018 年 4 月，工业和信息化部、公安部、交通运输部联合发布《智能网联汽车道路测试管理规范（试行）》。2019 年 5 月 7 日，全国首次大规模商用车列队跟驰公开验证试验顺利开展，主要通过车队管理系统，实现车与车之间信息互通，实现车队的自动加速、减速、转向。

（2）封闭及半封闭场景

近些年，有汽车企业陆续推出自动驾驶重型货车，在部分场景下可能存在人工驾驶车辆与自动驾驶车辆混合行驶的工况。在该场景下，车速较低，场景的环境要素比较固定，但是该场景空间比较狭窄，商用车在行驶过程中容易出现视野盲区，从而造成交通事故。封闭场景的道路车道数普遍较少，且明确是单向行驶的车道；交通流量规律具有很强的时段性，可通过车辆调度云管理平台进行协调，提升运输效率，同时封闭场景对于单车智能化要求较低，可接受外部控制请求，发生故障时实现远程操控即可。

在自动驾驶诸多场景中，港口运营场景封闭、路线简单固定、车速低，而且可进行持续的智能化升级，因此自动驾驶技术在港口场景中率先得到应用的概率最高。目前国内整车企业发布的港口车型均为 L4 级及以上。图 10-3 是港口无人驾驶及调度系统示意图。在全球前十大港口中，有七个在中国，众多科技公司及整车企业以港口为运营场景介入自动驾驶货车领域。2017 年，洋山港定制的上汽红岩智能无人驾驶牵引车，在珠海港、广州南沙港运行。2018 年，中国重汽、主线科技及天津港合作开发了智能自动驾驶港口集装箱纯电动牵引车。2021 年，广州南沙港四期码头成为全球首家采用无人驾驶集装箱货车的全自动化码头。

图 10-3　港口无人驾驶及调度系统

图 10-4 所示是矿山无人驾驶及调度系统。自动驾驶矿山车辆在矿山场景中运营，可以有效降低运行成本、提升运输效率、提高车辆使用寿命。国家在政策方面也大力支持在矿山场景下发展自动驾驶技术，如在国家矿山安全监察局公布的 2019 年第 1 号公告《煤矿机器人重点研发目录》中，已将"露天矿卡车无人驾驶系统"列为重点研发项目。目前，参与矿区无人驾驶研究的企业主要有五类：大型采矿企业、矿用车辆生产企业、数字矿山装备企业、智能驾驶创业公司以及其他企业。

图 10-5 所示是城市环卫无人驾驶车辆。城市环卫无人驾驶车辆运行速度较低，对运行时效性需求不高，运行场景相对固定且属于半封闭区域。环卫无人驾驶车辆可以削减驾驶员人力成本，这也是诸多企业参与其中的关键因素之一，但是由于城市道路复杂，其开发难度也会变大。常见的城市道路环卫清洁场景及其对无人驾驶技术的要求如下：高速公路、高架桥，需采用全机械化，要求高；普通道路，通常机械化为主，人工为辅，要求较高；园区、学校等，通常人工为主，机械化程度低，要求较低。

图 10-4　矿山无人驾驶及调度系统

图 10-5　城市环卫无人驾驶车辆

（3）城市客运场景

如图 10-6 所示，在城市客运场景中车辆运行路线较为固定，运行车速适中。客车质心高度高、质量大、车身长，转向、制动、加速性能不如乘用车灵活，在交叉口、匝道等复杂路段容易出现盲区，从而引发交通事故。智能底盘可在车辆行驶过程中，通过 V2X 技术，提前获取道路环境信息，有助于驾驶员提前操作，达到增强驾驶安全性的作用。国内例如北京、深圳等多地的公交公司已开启公交车自动驾驶模式，进行示范调试运营。不过在上述无人驾驶公交车中，很少具备 L4 级自动驾驶技术。近年来，深蓝科技、宇通客车、海格客车等企业相继发布了多款自动驾驶客车，均可实现在封闭场景内自动循迹、主动避障等精准控制能力，在封闭的景区、机场、园区等具备接驳、观光等功能。

图 10-6　城市客运无人驾驶车辆

2．技术分析

目前，智能底盘需要突破的关键技术如下。

1）通过扩大规模持续进行开放道路的测试里程积累，收集海量数据，挖掘各类场景的特性，优化完善智能驾驶场景库构建流程，构建更加丰富的场景库、场景要素。应合理确定针对典型场景重点应用的测试方法和用例，在高速公路场景下，聚焦编队行驶功能，提高道路安全水平和节能减排效率；在封闭物流场景下，结合云端的调度作用，提高整体运输效率；在城市客运场景下，聚焦车路协同方面，降低复杂交通环境带来的驾驶负荷。

2）虚拟测试方面，结合仿真测试、硬件在环（HIL）测试、车辆在环（VIL）测试、实车测试等多种方法对测试对象进行综合评价将成为趋势。基于典型应用场景特征建立相应的仿真环境，重点考虑场景中的信息传递特点；结合在环试验等方法对网联功能进行初步测试，验证可行性，并对具体功能效果进行初步预估；最后进行实车测试，对测试功能进行实车验证。通过仿真方法可以实现测试场景的全覆盖，而实车测试可以对模型进行反馈修正，不断优化仿真模型。

3）完善商用车智能网联测试评价体系，加快推广自动驾驶规模化测试和商业化试点。实际道路测试对于验证智能驾驶功能与性能的优劣具有重要意义。目前国内外针对自动驾驶汽车的运行安全测试都还处于探索阶段，尚未形成一套完整成熟的测试评价体系和准则，不利于满足产业发展的现实需求。另外，自动驾驶测试受测试技术、测试场地、测试场景、测试管理等多方面条件限制，现有的测试方法试验周期长、测试成本高，无法满足自动驾驶商业化快速发展的需求。因此需要加快推广自动驾驶规模化道路测试和示范应用，探索新的测试技术和方法，提升测试效率，提高测试评价的经济性、可靠性和完整性，通过大量的测试验证不断促进无人化技术的提升。

1.4 路径选择及行动建议

1．技术路径

2025 年：

1）建立智能驾驶场景库，基于现有的智能辅助驾驶方案，加快在实车上的道路测试。

2）对面向智能驾驶的商用车智能底盘的横、纵向运动协同控制进行优化，对智能底盘执行机构的结构及算法进行优化，实现自主行驶、自动化调度、跟车、超车、会车、避障等功能，通过循迹行驶、匹配智能上装、提升运输效率、工作时间延长、整车节能等方式，实现 TCO 的降低。

3）完善商用车智能网联测试评价体系，加快推广自动驾驶规模化测试和商业化试点。

2030 年：

1）丰富和完善智能驾驶场景库，实现更多商用车智能辅助驾驶技术在多种运行场景下的落地。

2）对面向智能驾驶的商用车智能底盘的横、纵、垂向运动协同控制进行优化，对智能底盘执行机构的结构及算法进行优化，实现自主行驶、自动化调度、跟车、超车、会车、避障等功能成熟应用，开发出面向智能驾驶的商用车全冗余智能底盘，借助车队电台、V2X 等技术，打造车队智能，实现无人化或少人化的高度自动驾驶，降低人力成本，实现 TCO 的降低。

3）建立能够实现国家及行业法规要求的商用车智能网联测试评价体系。

2．关键技术指标

2025 年：

1）优化完善智能驾驶场景库构建流程，构建更加丰富的场景库、场景分类、场景要素。

2）对具备冗余能力的智能底盘的控制算法及执行器结构等进行优化。

3）完善商用车智能网联测试评价体系，加快推广自动驾驶规模化测试和商业化试点。

2030 年：

1）构建符合国家及行业法规要求的智能驾驶场景。

2）开发出面向智能驾驶的商用车全冗余智能底盘。

3）建立能够实现国家及行业法规要求的商用车智能网联测试评价体系。

3．具体创新行动计划

建立由主机厂、系统供应商、高校及科研院所和营运场景实体组成的技术攻关联合体，针对智能底盘的技术发展，实现整车全生命周期低成本运营，提升整车的安全性、舒适性。同时单车技术需要与营运场景大生态有效匹配，针对营运场景寻求业务模式和商业模式的创新。

重点研究驾驶工况辨识技术和车辆稳定状态判别方法，深入研究并建立底盘状态参数观测方法，实现底盘全域横、纵、垂向协同控制。充分调动国内底盘产业链力量，由主机厂进行优势资源整合，从底盘单向控制功能技术的掌握逐步进展到底盘全域控制技术的引领。

2　横、纵、垂向运动综合协同控制

2.1 背景

智能底盘的迅速发展也推动了线控转向、线控制动、线控驱动等关键技术的不断创新，同时线控底盘多个系统间相互耦合导致的协同控制问题逐渐成为研究热点，也对底盘系统动力学控制技术提出更高的要求。智能底盘控制执行技术是智能汽车的基础，需要解决底盘多执行器协同控制、协同执行等关键技术难题，这些难题一直以来都困扰着国内外汽车行业。当前车辆各功能控制系统均只针对单一车辆性能指标进行设计，但底盘的多个控制系统在车辆行驶过程中又是相互影响、相互制约的。智能底盘域通过对当前底盘各部件传感器进行信号融合，精确量化智能驾驶过程中车辆安全稳定运行的边界条件，进行驾驶员意图识别及底盘多目标多系统综合优化，实现底盘多系统协同控制，从而实现车辆动力学集成控制，解决各个执行机构耦合冲突的问题。

传统汽车采用分布式 E/E 架构，属于不利于扩展的非柔性系统架构，通常一个 ECU 对应一个功能系统，功能的拓展依赖于 ECU 和传感器数量的增加。通过域控制器的整合，分散的车辆硬件之间可以实现信息互联互通和资源共享，满足软件可升级、硬件和传感器可更换并进行功能扩展的需求。底层软件开发开始向上层应用靠拢，使用易用性较高的集成接口，并且降低底层软、硬件的复杂性，提升智能底盘的控制性能。

2.2 总体目标

1．产业与总体目标

商用车底盘控制系统应由现有的横、纵、垂三向独立控制过渡到以底盘综合域控为核心的底盘集成运动控制系统。整合国内商用车底盘全产业链资源，以国内商用车主机厂为牵引，以国内底盘零部件系统供应商为支撑，利用高校及研究院所的研发资源，整合市场应用优势，针对不同底盘构型的商用车搭建具有针对性的横、纵、垂向综合协同控制的平台架构。实现横、纵、垂向综合协同系统在国内市场的整车批量应用，整车动力学控制相关指标达到国际先进水平，底盘控制系统的关键部件产业链实现自主掌控。

2．2025年阶段目标

商用车智能底盘横、纵、垂向协同控制 2025 年阶段目标如图 10-7 所示。到 2025 年左右，完善现有纵向控制系统、横向控制系统及垂向控制系统的控制性能，实现部分运动控制器的自主研发，满足 L3 级及以下等级自动驾驶需求的综合协同控制系统实现整车批量应用。综合协同控制系统可针对不同底盘构型实现横、纵、垂向系统局部协同控制，在2025 年初步实现横向和纵向的协同控制，扩展整车运动控制边界，提高极限工况下的整车驾驶安全性。在 2025 年初步实现横向与垂向的协同控制，实现整车防侧倾和驾乘舒适性的综合提升。在 2025 年初步实现主车与挂车的协同控制，提高整车制动安全性。

3．2030年阶段目标

商用车智能底盘横、纵、垂向协同控制 2030 年阶段目标如图 10-7 所示。到 2030 年左右，全面完成纵向、横向、垂向系统核心控制器的研发及量产。底盘综合协同控制系统应具备智能化感知及学习能力，可感知底盘自身关键状态变量及道路交通关键信息。底盘域全部零部件基本实现联合标定。在 2030 年实现商用车线控底盘横、纵、垂三域的综合动力学协同控制，部分关键控制器实现自主研发，以适应更高的算力提升、复杂算法的应用以及成本的整合控制。底盘域控制器作为智能驾驶系统的"小脑"，通过控制策略的解耦和控制功能的集成，实现全矢量控制条件下的最优方案。实现底盘域与智能驾驶域交互，保留智能驾驶域的最小控制系统，直接获得整车感知数据，实现智能底盘功能拓展，满足L4 级及以上自动驾驶需求的底盘综合协同控制系统实现批量装车应用。整车动力学控制相关指标达到国际先进水平。

	2025年	2030年
目标	• 完善现有纵、横及垂向控制系统的控制性能，实现部分运动控制器的自主研发，满足L3级及以下等级自动驾驶需求的综合协同控制系统实现整车批量应用 • 综合协同控制系统可针对不同底盘构型实现横、纵、垂向系统局部协同控制，初步实现横向和纵向的协同控制，扩展整车运动控制边界，提高极限工况下的整车驾驶安全性 • 初步实现横向与垂向的协同控制，实现整车防侧倾和驾乘舒适性的综合提升。在2025年初步实现主车与挂车协同控制，提高整车制动安全性	• 全面完成纵、横、垂向系统核心控制器的研发及量产。底盘综合协同控制系统具备智能化感知及学习能力，可感知底盘自身关键状态变量及道路交通关键信息 • 底盘域全部零部件基本实现联合标定。实现商用车线控底盘横、纵、垂三域的综合动力学协同控制、部分关键控制器实现自主研发 • 实现底盘域与智能驾驶域交互、智能底盘功能拓展，满足L4级以上需求的底盘综合协同控制系统实现批量装车应用。整车动力学控制相关指标达到国际先进水平
技术路径	• 实现底盘横、纵、垂向部分协同控制和精确的车辆稳定状态判别	• 建立车辆横、纵、垂向耦合综合控制体系，实现底盘全域的协同控制
关键技术指标	• 车辆稳定状态误判率降低到8% • 动态载荷估计准确率达到90% • 驾驶工况辨识率达到90%以上	• 车辆稳定状态误判率降低到5% • 动态载荷估计准确率达到95% • 驾驶工况辨识率达到97%以上 • 容错控制成功率达到98%，建立综合反映车辆横、纵、垂多维度稳定状态的判别机制

图 10-7　商用车智能底盘横、纵、垂向协同控制 2025 年和 2030 年技术路线图

2.3　现状分析

1．产品分析

目前商用车底盘系统主要包括制动系统、转向系统、悬架系统及整车控制模块，其中制动系统、转向系统、悬架系统的核心技术主要由零部件厂商掌握，且各个系统独立封闭，只对整车开放相关控制接口，底盘各子系统之间没有直接的协同控制。在该模式下，主机厂通常只能在整车控制器中进行简单的功能划分，而具体的横、纵、垂向控制任务交给各个子系统完成，缺乏整体协同且易产生功能冲突。区别于乘用车，商用车底盘由于用途的不同，其结构差异性较大，客车、货车、半挂车、特种作业车辆之间的结构差异使得整车控制层面难以采用统一的理论控制框架，这同样为商用车底盘协同控制带来极大挑战。

目前市场上商用车底盘全域协同控制产品尚处于早期阶段，传统底盘零部件供应商通常提供单一功能模块产品，各功能模块的协同通常交由整车控制器处理。随着整车电动化和智能化的发展，底盘全域综合协同控制的需求日益增加，国际零部件巨头已经开始进行相关布局。2016年，采埃孚研制的规避动作辅助技术可对商用车的纵向控制和横向控制进行协同，有效降低车辆碰撞概率。2020年，采埃孚收购威伯科，进一步加强了在商用车底盘核心部件领域的掌控力，并且其自主研发了 cubiX® 底盘一体化控制器。可以判断，采埃孚目前已经具备商用车底盘综合协同控制系统的研制及批量供货能力。

目前国内商用车底盘协同控制技术仅仅停留在概念验证阶段，只有部分主机厂及科研单位进行功能性验证，离规模化量产还存在不小的距离。同乘用车类似，国内商用车主机厂在线控转向、线控制动、主动/半主动悬架技术方面受限于国外零部件巨头的技术垄断，底盘执行关键零部件技术在没有完全掌握前无法实现底盘全域的横、纵、垂向协同控制。目前国内零部件供应商还处于单项功能技术的提升阶段，同样难以实现底盘全域的横、纵、垂向协同控制。

2．技术分析

商用车底盘控制主要包括车辆的对纵向力、侧向力和垂向力的单向控制以及多方向的综合协同控制。纵向控制主要通过制动系统和驱动系统实现，主要实现牵引力控制功能、主动制动功能、制动防抱死功能、电子稳定性控制功能、四驱独立控制功能等。横向控制主要通过转向系统实现，主要实现助力转向功能、多轴转向功能、线控转向功能等。同时，由于商用车线控制动系统可实现差动制动，能够改变车辆横向动力学状态，提升了整车横向控制性能的潜力。垂向控制主要通过悬架调节系统实现，包括半主动悬架系统、主动悬架系统、主动横向稳定杆等。垂向控制系统可大幅提高汽车的行驶平顺性和乘坐舒适性，同时其具备的车身姿态调节功能可以增强车辆抗侧倾能力，在车辆产生较大侧向加速度时提高整车稳定性。

目前底盘协同控制技术通常采用分层架构，如清华大学提出的纵－横－垂协同控制框架，如图10-8所示。控制器上层根据驾驶员输入信号、车辆状态参数和道路信息确定车辆期望行驶状态，并根据系统输入制定期望合力与力矩等系统控制目标；控制系统的中层需要建立目标函数和约束条件，将期望合力和力矩优化分配为各轮纵、横、垂向力；控制器下层对电机驱动系统、前/后轮主动转向系统和主动悬架系统进行精确控制，实现所分配的最优轮胎力。进行协同控制首先需要确

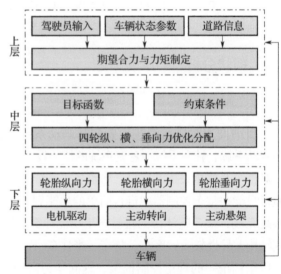

图 10-8 协同控制分层框架

定整车动力学控制目标，在驾驶员意图解析、关键参数估算的基础上完成对包括纵、横、垂向加速度需求以及横摆、侧倾、俯仰运动需求在内的车辆期望行驶状态计算。其次是建立轮胎纵、横、垂向力优化分配方法，通过建立统一的约束条件，设计合理的优化目标函数，将纵、横、垂向力协同优化问题归结为统一的可进行优化求解的数学模型，通过最优控制理论的方法求解得到轮胎纵、横、垂向力最优分配值。最后在获得轮胎纵、横、垂向力最优分配值的基础上，通过控制各个执行机构完成底盘的综合协同控制。

综上所述，为了实现底盘综合协同控制，需要对车辆状态进行精确估计，设定合理的控制目标函数及约束条件，同时对线控转向、线控制动、线控悬架等部件进行精确控制。与乘用车相比，商用车的模型参数不确定性和外部扰动随机性更为显著，如车辆运行过程中载荷变化范围大，转向过程中载荷转移严重，导致轮胎侧偏刚度变化范围较大。上述因素直接给商用车底盘状态评估带来极大挑战。同时，由于商用车的侧翻加速度阈值较低，车辆高速行驶或紧急情况下转向时存在较大的侧倾风险，再加上商用车横向动力学模型固有的非线性特征较强，纵向车速与车辆横向运动响应强非线性耦合，上述因素则直接给商用车底盘综合协同控制带来难题。

3．能力分析

国家"十四五"规划明确提出需要发展战略性新兴产业，其中强调要加快壮大新能源、智能汽车产业。《汽车产业中长期发展规划》《交通强国建设纲要》和《中国制造2025》等主要纲领性文件的颁布同样为底盘协同控制技术的突破奠定了坚实的基础。目前多家主机厂按照其优势整合资源形成完整产业链，预计到 2025 年左右，可实现车辆纵向、横向、垂向动力学部分协同控制及部分底盘关键控制器的自主开发。在此基础上进一步加强技术研发投入和产业链布局，最终形成从底盘关键零部件到整车底盘全域协同控制的完整工业体系，使得整车动力学控制关键指标达到国际先进水平。

2.4　路径选择及行动建议

1．技术路径

商用车底盘横、纵、垂向的协同控制需重点关注两个方面。第一是面向智能商用汽车的底盘动力学参数估计，第二是面向智能商用汽车的底盘动力学综合协同控制。

横、纵、垂向协同控制的前提是对车辆自身状态的准确识别，相比于乘用车，商用车底盘结构更加复杂，参数不确定性和外部扰动随机性更为显著，传统的估计方法难有较大的提升空间。目前，随着整车电动化和智能化的发展，车辆增加了功能更为强大的感知设备和通信设备，这为商用车底盘状态参数估计的新方法奠定了基础。将智能感知设备的数据与传统车辆动力学模型数据进行融合处理，可以有效提升状态参数识别的准确率，这需要对传感器数据的处理与融合技术进行深入研究。商用车底盘系统可以利用的车载传感器类型繁多，包括各种雷达传感器、视觉传感器、姿态传感器、压力传感器、速度传感器等，多种信号的实时处理、校验与解算需要进行深入研究。同时，借助于车联网技术的应用，商用车底盘具备了感知交通道路信息的能力，结合自身决策控制系统，底盘具备了提前预判自身轨迹和姿态的能力，传统的被动触发式状态识别可升级转变为主动预判式状态识别，对车辆动力学稳定边界的判断产生积极影响。同时可基于强化学习等智能算法深入研究轮胎动力学模型和车辆多自由度动力学模型的精确解算方法，为底盘综合协同控制打下基础。

完善现有纵向动力学控制技术、横向动力学控制技术和垂向动力学控制技术，在核心零部件逐步自主化的过程中不断提升现有单自由度运动学控制效果。在单自由度运动控制技术的基础上逐步对协同控制技术进行深入研究，针对载人商用车重点研究横向运动和垂向运动协同的控制技术以及横向运动和纵向运动协同的控制技术，综合提高其驾乘安全性和驾乘舒适性。针对载货商用车重点研究横向运动和纵向运动协同的控制技术，以及主车和挂车的纵、横向协同控制技术，综合提高其驾驶安全性。在上述基础之上开展商用车底盘全域综合协同控制技术研究，在车辆运动轨迹预判和自身姿态精确解算的基础上深入研究整车目标纵向力、侧向力、垂向力以及俯仰、横摆、侧倾力矩的计算方法，提出目标优化函数和约束条件的设计方法，探索基于轮胎力优化分配的控制策略，研究通过控制驱动系统、制动系统、转向系统和悬架系统实现最优轮胎力的控制方法。

2025 年实现底盘横、纵、垂向部分协同控制和精确的车辆稳定状态判别。

2030 年建立车辆横、纵、垂向耦合综合控制体系，实现底盘全域的协同控制。

2．关键技术指标

2025 年，车辆稳定状态误判率降低到 8%，动态载荷估计准确率达到 90%，驾驶工况辨识率达到 90% 以上。

2030 年，车辆稳定状态误判率降低到 5%，动态载荷估计准确率达到 95%，驾驶工况辨识率达到 97% 以上，容错控制成功率达到 98%。建立综合反映车辆横、纵、垂多维度稳定状态的判别机制。

3．具体创新行动计划

建立由主机厂、零部件供应商和高校及科研院所组成的技术攻关联合体，重点研究驾驶工况辨识技术和车辆稳定状态判别方法，深入研究并建立底盘状态参数观测方法，实现底盘全域横、纵、垂向协同控制。充分调动国内底盘产业链力量，由主机厂进行优势资源整合，从底盘单向控制功能技术的掌握逐步进展到底盘全域控制技术的引领。

第 11 章
商用车智能底盘的冗余

1 背景

商用车智能底盘线控化趋势导致电控系统取代了大量的机械传动机构，电子电气技术、传感器技术和车载通信技术的进步，促使智能底盘电控系统获得了高速发展，但引入如此复杂的电子电气系统对智能底盘安全带来了极大的风险。因此，在智能底盘电控系统产品开发的过程中，需要导入一种方法，可利用软硬件系统化的测试、验证和确认，使电子电气产品的安全功能在安全生命周期内满足汽车安全完整性等级要求，提升系统或产品的可靠性，同时也要避免因过当设计而增加成本，并避免因系统失效、随机硬件失效、设计缺陷所带来的风险，使电子系统的安全功能在各种严酷条件下保持正常运作，确保驾乘人员及其他交通参与者的安全。

ISO 26262：2018《道路车辆—功能安全》是第一个适用于量产车辆的功能安全标准，ISO 26262：2018《道路车辆—功能安全》的目的是筛选出所有会对驾驶员、乘客及其他交通参与者造成伤害的不合理风险，提高车用电子、电气产品的功能安全性，在产品的研发流程和管理流程中，预先分析和评估潜在的危害和风险，通过实施科学的安全技术措施、规范和方法来规避风险。

目前在商用车领域，还没有法规来强制规定相关电气系统必须符合 ISO 26262：2018《道路车辆—功能安全》的要求，但是在国内商用车电子电气产品的设计过程中正在逐渐贯彻 ISO 26262：2018《道路车辆—功能安全》所规定的流程和方法，目的是开发出更安全、更具竞争力的产品。根据 ISO 26262：2018《道路车辆—功能安全》标准，系统功能安全必须考虑功能冗余的要求，一般是从部件级、系统级和整车级三个维度来实现功能冗余，系统的冗余设计是保证智能驾驶车辆安全可控的核心。场景是决定商用车智能底盘技术路线及产业化落地的关键因素，因此，在商用车智能底盘冗余设计过程中，不仅要考虑上述 ISO 26262：2018《道路车辆—功能安全》的要求，还应该考虑商用车不同运行场景的特殊特性及各种极限工况。

目前市场上已量产的智能驾驶商用车，在特定封闭场景下可达到 L2 级及以上级别的自动驾驶，由于该类产品更多是基于封闭场景的特殊特性，是在车队管理系统、远程后台系统及车辆调度云管理平台的辅助下实现的高级别智能驾驶功能，在失效模型和安全机制上没有全量信息可供参考；同时，不同厂商之间关注的侧重点也不尽相同，在智能驾驶失效模式和安全机制上尚未有统一的评价方式和评价指标，故其细节在本书中不再讨论。

2 目标

2.1 产业及总体目标

商用车智能底盘应通过开机自检、系统自身校验等方式，检测底盘线控系统是否失效、是否能满足设计运行条件，并能采取必要的失效应对措施以达到最小风险状态。在任何状态下，智能底盘系统都应都能满足国家、部委、行业所发布的法规相关条例规定的结构、性能要求。商用车智能底盘应从整车、底盘、关键部件三个层面来进行功能安全分析，明确功能安全要求的同时，应定义驾驶自动化系统功能安全相关零部件的开发接口要求，明确角色和责任要求，确保在系统、硬件和软件各层级满足整车安全要求。

商用车智能底盘线控制动系统、线控转向系统功能安全应满足 ISO 26262：2018《道路车辆—功能安全》中的 ASIL D 级别的要求，主动 / 半主动悬架功能安全应满足 ISO 26262 中的 ASIL B 级别的要求。同时，根据商用车各运行场景的特殊特性，实现在各极限工况场景，以及系统失效故障注入条件下，智能底盘线控系统的功能安全及失效模式应对满足评价体系及评价指标，并将评价体系及评价指标应用于自动驾驶商用车，以保障商用车在设计运行条件下的运行安全性，降低企业的人力成本支出。

2.2 2025 年阶段目标

商用车智能底盘的冗余在 2025 年的阶段目标如图 11-1 所示。

智能底盘功能安全：线控制动系统、线控转向系统功能安全满足 ISO 26262 ASIL D 级的要求，主动 / 半主动悬架功能安全满足 ISO 26262 ASIL B 级的要求。探索基于场景的系统失效故障注入，构建智能底盘线控系统的功能安全及失效模式应对评价体系及评价指标。

智能底盘失效模式应对：当底盘控制系统单点失效时，底盘控制系统可执行报警、限速并请求接管、本车道自动停车、本车道紧急停车等功能降级安全保护机制，保障 10s 内动态驾驶任务未被驾驶员接管时车辆自动驾驶的安全。

当线控制动系统单点失效时，线控制动备份控制系统需具备 ABS 功能；当线控制动系统多点失效、系统退出控制时，需确保底盘制动系统随动可控。

当转向系统单点失效时，线控转向备份控制系统需具备助力转向功能；当线控转向系统多点失效、系统退出控制时，需确保底盘转向系统随动可控。

2.3　2030 年阶段目标

商用车智能底盘的冗余在 2030 年的阶段目标如图 11-1 所示。

智能底盘功能安全：线控制动系统、线控转向系统功能安全满足 ISO 26262 ASIL D 级的要求，主动 / 半主动悬架功能安全满足 ISO 26262 ASIL B 级的要求。完全实现基于场景的系统失效故障注入，构建完整的智能底盘线控系统的功能安全及失效模式应对评价体系及评价指标并实现成熟应用。

智能底盘失效模式应对：当底盘控制系统单点失效时，底盘控制系统可执行报警、限速并请求接管等功能降级安全保护机制，确保智能底盘功能不缺失、性能不降低，同时保持规定距离内的安全行驶；需具备接管保护功能，保障 5s 内动态驾驶任务未被驾驶员接管时车辆自动驾驶的安全。

当线控制动系统单点失效时，需满足法规对制动系统功能、性能的要求；当线控制动系统多点失效时，制动系统需具备法规所规定的最低制动性能，且随动可控。

当线控转向系统单点失效时，需满足法规对转向系统功能、性能的要求；当线控转向系统多点失效时，转向系统需具备法规所规定的最低转向性能，且随动可控。

2025年	2030年
• 智能底盘功能安全：线控制动系统、线控转向系统功能安全满足ISO 26262 ASIL D级的要求，主动/半主动悬架功能安全满足ISO 26262 ASIL B级的要求。探索基于场景的系统失效故障注入，构建智能底盘线控系统的功能安全及失效模式应对评价体系及评价指标 • 智能底盘失效模式应对：当底盘控制系统单点失效时，底盘控制系统可执行报警、限速并请求接管、本车道自动停车、本车道紧急停车等功能降级安全保护机制，保障10s内动态驾驶任务未被驾驶员接管时自动驾驶的安全 • 当线控制动系统单点失效时，线控制动备份控制系统需具备ABS功能；当线控制动系统多点失效、系统退出控制时，需确保底盘制动系统随动可控 • 当转向系统单点失效时，线控转向备份控制系统需具备助力转向功能；当线控转向系统多点失效、系统退出控制时，需确保底盘转向系统随动可控	• 智能底盘功能安全：线控制动系统、线控转向系统功能安全满足ISO 26262 ASIL D级的要求，主动/半主动悬架功能安全满足ISO 26262 ASIL B级的要求。完全实现基于场景的系统失效故障注入，构建完整的智能底盘线控系统的功能安全及失效模式应对评价体系及评价指标并实现成熟应用 • 智能底盘失效模式应对：当底盘控制系统单点失效时，底盘控制系统可执行报警、限速并请求接管等功能降级安全保护机制，确保智能底盘功能不缺失、性能不降低，同时保持安全行驶规定距离；需具备接管保护功能，保障5s动态驾驶任务未被驾驶员接管时自动驾驶的安全 • 当线控制动系统单点失效时，需满足法规对制动系统功能、性能的要求；当线控制动系统多点失效时，制动系统需具备法规所规定的最低制动性能，且随动可控 • 当线控转向系统单点失效时，需满足法规对转向系统功能、性能的要求；当线控转向系统多点失效时，转向系统需具备法规所规定的最低转向性能，且随动可控

图 11-1　商用车智能底盘的冗余 2025 年和 2030 年阶段目标

3　现状分析

3.1　产品分析

现阶段，面向智能化的商用车电控系统均基于 ISO 26262 或 GB/T 34590《道路车辆　功能安全》标准要求进行开发设计，目前行业对于智能底盘系统的开发思路更多的是参照整车智能驾驶系统的开发思路，具体就是在 L2 级及以下级别的辅助驾驶系统中需具备失效安全，即故障下保持安全的失效保护特性；在 L3 级及以上级别的高级别自动驾驶系统中需具备失效运行，即故障下可运行功能。

智能底盘控制系统控制指令可以来源于驾驶员、整车智能驾驶控制器及底盘域控制器等。对于失效安全的要求，可在功能安全设计中体现。系统单点失效可以用功能失效备份的形式来应对，系统多点失效可以采用驾驶员作为功能备份的技术路线来应对，这也是商用车行业目前的通用技术路线。但是在实现过程中，由于受到法规、技术成熟度、场景需求和成本的多重影响，目前冗余系统的产品虽然实现了功能备份，但还是采用功能降级的形式，备份了最基本的控制功能。对于失效运行的需求，在底盘线控系统出现单点失效后其安全核心功能需全部保留；在无人驾驶场景下，底盘系统需相互冗余，在系统多点失效后确保整车的安全运行。对于以上需求，目前行业内通用的做法就是智能底盘系统采用失效后系统功能全冗余，同时可以接受多个来源控制指令的技术路线。

国家法规通过规定辅助驾驶功能、性能，甚至是具体的配置，不断推动智能驾驶功能产品化。从目前的发展趋势来判断，我国智能驾驶相关法规在实施进度及指标要求上有超越欧洲的趋势。所以我国应对高级别智能驾驶的底盘产品已经有高冗余制动系统、转向系统及可变阻尼的半主动悬架的功能样件并在整车上开展了验证。由于线控智能底盘所涉及的核心子系统机械部分被线控所取代，所以在高级别自动驾驶场景中，驾驶员（安全员）已经不能作为电控系统单点失效后的冗余备份。因此，对于线控底盘系统来说，其安全底线就是单点失效时系统不能退出控制状态，避免出现智能底盘无法实现远程接管的状态。

3.2 技术分析

根据 ISO 26262：2018《道路车辆—功能安全》标准中的"车辆 E/E 系统故障导致的安全违规行为"以及 ISO 21448：2022《道路车辆—预期功能安全》标准中的"导致 E/E 无故障系统下错误传感器数据以及基于处理算法在传感器输入上应该避免和减轻的，以使系统处于安全状态"要求规定，在出现故障时，系统必须关闭或必须通过（紧急）操作驱动，这意味着对于 L3 级及以上级别的高级别智能驾驶，有必要为智能底盘的失效功能提供功能安全、系统可用性和系统冗余的创新解决方案。

商用车智能底盘的功能设计目前主要依据来源于场景需求，而不同场景的需求是不一样的，在无相关规范指导的情况下，系统安全架构机制和失效操作安全机制就成为风险控制的首选方案。目前在系统安全架构机制上大体分为两种：传统的失效安全机制以及现代的失效运行机制。

失效安全机制允许失效时性能降低或失效时功能退出。失效运行机制的提出解决了系统突然失效可能造成的危害，这种安全机制可以实现关键系统模块的冗余，通过在两个或者多个不同的硬件和软件中实现多样性部署的方式，在系统失效的情况下提供备用解决方案。这些不同的硬件和软件可能有不同的物理特性，甚至来自不同的开发团队和公司，作用就是提供关键功能的异构冗余。

在失效运行的安全架构下有多种设计思路，常见的有 1 out of 2（1oo2）、2 out of 3（2oo3）等。1 out of 2 的安全架构往往由两个独立的处理单元组成，两个独立的处理单元能够独立控制执行器，当一个处理单元发生故障时，通过诊断模块提供的故障信息，系统仍可在第二通道运行，这种解决方案通常存在于一些低成本的关键零部件中。2 out of 3 的安全架构被广泛地应用在航空电子设备中，在这种安全架构方案下，三个独立的处理单元互相冗余并两两校验，在输出端使用两个独立的判断单元对处理单元的输出进行校验，若三路输出一致，则系统工作正常，若一路出现故障，系统依然可以继续运行另外两路运算单元。这种高成本的解决方案在价格高昂的同时，也会带来开发过程中如功耗、散热问题等大量技术难题和供应链管理的复杂问题。

3.3　能力分析

针对功能安全的国际标准 ISO 26262 早在 2011 年就已发布并在 2018 年进行了修订，国家标准 GB/T 34590《道路车辆　功能安全》标准也于 2017 年发布。另外，对于车辆自动驾驶功能等级划分的标准，我国在 2021 年发布第一版 GB/T 40429—2021《汽车驾驶自动化分级》，对于自动驾驶等级划分、设计运行条件、运行设计范围、执行的动态驾驶任务、用户或 ADAS 在执行动态驾驶任务回退后可使车辆达到的条件以减少特定行程不能或不应该完成时发生碰撞的风险等关键要求进行了详细的描述。

智能驾驶的底盘主动控制在未来的目标是实现底盘集成控制，底盘控制系统需通过接口实现信息互通互用和系统相互协调，实现高响应、高精准的底盘系统动力学控制。未来，基于模型的开发模式（MBD）是发展趋势，基于复杂动力学模型的开发、验证所需的开发工具链和集成开发平台，以及复杂动力学模型在控制器（ECU）中运行带来的芯片算力提升需求都将带来巨大的挑战。目前绝大多数开发工具链和芯片资源还受制于国际供应商，国内软、硬件产业链的自主可控也是未来需要重点关注的。同时，逐步扩大国产供应商自主线控系统在智能底盘的应用，积累线控系统在各类场景中的应用经验，通过基于 T-BOX 的大数据采集和分析，支撑车辆动力学控制以及底层执行系统控制算法优化迭代。

4　路径选择及行动建议

4.1　技术路径

2025 年，商用车智能底盘的线控转向需实现冗余 EHPS 及 EPS 系统。当前冗余线控转向系统都基于双电机或双绕组电机，以及主、备份控制系统来实现，两套系统相互独立，在一套系统失效后，另一套系统可迅速进入工作状态。具体技术路径如图 11-2 所示，表 11-1 展示了冗余 EPS 系统失效模式下的安全机制。

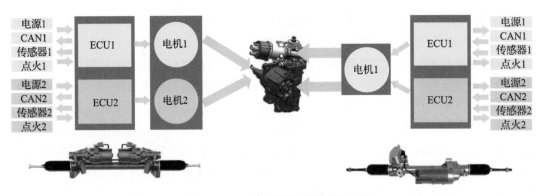

图 11-2　冗余线控转向系统技术路径

表 11-1　冗余 EPS 系统失效模式下的安全机制

故障种类	故障部件	故障安全机制
元器件失效	电源	有效电源可满足 100% 的助力需求
	ECU	有效 ECU 侧满足 100% 的助力需求
	电机	有效电机侧满足 50%~75% 的助力需求
	扭矩传感器、电机位置传感器	电机输出满足 100% 助力需求，控制效果不降低
通信失效	MCU 通信、CAN 通信	电机输出满足 100% 助力需求

商用车智能底盘的线控制动系统仍然以冗余 EBS 为主，冗余 EBS 失效模式下的安全机制见表 11-2 所示。同线控转向系统类似，冗余 EBS 主要通过增加控制模块以及主、备份控制系统来实现。主、备份系统在控制上独立，当主系统失效后，备份系统通过双通单向阀来控制主系统的执行气路，确保在一套系统失效后，另一套系统可迅速进入工作状态。

表 11-2　冗余 EBS 失效模式下的安全机制

故障种类	故障部件	故障安全机制
元器件失效	电源	有效电源可满足 100% 的制动力需求，功能保持
	ECU	有效 ECU 侧满足 100% 的制动力需求，功能降级
	前、后模块	有效 ECU 侧满足 100% 的制动力需求，功能降级
	轮速传感器	有效电源可满足 100% 的制动力需求，功能保持
通信失效	MCU 通信、CAN 通信	有效电源可满足 100% 的制动力需求，功能保持

这些主流设计中，着重关注以下两点：1）实时监测软硬件故障；2）电源、通信及控制双备份。冗余系统需保证在主控系统失效的情况下，备份系统依旧可以使车辆进行降级操作，让车辆可以在本车道或路边停车。

2030 年，商用车智能底盘冗余线控转向的双绕组电机及冗余控制技术基本成熟，涉及主、从控制的校验及转换和电机传感器的采样同步。失效后可满足 100% 助力需求，同时，所有关键控制功能不降级，低速工况下可实现紧急转向辅助。同时，在前轴轴荷 4.5t 以上的智能底盘上，使用成熟的 500 以上大传动比、适应高负荷的传动形式的转向器，取代目前常用的循环球式转向器。采用线控取代中间机械传递部件，实现驾驶舱与底盘解耦，对于客车及干线物流车型底盘的模块化有较大帮助。

EMB 系统在新能源商用车上取得一定程度的应用。由于气体可压缩特性，目前 EBS 关键参数的估算误差以及减速度控制误差均超过 15%，在低附着路面仍然存在短暂的抱死现象。EMB 系统的出现，实现了纯线控制动，在原理上可以避免 EBS 存在的问题。EMB 系统可实现轮边控制解耦，制动系统单点失效后，所有安全功能均可以保留，同时性能不降低；在制动系统多点失效导致某一轮边控制失灵的情况下，可以通过其他有效轮边控制的协同控制，使底盘保持制动的稳定性。EMB 系统对于轮边制动力的高精准度、高响应速度的控制特性，使得其同轴之间的制动力差距可以保持在 5% 以内。基于 EMB 系统的高安全边界、精准控制，结合高精度地图的路况预测，制动能量回收效果可提升 30% 以上。

悬架方面，目前绝大部分商用车还是装配被动悬架，主动 / 半主动悬架是研究的热点，但离产业化还存在一定的距离，故在本书中不详细阐述主动 / 半主动悬架的冗余控制及设计。

4.2　关键技术指标

2025 年：商用车智能底盘控制器故障容错时间间隔（FTTI）不超过 20ms；执行器全部冗余，全功能系统随机硬件失效率不超过 10FIT；主 – 冗系统切换时间不超过 10ms。驾驶员为动态驾驶任务的备份，当收到介入请求及时接管全部动态驾驶任务，系统需具备双冗余。

2030 年：商用车智能底盘控制器故障容错时间间隔（FTTI）不超过 10ms；执行器部分冗余，单功能系统随机硬件失效率不超过 5FIT；主 – 冗系统切换时间不超过 5ms。系统为动态驾驶任务的备份，驾驶员可选择不接管动态驾驶任务，系统可自动执行风险最小化策略，系统需具备至少双冗余。

4.3　具体创新行动计划

2025 年：建立由主机厂、零部件供应商和高校及科研院所组成的技术攻关联合体，由主机厂根据智能驾驶系统等级建立包含整车故障行驶、降速接管、本车道自动停车及紧急停车四个等级的故障失效安全机制，探索满足整车失效运行机制所对应的底盘各个系统的失效应对方式、底盘系统功能降级所对应的最小安全边界，以及最小安全边界所对应关键性能指标。

2030 年：多核的高算力高主频的 MCU 实现应用，系统故障诊断覆盖率达到 98% 以上，整车失效运行机制所对应的底盘各个系统的失效应对方式可以支撑系统失效后关键安全性功能、性能不降级，同时底盘各子系统实现相互冗余。

第4部分

线控制动及线控转向
系统技术路线图

PART 04

第12章
线控制动系统

1 编制范围、总体目标及技术路径

1.1 编制范围

　　伴随着汽车电动化的深化和智能化的兴起，制动系统也正在进行优化升级，从部分线控向完全线控发展。当前行业尚未对线控制动系统有公认的定义，为了避免局限性，本书所指的线控制动系统是具有线控功能的制动系统。具体是指通过电子液压/电子气压助力、全电动等方式提供动力源，对车轮智能施加制动力矩，使车辆按照要求进行减速、停车、驻车的制动系统（含电控单元、管路、制动器等）。

　　本部分主要针对与线控功能相关的核心技术和部件进行路线图综述，但不包括基础制动器及基础功能。为了便于理解，图12-1按照动力来源及用途对制动系统进行了初步分类。本章介绍的线控制动系统涉及乘用车和商用车，包括线控液压制动系统、线控气压制动系统、电子机械制动（EMB）系统、电子驻车制动（EPB）系统。

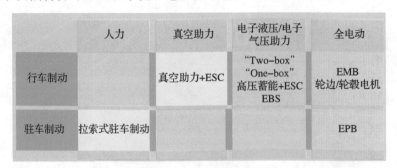

	人力	真空助力	电子液压/电子气压助力	全电动
行车制动		真空助力+ESC	"Two-box" "One-box" 高压蓄能+ESC EBS	EMB 轮边/轮毂电机
驻车制动	拉索式驻车制动			EPB

图 12-1　制动系统分类

1.2 总体目标及技术路径

　　如图12-2所示，总体目标是线控制动系统建成完整的自主可控产业链，产品达到国际一流水平。

2025 年：

1）产品目标：线控液压、气压制动产品满足 L3 级自动驾驶的安全需求；EMB 系统完成样机研制。

2）技术目标：响应速度、精度、一致性、部件可靠性等性能达到国际一流水平；电制动动力学控制、状态估计、传感等算法集成到域控制器。

3）企业目标：自主线控制动企业初步形成品牌效应。

4）市场目标：电子液压（"One-box""Two-box"）、电子气压（EBS、ABS+ESC 等）线控制动系统在电动及燃油高端车型上实现批量应用。

5）产业链目标：关键部件产业链实现自主可控。

2030 年：

1）产品目标：线控液压、气压产品满足 L4 级自动驾驶的安全需求和冗余要求；EMB 系统批量应用；高电压线控产品完成研制。

2）技术目标：寿命、可靠性达到国际一流水平；算法集成到域控或中央控制器，实现软硬件分离。

3）企业目标：培育有国际竞争力的线控制动企业。

4）市场目标：电动助力线控制动系统在新能源汽车、智能汽车上大规模应用。

5）产业链目标：完整的自主可控产业链。

	2025年	2030年
产品目标	• 线控液压、气压制动产品满足L3级自动驾驶的安全需求；EMB系统完成样机研制	• 线控液压、气压产品满足L4级自动驾驶的安全需求和冗余要求；EMB系统批量应用；高电压线控产品完成研制
技术目标	• 响应速度、精度、一致性、部件可靠性等性能达国际一流水平；电制动动力学控制、状态估计、传感等算法集成到域控制器	• 寿命、可靠性达到国际一流水平；算法集成到域控制器或中央控制器，实现软硬件分离
企业目标	• 自主线控制动企业初步形成品牌效应	• 培育有国际竞争力的线控制动企业
市场目标	• 电子液压（"One-box""Two-box"）、电子气压（EBS、ABS+ESC等）线控制动系统在电动及燃油高端车型上实现批量应用	• 电动助力线控制动系统在新能源汽车、智能汽车上大规模应用
产业链目标	• 关键部件产业链实现自主可控	• 完整的自主可控产业链

图 12-2　线控制动系统发展总体目标

2 线控制动系统技术路线

2.1 现状综述

随着汽车电动化技术的日趋成熟与智能化的兴起，车用电机、动力蓄电池、电控系统等取得长足进步，但线控液压、线控气压等车用线控制动核心技术仍然无法规避传统 ESP/ESC 阀块的制约，而 ESP/ESC 阀块长期被国外供应商垄断。目前国内在 ESP/ESC 阀块部分传统指标上完成了对国外企业的追赶，但在可靠性和成本上仍然无法与国际巨头匹敌。电子机械制动系统除了支持线控制动，还可以重新定义 ESC 等车辆动力学控制系统，且对于重新定义线控底盘、加快底盘智能控制技术和底盘域控制集成的发展有着重要意义，是实现换道超越的最佳途径。EMB 技术挑战多，早期几乎无法实现量产，近年来，随着我国电机技术、传动系统技术的长足进步，商用车 EMB 系统发展速度远超预期，出现量产的可能，产业层面与国际巨头同步竞争初见端倪。

我国制动系统行业发展的主要问题集中在以下几方面。

1）关键原材料和零部件研发能力薄弱。在芯片与电子元器件、高性能电机、轴承、电磁阀等方面存在瓶颈，关键原材料如永磁体、轴承材料等研发进度较慢；芯片短缺成为真正的行业痛点，自主车规级芯片和电子元器件的开发和批量应用任重而道远。

2）进入市场困难。由于制动系统安全性要求较高，国内整车制造企业几乎无法选择国内供应商提供的线控制动系统。

3）行业利润下降。国内企业开发的产品在市场上难以形成大批量应用，导致生产成本普遍比国外厂家高，难以让市场接受。

4）开发投入大、周期长。此类产品系统复杂，安全等级要求高，开发投入巨大，一般企业难以承受。

围绕上述行业发展难题，应立足当前，着眼长远，统筹国内制动系统行业，整体推进，重点突破，以创新、开放、共享为指导原则，制订我国制动系统产业的整体技术路线。

2.2 关键技术预判

在技术路径方面，单独电子液压 / 电子气压制动系统、EMB 系统以及前两者结合的混合式线控制动系统三种技术路线将在相当长一段时间内并存。线控制动系统的核心技术围绕着四个方面：系统冗余与失效运行（图 12-3）、智能算法与多车协同（图 12-4）、硬件兼容与高精度控制（图 12-5）、软硬件分离（图 12-6）。

2.2.1 系统冗余及失效运行

1. 单独电子液压/电子气压制动系统冗余与失效运行技术路径

2025 年，乘用车装载电子液压制动系统，电动主缸、ESC 系统和 EPB 系统组成多层次冗余系统（满足 L3 级自动驾驶的需求）；商用车装载电子气压制动系统，IEBS、ABS 和 EPB 系统组成多层次冗余系统（满足 L3 级自动驾驶的需求）。

2030 年，乘用车装载电子液压制动系统，EPB、全功能 RBU 和 EPB 系统组成多层次冗余系统（满足 L4 级自动驾驶的需求）；商用车装载电子液压制动系统，IEBS、气压全功能 RBU 和 EPB 系统组成多层次冗余系统（满足 L4 级自动驾驶的需求）。

2. 单独EMB系统冗余与失效运行技术路径

2025 年，乘用车 EMB 系统处于研制阶段。在具有轮毂驱动构型的商用车上，轮毂电机、EMB 系统、EPB 系统组成冗余系统（满足 L3 级自动驾驶的需求）。

2030 年，EMB 系统在商用车上规模装载，在乘用车上小规模装载。在具有轮毂驱动构型的车型上，轮毂电机、EMB 系统、失电全功能 RBU 与 EPB 系统组成多层次冗余系统（满足 L4 级自动驾驶的需求）。

3. 电子液压/电子气压制动系统与EMB系统结合的冗余与失效运行技术路径

2025 年，EMB 系统在商用车上装载；在商用车上，电子气压制动系统与 EMB 系统分别在不同轴上组成冗余系统（满足 L3 级自动驾驶的需求）。

2030 年，EMB 系统、与 EMB 系统集成的电子液压 / 电子气压制动系统全功能 RBU、EPB 系统组成多层次冗余系统（满足 L4 级自动驾驶的需求）。

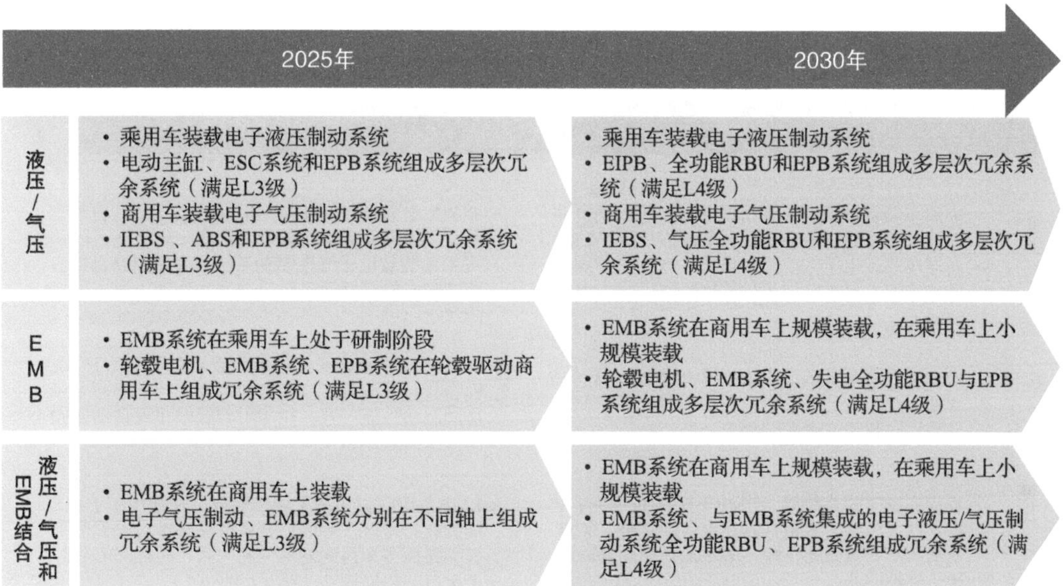

图 12-3 线控制动系统冗余与失效运行技术路径

2.2.2 智能算法及多车协同

1．单独电子液压/电子气压制动系统智能算法与多车协同技术路径

2025 年，乘用车装载电子液压制动系统，支持高速公路自动驾驶，可实现智能规划多车紧急制动行程（满足 L3 级自动驾驶需求）；商用车装载电子气压制动系统支持专用道路高度自动驾驶，可实现智能规划多车紧急制动行程（满足 L3 级自动驾驶需求）。

2030 年，乘用车电子液压制动系统支持城区、郊区自动驾驶，可保障极端路面多车协同制动性能一致（满足 L4 级自动驾驶的需求）；商用车电子气压制动系统支持开放道路高度自动驾驶，可保障极端路面多车协同制动性能一致（满足 L4 级自动驾驶需求）。

2．单独EMB系统智能算法与多车协同技术路径

2025 年，EMB 系统在商用车上支持专用道路高度自动驾驶，可实现智能规划多车紧急制动行程，实现多车 ABS 自动协同制动（满足 L3 级自动驾驶的需求）。

2030 年，EMB 系统在商用车上规模装载，在乘用车上小规模装载，支持开放道路高度自动驾驶，可保障极端路面多车协同制动性能一致，实现轮胎附着极限工况自动协同制动（满足 L4 级自动驾驶需求）。

3．电子液压/电子气压制动系统与EMB系统结合的智能算法与多车协同技术路径

2025 年，乘用车处于研制阶段；在商用车上，制动系统支持高速公路、专用道路高度自动驾驶，可实现智能规划多车紧急制动行程，实现多车 ABS 自动协同制动（满足 L3 级自动驾驶需求）。

2030 年，EMB 在商用车上规模装载，在乘用车上小规模装载，支持城区、郊区、开放道路高度自动驾驶，可保障极端路面多车协同制动性能一致，实现轮胎附着极限工况自动协同制动（满足 L4 级自动驾驶需求）。

	2025年	2030年
液压/气压	• 乘用车装载电子液压制动系统：高速公路自动驾驶，智能规划多车紧急制动行程（满足L3级） • 商用车装载电子气压制动系统：专用道路高度自动驾驶，智能规划多车紧急制动行程（满足L3级）	• 乘用车装载电子液压制动系统：城区郊区自动驾驶，极端路面多车协同制动性能一致（满足L4级） • 商用车装载电子气压制动系统：开放道路高度自动驾驶，极端路面多车协同制动性能一致（满足L4级）
EMB	• EMB系统在商用车上装载：专用道路高度自动驾驶，智能规划多车紧急制动行程，多车ABS自动协同制动（满足L3级）	• EMB系统在商用车上规模装载，在乘用车上小规模装载：开放道路高度自动驾驶，极端路面多车协同制动性能一致，轮胎附着极限工况自动协同制动（满足L4级）
液压/气压和EMB结合	• 乘用车处于研制阶段。EMB系统在商用车上装载：高速公路、专用道路高度自动驾驶，智能规划多车紧急制动行程，多车ABS自动协同制动（满足L3级）	• EMB系统在商用车上规模装载，在乘用车上小规模装载：城区、郊区、开放道路高度自动驾驶，极端路面多车协同制动性能一致，轮胎附着极限工况自动协同制动（满足L4级）

图 12-4　线控制动系统智能算法及多车协同技术路径

2.2.3 硬件兼容及高精度控制

1．单独电子液压/电子气压制动系统硬件兼容与高精度控制技术路径

2025 年，乘用车装载电子液压制动系统，电磁阀、主缸电机、传感器等硬件互相兼容，精度和响应速度等控制性能达到国际一流水平；商用车装载电子气压制动系统 ABS 阀、桥继动阀等硬件互相兼容，控制精度和响应速度等控制性能达到国际一流水平。

2030 年，乘用车电子液压制动系统硬件可靠性和使用寿命达到国际一流水平；商用车电子气压制动系统硬件可靠性和使用寿命达到国际一流水平。

2．单独EMB系统硬件兼容与高精度控制技术路径

2025 年，乘用车处于研制阶段；在具有轮毂驱动构型的商用车上，EMB 系统电机、轮毂电机等硬件互相兼容，耐热等基本性能达到量产应用水平。

2030 年，EMB 在商用车规模装载，在乘用车小规模装载，EMB 系统硬件可靠性、失电安全性达到量产应用水平，全工况控制精度和响应速度等达到国际一流水平。

3．电子液压/电子气压制动系统与EMB系统结合的硬件兼容与高精度控制技术路径

2025 年，乘用车处于研制阶段；在商用车上，EMB 系统电机等硬件兼容，耐热等基本性能达到量产应用水平。

2030 年，EMB 在商用车上规模装载，在乘用车上小规模装载，硬件可靠性和使用寿命达到量产应用水平，全工况控制精度和响应速度等达到国际一流水平。

	2025年	2030年
液压/气压	· 乘用车装载电子液压制动系统：电磁阀、主缸电机、传感器等硬件兼容，精度和响应速度等控制性能达到国际一流水平 · 商用车装载电子气压制动系统：ABS阀、桥继动阀等硬件兼容，控制精度和响应速度等控制性能达到国际一流水平	· 乘用车装载电子液压制动系统：硬件可靠性和使用寿命达到国际一流水平 · 商用车装载电子气压制动系统：硬件可靠性和使用寿命达到国际一流水平
EMB	· 乘用车处于研制阶段。EMB系统在轮毂构型商用车上装载：EMB系统电机、轮毂电机等硬件兼容，耐热等基本性能达到量产应用水平	· EMB系统在商用车上规模装载，在乘用车上小规模装载：硬件可靠性、失电安全性达到量产应用水平，全工况控制精度和响应速度等达到国际一流水平
液压/气压和EMB结合	· 乘用车处于研制阶段。EMB系统在商用车上装载：EMB系统电机等硬件兼容，耐热等基本性能达到量产应用水平	· EMB系统在商用车上规模装载，在乘用车上小规模装载：硬件可靠性和使用寿命达到量产应用水平，全工况控制精度和响应速度等达到国际一流水平

图 12-5　线控制动系统硬件兼容与高精度控制技术路径

2.2.4 软硬件分离

1. 单独电子液压/电子气压制动系统软硬件分离技术路径

2025年，乘用车装载液压电子制动系统，液压电子制动系统、EPB和ESC的上层容错控制算法，以及车辆状态参数估计算法集成到域控制器；商用车装载气压电子制动系统，横垂向车身动力学控制、智能化制动控制算法集成到域控制器。

2030年，乘用车上，由EPB系统冗余执行的ABS、ESC算法集成到域控制器，底层制动控制器具备制动力、制动减速度、滑移率等多种参数的控制接口；商用车上，横纵垂车身动力学控制、智能化制动控制算法、冗余算法集成到域控制器，底层制动控制器具备制动力、制动减速度、滑移率等多种参数的控制接口。

2. 单独EMB系统软硬件分离技术路径

2025年，乘用车处于研制阶段；在具有轮毂驱动构型的商用车上，横纵垂车身动力学控制、智能化制动控制算法集成到域控制器。

2030年，EMB在商用车规模装载，在乘用车小规模装载，在具有轮毂驱动构型的车型上，横纵垂车身动力学控制、智能化制动控制算法、冗余算法集成到中央控制器，底层制动控制器具备制动力、制动减速度、滑移率等多种参数的控制接口。

3. 电子液压/电子气压制动系统与EMB系统结合的软硬件分离技术路径

2025年，乘用车处于研制阶段；在商用车上，常规制动制动力分配算法、横、垂向车身动力学控制集成到域控制器。

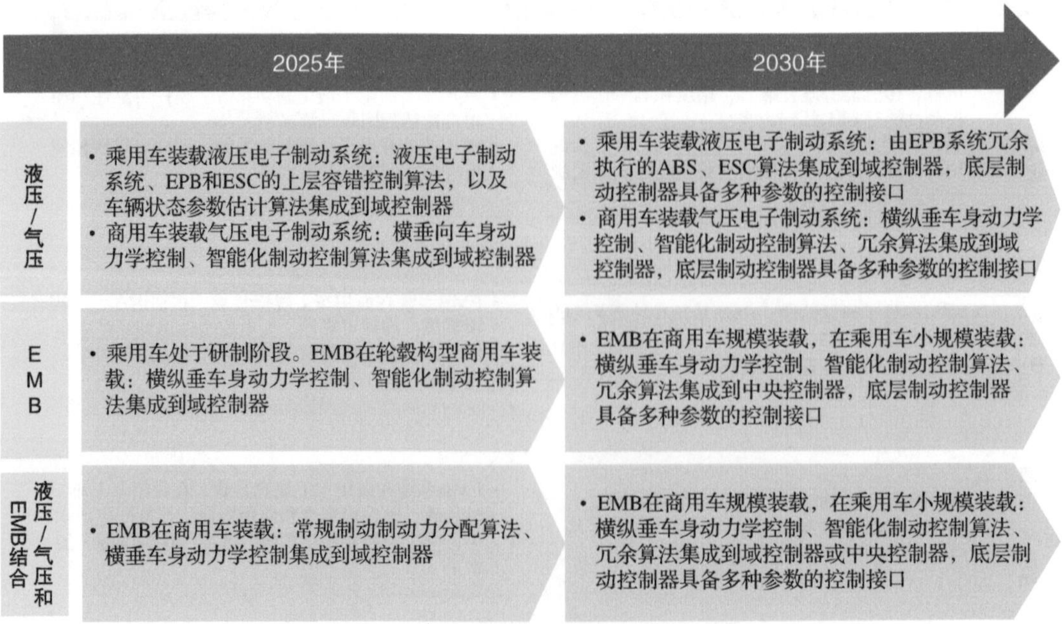

图12-6 线控制动系统软硬件分离技术路径

2030 年，EMB 在商用车规模装载，在乘用车小规模装载，横、纵、垂向车身动力学控制、智能化制动控制算法、冗余算法集成到域控制器或中央控制器，底层制动控制器具备制动力、制动减速度、滑移率等多种参数的控制接口。

2.3 线控液压制动系统

2.3.1 目标

1. 总体目标

全面实现高压蓄能式线控制动系统及"One-box""Two-box"线控制动系统的量产，掌握线控制动解耦系统、液压回路、传动机构等机械机构设计技术，掌握助力电机、电磁阀、主要传感器设计和性能分析技术，掌握电动助力制动系统、电子液压制动系统机械结构和液压拓扑设计技术，掌握关键零部件加工技术和加工工艺，提升无刷电机性能，提升电磁阀一致性和可靠性，确保零部件在整车性能上表现出良好的一致性和可靠性，能够自主研发具有解耦结构、失效安全功能、高制动能量回收能力、主动建压能力和高精度压力控制的集成化线控制动系统。

实现电子控制单元（ECU）和液压控制单元（HCU）硬件自主设计。掌握液压模型和软件功能模型仿真开发技术，完成车速、防抱死制动控制、牵引力控制、车身稳定控制等纵向、横向控制功能策略的制定及模型的搭建，掌握制动系统非线性特性分析和压力动态控制算法开发技术，完成相关工具的开发，拥有整车匹配开发能力。掌握制动系统与电驱动系统功能融合开发技术，实现车辆动态控制多样化、减速控制多样化、能量回收最大化。功能安全等级达到 ISO 26262：2018《道路车辆—功能安全》或 GB/T 34590《道路车辆 功能安全》中的 ASIL D 级。

掌握电子机械制动系统的机械结构性能和可靠性设计方法，进行常规制动、ABS、ESC、高效制动能量回收功能的控制策略开发及优化，实现样机整车集成及测试。掌握集成 EHB+EMB 系统的电子控制单元设计技术，实现 EHB+EMB 系统制动冗余设计技术的应用。完成高电压（42V、48V）汽车线控制动系统的设计和批量装车。

完善故障诊断、提升容错控制技术、保障发生故障后整车稳定性控制是产业发展的总体目标，以电控单元的容错能力提升和功能安全等级达到 ISO 26262 或 GB/T 34590 中的 ASIL D 等级为研究目标，围绕传感器、通信网络、顶层控制器、电源管理系统等展开容错控制研究，建立线控制动系统故障检测及整车稳定性协调控制仿真平台，提出适应更高级别自动驾驶的线控制动系统故障检测及整车稳定性协调控制方案，搭建硬件在环试验平台，验证线控制动系统故障检测及整车稳定性协调控制的有效性和可靠性。

ESC 系统（包含 EPBi 系统）在主流整车制造企业的部分乘用车型上获得突破，形成大批量供货，在乘用车市场占有率达到 5%~10%，轻型货车 ESC 系统市场占有率达到 10%；电动助力制动系统在新能源汽车、智能汽车市场占有率达到 10%。EHB 系统达到一定的市场占有率，"One-box"形式的液压线控制动系统形成批量供货。

2．阶段目标

如图 12-7 和图 12-8 所示，线控液压制动系统技术发展的阶段目标如下。

	2025年	2030年
系统集成优化	• 掌握"One-box"及"Two-box"线控制动系统关键零部件技术，实现"One-box"及"Two-box"线控制动系统量产应用 • 掌握摩擦制动系统与电动机再生制动系统功能融合开发能力，实现车辆减速方式多样化，能量回收最大化	• 掌握EHB+EMB线控制动系统关键零部件技术，实现EHB+EMB线控制动系统与整车集成 • 掌握线控制动系统的全套软硬件开发技术，能够自主研发具有解耦结构和失效运行功能的集成化线控制动系统
精准快速控制	• 优化ESC电磁阀控制算法及电磁阀结构，优化无刷电机控制算法，提高线控制动系统的响应速度及液压控制精度 • 积累线控制动系统的验证经验和数据，掌握车辆动力学控制以及底层执行系统控制算法，逐步形成完整的国产化软件开发工具链	

图 12-7　系统集成优化与精准快速控制技术路径

	2025年	2030年
冗余结构与故障重构	• 完善"Two-box""One-box"+RBU线控制动系统冗余方案，功能安全等级达到ISO 26262中的ASIL D级，产品形成大批量应用 • 完善对实车"Two-box""One-box"+RBU线控制动系统的运行数据的收集及整理，对异常数据进行回灌模拟与诊断分析 • 完善硬件在环仿真系统的测试用例数据库 • 实现对线控制动系统的失效故障进行诊断和预测	• 完善EHB+EMB线控制动系统冗余方案，功能安全等级达到ISO 26262中的ASIL D级，产品形成大批量应用 • 对实车EHB+EMB线控制动系统运行数据进行收集及整理，对异常数据进行回灌模拟与诊断分析，建立完善的系统故障码数据库 • 针对不同故障失效模式设计不同的故障诊断方法，实时监测被控对象的各部分状态

图 12-8　系统冗余结构与故障检测重构技术路径

（1）2025 年阶段目标

到 2025 年左右，掌握高压蓄能式线控制动系统、电动助力制动系统、电子液压制动系统机械结构和液压拓扑设计技术，掌握关键零部件加工技术和加工工艺，提升无刷电机性能和电磁阀的一致性和可靠性。掌握线控制动系统的软硬件开发及冗余备份技术以及高效制动能量回收技术，实现集成电动助力、踏板解耦、踏板感觉模拟或补偿、制动能量回收、失效备份、车身稳定性控制等功能的"One-box"线控制动系统，功能安全等级达到 ISO 26262：2018《道路车辆—功能安全》或 GB/T 34590《道路车辆　功能安全》中的 ASIL D 级。完善线控制动系统硬件设计研发方式，逐步实现线控制动系统集成化、模块化设计，掌握关键零部件加工工艺，提升零部件可靠性、一致性。继续优化关键部件 ESC 电磁阀控制算法及电磁阀结构，优化无刷电机控制算法，提高基于无刷电机控制的电子助力制动系统及"One-box"集成式制动系统的响应时间及液压控制精度，稳态下制动力控制误差减少到 0.1MPa 以内，控制时间缩短到不超过 150ms。加强优化制动盘、制动钳的研究，提高制造工艺，提高产品一致性、稳定性。

在故障检测重构方面，根据主机厂要求、国外法规及标准的测试项目要求、国内法规及标准的测试项目要求、智能驾驶系统研发企业要求，对硬件在环仿真系统的测试用例数据库进行补充完善；对线控制动系统的失效故障进行诊断和预测，并对其进行相应工况的离线仿真，通过容错控制前后的车辆状态进行对比，以此来验证容错控制方案的有效性；完善对实车电子助力制动系统 +ESC 系统或"One-box"系统运行数据的收集及整理，对异常数据进行回灌模拟诊断分析。

掌握 EMB 系统机械结构的性能和可靠性设计方法，完成常规制动、防抱死制动、车身稳定性控制、高效制动能量回收等功能控制策略的开发及优化，实现样机整车集成及测试。

全面实现高压蓄能式线控制动及"One-box""Two-box"线控制动量产应用，掌握线控制动解耦系统、液压回路、传动机构等机械机构设计技术，掌握助力电机、电磁阀和主要传感器设计和性能分析技术，实现电子控制单元（ECU）和液压控制单元（HUC）硬件自主设计开发；掌握液压模型和软件功能模型仿真开发技术，完成车速、防抱死制动控制、牵引力控制、车身稳定控制等纵向、横向功能策略开发及模型搭建，掌握制动系统非线性特性分析和压力动态控制算法开发技术，完成相关工具的开发，实现整车匹配开发目标；掌握制动系统与电驱系统功能融合开发技术，实现车辆减速方式多样化，能量回收最大化。

（2）2030 年及以后阶段目标

到 2030 年左右，掌握线控制动系统的全套软硬件开发技术，能够自主研发具有解耦结构、失效安全功能、具有高制动能量回收能力、主动建压能力和压力控制精度的集成化线控制动系统。掌握电动助力制动系统、电子液压机械结构和拓扑设计技术，掌握关键零部件加工技术和工艺技术，功能安全等级达到 ASIL D 级，实现量产应用。掌握 EMB 机械结构的性能和可靠性设计方法，完成常规制动、防抱死制动、车身稳定、高效制动能量回收功能的控制策略开发及优化，实现样机整车集成及测试。掌握集成 EHB+EMB 电子控制单元设计技术，实现 EHB+EMB 制动冗余设计技术的应用。

在故障检测重构方面，对 EHB+EMB 线控制动系统的软硬件失效模式进行分析，建立完善的系统故障码数据库；根据主机厂要求、国外法规标准的测试项目要求、国内法规标准的测试项目要求、智能驾驶系统企业要求，对硬件在环仿真系统的测试用例数据库不断补充完善；对线控制动系统的失效故障进行诊断和预测，并分别对其分配方案进行相应工况的离线仿真，通过容错控制前后的车辆状态的对比，以此来验证容错控制方案的有效性。根据采集的实车 EHB+EMB 线控制动系统运行数据，并对异常数据进行回灌模拟诊断分析。针对不同故障失效模式设计不同的故障诊断方法，实时检测被控对象的各部分状态。

通过大数据分析技术对系统容错控制问题进行分析，设计基于车辆动力学控制方法的运动控制器和具备重构控制分配方法等技术的多层结构容错控制系统，并对不同的重构容错方案进仿真，以此来验证重构容错控制方案的可行性。

逐步扩大国产化线控制动系统应用，积累线控系统的验证经验和数据支撑，着重进行车辆动力学控制以及底层执行系统控制算法研究，逐步形成完整的国产化软件开发工具链。

2035 年，能够全面自主研发具有解耦结构和失效安全功能、具有高制动能量回收能力、主动建压能力、压力控制精度稳定、功能安全达到 ASIL D 级的集成化线控制动系统。

2.3.2 产品分析

1. 产品总述

目前，线控制动（BBW）系统被认为是解决传统液压制动系统缺陷的根本方案，因此，线控制动系统在当前市场车辆上的应用愈加广泛。电子液压制动（EHB）系统是 BBW 系统的典型形式之一，除 EHB 之外，EMB 及不同于 EMB 的分布独立式制动系统的发展也在稳步前进。

EHB 替代了真空助力器，根据制动踏板与制动轮缸之间的耦合程度可以采用非解耦、半解耦或者全解耦三种模式；根据液压系统建压方式的不同，可以分为无刷电机推动油液和电机泵 + 高压蓄能器两种形式，可分别称为推液直接建压和增压助力建压；根据是否与 ESC 系统集成又可分为 "Two-box" 和 "One-box" 两种形式。液压制动系统不同分类及比较见表 12-1。

表 12-1　液压制动系统的不同类型及比较

产品类型	产品方案	结构形式	耦合程度	主要功能	优势	劣势	冗余制动
EHB	电子助力器 + ESC（"Two-box"）或踏板制动执行器 +ESC	蜗轮蜗杆齿轮齿条	非解耦	车辆稳定性控制，部分制动能量回收，双安全失效制动，电子助力，踏板感觉微调	实现多种风格的制动模式，可平稳均衡行驶，无缝对接自动驾驶	体积较大，安装结构复杂	ESC 系统冗余制动
		螺杆螺套	非解耦				
		滚珠丝杠直驱	半解耦				
		柱塞泵加蓄能器	半解耦				

（续）

产品 类型	产品方案	结构形式	耦合 程度	主要功能	优势	劣势	冗余 制动
EHB	集成式电子液压制动系统（"One-box"）	滚珠丝杠 蜗轮蜗杆齿轮齿条	全解耦	车辆稳定性控制，完全制动能量回收，解耦式制动踏板舒适度调节	体积小，安装简单，可实现多种风格的制动模式，可平稳均衡行驶，无缝对接自动驾驶	单体无冗余备份，成本高	RBU
独立EHB或EHB+EMB	分布式液压制动系统	滚珠丝杠	全解耦	车辆稳定性控制，完全制动能量回收，解耦式制动踏板舒适度调节	体积小，安装简单，可实现多种风格的制动模式，可平稳均衡行驶，无缝对接自动驾驶	整车断电状态无制动	制动执行器互为冗余

2．产品类型介绍

以耦合程度区分各类线控制动系统，现有产品情况如下。

（1）非解耦式系统

非解耦式制动系统中驾驶员作用在踏板推杆上的力直接作用于制动主缸，同时电机也给制动主缸提供助力协助驾驶员制动。该类系统完全模拟真空助力器的制动模式，用电机助力替换真空助力。

非解耦式制动系统无法协调制动能量回收，博世公司专门为 iBooster 设计了 ESPhev 产品，ESPhev 可以实现部分制动解耦，从而实现协调式制动能量回收。

1）蜗轮蜗杆齿轮齿条式结构。博世公司的第一代 iBooster 使用了该种结构，配合 ESC 系统形成 "Two-box" 系统，通过无刷电机推动油液，如图 12-9 所示。

2）螺杆螺套式结构。博世公司的第二代 iBooster 采用了该种结构，配合 ESC 系统形成 "Two-box" 系统，通过无刷电机推动油液，如图 12-10 所示。

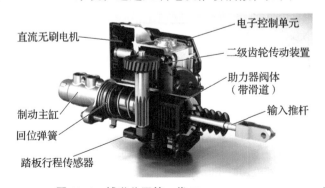

图 12-9　博世公司第一代 iBooster

图 12-10　博世公司第二代 iBooster

（2）半解耦式（准解耦式）系统

半解耦式系统的踏板推杆与制动主缸之间存在一定的解耦间隙，驾驶员踩下制动踏板后，系统建压单元直接建压至驾驶员需求的制动力，在此过程中，解耦间隙一直存在。驾驶员需求的制动力也可以由系统建压单元和驱动电机反拖一起实现，从而实现协调式制动能量回收，由于解耦间隙的限制，能量回收的强度也会受到限制，一般情况下，解耦间隙的设置至少需要使驱动电机可达到 0.3g 的再生制动减速度。

当系统判断电机处于无法工作的状态时，驾驶员踩下制动踏板使推杆行程克服解耦间隙后，踏板力将直接作用于制动主缸从而实现应急制动。

半解耦系统需要踏板感觉模拟器实现踏板感觉模拟，踏板模拟器又可分为湿式和干式两种。

1）蜗轮蜗杆和齿轮齿条协同式结构。如图 12-11 所示，线控制动系统配合 ESC 系统形成"Two-box"系统，通过无刷电机推动油液。

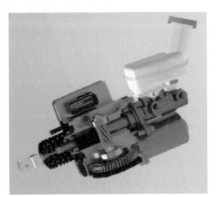

a）模型图

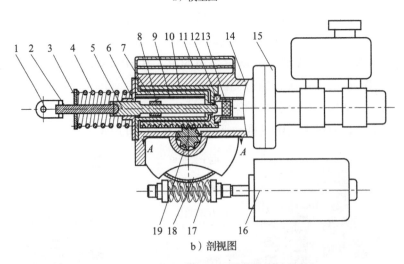

b）剖视图

图 12-11　蜗轮蜗杆和齿轮齿条协同式结构

1—U 形叉　2—球头推杆　3—弹簧座　4—踏板模拟器弹簧　5—推杆　6—套筒　7—传感器外壳　8—电刷
9—碳膜电阻　10—齿条　11—控制器　12—接头　13—弹性垫　14—壳体　15—主缸　16—电机
17—蜗杆　18—蜗轮　19—齿轮轴

2）滚珠丝杠直驱式结构。如图 12-12 所示，线控制动系统配合 ESC 系统形成 "Two-box" 系统，通过无刷电机推动油液。

3）蓄能器结构。爱德克斯的电控制动系统采用了一种不同的结构和建压方式，其通过有刷电机 + 柱塞泵 + 高压蓄能器的方式进行液压系统建压，有刷电机驱动柱塞泵为高压蓄能器增压，高压制动液流入制动主缸助力腔室进行制动助力，如图 12-13 所示。该系统配合 ESC 系统形成 "Two-box" 系统。

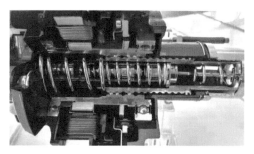

图 12-12　滚珠丝杠直驱式结构

图 12-13　爱德克斯电控制动系统

（3）全解耦式系统

1）"One-box" 系统。"One-box" 系统是一种典型的全解耦式系统，是将 ESC 与制动主缸、踏板感觉模拟器集成在一起，形成一个高度集成化的线控液压制动系统。当前国内外各大制动系统供应商都有自己的 "One-box" 系统产品。

博世公司的 IPB 系统如图 12-14 所示。该系统建压单元部分采用滚珠丝杠，无刷电机采用实心轴电机，经行星齿轮减速机构将电机旋转转化为活塞运动建压。该系统可主动获取驾驶员的制动意图，由无刷电机增压单元产生实际所需制动压力。

a）模型图

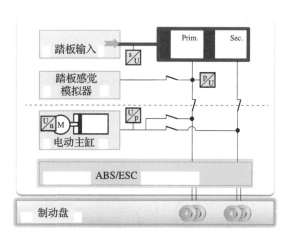

b）工作原理示意图

图 12-14　博世公司 IPB 系统

大陆公司的 MK C1 如图 12-15 所示。该系统建压单元部分采用滚珠丝杠，无刷电机采用空心轴电机，增压单元部分结构更加紧凑，无减速机构，增压缸行程更长，缸径更小。

a）模型图

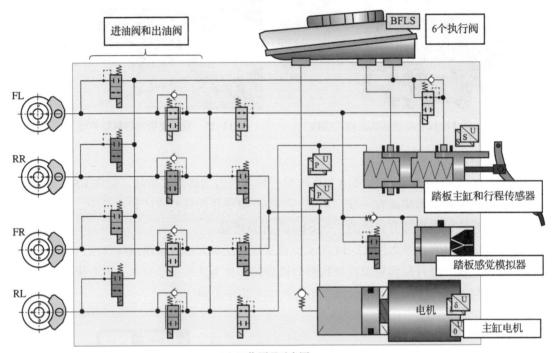

b）工作原理示意图

图 12-15　大陆公司 MK C1

2）踏板制动执行器 + 车身稳定控制系统。该系统将踏板与液压执行器完全隔断，踏板处使用一个机械式踏板模拟器用于采集踏板信号。实际的主缸液压由制动压力执行器执行，再经车身稳定性控制系统到达制动器，如图 12-16 所示。

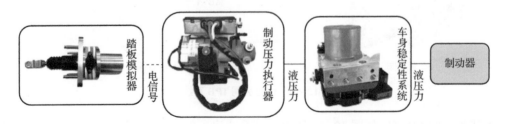

图 12-16　踏板制动执行器 + 车身稳定控制系统

3）EMB 系统。自 20 世纪 90 年代起，全球各大汽车电子零部件供应商相继研发出各自的 EMB 执行器（图 12-17），并进行了实车试验。如德国大陆、博世、西门子，美国天合、德尔福，韩国万都，意大利布雷博等。

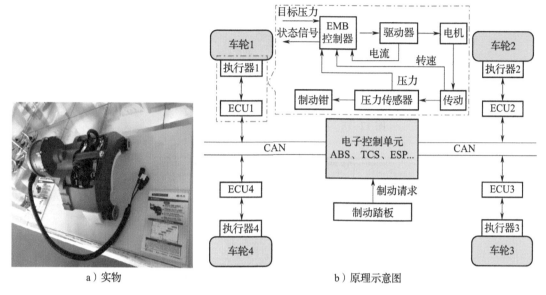

a）实物　　　　　　　　　　b）原理示意图

图 12-17　EMB 系统结构原理

EMB 具有初始响应快（制动器起作用时间短）、制动压力动态响应快的优点，但也存在多个技术难题：一是成本高，需要大功率电机及相应的传动机构，且大部分传统制动系统零部件都无法直接应用，需要研发配套的零部件；二是无失效备份制动功能，当 EMB 系统失效时无法通过人力提供备份制动，不符合现有法规要求；三是 EMB 系统带来的簧下质量相较于传统制动系统有所增加，对驾驶感受有一定的影响；四是 EMB 系统的无刷电机需要在高温、浸水、强烈机械冲击的恶劣环境下可靠工作。EMB 系统的研究历史虽已有 20 余年，但因其具有上述技术难题较难攻克，到目前还未有 EMB 系统大批量应用。

4）分布独立式制动系统。EMB 系统本身是一种分布独立式制动系统，但由于没有制动冗余备份等问题，无法大批量应用。行业内也提出了一种混合式线控制动系统的概念，即前轴采用 EHB 的方式，后轴采用 EMB 的方式，有效规避了 EMB 系统遇到的几大难题。布雷博公司的分布独立式制动系统是一种典型的混合式线控制动系统，如图 12-18 所示。

该系统区别于传统的 EHB 系统，其前轴每个独立轮缸都有一套 EHB 系统，无刷电机控制主缸为前轮制动钳提供制动力；在后轴制动系统中，采用机电一体化制动钳，如图 12-19 所示。当制动系统失效时，前轴仍可以通过人力进行应急制动，且由于能量回收系统的存在，驱动轴还可以提供至少 0.3g 的减速度，达到超过法规要求的应急制动效果。

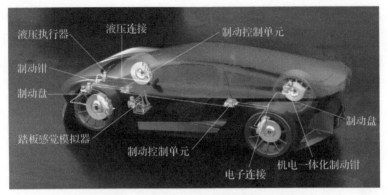

图 12-18 布雷博的分布独立式制动系统

图 12-19 布雷博机电一体化制动钳

3. 冗余方案介绍

（1）"Two-box" 方案

图 12-20 所示为博世 "Two-box" 方案，电子助力器取代传统真空助力器，提供常规制动助力功能，ESP 执行 ABS、VDC 功能，电子助力器与 ESP 均有主动建压功能，互为备份，可实现协调再生制动系统（CRBS）功能，最大可实现 0.3g 制动减速度，且踏板感觉可调，电子助力器、ESP 均可以集成 PBC 软件及轮速信号采集功能备份，可支持 L2 级及以上级别的自动驾驶需求，具备单通道 ABS。当电源失效后，还可以保留纯机械制动。

图 12-20 博世 "Two-box" 方案

（2）"One-box" +RBU 方案

考虑到 L3 级以上等级自动驾驶要求，制动系统需要具备冗余备份，目前主流方案是

"One-box" +RBU（图 12-21）。当系统正常时由
"One-box" 系统进行制动（图 12-22），RBU 只
起到通路作用；当 "One-box" 系统发生故障时，
由 RBU 进行制动，RBU 可进行主动建压。当电
源失效后，还保留有纯机械制动。

图 12-21　"One-box" +RBU

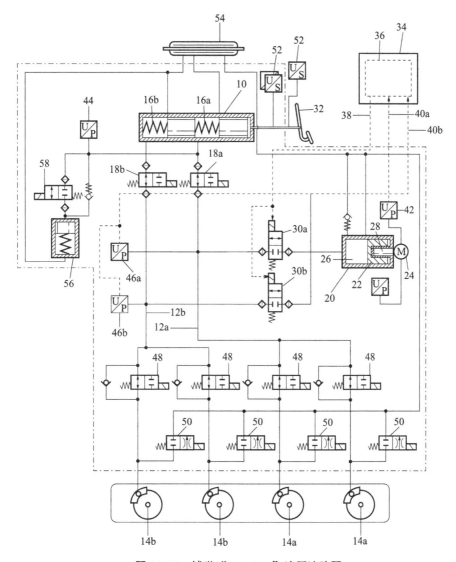

图 12-22　博世 "One-box" 液压油路图

10—制动主缸　12a、b—制动回路　14a、b—车轮制动缸　16a、b—压力室　18a、b—阀　20—活塞 - 缸装置
22—活塞　24—电动马达　26—中间储存容积　28—传动机构　30a、b—阀　32—制动踏板　34—控制装置
36—操控机构　38—控制信号　40a、b—信息　44—预压力传感器　46a、b—压力传感器　48—车轮进口阀
50—车轮出口阀　52—制动操纵传感器　54—制动液容器　56—模拟器　58—分离阀

注：本图为博世原厂图。

（3）分布独立式制动系统冗余

分布独立式制动是用踏板感觉模拟器将采集到的驾驶员制动意图转化为纯电信号，再将电信号传递给每个轮端制动执行器进行制动。在整车不断电的状态下，各制动执行器可以互为制动冗余。独立的制动执行器有多种组合方式，根据其配备的车型不同可选择采用纯机械式（图12-23）、液压与机械混合式（图12-24）或纯液压式（图12-25）的制动执行器组合方式。

图 12-23　四路纯机械式制动方案示例

图 12-24　前轴 EHB、后轴 EMB 方案示例

图 12-25　四轮 EHB 方案示例

（4）制动系统内模块冗余

还有一种冗余是对制动系统内无刷电机和电磁线圈进行冗余设计。电机采用双绕组电机，当电机出现损坏，启用另一套电机绕组继续实现电机伺服功能。当电磁线圈损坏时，也会启用备用线圈对电磁阀进行控制。电源失效后，还可以保留纯机械制动。

2.3.3　技术分析

1．产品集成及冗余

在"Two-box"方案中，车身电子稳定性控制（ESC）系统即为冗余。无论是带高压蓄能器的电子助力器还是电机驱动的电子助力器，在助力器完全失效状态下，ESC模块也能够提供较强的行车制动力。在电子助力器本身失电、失效状态下，电机驱动的电子助力器还能够通过机械结构为整车提供至少满足法规要求的制动减速度；带高压蓄能器的电子助力器由于有高压制动液的存在，即便在失效状态下，依旧可以提供 5~10 次的常规制动助力或 1~3 次的紧急制动助力。

在"One-box"方案中，因为集成了 ESC 系统，采用的是全解耦的形式。制动助力器与 ESC 系统共用一套 ECU，当"One-box"系统处于失电状态时，ESC 模块也会失效。因此，在"One-box"系统中的备份主要依靠纯机械制动。"One-box"系统的纯机械制动能够达到 0.5g 及以上的减速度，如果 EPB 系统的 ECU 是独立的，也可以采用 EPB 系统作为行车制动的备份方案，但 EPB 在行车制动中控制精度及响应速度相对较差。对于 L3 级及以上级别的自动驾驶，"One-box"系统需要有专门的冗余制动单元（RBU）进行制动备份，RBU 和"One-box"系统是并联的形式，以形成管路系统的冗余。

目前行业内呈现出两条主线集成化和一条副线集成化趋势。两条主线，一是控制单元和执行单元的高度集成化，表现为"Two-box"集成为"One-box"，实现执行单元的高度集成，同时再将 EPB 系统的控制部分也集成到一起，形成控制单元高度集成化的底盘制动域控制器；二是执行单元的分布式布置以及控制单元的高度集成，以 EHB+EMB 的方式为例，执行单元分布布置且完全独立，控制部分完全集成到更高级的域控制器中，该方案的软件部分可以拆分成各类原子服务模块，实现软件定义汽车（SDV）。一条副线是针对新能源再生制动发展的新型（冗余）制动系统，以四轮分布式驱动为例，采用弱化的 EHB+EMB 与单轮电机进行机械集成，制动执行单元分布布置且完全独立，传感器信号直接与域控制器硬线共享，控制单元完全集成在域控制器，控制过程中再生制动作为主要制动力来源，制动系统作为补充；进一步完全取消制动单元，采用电机再生制动的方式，实现驱动制动系统的统一。将线控动部分的控制系统与域控制器集成更利于整车底盘性能的调校与匹配，以及整车底盘系统化管理。

2025 年前以第一种趋势为主，普及底盘制动域控制器。提高再生制动在制动区域中占常规制动的比例（包括提高再生制动力最大值、提高再生制动的频次），探索在紧急制动和车辆失稳控制情况下再生制动的参与方法。

2030 年以第二种趋势为主，整车开始搭载更高级的全域控制器，并将制动软件模块通过子服务模块和原子服务模块的方式集成在全域控制器中。再生制动完全替代常规制动，再生制动参与车辆紧急制动和车辆稳定性控制。

对于 L3 级及以上级别的自动驾驶，驾驶员参与较少，需要更多的制动冗余，所谓的制动冗余多指制动系统控制器中可以主动增压的装置，如 ESP、iBooster、IBC、MK C1 等。制动冗余可以满足 L3 级及以上级别的自动驾驶对制动系统的新需求：优秀的（精度高、响应快）基础制动能力、故障快速检测能力、执行机构的自检能力、故障发生时执行机构的快速选择、车辆具备纵向稳定性冗余、车辆具备可转向（防抱死）冗余、车辆具有减速冗余。对制动系统的设计要求包括：需要主执行机构、需要辅助执行机构、额外的新监控及冗余模式控制、冗余的纵向稳定性控制、冗余的轮速传感器、冗余的 IMU 备份、主副执行机构冗余的电源、主副执行机构冗余的通信网络，以及主副执行机构支持 AEB 系统制动减速度请求（−8m/s²），并在车辆制动过程中保持车身稳定性。

2. 标准化

线控制动系统相关的标准化要求包括：基本功能与术语的标准化，明确线控制动的定义，规范化术语使用；关键性能指标的标准化，结合线控的特点，提出系统响应时间、误差、超调量等性能参数的功能要求；功能安全与系统冗余的标准化，明确线控制动系统的冗余要求（供电、通信、控制），特别是冗余备份制动系统的基本功能要求和性能要求，明确不同自动驾驶等级的差异化冗余要求，功能安全分析与安全目标分解设定，明确各失效工况备份系统与失效运行的定义；测试合规方法的标准化，结合行业实践规范化线控制动的测试方法；接口开放与标准化，底盘域控制架构的标准化，线控制动系统开放控制接口，接收底盘域状态信息；故障诊断与握手协议的标准化；协同控制策略的标准化，面向冗余线控执行器（制动、转向、驱动、悬架）建立多目标协同控制架构，包括线控制动系统自身的协同，与线控驱动及能量回收系统的协同，与车、路的协同以及环境传感器之间的协同，明确协同控制的基本原则和考虑因素，指导行业发展。

3．其他关键技术

踏板感觉模拟、主动制动控制、制动能量回收、系统安全和容错技术为线控制动的关键技术。踏板感觉模拟的好坏决定了线控制动系统的品质优劣，目前一般是通过试验数据分析归纳，得到踏板行程和车辆状态之间的关系，对踏板力进行模拟。主动制动主要是自动驾驶系统的需求，旨在提高车辆的稳定性和安全性，关于主动制动的研究除了环境感知算法外，集合驾驶员驾驶习惯的上层期望减速度算法、底层执行机构期望制动压力、期望制动力矩算法等也是重点研究的技术问题。制动能量回收控制伴随着制动踏板解耦方案的发展经历了并联式和串联式的发展过程，目前因驱动和制动还没有集成化，还有滑行能量回收和制动能量回收之分，在分布式制动和 EMB 系统大量应用的将来，制动力的产生大部分来自再生制动。在复合制动控制策略的研究中，制动力分配策略是其核心技术。

线控制动系统的安全性和可靠性一直是行业内关注的重点，特别是 EMB 系统的实车应用一直受到安全性及可靠性的制约，因为任何一个电子信号的失效都可能带来灾难性后果，故，系统安全和容错技术显得尤为重要。

4．现阶段研发及产业化能力分析

当前国内各制动系统零部件厂家都积极开发电子助力器且颇有成效，实现了一定的装车量，但是很多开发电子助力器的零部件厂家不具备开发电子车身稳定控制系统（ESC）的能力。ESC 系统的整套动力学控制及调节逻辑是底盘电子制动系统的核心技术，不具备 ESC 产品对各零部件厂家电子助力器产品的推广存在较大影响，一方面受到 ESC 厂商的限制，另一方面在系统之间的协调和功能扩展上也受到较大的影响。"One-box"系统本身已经集成了 ESC 系统，产品技术上直接跨越式的开发也为产品带来了诸多隐患。

随着新能源汽车市场的不断扩大，线控制动系统也逐渐从传统只支持内燃机的模式扩展到支持新能源汽车电机再生制动的模式，目前主流的线控制动企业有博世、大陆和天合，代表产品分别为博世的 ESP/iBooster/IPB、大陆的 MKC、天合的 IBC 等。目前国内也有多款 EHB 和 EMB 构型方案完成开发和量产，并具备制动解耦、失效备份和踏板感觉模拟等核心功能，但是车辆横纵向姿态控制技术仍然掌握在博世等少数国际大企业手中。基础零部件方面，线控制动核心技术暂时无法规避传统 ESP/ESC 阀块的制约，关键零部件和底层驱动软件由国外不同供应商垄断。目前国内的 ESP/ESC 阀块在部分指标上实现了追赶，但在可靠性和成本上仍然无法与国际巨头匹敌。

在硬件基础方面，线控制动系统机械结构可靠性、机电装置性能、集成化设计、主要传感器性能及电子控制单元（ECU）研发技术等与国外供应商存在差距。在软件平台和控制算法方面，车辆动力学控制以及底层执行系统控制算法的研究尚落后于国外主要零部件供应商，缺少线控系统的验证经验和充足的可靠性验证数据，软件开发工具链大多依赖于进口。

现有产品与目标产品的差距主要体现在电动化和智能化。电动化的差距主要体现在车辆横纵向控制精度、制动再生协调、坡道控制和制动舒适性。智能化的差距主要是驱动、制动、转向的协同控制无法发挥电机快速响应的优势，横纵向控制技术仍然掌握在国外大企业手中。同时，跨域软件和电子解决方案需要更强的密集型软件开发和跨域电子系统组织的能力。

现阶段线控液压制动系统是以电子助力制动系统加 ESC 协同控制为主，其中，"One-box"集成式制动系统方案的装车率也越来越高。作为影响线控制动系统性能的主要技术指标，制动响应特性及制动控制精度经常被提及，并用于不同产品的性能对比。

随着车辆上 L2 级别智能辅助驾驶的广泛应用和 L3 级及以上级别自动驾驶系统的开发，对线控制动系统的响应时间和控制精度提出了更高的要求，如果要提升制动响应时间，国产无刷电机的开发、电磁阀控制、无刷电机控制算法的研究等是关键。近年来，国内厂商在这些方面也有了长足的进步，但在制动盘、制动钳等方面还需继续深入研究。当前国内电子助力制动系统生产厂家众多，技术方案各种各样，且可靠性都得到了充分验证，无论是以高压助力的形式，还是以电机直接助力的形式，在国内市场上都有小批量装车应用。

在"One-box"产品方面，国内也有许多厂家开发出了样品并进行了样车试验，有个别厂家的"One-box"产品已经进行了小批量装车应用。从整体技术方面来讲，国内与国外存在差距，但是差距不大。在产品稳定性、一致性方面，国内与国外相比存在一定差距。

在域控制器集成化开发方面，国内和国外品牌是齐头并进的态势，由于国内汽车电动化平台的发展更为快速，国内企业提出的方案在某些方面甚至比国外方案更具优势。

在新能源再生制动开发方面，国内和国外品牌保持追逐态势，国内品牌在加强再生制动力方面积极应用和勇于探索，各类方案被市场广泛应用。

在线控制动响应时间方面，电子助力器或者"One-box"形式的集成式制动系统的增压机构已经相当成熟。以电子助力器制动为例，响应时间一般可以保证在 150ms 以内，从机械传动机构方面可优化的空间不是很大，目前，一方面是通过调整由主缸增压后的制动液流过电磁阀的节流孔径，来确保制动系统防抱死制动工况下保压性能的同时提升液压响应速度以及驱动电机的整体性能；另一方面是不断优化电机的控制算法来增强主缸端增压速率。

在线控制动精度方面，在当前的线控制动系统中，无论是电子助力器还是"One-box"形式的集成式制动系统，其控制精度基本都能够保证误差在 0.1MPa 以内的可控范围，控制精度较高。

当前国内产品在液压制动响应时间上相较于国外产品还有一定的差距，但差距不大，国外产品普遍能做到 150ms 以内，国内产品一般在 200ms 以内。在稳态精度控制方面，国内外基本没有差距，而在液压到制动力实时估算方面还存在一定的差距，具体表现为在短时间内的制动力估算精度较高，可基本保持一致，而在连续制动和动态调节中的估算精度还存在差距。

国内的线控液压制动系统开发逐渐形成体系，且线控液压制动系统技术与开发能力也有了很大进步。近些年，我国根据国外相关资料以及实际试验验证开发，形成了相关标准，对控制精度和建压速率给出了一个考量标准。国内各个企业也联合起来进行技术共享，促进了乘用车线控液压制动系统的快速发展。建议各个企业应组织对标准中各类技术指标进行深度研究，开展原初试验，追溯其制定原因，发掘进步空间，提高整体行业能力。

国家及相关汽车协会及团体在政策、法规、标准等层面，无论是在当前阶段还是未来规划均未提及对于模块化的要求，因此，在系统集成化方面，目前仅停留在各零部件企业层面对于系统的提升需求。虽然国外企业已制定出清晰的系统集成化产品规划路线，但是国内企业在这方面也并没有落后于国外企业，对于未来集成化产品的研究开发也已有明确的方向。

硬件在环仿真台架能大大缩短实车验证与匹配标定的周期，在一些特殊工况的测试中，能有效替代实车，减少实车测试费用。目前的线控系统供应商主要是通过与硬件在环仿真台架供应商合作定义硬件在环仿真平台的功能测试项目、测试场景、测试用例、故障码数据库，以此来实现线控制动系统硬件在环仿真测试，包括功能仿真、故障注入、实车数据回灌仿真等。

国外已经有以 dSPACE 为代表的硬件在环仿真台架解决方案供应商。现阶段国内也涌现出了以北京恒润科技为代表的硬件在环仿真台架解决方案供应商，虽然在测试用例、测试速度等方面与国外厂商有一定差距，但是也已经形成规范的测试体系，并为各主机厂和个别零部件企业搭建起了一些具备一定仿真功能的硬件在环仿真台架，在仿真测试用例及整车模型方面已经积累了一定的经验。相信后续通过硬件台架数据库的不断积累，最终可以实现所有场景、所有车型、所有故障的仿真测试覆盖。

线控液压制动系统故障检测重构的发展趋势主要有三个方面，一是通过控制算法来保证汽车制动可靠性，二是通过逻辑算法控制制动力来保证制动安全，三是研究复合制动策略以实现制动能量回收。在可靠性方面，利用最佳制动力分配策略设计失效保护控制器，采用循环冗余校验算法设计容错逻辑算法来提高系统的可靠性。在制动力控制方面，通过建立具备反馈的闭环系统来提高制动安全性。在复合制动控制策略方面，可以通过对路况的综合分析，提出适用于混合动力和纯电动汽车的充分回收制动能量的控制策略，真实可靠地反映能量回收流向。经过多年发展，线控液压制动系统故障检测和重构技术已经取得了极大的进步，现阶段，国内对于线控制动技术的研究大多停留在各大高校的理论仿真研究阶段，成熟的线控制动系统暂未实现大批量装车投产。为了满足更高级别的自动驾驶需求，线控液压制动系统的可靠性还需要进一步研究。

2.3.4 应用分析

由于线控制动技术在车辆智能驾驶、能量回收、轻量化和集成化等方面的突出表现，各大主机厂也纷纷开始搭载成熟的线控制动产品，目前以 EHB 系统为主。"Two-box"产品的灵活性更高，可以兼顾高、中、低端车型的需求，因此目前"Two-box"产品量产应用相对较多；"One-box"产品有集成度高的优势，因此也占有一定的市场份额。同时主机厂站在整车层面，结合自身丰富的系统集成经验，也在以校企联合的方式参与到自主研发的大军中，目前长城、比亚迪等国内厂家均在进行自主研发。国外一些汽车厂家也开展了对 EMB 系统的研究工作，申请了一部分专利，主要参与竞争的公司有奥迪、大众等。

线控制动是实现智能驾驶的重要组成部分，智能驾驶系统与制动系统的接口方案目前有两种：一种是加减速度方案，这种方案 VLC 模块通常是集成在线控制动控制器中，一般采用"Two-box"系统的车型应用比较多；另一种是扭矩接口方案，这种方案 VLC 模块一般放在上层控制器中，也可独立出来集成在域控制器中，这种接口方案通常适用于"One-box"系统。加减速度接口是扭矩接口的过渡，为了与智能驾驶更好地融合，扭矩接口控制将是未来的发展趋势，VLC 模块独立存在也将是一种发展趋势。同时，在实际应用过程中发现，对于同一接口方案也需要区分冗余和非冗余接口，避免冗余系统故障使得正常的 L2 级自动驾驶功能受限，缩小智能驾驶的 ODD。

线控制动技术在能量回收上的应用，国内电动汽车主机厂也进行了各种探索和研究，均有可喜的成果，主要体现在针对后轮驱动电动汽车的"基于后轴稳定性控制的能量回收"方案的实施应用，针对四轮驱动电动汽车的四轮驱动协调能量回收方案以及前轴能量回收方案的量产应用。为保证能量回收过程中的安全性、舒适性和稳定性，制动控制器作为主控制器整体协调制动能量回收和滑行能量回收控制已经成为必然，因此底盘域和动力域的集成也是大势所趋。

由于主机厂拥有大量供应商资源，同时掌握市场和客户的需求，在基于扭矩接口的纵向控制中可以结合客户需求协同供应商共同开发新功能，来满足市场和客户的需求形成双赢局面，这也逐渐成为线控制动技术应用的新趋势。

2.3.5 关键技术指标

驻车制动及行车制动关键技术指标如图 12-26 所示。

	L3	L4	L5
响应时间	• “Two-box”和“One-box”方案响应时间达到150ms左右，EMB响应时间达到80~100ms		
其他待定关键指标	• 制动超调量、制动稳态误差、主–冗切换时间、功能安全性能、故障容错时间间隔、最大支持再生制动减速度、机械制动最大减速度、冗余制动最大减速度等		
坡道驻车	• 全功能驻坡度≥30% • 单点失效驻坡度≥15% • 驻车制动释放时间≤1s	• 单点失效驻坡度≥20% • 驻车制动释放时间≤0.8s	• 单点失效驻坡度≥30% • 驻车制动释放时间≤0.3s
EPB减速度（高附着路面）	• 动态制动减速度≥0.21g	• 动态制动减速度≥0.23g	• 动态制动减速度≥0.23g

图 12–26　驻车制动及行车制动关键技术指标

1．驻车制动指标

1）坡道驻车制动指标对应不同自动驾驶等级的要求如下。

L3 级别：全功能驻坡度≥30%，单点失效驻坡度≥15%。

L4 级别：全功能驻坡度≥30%，单点失效驻坡度≥20%。

L5 级别：全功能驻坡度≥30%，单点失效驻坡度≥30%。

2）EPB 动态制动（RWU）平均减速度（高附着路面）对应不同自动驾驶等级的要求如下。

L3 级别：动态制动减速度≥0.21g，不偏离 3.7m 标准车道，方向盘可操控，方向盘的转角在最初 2s 内未超过 90°，总转向角未超过 120°。

L4 级别：动态制动减速度≥0.23g，不偏离 3.7m 标准车道，方向盘可操控，方向盘的转角在最初 2s 内未超过 90°，总转向角未超过 120°。

L5 级别：动态制动减速度≥0.23g，不偏离 3.7m 标准车道，方向盘可操控，方向盘的转角在最初 2s 内未超过 90°，总转向角未超过 120°。

3）EPB 降级制动平均减速度对应不同自动驾驶等级的要求如下。

L3 级别：制动减速度≥0.16g，不偏离 3.7m 标准车道，方向盘可操控，方向盘的转角在最初 2s 内未超过 90°，总转向角未超过 120°。

L4 级别：制动减速度≥0.16g，不偏离 3.7m 标准车道，方向盘可操控，方向盘的转角在最初 2s 内未超过 90°，总转向角未超过 120°。

L5 级别：制动减速度≥0.16g，不偏离 3.7m 标准车道，方向盘可操控，方向盘的转角在最初 2s 内未超过 90°，总转向角未超过 120°。

4）驻车制动释放时间对应不同自动驾驶等级的要求如下。

L3 级别：驻车制动释放时间≤1s。

L4 级别：驻车制动释放时间≤0.8s。

L5 级别：驻车制动释放时间≤0.3s。

2.行车制动指标

在行车制动性能上，主要关注以下几个关键基础指标。

1）制动超调量。具体指制动执行过程中减速度或扭矩最大值与目标值之差，当前参考值：超调扭矩值≤Max（10% 扭矩目标值，10 N·m）。

2）稳态误差。具体指制动稳定后稳态值与目标值之差，当前稳态误差可以做到 0.1MPa 左右，加速度稳态误差≤0.1m/s²。

3）动态误差。具体指制动过程中动态值与目标值之差，当前加速度动态误差≤0.3m/s²。

4）响应时间。具体指从接收制动指令的时刻到车辆减速度达到目标值的时间，当前真空助力器、真空泵响应时间约为 450ms，"Two-box" 和 "One-box" 方案响应时间约为 150ms，EMB 系统的响应时间约为 80~100ms。

5）AEB 系统制动最大减速度。参考值：最大减速度≥1.0g。

6）输入输出特性（踏板感觉，正常制动与再生制动两种工况），包括输入推杆行程与输入力之间的特性曲线、输入推杆行程与输出液压之间的特性曲线。

7）最大支持再生制动减速度。

8）失效时机械制动最大减速度。

9）失效时机械制动与再生制动结合最大减速度。

10）主 - 冗切换时间。一般主 - 冗切换有两种典型状态：①制动前主制动系统已经失效，则制动直接由冗余系统接管，此时不存在主 - 冗切换的说法；②当主系统制动到目标压力的 X% 时失效，此时发出冗余制动请求，冗余系统建压。第二种状态中从冗余制动请求发出至达到目标压力的时间定义为主 - 冗切换时间。

11）冗余制动最大减速度。参考值：最大减速度≥0.6g。

12）制动能量回收整车能量经济性占比。

13）功能安全性能。控制器功能安全性达到 ASIL D 级。

14）故障容错时间间隔（FTTI）。

2.4　线控气压制动系统

现阶段，商用车刚普及 ABS 不久，随着更具性价比的 ABS+ESC 系统的推出，可在现有 ABS 基础上实现快速升级，因此出于性价比考虑，EBS 和 IEBS 在未来较长时间内只会小批量装车应用。然而，随着智能辅助驾驶和智能驾驶进程的推进，商用车正面临着继续使用 ABS 和推进智能辅助驾驶、智能驾驶相矛盾的境况，如何在两者之间实现共赢是一个亟待解决的问题。ABS+ESC 系统原本就是一个主动制动系统，具有支撑智能辅助驾驶技术的先天优势，因此在 ABS+ESC 系统基础上开发线控制动系统更符合当前我国商用车发展现状。ABS+ESC 系统不但有助于推进智能辅助驾驶和智能驾驶在商用车上的快速普及应用，还可以保持我国商用车高性价比的竞争力。

2.4.1 系统冗余设计及关键部件

1．研究目标

（1）产业与总体目标

为了实现所有新投向市场的商用车都能支持智能辅助驾驶和自动驾驶，第一阶段目标是普及线控制动，支持 L2~L3 级自动驾驶。终极目标是开发支持 L4~ L5 级自动驾驶的商用车 IEBS 线控制动系统，具备多级冗余设计，功能安全性完全满足 ASIL D 级，实现智能驾驶在商用车上的普及应用。

如图 12-27 所示，系统冗余设计及关键部件的阶段目标如下。

	2025年	2030年
技术路径	• 在ABS+ESC架构和EBS架构下： 　1）开发行车制动系统与驻车制动系统间的冗余方案 　2）开发类Booster制动系统冗余方案 • 在燃油商用车上普及线控制动系统 • 支持L2~L3级自动驾驶	• 在更能支撑底盘自身状态智能感知的 IEBS架构下： 　1）开发双电源、双路CAN的冗余方案 　2）开发分布式控制器的冗余方案 • 在电动商用车上普及IEBS制动系统 • 功能安全性部分满足ASIL D级 • 支持L4~L5级自动驾驶
关键指标	• 系统响应时间、故障率、减速度控制精度	• 故障率、能量回收利用率、续驶里程、制动片磨损程度、减速度控制精度、系统响应时间、制动舒适性

图 12-27 系统冗余设计及关键部件技术路径和关键指标

（2）2025 年阶段目标

在现有传统燃油商用车和部分电动商用车上普及基于 ABS+ESC 和 EBS 的线控制动系统，具备一定的冗余设计，开发类 Booster 制动系统冗余方案，支持 L2~L3 级自动驾驶。

（3）2030 年阶段目标

在所有电动商用车上普及基于 IEBS 系统的线控制动系统，具备多级冗余设计，功能安全性部分满足 ASIL D 级，支持 L4~ L5 级自动驾驶。

高效的辅助制动管理，在任何驾驶模式下，充分发挥电动汽车的再生制动能力，让车辆既智能又节能环保，增加续驶里程。

2．现状分析

（1）产品分析

商用车的智能驾驶因易于落地而备受关注，在矿山、码头、干线物流等许多特殊运营场景中，智能驾驶商用车正陆续投入运营，这些正在投入运营的智能驾驶车辆所采用的线控制动系统均为 EBS。由于商用车中 95% 以上的车型装备的是 ABS 或者 ABS+ESC 系统，所以非常不利于线控制动系统在商用车上的推广，而且这些智能驾驶车辆在线控制动核心技术冗余设计方面考虑很少，主要是将驾驶员作为线控制动系统的备份，为了保证制动安全，在车辆运行过程中，驾驶员必须对车辆进行实时监控，出现意外时需及时接管车辆。

现阶段，国内汽车整车制造企业、高校或零部件企业等虽然很重视针对线控制动冗余设计的研究，但也基本处于开发测试阶段，暂未批量应用。其中，瑞立科密推出 EBS+EPB 系统的冗余设计方案已经率先在少数特殊场景中使用的样车上进行了功能及可靠性测试，在冗余设计方面的测试和应用要领先于其他企业，而且目前也正在进行基于 ABS 和 ABS+ESC 系统的线控制动冗余设计方案开发。国外知名商用车零部件企业，如 KNORR 和 WABCO，虽然早在 10 年前就已经在欧美量产了 EBS 产品，但对于应用于智能驾驶系统的线控制动冗余设计开发计划大多数也是在近两年才提出的，目前也均在测试验证阶段，虽然进行了样车试装，但没有推出量产产品。其中，WABCO 在 2022 年才推出量产级的 EPB 系统，现阶段也并未推出基于 EBS+EPB 的冗余设计方案；而 KNORR 在线控制动系统及其冗余设计的研发方面暂时没有明确的时间表。

（2）技术分析

在国内，商用车刚普及 ABS 不久，鉴于成本因素，国内主机厂对 EBS 的接受程度很有限，只有少数危险化学品运输车型和新能源车型安装了 EBS 系统，而对于传统车型，企业更热衷于安装基于 ABS+ESC 系统的线控制动系统，然而行业内尚未有基于 ABS+ESC 系统的线控制动系统及其冗余设计的研究计划，若能开发出具备一定冗余设计的基于 ABS+ESC 系统的线控制动系统，将能极大地推进国内商用车智能驾驶线控制动技术的应用进程，而且因为其成本比 EBS 低，所以将具备非常广阔的市场前景。

目前国内外商用车零部件企业针对商用车线控制动系统的冗余设计思路几乎全部是基于 EBS 进行研究的，研究对象主要有冗余电源、冗余 CAN、系统间相互冗余、系统内冗余等。

汽车上集成的线控产品越来越多，它们都要通过 CAN 总线进行通信，如何保证通信顺畅、不丢失数据、不受外界干扰影响显得非常重要，为此，行业内提出了冗余 CAN 的概念。在保证高效通信的同时及时识别通信故障和通信错误，并在出现故障或者错误时能及时切换至另一路冗余的 CAN 上成为目前主要的研究方向，其中切换时间是研究重点。针对电源供电部分，传统车辆上经常会出现电源电压不稳定的情况，因此，在电路测试中也专门设有供电稳定性测试项目，而在电动商用车领域，由于车辆供电系统更加复杂，电源发生故障的概率会更高，因此行业内提出了冗余电源的概念，线控制动系统如何兼容两套供电模块系统、如何准确识别故障情况及时进行冗余切换和切换时间是当前的研究重点。这两种冗余方案，虽然很早就被国内企业提出，但由于尚未解决接口硬件以及容错算法策略问题，目前仍然处于研究测试阶段，暂未实现真正实施应用。

除以上两种冗余方案外，目前研究最多的还有系统间的冗余。系统间的冗余主要是线控行车制动系统与线控驻车制动系统之间的冗余，当 EBS 发生故障时，由 EPB 系统临时接管制动，保证车辆能够停在安全的位置上。同时，EPB 系统也具备简单的类 ABS 功能，能防止在制动时出现突然抱死从而带来安全隐患。冗余切换由 VCU 来决定，该冗余设计也是目前较为容易实现的方案，现已进行样车测试。

行业内对系统内冗余的研究相对较少。系统内冗余主要是系统内主控制器与分布式子控制器之间的功能冗余，当系统内任意一个控制器发生故障，其他控制器能及时接管制动，使车辆具备一定的制动力，实现安全停车。冗余切换由系统内部决定，其中，控制器随机硬件失效率、单点故障度量、失效后的最小制动力、冗余切换时间、冗余执行响应时间、故障容错时间间隔等是其研究重点。

（3）能力分析

国家标准 GB/T 34590《道路车辆　功能安全》于 2017 年发布；另外，针对 AEB 系统的 JT/T 1242—2019《营运车辆自动紧急制动系统性能要求及测试规程》也于 2019 年开始在客车上实施，这个标准的发布领先于全球，说明国家层面也在想方设法推动智能驾驶相关技术的快速发展。

我国商用车市场的特殊性决定了商用车线控制动系统短期内不可能全部使用 EBS，为了在没有安装基于 EBS 的线控制动系统的商用车上推广智能辅助驾驶系统，国内企业正针对我国市场特点开展基于 ABS 和 ABS+ESC 架构的线控制动系统的研究，并研究线控制动系统满足功能安全要求的冗余设计。国内企业不但在所有传统燃油汽车上快速推广线控制动系统，同时，在电动商用车上也充分发挥 IEBS 架构线控制动系统制动管理功能的优势，安装基于 IEBS 架构的线控制动系统。目前，国内团队已基本完成基于 ABS+ESC 和 EBS 两种架构的线控制动系统软硬件架构的搭建及基础功能模块测试，双电源电路、双路 CAN 电路、系统内分布式冗余、系统间冗余等冗余设计方案的研发均在有序推进中，系统间冗余设计方案在 2022 年底完成样车可靠性测试，实现小批量装车应用。

3．路径选择与行动建议

（1）技术路径

2025 年：开发基于 ABS+ESC 和 EBS 架构的线控行车制动系统与 EPB 系统间的冗余方案；开发基于 ABS+ESC 和 EBS 架构的类 Booster 线控制动冗余方案；在所有传统燃油商用车上普及线控制动，支持 L3 级无人驾驶。

2030 年：开发基于 IEBS 架构的双电源、双路 CAN 的线控制动冗余方案；开发基于 IEBS 架构的分布式控制器的线控制动冗余方案；在所有新能源商用车上普及具有多级异构冗余的 IEBS 线控制动系统，具备高能量回收利用率，部分满足功能安全等级 ASIL D 级要求，支持 L4 级无人驾驶。

（2）关键技术指标

2025 年：基于 ABS+ESC 和 EBS 架构的线控制动系统主要应用于传统燃油汽车的

智能辅助驾驶系统，因此主要关注的技术指标有系统响应时间、故障率、减速度控制精度等。

2030 年：基于 IEBS 架构的线控制动系统主要应用于电动商用车的智能辅助驾驶系统，因此主要关注的技术指标有故障率、能量回收利用率、续驶里程、制动片磨损程度、减速度控制精度、系统响应时间、制动舒适性等。

（3）具体创新行动计划

2023 年底：完成基于 ABS+ESC 和 EBS 架构的线控行车制动系统与 EPB 系统间的线控制动冗余方案的设计开发。

2025 年底：完成基于 ABS+ESC 和 EBS 架构的类 Booster 线控制动冗余方案的设计开发。

2026 年底：完成基于 IEBS 架构的双电源、双路 CAN 方案的研究开发。

2028 年底：完成基于 IEBS 架构的分布式控制器的线控制动冗余方案的设计开发。

2030 年底：在所有电动商用车上普及应用基于 IEBS 架构的线控制动系统。

2.4.2　系统集成优化

1. 研究目标

系统集成优化技术路径和关键指标如图 12-28 所示，具体目标如下。

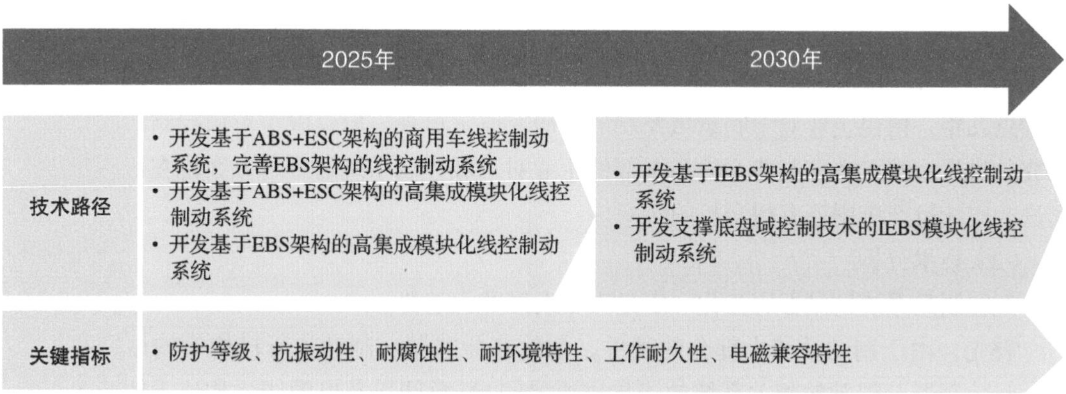

图 12-28　系统集成优化技术路径和关键指标

（1）产业与总体目标

在所有商用车上普及应用支撑底盘域控制器的 IEBS。

（2）2025 年阶段目标

实现基于 ABS+ESC 架构的线控制动系统控制底盘模块化集成；实现基于 EBS 架构的线控制动系统控制底盘模块化集成；在所有传统商用车上普及应用基于 ABS+ESC 架构的模块化线控制动系统。

（3）2030 年阶段目标

实现基于 IEBS 架构的线控制动系统控制底盘模块化集成；实现支撑商用车底盘域控

制技术的基于 IEBS 架构的线控制动系统开发；在所有电动商用车上普及应用基于 IEBS 架构的模块化线控制动系统。

2．现状分析

（1）产品分析

随着汽车技术的发展，车辆上的线控产品越来越多，但整车空间尤其是驾驶舱空间却没有扩充，因此线控产品的安装空间显得越来越局促，加上越来越多的线束连接，最终导致对于整车的装配效率以及后期的维护均造成很大影响。因此，开发集成化的线控制动系统控制器并安装在底盘上是非常有必要的。

早在两年前，国外知名商用车零部件企业 KNORR 和 WABCO 就已经提出系统集成化、平台化的概念，它们分别称之为 mBSP 和 GSBC，主要是强调控制器底盘化以及 ESC 模块和底盘化控制器的集成化。不同系统的控制器接口实现兼容化、模块化后，可以兼容全平台所有车型的底盘设计，相关产品未来将在国内实现装车应用。

国内商用车制动系统零部件企业早在 2014 年就率先推出了 ABS 的底盘版控制器，该产品很受国内轻型货车企业的欢迎并已实现大批量供货。现阶段，基于 ABS+ESC 和 EBS 架构的线控制动系统集成化方案已经在开发中，预计最快在 2023 年实现批量装车。

在集成化方案开发方面，国内企业和国外企业应该是齐头并进的态势，甚至国内企业提出的方案比国外方案更具优势，因为国内企业除了提出底盘版控制器、底盘版控制器和 ESC 模块集成方案以外，还提出了不同种类的控制器与执行机构的集成化方案，更适合我国国情，更容易落地应用。

近几年，国内企业对于底盘域控制器的研究非常重视，但仅限于对域控制系统架构的研究与讨论，汽车整车制造企业和零部件企业对于域控制系统的融合方案也在讨论中，距离进入实际量产应用还有相当长的时间。

（2）技术分析

线控制动系统控制器底盘化一定是未来发展的大趋势。

首先，由于制动系统大部分的硬件，如轮速传感器、制动执行机构等均设置在底盘上，且控制器与驾驶舱相关系统的连接主要是 CAN 总线以及电源线，相比于控制器与底盘硬件之间的线束数量，与驾驶舱之间连接的线束数量要少很多，因此，将控制器底盘化，可以缩短线束长度，而且不占用驾驶舱的空间。但是，由于底盘的环境要比驾驶舱的更复杂，因此对于底盘版控制器的结构，要求其必须具备 IP6K7 和 IP6K9K 的防护等级，同时，对于其耐环境、耐盐雾、抗干扰性、工作可靠性等能力的要求更高。尽管如此，国内企业已具备底盘版 ABS 控制器的成熟开发经验，因此，在控制器线束插接器选型、控制器结构设计、电路抗干扰设计方面均有先例可借鉴。

其次，ESC 模块与底盘版控制器的集成化以及 ESC 模块与后桥双通道 EBS 阀的集成化可以减少零部件数量及线束数量，节省底盘的安装空间。但由于 ESC 模块对安装方向及位置的要求很高，容易受车架振动频率等参数的影响，因此，集成化后对于控制器及双通道 EBS 阀的安装一致性要求会提高；同时，对于不同车型，控制器及双通道 EBS 阀的安装方式或者安装方向不同，会导致标定方向不同，对售后服务也会带来困难。

再次，将控制器与执行机构集成，不仅可以减少零部件数量和线束数量，还可以减少管路数量，节省底盘的安装空间，提高车辆装配效率。但由于制动执行机构的安装要求限制，该方案目前主要是将控制器与前桥制动执行机构进行集成。

最后，是各制动系统方案的硬件接口统一化，以兼容全平台所有车型，包括线束接口、气管接口、安装接口等，其中气管接口及安装接口的统一化可以通过结构设计来实现，而对于线束接口，由于在各汽车整车制造企业的系统配置不同，因此接口会有很多种，虽然目前接口可以通过软件进行配置，或者通过转换器进行转换，但如此多接口种类对于零部件企业的生产会带来管理上的困难，对于产品后续在市场上的应用过程也会带来很多售后维护问题。

对于支撑底盘域控制技术的线控制动系统，系统架构以及软硬件接口形式目前尚在研讨阶段，线控制动子控制器与底盘域控制器之间的接口形式将会影响线控制动系统的集成化方案。

（3）能力分析

虽然在现阶段国家及相关汽车协会、团体在政策、法规、标准等方面尚未明确指出对于模块化的要求，但行业内对于域控制器的讨论已经越来越多，在不久的将来，域控制器将逐渐成为现实。系统集成化、模块化进程的推进将更有利于整车电控系统不断往底盘域控制器靠拢。

目前，无论国外还是国内企业，均已制定出清晰的系统集成化产品规划路线，对于未来集成化产品的研究开发也有了明确的方向。

3．路径选择与行动建议

（1）技术路径

首先需要企业积极努力，研究具有我国特色、具有自主知识产权、原创的商用车线控制动方案，形成良好的内循环体系，也需要行业的正确引导，还需要政府的鼓励和支持。

2025 年：首先，要开发基于 ABS+ESC 架构的商用车线控制动系统，完善 EBS 架构线控制动系统；接下来，开发简化线束、集成度更高的方案，开发出基于 ABS+ESC 架构的底盘版模块化线控制动系统，开发出基于 EBS 架构的底盘版模块化线控制动系统。

2030 年：开发基于 IEBS 架构的底盘版模块化线控制动系统；开发支撑底盘域控制技术的 IEBS 模块化线控制动系统。

（2）关键技术指标

2025 年：由于底盘版模块化零部件使用环境非常复杂，线控控制系统的关键技术指标有防护等级、抗振动性、耐腐蚀性、耐环境特性和工作耐久性等。

2030 年：线控制动模块化产品在电动商用车上得到推广应用，由于电动商用车底盘上集成众多由电机驱动的线控系统，如轮毂电机等，电机产生的交变信号会对控制系统产生较大冲击，所以，对于线控制动系统抗干扰能力的要求更高，线控制动系统的关键技术指标除 2025 年关注的指标外，还有电磁兼容特性。

（3）具体创新行动计划

2023 年底：完成基于 ABS+ESC 架构的底盘版模块化线控制动系统的研究开发。

2025 年底：完成基于 EBS 架构的底盘版模块化线控制动系统的研究开发。

2027 年底：完成基于 IEBS 架构的底盘版模块化线控制动系统的研究开发。

2030 年底：完成支撑底盘域控制技术的 IEBS 模块化线控制动系统的研究开发。

2.4.3 精准快速控制

1．研究目标

精准快速控制的技术路径和关键指标如图 12–29 所示，具体目标如下。

	2025年	2030年
技术路径	• 优化电磁阀控制算法，减少基于ABS+ESC和EBS架构的线控制动系统的响应时间 • 优化载荷识别算法，减少不同载荷下线控制动系统的减速度差异 • 在传统商用车上应用并普及基于ABS+ESC和ESC架构的线控制动系统	• 优化电磁阀结构及控制算法，减少基于IEBS架构的线控制动系统的响应时间 • 优化载荷识别算法，减少不同载荷下IEBS线控制动系统的减速度差异 • 在电动商用车上应用并普及基于IEBS线控制动系统
关键指标	• 制动系统响应时间（≤480ms），相同工况、相同减速度需求的制动减速度差异（≤10%）、空满载减速度差异（≤15%）	• 制动系统响应时间（≤400ms），相同工况、相同减速度需求的制动减速度差异（≤8%）、空满载减速度差异（≤10%）

图 12–29　精准快速控制技术路径和关键指标

（1）产业与总体目标

在所有商用车上实现并普及基于 IEBS 架构的线控制动系统。线控制动系统响应时间≤400ms；相同工况、相同减速度需求的线控制动减速度差异≤5%；空满载的减速度差异≤8%。

（2）2025 年阶段目标

在所有传统商用车上实现并普及基于 ABS+ESC 和 EBS 架构的线控制动系统。线控制动系统响应时间≤480ms；相同工况、相同减速度需求的线控制动减速度差异≤10%；空满载的减速度差异≤15%。

（3）2030 年阶段目标

在所有电动商用车上实现并普及基于 IEBS 架构的线控制动系统。线控制动系统响应时间≤400ms；相同工况、相同减速度需求的线控制动减速度差异≤8%；空满载的减速度差异≤10%。

2．现状分析

（1）产品分析

现阶段商用车的线控制动系统还是以基于 EBS 架构的线控制动系统为主，而基于 ABS + ESC 架构的线控制动系统正在开发中，基于 EMB 系统的线控制动系统正在预研阶段。作为影响线控制动系统性能的主要技术指标，制动响应特性及制动控制精度经常被提及并用于不同企业间制动系统产品的性能对比。

对于线控制动响应时间，国内外企业产品的技术水平基本一致，且可通过机械方式优化的空间不大，目前主要是通过不断优化控制算法来进行提升。

对于线控制动精度，实际为减速度控制精度，智能驾驶系统向线控制动系统发出的是减速度的控制请求，因此当前商用车线控制动系统研究对象主要是减速度控制精度。不同于乘用车，商用车整车载荷变化范围要大得多，空载和满载的载荷差异非常大，对于不同载荷，达到同一减速度要求的制动压力是不同的，对于不同工况，达到同一减速度要求的制动压力也不同，因此，载荷识别是当前线控制动精度的主要影响因素，要提高商用车线控制动系统的减速度控制精度，必须要提高载荷识别精度。如何快速精确识别载荷是当前提高减速度控制精度的主要难题，国外企业如 WABCO 和 KNORR 的产品的减速度控制精度误差在 15% 左右，国内企业目前产品的水平基本是在 20% 左右。

（2）技术分析

目前众多商用车制造企业主要是通过提高整车气压的方式来提升制动响应时间，整车气压目前已经经历过两次上调，分别是从 0.8MPa 提高到 1.0MPa 以及从 1.0MPa 提高到 1.25MPa，但是调整整车气压，对于制动系统气管、气管接头、制动执行机构等零部件的可靠性提出了更高的要求，如果零部件安装不到位，出现失效的概率也会增加。

另外，由于空气本身具有可压缩的特性，气路布置及气管接头的应用都有严格要求，例如应减少直角管接头的使用，主进气管路必须采用内径足够大的气管及气管接头，也可以采用双路进气方案来增加进气量，然而通过这些方式的改进优化对于响应时间的提升仍然是非常有限的。

智能辅助驾驶和无人驾驶系统对线控制动系统的响应时间和控制精度提出了更高的要求，不但要制动快，还要制动准，因此必须提升系统响应时间、控制精度以及制动稳定时间。基于 ABS + ESC 和基于 EBS 的线控制动系统可以通过执行机构的内部管路优化、电磁阀材料改进及控制策略优化来取得较好的效果，但是对于减速度控制精度，仍受载荷识别算法差异的影响。国外企业目前已经具有大量的技术储备并领先于国内企业，但随着国内算法的不断迭代升级，减速度控制精度将持续提高。

（3）能力分析

目前我国正在组织相关单位拟定 EBS 国家标准，该标准对于线控制动系统响应时间和减速度控制精度均做出了相应的要求，安装 EBS 的车辆制动响应时间应小于 0.5s，减速度控制误差要小于 20%。

目前行业内智能驾驶系统供应商对于应用于智能驾驶的线控制动系统提出的控制精度要求明显要高于国家标准，而且相关指标项也更多，包括响应延时时间、响应峰值时间、响应调整时间、进入稳态前响应曲线经历的振荡次数、响应值的稳态误差等。同时，经过国内商用车整车制造企业及零部件企业的不断摸索，目前对这些指标也基本达成初步共识。行业内目前主要是针对各种特殊工况的制动控制进行研究，而且由于商用车当前用于智能驾驶的外部制动请求接口起初是为自动紧急制动系统设定的，而非针对智能驾驶的正常行驶工况，所以后期行业内还需要讨论是否有必要设定针对正常行驶工况的商用车智能驾驶制动请求接口。

3．路径选择与行动建议

（1）技术路径

2025 年：优化关键部件电磁阀控制算法，提高基于 ABS+ESC 和 EBS 架构的线控制动系统的响应速度。优化载荷识别算法，减少基于 ABS+ESC 和 EBS 架构的线控制动系统在相同工况、相同减速度需求下的线控制动减速度差异与空满载的减速度差异。在所有传统商用车上应用并普及基于 ABS+ESC 和 EBS 架构的线控制动系统。

2030 年：优化关键部件电磁阀控制算法，优化关键部件的结构，提高基于 IEBS 架构的线控制动系统响应速度。优化线控制动与再生制动的融合控制算法及载荷识别算法，减少基于 IEBS 架构的线控制动系统在相同工况、相同减速度需求下的线控制动减速度差异和空满载的减速度差异。在所有电动商用车上实现并普及基于 IEBS 架构的线控制动系统。

（2）关键技术指标

2025 年：线控制动系统响应时间≤480ms；相同工况、相同减速度需求的线控制动减速度差异≤10%；空满载的减速度差异≤10%；在所有传统商用车上实现并普及基于 ABS+ESC 和 EBS 架构的线控制动系统。

2030 年：线控制动系统响应时间≤400ms；相同工况、相同减速度需求的线控制动减速度差异≤5%；空满载的减速度差异≤8%；在所有电动商用车上实现并普及基于 IEBS 架构的线控制动系统。

（3）具体创新行动计划

2023 年年底：基于 ABS+ESC 和 EBS 架构的线控制动系统在相同工况、相同减速度需求下的线控制动减速度差异≤13%，空满载的减速度差异≤13%。

2025 年年底：基于 ABS+ESC 和 EBS 架构的线控制动系统的响应时间≤480ms，在相同工况、相同减速度需求下的线控制动减速度差异≤10%，空满载的减速度差异≤10%。

2027 年年底：基于 IEBS 架构的线控制动系统的线控制动系统响应时间≤450ms，在相同工况、相同减速度需求下的线控制动减速度差异≤8%，空满载的减速度差异≤9%。

2030 年年底：基于 IEBS 架构的线控制动系统的线控制动系统响应时间≤400ms，在相同工况、相同减速度需求下的线控制动减速度差异≤5%，空满载的减速度差异≤8%。

2.4.4 故障检测重构

1．研究目标

故障监测重构的技术路径及关键指标如图12-30所示，具体目标如下。

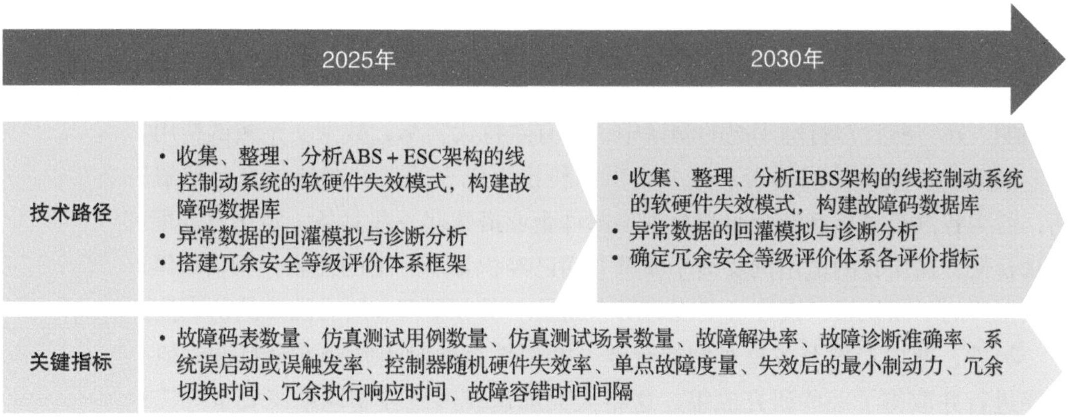

	2025年	2030年
技术路径	• 收集、整理、分析ABS＋ESC架构的线控制动系统的软硬件失效模式，构建故障码数据库 • 异常数据的回灌模拟与诊断分析 • 搭建冗余安全等级评价体系框架	• 收集、整理、分析IEBS架构的线控制动系统的软硬件失效模式，构建故障码数据库 • 异常数据的回灌模拟与诊断分析 • 确定冗余安全等级评价体系各评价指标
关键指标	• 故障码表数量、仿真测试用例数量、仿真测试场景数量、故障解决率、故障诊断准确率、系统误启动或误触发率、控制器随机硬件失效率、单点故障度量、失效后的最小制动力、冗余切换时间、冗余执行响应时间、故障容错时间间隔	

图12-30 故障监测重构技术路径及关键指标

（1）产业与总体目标

建立完善的故障码表数据库和完整的仿真测试用例数据库，建立完整的冗余安全等级评价体系，实现线控制动系统全工况硬件在环故障分析、诊断、重构仿真，以及对冗余控制器或者冗余系统的安全性能评价。

（2）2025年阶段目标

建立完善的基于ABS+ESC和EBS架构的线控制动系统故障码表数据库及其完整的仿真测试用例数据库，实现基于ABS+ESC和EBS的线控制动系统硬件在环故障分析、诊断、重构仿真；建立冗余安全等级评价体系框架。

（3）2030年阶段目标

建立完善的基于IEBS架构的线控制动系统故障码表数据库及其完整的仿真测试用例数据库，实现基于IEBS的线控制动系统硬件在环故障分析、诊断、重构仿真；建立完整的冗余安全等级评价指标。

2．现状分析

（1）产品分析

现阶段国外线控制动系统供应商WABCO和KNORR的相关仿真测试均在国外进行，国内仅进行产品的推广与应用，相关技术对国内企业是相对保密的。因此，我国企业在开发线控制动系统硬件在环仿真系统这方面主要是靠与国内各汽车整车制造企业以及仿真台架解决方案供应商进行联合探讨开发，目前暂时还不清楚此方面国内外的水平差异。但在实际的应用中，国外企业的故障码表要比国内企业更齐全，而且对故障码的细分程度更具体，方便用户在发生故障时对故障进行初步诊断，方便自主排查。

线控制动系统的冗余方案是故障重构的重要组成，当主控制器或任一控制器发生故障后，冗余控制器或者冗余子系统的切换时间及切换后的性能表现非常重要。通过硬件在环仿真台架测试或者实车测试，可以对线控制动系统冗余方案的安全特性进行预判及验证，而目前对于此方面的评价体系暂时未有研究。

（2）技术分析

硬件在环仿真台架测试是未来仿真测试的发展趋势，将大大缩短实车验证与匹配标定的周期，在一些针对特殊工况的测试中，能有效替代实车，减少实车测试费用。

现阶段，国内已经涌现了以北京恒润科技为代表的硬件在环仿真台架解决方案供应商，已为各汽车整车制造企业和个别零部件企业搭建起一些具备一定仿真功能的硬件在环仿真台架，在仿真测试用例及整车模型方面已经积累了一定的经验，相信后续通过硬件台架数据库的不断积累，最终可实现对所有场景、所有车型、所有故障的仿真测试覆盖。

另外，业内专家及各整车制造企业、零部件企业对于冗余安全特性的研究目前正在有序进行并取得了一些研究成果，这将大大加速我国线控制动系统安全等级评价体系的建立。

（3）能力分析

目前线控系统供应商主要是通过与硬件在环仿真台架供应商合作的方式定义硬件在环仿真平台的功能测试项目、测试场景、测试用例、故障码数据库来实现线控制动系统硬件在环仿真测试，包括功能仿真、故障注入、实车数据回灌仿真等。

3. 路径选择与行动建议

（1）技术路径

2025年：通过对基于ABS＋ESC架构的线控制动系统的软硬件失效模式分析，收集、整理、分析市场上相关产品的失效模式，完善基于ABS＋ESC架构的线控制动系统故障码表数据库。根据汽车整车制造企业的要求、国外法规标准的测试项目要求、国内法规标准的测试项目要求、智能驾驶系统企业的要求，对硬件在环仿真系统的测试用例数据库不断进行补充完善。通过对实车基于ABS＋ESC架构的线控制动系统的运行数据进行收集及整理，对异常数据进行回灌模拟与诊断分析。与整车制造企业对冗余安全等级展开深入讨论，搭建冗余安全等级评价体系框架。

2030年：通过对基于IEBS架构的线控制动系统的软硬件失效模式分析，收集、整理、分析市场上相关产品的失效模式，完善基于IEBS架构的线控制动系统故障码表数据库。根据汽车整车制造企业的要求、国外法规标准的测试项目要求、国内法规标准的测试项目要求、智能驾驶系统企业的要求，对硬件在环仿真系统的测试用例数据库不断进行补充完善。通过对实车基于IEBS架构的线控制动系统的运行数据进行收集及整理，对异常数据进行回灌模拟与诊断分析。通过硬件在环仿真台架测试、实车测试收集冗余安全性能数据，与行业专家及整车制造企业、零部件企业对测试数据进行联合讨论，确定冗余安全等级评价体系各评价指标。

（2）关键技术指标

2025 年：基于 ABS+ESC 和 EBS 架构的线控制动系统硬件在环仿真台架关键技术指标主要包括故障码表数量、仿真测试用例数量、仿真测试场景数量、故障解决率、故障诊断准确率、系统误启动或误触发率等。

2030 年：基于 IEBS 架构的线控制动系统硬件在环仿真台架关键技术指标主要包括故障码表数量、仿真测试用例数量、仿真测试场景数量、故障解决率、故障诊断准确率、系统误启动或误触发率等。

冗余控制器或者冗余系统的安全性能评价指标主要包括控制器随机硬件失效率、单点故障度量、失效后的最小制动力、冗余切换时间、冗余执行响应时间、故障容错时间间隔等。

（3）具体创新行动计划

2023 年年底：建立完整的基于 ABS+ESC 架构的线控制动系统故障码表数据库及仿真测试用例数据库，并完成基于 ABS+ESC 架构的线控制动系统的硬件在环仿真台架的搭建。

2025 年年底：建立完整的基于 EBS 架构的线控制动系统故障码表数据库及仿真测试用例数据库，并完成基于 EBS 架构的线控制动系统的硬件在环仿真台架的功能扩展，完成冗余安全等级评价体系架构的搭建。

2027 年年底：建立完整的基于 IEBS 架构的线控制动系统故障码表数据库及仿真测试用例数据库，实现基于 IEBS 架构的线控制动系统的硬件在环故障分析、诊断、重构仿真。

2030 年年底：建立完整的支持底盘域控制技术的 IEBS 故障码表数据库及仿真测试用例数据库，实现支持域控制技术的 IEBS 硬件在环故障分析、诊断、重构仿真，完成冗余安全等级评价体系。

2.5　线控电子机械式制动系统

2.5.1　技术优势

近年来，在乘用车领域，电子机械制动（EMB）系统已经成为行业未来发展的主流趋势（图 12-31），其优势如下：

1）取消制动液，减少污染，无液体泄漏风险，提高了可靠性。

2）制动反应更快并且软件功能易于扩展。

3）取消了液压制动助力机构、主缸、ESC 系统及液压管路，结构布置更为简单。

4）控制器集成于底盘域控制器，直接控制四个轮端伺服干式制动器，四个轮端干式制动器可互为冗余，可以满足 L3 级及以上级别自动驾驶的要求。

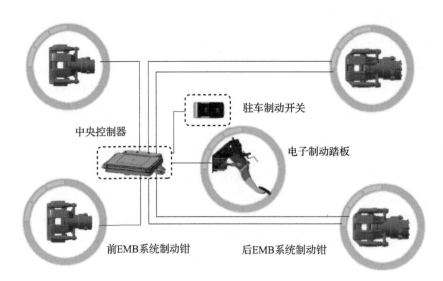

图 12-31　EMB 系统

2.5.2　系统冗余设计及关键部件

如图 12-32 所示，系统冗余设计及关键部件的技术路径和关键指标如下。

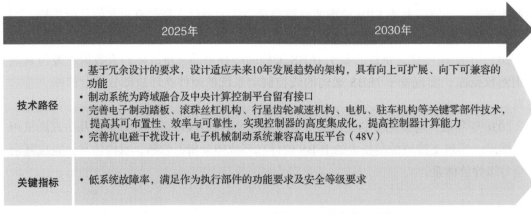

图 12-32　系统冗余设计及关键部件技术路径和关键指标

1．系统冗余设计

制动系统作为与车辆安全强相关的系统，需要保证其至少具备一套冗余系统。一般采用双电源、双通信模块、控制器冗余、传感器冗余、双绕组电机冗余设计，当一路失效时，另一路仍能工作，保证车辆可以安全停车。

EMB 系统各个车轮均可以独立制动，这就为系统的冗余设计提供了多种选择。

系统架构构建：基于冗余设计的要求设计的架构能够适应未来 10 年的发展趋势。完善顶层设计，使架构具有向上可扩展、向下可兼容的功能。

结合未来电动汽车动力总成的变化趋势，系统架构需要给跨域融合及中央计算控制平台留有接口，按照 ISO 26262：2018《道路车辆—功能安全》标准进行开发。顶层可以满足域控制对制动力分配的响应，底层可以满足作为执行部件的功能要求及安全等级要求。

探索多种不同系统架构的差异性及优缺点，构建当前的过渡方案，以及未来的最终方案（比如前轴 EHB 后轴 EMB 方案、四轮 EMB 方案等）。

鉴于整车制动系统工作频繁、工作环境恶劣，如何设计 EMB 系统的应急制动功能，是架构设计中需要考虑的重要问题之一。

系统冗余设计中，对电源的冗余设计需要考虑 EMB 系统长时间工作于大电流、高热量的环境中，应完善抗电磁干扰设计，探讨兼容高电压平台（48V）的可行性。

考虑电动汽车制动系统工作时间长的特点对电机的寿命提出挑战，需要设计出高寿命的电机，同时能够适应大电流、高热量的工作环境。

2．关键部件开发

（1）电子制动踏板机构

电子机械制动系统采用电信号传输，将踏板制动动作与轮端执行机构进行解耦，因此，在电子机械制动系统中，制动启动信号及踏板感觉模拟都需要由电子制动踏板机构来完成，设计时应从踏板感觉舒适性、可布置性、安全冗余等方面着手。

（2）滚珠丝杠传力机构

滚珠丝杠作为 EMB 系统执行机构的关键部件，承担着将电机旋转转矩转变为直线推力的作用，是制动时夹紧力的直接承受结构，设计时应从力传递效率、可布置性、强度、可制造性等方面着手。

（3）行星齿轮减速机构

行星齿轮机构作为 EMB 系统执行机构的关键部件，承担着减速增矩的工作，行星齿轮机构的选型及其效率直接影响制动钳的尺寸及性能，设计时应从力传递效率、可布置性、强度、可制造性等方面着手。

（4）电机及传感器

电机及传感器作为 EMB 系统执行机构的核心部件，承担着为整个制动系统提供动力的工作，电机的输出转矩、温度特性直接影响着制动力的输出，设计时应从输出转矩、可布置性、强度、工作温度等方面着手。

（5）驻车机构

驻车机构是 EMB 系统实现驻车制动功能的核心部件，需要具备接收系统指令进行驻车制动、释放驻车制动的能力，同时，在断电状态下对驻车制动或者释放驻车制动的状态进行保持。满足冗余功能的驻车电磁锁，是实现驻车制动的关键部件。

（6）高性能、高集成度的控制器

为适应网联化、智能化的要求，EMB 系统的控制器需要满足计算速度快、高度集成化、互为备份的需求，既能以单个 EMB 控制器进行工作，又能协调整个系统的 EMB 控制器协同工作，实现 ABS、TCS 及 ESP 的功能。

（7）踏板感觉模拟器

踏板感觉模拟器是获取驾驶员制动意图的关键部件，也是驾驶员体验踏板感觉的关键反馈元件。

（8）轮端电机与控制器集成模块

电机与控制器集成是汽车零部件设计的趋势，将 EMB 系统的电机与电机控制器集成在轮端形成独立的模块，对于优化系统架构、减少线束、提高可靠性都有非常重要的意义，但这种集成会给本来就受到空间限制的轮端设计带来更大挑战。

2.5.3 系统集成优化

1．研究目标

系统集成优化技术路径和关键指标如图 12-33 所示，具体目标如下。

	2025年	2030年
技术路径	• 实现电子机械制动系统ABS、ESC、EBD、TCS等重要功能集成优化 • 完成系统技术预研、样车测试	• 实现电子机械制动系统全部功能集成优化与兼容 • 完成EMB系统集成优化，实现系统商品化应用
关键指标	• 乘用车EMB系统完成实车测试；商用车EMB系统开始批量装车，挂车用EMB系统开始试装车 • 响应时间、减速度及制动力控制精度等	• 乘用车EMB系统量产应用；商用车EMB系统装车比例达到10%，成本降低30% • 故障率、能量回收效率、减速度及制动力控制精度、系统响应时间、制动舒适性等

图 12-33 系统集成优化技术路径和关键指标

（1）产业与总体目标

完成乘用车 EMB 系统集成优化，具备量产能力。商用车 EMB 系统达到 10% 的装车比例，成本降低 30%。完善现有制动标准（GB 21670—2018《乘用车制动系统技术要求及试验方法》和 GB 12676—2014《商用车辆和挂车制动系统技术要求及试验方法》）对 EMB 系统未覆盖或者有冲突的条款。

（2）2025 年阶段目标

完成乘用车 EMB 系统样件集成优化、台架验证，完成系统技术预研。商用车 EMB 系统开始批量装车，挂车用 EMB 系统开始试装车。

（3）2030 年阶段目标

完成乘用车 EMB 系统集成优化，达到量产状态，实现系统商品化应用。商用车 EMB 系统装车比例达到 10%。

2．现状分析

（1）产品分析

现阶段国内外普遍采用真空助力器、机械／电子真空泵、iBooster、"One-Box"系统等作为制动助力装置，硬件部分主要依赖液压管路，电控部分主要依赖电子控制单元等，零部件众多，布置较为分散，空间利用率较低，且成本较高。

目前 EMB 技术不够成熟，需要考虑各个系统兼容问题，集成难度较大。

目前支持线控制动系统的相关法规还不是特别完善，需要增加相关法规要求。

电子制动钳是 EMB 系统的关键部件，制动钳的质量和体积是影响其在乘用车应用的关键因素。解决制动钳的热稳定性问题及附属产品的缺陷，是失效控制的基本保障。

当前 EMB 系统刚刚能够实现基本制动功能，尚未融入 ABS、TCS、ESP 等系统的控制功能，与能量回收的协调还没有提上议程。

EMB 系统已经发展了 20 多年，国内外很多企业和科研机构都对其进行了研发，部分进行了装车验证，但由于空间布置、电机功率密度、系统可靠性和成本等因素的制约，一直没有实现批量应用。

（2）技术分析

高度集成化的系统架构可以减少零部件数量，提升空间利用率，是未来发展的必然趋势。随着电动汽车底盘的创新设计、整车电子电气架构的升级和 EMB 技术的成熟，以及自动驾驶、智能驾驶的发展和普及，整车研发的需求必将是高度集成化、技术平台化、降低整车及零部件成本。当前基于液压系统的 IBS 及 ESP 等对 EMB 系统不再适用，需要开发新的控制算法，实现类似于当前的 ABS、TCS 及 ESP 的功能。

实现系统部件集成、功能集成，实现协调式能量回收与制动力矩的合理分配，达到最大制动力矩与最大续驶里程的完美结合。

（3）能力分析

当前，我国法规还不支持 EMB 系统在乘用车上的应用，在标准立法上，应结合国内供应商的开发进度，借鉴国外供应商的相关标准，推动国内相关法规的立项及修订，为 EMB 的真正装车应用做好支持工作。

在 EMB 系统设计开始阶段，应秉承创新、高效的研发模式，将尽可能多的功能集成至 EMB 系统。

3．路径选择与关键技术指标

（1）技术路径

2025 年实现电子机械制动系统 ABS、ESC、EBD、TCS 等重要功能集成优化，完成系统技术预研、样车测试。

2030 年实现电子机械制动系统全部功能集成优化与兼容，完成 EMB 系统集成优化，实现系统商品化应用。

（2）关键技术指标

2025 年乘用车 EMB 系统完成实车测试；商用车 EMB 系统开始批量装车，挂车用 EMB 系统开始试装车。关键技术指标包括系统响应时间、减速度及制动力控制精度等。

2030 年实现乘用车 EMB 系统量产应用；商用车 EMB 系统装车比例达到 10%，成本降低 30%。关键技术指标包括故障率、能量回收效率、减速度及制动力控制精度、系统响应时间、制动舒适性等。

2.5.4 精准快速控制

1．研究目标

精准快速控制的技术路径和关键指标如图 12-34 所示，具体目标如下。

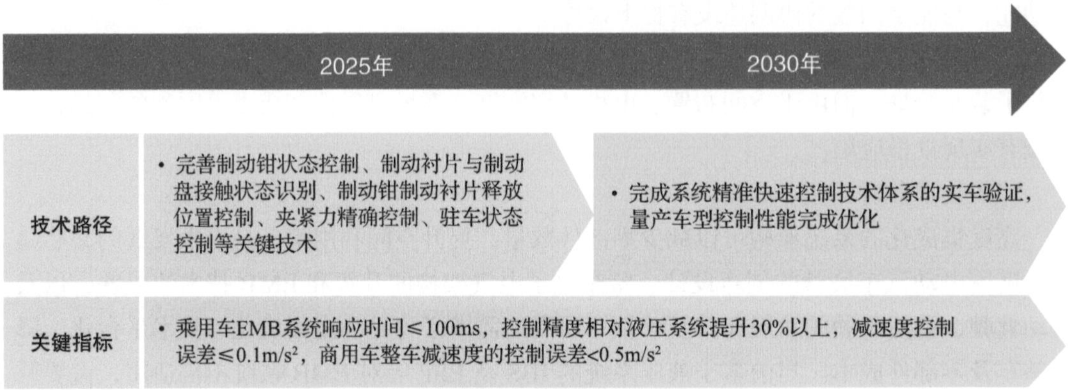

	2025年	2030年
技术路径	• 完善制动钳状态控制、制动衬片与制动盘接触状态识别、制动钳制动衬片释放位置控制、夹紧力精确控制、驻车状态控制等关键技术	• 完成系统精准快速控制技术体系的实车验证，量产车型控制性能完成优化
关键指标	• 乘用车EMB系统响应时间≤100ms，控制精度相对液压系统提升30%以上，减速度控制误差≤0.1m/s²，商用车整车减速度的控制误差<0.5m/s²	

图 12-34　精准快速控制技术路径和关键指标

（1）产业与总体目标

完成乘用车 EMB 系统精准快速控制，系统响应时间不超过 100ms，控制精度相对液压系统提升 30% 以上，减速度的控制误差不超过 $0.1m/s^2$，且具备量产能力。商用车整车减速度的控制误差小于 $0.5m/s^2$。

（2）2025 年阶段目标

完善制动钳状态控制、制动衬片与制动盘接触状态识别、制动钳制动衬片释放位置控制、夹紧力精确控制、驻车状态控制等关键技术。

（3）2030 年阶段目标

完成系统精准快速控制技术体系的实车验证，量产车型控制性能完成优化。

2．现状分析

（1）产品分析

现阶段国内外均采用真空助力器、真空泵、iBooster、"One-box"系统等作为制动助力装置，响应速度慢、时间长。真空助力器中真空泵的响应时间约为 450ms，iBooster、"One-box"系统响应时间约为 150ms，EMB 系统响应时间约为 80~100ms。

传统助力器均依靠液压管路，控制精准度为 ±5bar 左右，相对于电机控制其精度较差。EMB 系统依靠电信号传递控制指令，可单独对每一个车轮进行精准控制。

（2）技术分析

随着对整车智能化的要求越来越高，对制动系统要求也会随之增加，响应速度更快、控制精度更高是未来发展的必然趋势。对每个车轮独立且精准控制，可实现更多智能化功能，进一步满足整车智能化、电气化的要求。

为实现精准快速控制的目标，需要有高度准确的控制算法及测试手段来支撑，需要从系统结构设计及功能需求分析开始，遵守功能安全要求，开展控制器软件架构设计、控制器软件策略开发、控制器软件功能测试及调试等方面的研究。其中，控制器软件策略的开发，需要着重提升制动钳状态控制、制动衬片与制动盘接触状态识别、制动钳制动衬片释放位置控制、夹紧力精确控制、驻车状态控制等关键技术，为后续演化开发基于 EMB 系统的 ABS 功能、TCS 功能及 ESP 功能做准备。

第13章
线控转向系统

1 编制范围、总体目标及技术路径

1.1 编制范围

　　线控转向系统是指车辆的转向力完全由供能装置提供，转向执行机构与驾驶员无直接物理力矩传输路径，完全通过电信号传输驾驶员控制指令的转向系统，如图13-1所示。线控转向系统在驾驶员驾驶工况下无直接力矩传输路径，故需要具备失效冗余备份。线控转向系统依据失效冗余备份方式的不同可分为机械备份式线控转向系统和完全线控转向系统，其中，完全线控转向系统是通过电控单元冗余实现失效冗余备份的。本章节主要针对完全线控转向系统进行路线图综述，完全线控转向系统包括手感模拟单元和全动力转向执行单元两部分。

图13-1　乘用车和商用车线控转向系统

1.1.1　手感模拟单元构成及功能

　　手感模拟单元由机械管柱、电动四向调节机构、减速机构、手感模拟电机和扭矩转角传感器组成，如图13-2所示。

　　手感模拟单元主要功能包括：

　　1）手感模拟单元通过监测方向盘旋转来识别驾驶员驾驶意图，控制转向执行单元改变车轮的转向角度。

2）方向盘角度传感器和扭矩传感器测量方向盘的旋转量、旋转方向和驾驶员转向输入的力矩，用以识别驾驶员的驾驶意图。

3）手感模拟单元通过车辆的通信网络将驾驶员驾驶意图传输给转向执行单元和车辆控制单元。

4）手感模拟单元根据当前车速、方向盘转角、方向盘转速、方向盘转动加速度及转向执行单元反馈的路感信息控制路感电机的输出力矩，从而实现对转向手感的模拟。

图 13-2　手感模拟单元

1.1.2　前轮线控转向系统构成及功能

前轮线控转向系统（FW-SBW）由机械传动机构、减速机构、转向执行电机和齿条位置传感器构成，如图 13-3 所示。

图 13-3　前轮线控转向系统

前轮线控转向系统的主要功能包括：

1）响应来自手感模拟单元的转向角度请求，控制车轮转向，以满足驾驶员的转向期望。

2）响应来自其他整车控制系统的转向请求，如 APA、LKA、LCC、HWP 等。

3）根据前转向器齿条位置传感器信息对车辆转向角度进行闭环控制。

4）前轮线控转向系统需感知路面信息，并将有效的路面信息传递到手感模拟单元，最终传递到驾驶员。

5）前轮线控转向系统还承担部分整车稳定性控制功能，但需要受整车中央集成控制单元或车身稳定控制系统控制。

1.1.3　后轮线控转向系统构成及功能

后轮线控转向系统（RW-SBW）由机械传动机构、减速机构、转向执行电机和直线位移传感器构成，如图 13-4 所示。

图 13-4　后轮线控转向系统

后轮线控转向系统的主要功能包括：

1）根据方向盘转角、车速等信息控制后轮转角或执行来自整车控制器的后轮转向指令。

2）低速时控制后轮转角与前轮转角方向相反，以减小转弯半径，提高低速转弯灵敏性。

3）高速时控制后轮转角与前轮转角方向相同，以增大转弯半径，提高车辆高速行驶稳定性。

4）后转向器还承担部分整车稳定性控制功能，但需要受整车中央集成控制单元或车身稳定控制系统控制。

1.1.4 线控四轮独立转向系统构成及功能

线控四轮独立转向系统（4WS-SBW）采用独立机械传动机构及转向执行电机，每个车轮可独立进行转向角度控制，可实现车辆原地转向，同时增加车辆行驶姿态控制的自由度，如图 13-5 所示。

1.1.5 商用车线控转向系统构成及功能

商用车线控转向系统（CV-SBW）由手感模拟单元、减速机构和机械传动机构构成，手感模拟单元与乘用车相同，为驾驶员提供转向力矩模拟，如图 13-6 所示。

图 13-5 线控四轮独立转向系统　　图 13-6 商用车线控转向系统

1.2 总体目标及技术路径

汽车转向系统包括主转向系统和辅助转向系统，主转向系统包括机械转向系统、助力转向系统、全动力转向系统（图 13-7）。辅助转向系统包括后轮转向、驱动电机矢量控制等。

1）主转向系统：主要确定车辆行驶方向的装置。

2）辅助转向系统：除主转向系统提供的转向外，为调整车辆转向品质而附加的另一个可以控制除主转向车轮外的车轮以辅助车辆转向的装置。

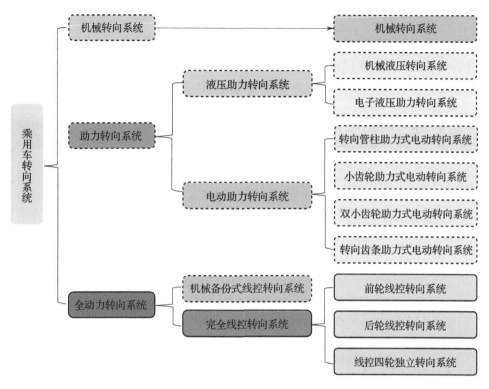

图 13-7 汽车转向系统分类

3）机械转向系统：转向力仅来源于驾驶员提供的转向操纵力。

4）助力转向系统：转向力来源于驾驶员的操纵力和一个或多个供能装置提供的助力。

5）全动力转向系统：转向力完全由一个或多个供能装置提供。

助力转向系统包括液压助力转向系统和电动助力转向系统。

液压助力转向系统依据动力源不同，可分为机械液压助力转向系统和电子液压助力转向系统。

电动助力转向系统依据助力形式不同，可区分为转向管柱式电动转向（C-EPS）系统、小齿轮助力式电动转向（P-EPS）系统、双小齿轮助力式电动转向（DP-EPS）系统和转向齿条助力式电动转向（R-EPS）系统。

全动力转向系统包括机械备份式线控转向系统和完全线控转向系统。全动力转向系统指在所有驾驶工况条件下转向力完全由供能装置提供，驾驶员手部提供的力矩不再参与车辆转向，只作为驾驶意图传递到转向器。

完全线控转向系统包括前轮线控转向系统、后轮线控转向系统、线控四轮独立转向系统。

完全线控转向系统通过将驾驶员操作与转向器解耦，转向器齿条移动不再与驾驶员操作存在绝对物理对应关系，而是通过电信号控制车辆转向。完全线控转向系统是本次技术路线调研和规划的核心部分。

1.2.1 研究目标

线控转向系统技术路线图通过调查研究，旨在阐明汽车线控转向技术的关键部件、安全性、体验性、低碳性技术现状及路径选择，指导线控转向技术发展，满足未来乘用车和商用车智能底盘技术落地要求。线控转向系统发展总体目标如图 13-8 所示。

	2025年	2030年
技术水平发展目标	• 满足L3+级自动驾驶的线控转向系统国际领先 • 满足特殊场景无人驾驶的线控转向系统国际领先	• 满足L4+级自动驾驶的线控转向系统国际领先 • 满足一般场景无人驾驶的线控转向系统国际领先
关键零部件发展目标	• 满足L3+级自动驾驶的线控转向系统用传感器、控制器、电机、减速机构具备自主设计能力，且进入小批量试装阶段	• 满足L4+级自动驾驶的线控转向系统用传感器、控制器、电机、减速机构具备自主设计能力，且进入小批量试装阶段
系统特性目标	• 自动驾驶跟随性达到传统驾驶模式的100% • 手动驾驶模式手感主观评价达到6分	• 满足全速域自动驾驶场景应用 • 手动驾驶模式手感主观评价达到8分
量产目标	• 线控转向系统渗透率达到5% • 线控转向系统成本目标：4000元以内	• 线控转向系统渗透率达到30%

图 13-8 线控转向系统发展总体目标

通过线控转向技术发展整合行业资源，提升自主品牌线控转向技术应用的竞争力，以实现对线控转向供应链的深度掌握，加速拓展国内国际市场，积极进行海外布局。同时，有效支撑自主品牌智能汽车的发展，引领全球智能汽车市场。

1．线控转向系统技术水平发展目标

线控转向系统技术实施阶段式发展。首先，安全性、体验性、可靠性应达到传统电动助力转向系统的同等水平，可满足 L3 级自动驾驶的需求。然后向满足高级别自动驾驶需求的方向发展，扩展新功能，支持整车电子电气架构的进化。

2．线控转向系统关键零部件发展目标

线控转向系统关键零部件包括传感器（扭矩转角传感器、齿条位置传感器）、控制器（线控转向执行控制器、手感模拟控制器）、永磁同步电机（转向执行电机、手感模拟电机）、减速机构（蜗轮蜗杆、滚珠丝杠、带轮）。

扭矩转角传感器主要应用于手感模拟单元，用于识别驾驶员的驾驶意图。因完全线控转向系统取消了机械连接，驾驶员无法通过机械传递的方式操控转向器，故对驾驶员驾驶意图的识别非常重要，且方向盘转角信号采集功能安全要求必须满足 ASIL D 级。

齿条位置传感器主要应用于检测车轮转角，并用于对车轮转角控制的安全校验。齿条

位置传感器需要满足线控转向系统的齿条位置识别精度、安全误差、安全性要求。

控制器为线控转向系统的控制中枢，用于驱动永磁同步电机实现车辆转向和为驾驶员提供转向手感模拟。控制器的安全设计直接影响线控转向系统的安全性。同时，为适配不同电子电气架构，线控转向系统控制器可能存在多种形式，故控制器需针对不同电子电气架构开发多个平台。

永磁同步电机为线控转向力矩输出部件，随着线控转向技术的发展，永磁同步电机朝多冗余方向发展。未来主要会针对手感模拟电机进行转矩波动优化，转向电机会朝大转矩、低成本的方向发展。

减速机构为线控转向系统机械传动部分的核心部件，主要研究目标为高可靠性、高传动效率和低成本。

线控转向关键零部件首先要实现自主设计，突破专利技术封锁，最终实现完全自主量产化。

3．线控转向系统量产目标

（1）线控转向系统市场目标

汽车智能化、电动化的主旋律催生线控底盘行业市场规模迎来爆发式增长，线控转向系统在 L3~L5 级自动驾驶车辆中的渗透率如图 13-9 所示。预计到 2025 年，国内线控底盘市场规模超 230 亿元，其中线控转向系统市场规模将达到 58 亿元；线控转向渗透率达到 5%。2030 年线控转向渗透率达到 30%。

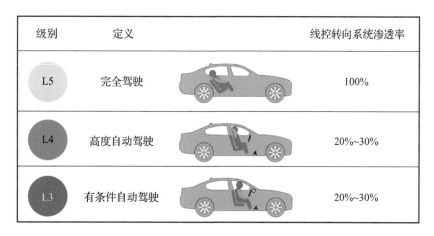

图 13-9　不同级别自动驾驶车辆线控转向系统渗透率

（2）线控转向成本目标

1）线控转向系统满足 GB 17675—2021《汽车转向系 基本要求》要求，成本控制在 4000 元以内。

2）线控转向系统满足在电控系统任意单点失效状态下车辆仍能正常行驶，成本控制在 6000 元以内。

（3）线控转向系统特性目标

1）线控转向系统主被动安全、功能安全、网络安全达到整车量产认可水平。

2）线控转向系统执行性能、手感模拟性能可满足整车不同应用场景的性能需求。

3）线控转向系统可满足不同电子电气架构的需求，具备标准通信接口。

4．2025年阶段目标

（1）线控转向系统技术水平发展目标

1）实现满足L3及以上级自动驾驶需求的线控转向系统国际领先。

2）满足特殊场景无人驾驶的线控系统国际领先。

（2）线控转向系统关键零部件发展目标

满足L3+级自动驾驶的线控转向系统用传感器、控制器、电机、减速机构具备自主设计能力，且进入小批量试装阶段。

（3）线控转向系统特性目标

自动驾驶跟随性达到传统驾驶模式的100%，手动驾驶模式手感主观评价达到6分。

（4）量产目标

1）线控转向系统渗透率达到5%。

2）线控转向系统成本目标：4000元以内。

5．2030年阶段目标

（1）线控转向系统技术水平发展目标

1）实现满足L4及以上级自动驾驶线控转向系统国际领先。

2）满足一般场景无人驾驶的线控系统国际领先。

（2）线控转向系统关键零部件发展目标

满足L4+级自动驾驶的线控转向系统用传感器、控制器、电机、减速机构具备自主设计能力，且进入小批量试装阶段。

（3）线控转向系统特性目标

1）满足全速域自动驾驶转向控制需求（响应性、精准性、稳定性）。

2）手动驾驶模式手感主观评价达到8分。

（4）量产目标

线控转向系统渗透率达到30%。

1.2.2　线控转向系统现状分析

当前线控转向系统是在电动助力转向系统的基础上进行应用扩展，如英菲尼迪Q50搭载的线控转向系统是在原DP-EPS系统的基础上增加电控系统及机械解耦装置实现机械备份式线控转向。而完全线控转向系统是基于R-EPS系统或DP-EPS系统实现转向器设计，手感模拟单元是在转向管柱上安装电动反馈机构，实现转向路感反馈。线控转向系统将驾驶员的操纵意图转化为电信号，可以随车速调节转向系统的角传递特性和力传递特性，完全由电缆或者电信号实现指令传递从而操纵汽车。

为了保证完全线控转向系统的可靠性和手感模拟，需要增加冗余电控系统，传感器、电机和 ECU 的数量会进一步增加。例如，蜂巢智能转向采用的电控系统备份冗余式线控转向系统，通过在方向盘处布置方向盘转角传感器（SAS）、扭矩转角传感器（TAS）以实现方向盘输入信号的冗余，转向机构采用两个完全冗余的电控单元来实现转向执行冗余。

线控转向系统可以实现转向系统与方向盘的完全解耦，为完全自动驾驶提供了控制接口，并提前进行完全线控技术的储备。

1．产品分析

线控转向系统主要由转向器和手感模拟单元构成（图 13-10），手感模拟单元通过扭矩转角传感器识别驾驶员的驾驶意图，并根据驾驶意图控制转向器，从而实现对车辆横向运动的控制。

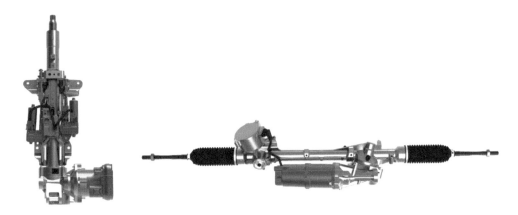

图 13-10　乘用车完全线控转向系统简图

线控转向系统具有以下优点：方向盘隐藏为驾驶员提供更大的空间、取消中间传动轴提高汽车碰撞安全性、方向盘与转向器之间无机械连接易于实现底盘平台化、可以根据需要完全隔离路面颠簸或者传递部分路面信息实现个性化路感反馈、随速可变传动比为车辆提供高速稳定低速轻便的驾驶体验、机械解耦有利于实现人机共驾以提升车辆的主动安全性。

手感模拟单元与转向器之间通过私有通信传输系统状态、目标转角、齿条力、齿条位置等信息，实现车辆转向及路感反馈。线控转向系统功能算法集中于手感模拟单元，转向器作为智能执行机构，执行手感模拟单元的控制指令并向手感模拟单元反馈车辆信息（车轮转角、齿条力、齿条移动速度等）。

完全线控转向系统相较于传统 EPS 系统取消了转向中间传动轴，因此需提升电控系统冗余度。完全线控转向系统在改善转向特性、提高稳定性和安全性方面有明显优势，并且有利于底盘一体化集成控制。

目前国外转向系统供应商如博世、万都、KYB、蒂森克虏伯、捷太格特、采埃孚、舍弗勒等均已进行了多年线控转向系统的研发，目前已达到量产准入阶段。自主品牌转向系统供应商也已进行了线控转向技术的研发，目前已完成样车线控转向功能开发。

2．技术分析

目前，完全线控转向系统处于研发阶段，以满足 L3 级自动驾驶需求为设计目标。线控转向技术主要包括以下方面：驾驶员驾驶意图识别、齿条目标位置计算、齿条位置闭环控制、齿条力估算及滤波、线控转向系统状态管理、线控转向系统功能安全管理、手感模拟及路感反馈。

博世、万都、采埃孚、耐世特已进行了多年技术储备，均完成了完全线控转向样车开发，经过多家主机厂主观评价，线控转向系统特性已达到 EPS 系统的水平，代表其功能、性能已达到整车认可标准。当完成功能安全设计后，线控转向系统将逐渐进入市场，首先搭载的将是高端豪华品牌。国内自主品牌中也有超过 20 家企业进行了完全线控转向技术的研发，也进行了样车搭载测试，但相较于国际主流转向系统供应商，自主品牌在技术上仍存在一定差距，未来，随着研发投入的持续增加，差距将逐渐减小。

1.2.3 路径选择及关键技术指标

1．技术路径

1）2022 年，实现线控转向系统基础功能（随速转向手感模拟、路感反馈、主动回正、齿条末端保护、可变传动比、过温保护、滥用保护、故障诊断）。

2）2023 年，实现线控转向系统高级功能（转向多模式、路面干扰抑制、侧风补偿、跑偏补偿、蓄电池电压转矩限制、转角叠加控制）。

3）2024 年，实现线控转向系统对整车高级功能的支持（车道保持、车道偏离预警、全自动泊车、车载游戏、方向盘未回正提醒、紧急转向避让、高速公路辅助驾驶、自动辅助导航驾驶、交通拥堵辅助驾驶、高速公路领航、交通拥堵领航、自动紧急转向）。

4）2026 年，实现线控转向系统高级功能（路面摩擦系数探测、驾驶习惯探测、分离摩擦系数路面的制动功能增强、个性化转向、随需转向）。

5）2028 年，实现线控转向系统对高级别自动驾驶的支持功能（方向盘静默、方向盘隐藏）。

6）2030 年，实现线控转向系统执行机构转向服务接口标准化，支持智能底盘横向运动一体化控制。

2．关键技术指标

方向盘转角响应范围为 ±720°。

转向轮角速度≤1500 °/s。

方向盘转角分辨率≤0.01°。

方向盘转角精度≤0.5°。

扭矩传感器分辨率≤0.01N·m。

扭矩传感器精度≤0.05N·m。

响应延迟时间 ΔT_1 ≤20ms。

执行时间 ΔT_2 ≤90ms（60°阶跃输入）。

超调时间 ΔT_3 ≤60ms。

最大超调量≤8%。

稳态控制角度误差为 −1°~1°。

方向盘全行程力矩波动≤0.1N·m。

随车速可变传动比范围为 60~100。

自动驾驶等级为 L3 级及以上时，控制器随机硬件失效率≤1 FIT。

自动驾驶等级为 L3 级以下时，控制器随机硬件失效率≤10 FIT。

L3 级自动驾驶条件下单点失效时最小助力≥50%，L4 级及以上等级自动驾驶条件下单点失效时最小助力为 100%。

主 − 冗系统切换时间≤5ms。

冗余执行响应时间≤20ms。

冗余单元功能安全满足 ASIL D 级。

自动驾驶等级为 L3 级及以上时，故障容错时间≤30ms。

自动驾驶等级为 L3 级以下时，故障容错时间≤50ms。

任意单点失效状态下，横向控制对整车横向加速度的控制能力应达到 0.3g。

2　线控转向系统技术路线

2.1　线控转向关键零部件

2.1.1　研究目标

1. 产业与总体目标

线控转向关键零部件是线控转向技术发展的重要支撑，而线控转向技术属于全新技术，是转向系统的技术革新，故线控转向技术会推动关键零部件的性能、安全、可靠性等方面的技术发展。

线控转向关键零部件应满足线控转向技术要求，明确相关技术指标并形成技术规范，推动线控转向产业链协同发展。图 13-11 总结了线控转向关键零部件的发展目标。

	2025年	2030年
传感器目标	• 突破专利技术封锁，明确技术要求，满足L3+级自动驾驶要求的冗余传感器通过实车测试验证，实现小批量生产	• 满足L4+级自动驾驶要求的冗余传感器通过实车测试验证，实现小批量生产
控制器目标	• 满足功能安全、网络安全要求，电子失效率降至10FIT以下，实现L3+级自动驾驶的高级功能，自主批量生产，力争市场占比超过20%	• 具备多冗余系统，电子失效率降至1FIT以下，实现L4+级高级功能，自主批量生产，力争市场占比超50%
电机目标	• 满足线控转向技术要求，降低单台成本，手感模拟电机扭矩波动优化，电机本体小型化，市场占比超20%	• 多绕组电机实现量产，提升电机功率密度，市场占比超60%
减速机构目标	• 轻量化、低噪声、高效率，自主化率超70%，重点突破滚珠丝杠技术	• 新材料、新结构导入，自主化率达到100%
传动机构目标	• 轻量化、低噪声、高效率，自主化率超70%	• 新材料、新结构导入，自主化率达到100%

图 13-11　线控转向关键零部件发展目标

2．2025年阶段目标

1）明确线控转向关键零部件技术要求，建立测试、验证标准。

2）控制器国产化率达到 20%。

3）电机国产化率超过 20%。

4）机械零部件国产化率超过 70%。

3．2030年阶段目标

1）传感器国产化率达到 30%。

2）控制器国产化率达到 50%。

3）电机国产化率超过 60%。

4）机械零部件国产化率达到 100%。

2.1.2　现状分析

1．产品分析

（1）传感器

当前转向传感器基本被国外企业垄断，主要为海拉和法雷奥两大企业的产品，均为角度与扭矩集成式传感器。转向传感器的信号主要有三种类型：PWM 信号、模拟信号和

SNET/SPC 信号。

线控转向系统的手感模拟单元一般需要用到转向角度与扭矩传感器，而转向执行机构只需转向轮位置传感器。

（2）控制器

当前国内转向系统供应商大部分采用自主品牌控制器，小部分采用日本三菱、日本欧姆龙、日本 Nidec 等国外品牌控制器。自主品牌控制器已具有一定的竞争力和较好的性能，但是其中的关键 IC 器件仍然基本采用国外品牌产品，主要有英飞凌、恩智浦、瑞萨、意法半导体、ALLEGRO 等，国外 IC 芯片供货受限已严重影响控制器的开发、生产。

（3）电机

转向电机大部分在国内生产，主要供应商包括博泽、日本电产凯宇（Nidec 控股）、宁波德昌、深圳德昌、威灵等。线控转向系统的转向电机主要采用无刷永磁同步电机，最近几年国内无刷永磁同步电机的应用发展较快。

（4）减速机构

国内转向系统供应商基本上均自制减速机构，常用的减速机构类型为蜗轮蜗杆、滚珠丝杠和带传动。其中蜗轮蜗杆在国内已完全实现自制，但高端蜗轮材料及配方仍依赖进口；滚珠丝杠的应用在国内处于起步阶段，还未实现较强的自制能力。

2．技术分析

（1）传感器

目前转向传感器普遍采用非接触式结构，原理以感应式或霍尔式为主。线控转向系统的转向传感器信号未来将普遍采用 SNET/SPC 类型，且需要考虑 ASIL D 级功能安全要求，采用多信号冗余设计。转向传感器国产化的主要障碍是专利限制和成本竞争力较弱。

（2）控制器

线控转向系统的控制器需按功能安全开发流程进行开发，并满足 ASIL D 级功能安全要求，软硬件需进行冗余设计。控制器普遍采用 32 位 MCU，软件架构应采用 AUTOSAR 架构。

（3）电机

线控转向系统的电机普遍采用无刷永磁同步电机，优先考虑控制器与电机一体式结构。电机需考虑冗余设计，多采用双绕组或多绕组结构。

（4）减速机构

线控转向系统的减速机构需与电机匹配，减速机构的类型要与转向机构匹配，高级别自动驾驶车辆还应考虑减速机构冗余设计。

3．能力分析

（1）传感器

海拉和法雷奥已有对应线控转向需求的产品，但是国内传感器供应商仍缺乏成熟可靠的产品，开发能力较弱。

（2）控制器

国内具有控制器开发能力，但是还缺乏成熟的线控转向控制器产品和开发经验。

（3）电机

国内具有电机开发能力，已具有线控转向电机样机产品和一定的开发经验。

（4）减速机构

国内蜗轮蜗杆减速机构较为成熟，可满足线控转向的使用；但滚珠丝杠传动副只能依靠外资品牌。

2.1.3 路径选择

1．技术路径

1）基于功能安全开发流程开展线控转向系统及其关键部件的开发，确保线控转向系统满足功能安全目标要求。设计优化线控转向系统结构与机电装置；以线控转向冗余设计来提升线控转向系统可靠性，线控转向的冗余架构包括但不限于电源、IG、通信、传感器、MCU、驱动电路、电机绕组等。

2）基于对线控转向主冗转向切换控制策略的持续优化，不断提升主冗转向切换性能。研究网络拓扑结构、通信延迟和可靠性，识别主冗故障状态，切换响应路径，减少切换时间、切换冲击和振动噪声，实现高舒适性与高真实性路感约束下的线控转向系统协调控制，提升转向操作舒适性。

3）基于线控转向系统高实时性故障诊断方法，确保线控转向故障安全性能的提升。分析线控转向系统失效模式与处理机制，研究线控转向系统高实时性故障诊断方法，并形成以线控转向、助力机械转向和无助力机械转向切换逻辑为核心的主动容错控制系统。

4）基于非域控制器和域控制器两种构型需求，开展线控转向与线控底盘其他系统的集成协调控制方法研究，基于线控转向技术拓展线控四轮转向系统功能。

2．关键技术指标

（1）2025 年关键技术指标

实现带有机械传动装置的高冗余性转向系统量产，能够对车辆转向进行精确控制。转向系统响应时间小于 30ms，执行信号反馈分辨率达到 0.1°，方向盘转向稳态误差小于1°，转向角速度大于 500°/s，功能安全等级达到 ASIL D 级，冗余切换时间小于 50ms，故障容错时间小于 50ms，硬件失效率小于等于 10FIT。

（2）2030 年关键技术指标

实现线控转向执行器的批量生产，并进行充分的可靠性验证，同时进一步提升产品的冗余设计，逐步实现与其他底盘线控系统的集成控制，功能安全等级达到 ASIL D 级；掌握线控转向系统的全套软硬件开发技术；实现与其他底盘线控系统的集成化设计，转向系统响应时间小于 15ms，执行信号反馈分辨率达到 0.1°，方向盘转向稳态误差小于 0.5°，转向角速度大于 720°/s，功能安全等级达到 ASIL D 级，冗余切换时间小于 25ms，故障容错时间小于 25ms，硬件失效率小于等于 5FIT。

2.2 线控转向系统安全性目标

2.2.1 研究目标

图 13-12 所示为线控转向系统安全性的目标，从被动安全、主动安全、功能安全和网络安全四个方面分别总结了 2025 年和 2030 年的分阶段目标。

	2025年	2030年
被动安全	• 异形方向盘、电动调节转向管柱大批量装车应用 • 电子电气失效小于10FIT，故障诊断覆盖率60%	• 隐藏式方向盘、电动调节转向管柱大批量装车应用 • 电子电气失效率小于1FIT，故障诊断覆盖率90%
主动安全	• 线控转向精准控制算法、快速响应算法开发 • 线控转向系统与线控制动系统协同控制，实现互相备份	• 线控转向、线控制动，线控悬架三向协同控制 • 提供高安全性、高舒适性、高智能化的线控底盘
功能安全	• 依据功能安全开发流程，对前轮线控转向、后轮线控转向进行功能安全评估，通过功能安全认证	• 依据功能安全开发流程，对线控四轮独立转向技术进行功能安全评估，通过线控转向系统功能安全认证
网络安全	• 依据网络安全标准进行线控转向网络安全开发，并到达整车网络安全要求，增大FOTA数据量，减少数据传输时间	• 满足无人驾驶线控转向系统网络安全技术要求

图 13-12 线控转向系统安全性目标

1．产业与总体目标

（1）功能安全目标

1）将现有功能安全标准应用于线控转向产品开发中，确保线控转向系统因系统性失效和随机硬件失效带来的危害风险可控。满足高级自动驾驶功能（L3 级及以上等级）对线控转向产品的功能安全需求。

2）通过对线控转向产品的功能安全开发，将相关开发经验反馈于相关标准的制定和更新过程中，包括现有的道路车辆功能安全国家标准 GB/T 34590《道路车辆 功能安全》、汽车转向系统国家标准 GB 17675—2021《汽车转向系 基本要求》以及正在制定中的线控转向产品国家标准。

3）确保线控转向系统因功能不足和可预见合理误用导致的危害风险可控。

（2）网络安全目标

1）实现网络安全技术在转向控制系统中的普及，在线控转向系统领域中全覆盖，切实做到汽车安全承诺。

2）实现线控系统中的安全芯片自主化，大力推动支持国产密码算法标准的芯片发展。在市场、技术以及政策上，加大对自主、支持国产密码算法的车规芯片的支持力度。

3）产业内网络安全事件共享化，建立产业内的安全快速响应机制，应对日益广泛、复杂的网络安全形势。

2．2025年阶段目标

（1）功能安全目标

1）建立符合功能安全标准的线控转向产品开发流程。

2）随着线控转向技术的发展，预计国内会有一部分上市车辆装备线控转向技术产品，必须完全满足线控转向相关法规中对功能安全的强制要求。

3）同时，随着自动驾驶技术的发展，如TJP、AVP等L3级及以上等级的高级自动驾驶功能将很有可能获得国家法规允许，并像当前的L1、L2级驾驶辅助功能一样广泛应用于各种道路车辆上，线控转向产品必须能够满足高级自动驾驶功能对转向系统的功能安全要求。

（2）网络安全目标

1）推动支持国产密码算法标准的芯片在汽车产业内的初步应用，提升产业对网络安全风险的重视程度，实现网络安全技术在转向控制系统中的普及，特别是在线控系统方面的全面覆盖。

2）满足 ISO/SAE 21434：2021《道路车辆—信息安全工程》（*Road vehicles—Cybersecurity engineering*）标准的系统化的网络安全风险分析方法、体系化的网络安全开发过程得到广泛的应用，从根源上减少网络安全风险，以支持和应对联合国世界车辆法规协调论坛（UN/WP.29）的 R155 汽车信息安全法规和信息安全国家标准的要求。

3）掌握基础安全的关键技术，以应对基本的网络安全风险。例如：非法访问、伪装欺骗、畸形报文、报文重放和报文篡改等。基础安全技术包括硬件安全计算、安全存储、基础防火墙技术、基础异常事件识别、基础入侵检测、异常事件报告和安全日志等。

4）掌握安全事件快速响应机制的关键技术，企业内建立网络安全事件数据库和安全事件的快速响应机制。安全事件快速响应机制的关键技术包括安全事件的快速发现、FOTA快速远端升级、车辆的应急处置技术等。

3．2030年阶段目标

（1）功能安全目标

线控转向技术逐渐成熟，加上国内主机厂和零部件企业能力的提升，功能安全的理念在线控转向系统的开发中得到全面应用和落实，线控转向相关法规中对功能安全的要求将更加明确和严格。此外，随着高级自动驾驶技术的成熟，L4、L5 级的高级自动驾驶功能可能会进入量产状态，届时，线控转向系统需要满足高级自动驾驶功能的安全需求。

（2）网络安全目标

具备体系化的网络安全开发过程被视为强制要求在产业内达成共识。应掌握高级安全的关键技术，以满足更高级别的网络安全要求，如高级入侵检测与防御技术、报文深度检测与防御技术、安全态势感知预测技术、网络安全韧性技术和快速恢复技术。

2.2.2　现状分析

（1）被动安全

线控转向系统目前采用与电动助力转向系统相同的管柱溃缩结构，以满足碰撞安全法规要求。随着自动驾驶技术的发展，方向盘隐藏功能对管柱溃缩提出新的要求，线控转向系统需开发新结构用以满足碰撞安全要求。

（2）功能安全

国际一线汽车整车制造企业和零部件企业作为功能安全标准的制定者，凭借其雄厚的实力和多年的积累，在功能安全领域处于领先位置。国内的汽车整车制造企业和零部件企业在最近几年同样认识到功能安全的重要性，并且投入了大量的人力财力进行功能安全能力建设，已经有很多企业通过了功能安全流程认证以及功能安全产品认证。

在转向系统领域，随着 GB 17675—2021《汽车转向系　基本要求》的正式发布和实施，功能安全已经成为强制性要求，汽车整车制造企业和转向系统零部件企业对功能安全的重视程度进一步加大。在目前的转向系统相关法规中，对转向基础助力功能的功能安全要求做了相对明确的规定，对于驾驶辅助功能和高级自动驾驶功能，由于涉及整车多个系统协作，暂时没有明确要求，但是随着自动驾驶标准的发布，驾驶辅助功能和高级自动驾驶功能中对转向系统的功能安全要求将会被更加明确地提出。

要开发功能安全等级达到 ASIL D 级并且具备失效运行能力的线控转向系统，对汽车整车制造企业和零部件企业的能力无疑是巨大的考验，需要企业具备以下几方面的能力。

1）建立公司层面的安全文化。

2）建立满足 ISO 26262：2018《道路车辆—功能安全》（*Road vehicles—Functional safety*）或 GB/T 34590《道路车辆　功能安全》标准的项目管理和产品开发流程。

3）开发团队成员需要具备功能安全开发能力。

当前，除了少数头部汽车整车制造企业和转向零部件供应商能够同时满足以上几方面能力外，大部分企业都有相对程度的欠缺，特别是缺乏具备开发经验、能够合理利用功能安全标准帮助开发团队将功能安全落实的功能安全工程师。

（3）网络安全

信息安全本不是一个新的挑战，它由来已久，伴随人类整个历史而存在。只要有信息的交互，就存在信息安全风险。伴随着人类进入了互联网时代，网络安全风险也逐渐被人提及，因此，网络安全技术也在不断地发展进化。但对于汽车而言，网络安全风险是伴随着汽车的智能化、网联化而新引入的一个挑战。

网络安全对于汽车行业来说，仍然是全新的，无论是零部件供应商还是汽车整车制造企业，目前都还处于研究或观望的起始阶段，汽车行业对于网络安全仍处于懵懂期。安全防护意识不到位、服务平台的漏洞、通信信号的暴露、隐私信息的泄露等问题都将造成巨大的风险。

纵观国内的网络安全技术供应商，大多数都来自互联网行业，例如 360、百度、阿里、腾讯等。基本没有真正来自传统汽车行业的供应商，更多是像为辰信安、上海控安、斑马等这一类初创公司，汽车网络安全技术的发展仍处于摸着石头过河的探索阶段，能够提供全套安全解决方案的供应商还很少。

图 13-13 简单描述了线控转向系统的内外关键组成部分和接口。

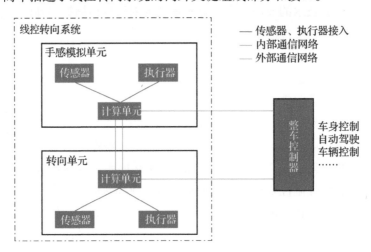

图 13-13　线控转向系统内外关键组成部分和接口

从线控转向系统的构成来看，其安全风险和攻击主要来源于以下几个渠道。

1）传感器、执行器的接入。

2）数据的运算过程。

3）线控系统的内部网络、外部网络。

而在当前产品的设计和开发过程中，针对这些安全风险的来源所采取的防范措施仍旧非常薄弱。

2.2.3　路径选择及关键技术指标

1. 技术路径

（1）功能安全

基于以上对线控转向系统功能安全现状的分析以及满足功能安全要求面临的主要挑战，提出以下几点建议。

1）统一车辆横向控制中驾驶员可控性评价标准。

2）线控转向系统相关国家标准制定需要考虑到行业现状，对功能安全国际标准的要求采取逐步满足的方式。

3）加快功能安全方法论在开发团队中的普及。

（2）网络安全

1）网络安全防御思路如下。

汽车需要全面的纵深防御来保证最终的安全，纵深防御主要从以下方面考虑。

①保护内部、外部接口。采用端到端的身份验证、消息加密等手段，使内外部接口免受攻击。

②网络隔离。保证内网与外网的绝对隔离是杜绝远程攻击的有效手段，可采用域分离、防火墙等措施。

③网络保护。使用加密网络数据，避免明文传输，检测异常报文，避免网络被非法操作。

④安全计算。通过安全启动、使用硬件安全计算单元等手段，保障计算过程安全可靠。

⑤升级安全。系统升级包授权检测、完整性检测、加密保护。

⑥数据安全。基于不同安全基础设施的数据机密性和完整性防护。

2）网络安全防御技术手段如下。

①防御拒绝服务攻击。针对拒绝服务攻击，除常用的冗余备份外，还应当考虑以下方式。

a）异构的多路冗余备份。同质化的冗余备份仍存在同时被攻击的风险，同时也在一定程度上降低了攻击的技术难度。因此，在考虑冗余备份时，采用异构的多路冗余是一个值得研究的方向，该方式不仅能显著提高攻击的技术难度，也可以增强系统在被攻击时存活的可能性。

b）入侵检测及保护系统。入侵检测及保护系统在汽车行业的应用，特别是在传统零部件中的应用仍非常有限，因此，加强对实时入侵检测及保护系统的研究，是提升对拒绝服务攻击防御能力的有效手段之一。

②传感器和执行器防护。对于传感器和执行器元件，应当考虑采用物理认证和对数据传输过程进行防护，可考虑的方向有以下两个。

a）传感器和执行器端。在传感器和执行器端直接增加防护手段，例如在设计时增加专用的安全芯片，以实现身份验证和对传输数据的保护。

b）信号处理端。采用软件或硬件算法，通过对传感器或执行器的特征数据进行采集，以类似指纹验证的方式进行身份验证，防止传感器或执行器被非法篡改。

③数据运算过程防护。对数据运算过程的防护有以下两个趋势。

a）安全相关的运算采用专用独立的安全计算芯片，支持更为安全可靠的密码算法，并与普通数据保持隔离。

b）增加处理器的运算能力，以支持更为复杂的加密算法和功能。

④线控系统的内部网络和外部网络防护。

a）运用多种安全防护手段，例如高级防火墙、入侵检测及保护系统、安全动态感知系统等，加大对网络入侵的感知力度。

b）提升网络的通信带宽，引入更为安全成熟的通信方式，例如以太网技术，以支持更为安全的加密和认证手段。

2．关键技术指标

（1）攻击防范

能够防范以下网络安全攻击：拒绝服务攻击、伪造、篡改、截断、重放。

（2）攻击韧性

1）在被攻击时仍能提供基本转向功能。

2）被攻击后可快速恢复。

2.3　线控转向系统体验性目标

线控转向技术作为线控底盘技术中的重要组成部分，对车轮转角的控制更加精准，延迟更低，且在有人驾驶时能提供真实舒适的驾驶感觉，在和其他主动安全技术协同控制整车方面具有良好的应用前景。而线控转向技术的进一步发展必将推动整个车辆底盘的线控化和统一化，实现底盘各个子系统的耦合，使其协同工作，共同提升整车性能及安全性。

线控转向系统以电信号作为整个转向机构执行系统的控制信号，在计算机控制下能够实现对驾驶员错误操纵行为的纠正，以及对车辆转向不足和转向过度的状态进行修正，并能在没有驾驶员指令输入的情况下实现自主转向，为实现高级别的驾驶辅助和自动驾驶提供了良好的技术基础，是实现智能驾驶不可缺少的核心技术之一，也必定是未来转向技术的发展趋势。

体验性作为线控转向技术的核心性能要求之一，是驾驶员在操纵车辆或在车辆完全自动驾驶时感受车辆转向品质的重要依据。线控转向系统的体验性首先要具备传统转向系统的功能和稳定性，进而发挥线控转向的独特优势，真正意义上解决转向系统"轻"与"灵"之间的矛盾，实现转向系统兼具轻便性的同时具备可变传动比及可调路感强度等功能，实现"车适应人"的理想动力学特性控制模式，可对转向特性进行个性化设计。

本节旨在根据未来的发展方向为线控转向体验性制定合理的发展研究目标，并且通过大量的产品调研与文献分析对现有产品、前沿技术未来发展前景和趋势、国内技术研发和储备情况、当前国家及行业的创新型政策、法规、标准等配套措施的情况、创新团队、行动与机制的建立情况进行准确把握，选择符合当前技术发展现状的技术路径，制定合理的关键技术指标并且将关键行动落实到具体的创新行动计划中，更好地推动线控转向体验性目标的发展及落地。

2.3.1 研究目标

图 13-14 所示为线控转向体验性的发展目标，从追踪性、平顺性、稳定性、舒适性和智能性五个方面分别总结了 2025 年和 2030 年的分阶段目标。

	2025年	2030年
追踪性目标	• 线控转向系统动态响应性软件算法开发，实现超前滞后补偿，追踪性满足整车主观评价要求	• 依据全速域无人驾驶功能要求，完成指向性、追踪性软件算法开发
平顺性目标	• 实现线控转向系统力矩波动控制，优化转向扭矩控制算法，实现转向扭矩波动抑制	• 完成路感反馈算法优化，提升路感真实性，降低转向扭矩波动
稳定性目标	• 路面抗扰算法开发，提升齿条位置控制精度；解决快速响应性、超调量以及控制稳定性之间的矛盾	• 提升线控转向系统响应带宽，增强车辆稳定性
舒适性目标	• 软件实现线角传动比随速可调，提供低速快捷性和高速安全性功能	• 个性化转向手感软件开发，实时FOTA升级
智能性目标	• 完成方向盘与车轮错位提醒、方向盘停车主动回正功能开发 • 高速道路脱手行驶、自动变道、自动跟踪	• 基于智能方向盘的自动模式与手动模式切换一般道路脱手行驶、自动变道、自动跟踪

图 13-14 线控转向体验性发展目标

1．产业与总体目标

（1）乘用车

1）能够较为准确地估计系统不确定度的上限值，采用占据资源较少且控制精度较高的控制算法，在保持控制系统稳定的条件下实现更加精准且快速的控制。

2）硬件条件能够满足相应技术的要求，使更精准更快速的控制系统能够落地，最终应用于整车，形成先进技术研发及实现的一体化流程，为产品的更新换代提供相应基础，从而构建成熟的产业供应链。

3）以产品和市场需求为导向，建立成体系的精准快速控制评价体系与测试方法。

4）实现路感模拟的透明化，即保证驾驶员获得良好的路感反馈；实现良好的回正效果，使方向盘可以精准、快速地回到中位；实现良好的方向盘限位；实现路感模拟功能的个性化，可根据驾驶员的驾驶习惯定制路感反馈；实现路感模拟的稳定性，对外部干扰、信号噪声等具有鲁棒性。

5）形成具备上述功能的、成熟的路感模拟控制技术和相应的硬件基础，构建绿色、成熟的产业供应链。

6）以产品和市场应用为基础研究路感模拟的测试评价方法，建立体系化的规范和标准。

7）实现"车适应人"的理想动力学特性控制模式，可从满足驾驶人个体需求出发，对转向特性进行个性化设计。

8）解决驾驶员干预与自动驾驶控制间的融合与协同问题，从而实现人机共驾技术。

9）实现人机交互（HMI）界面的个性化、智能化，具备成熟的车载娱乐功能，打造智能人机交互系统，构建智能汽车生态。

（2）商用车

1）商用车线控转向系统产品产业链自主可控。

2）转向执行性能达到国际领先水平。

3）满足干线、高速公路、港口、园区、矿山、公交等主要场景中的 L3～L4 级智能驾驶对转向系统的要求。

4）商用车路感模拟器产品产业链自主可控。

2．2025年阶段目标

（1）乘用车

1）线控转向执行机构在实车上达到目前普通转向系统的响应时间与响应精度，由于线控转向系统引入了额外的传感器及控制单元，其控制功能更为复杂，在系统负担加大的情况下，首先要在控制的精准性及快速性方面做到能够媲美现有的转向系统。

2）掌握线控转向执行电机的控制与协同控制技术。

3）掌握线控转向系统的软硬件开发技术，功能安全等级达到2025年实行的行业和国家标准。

4）能够实现线控转向产品部分替代传统转向系统，可对主流整车制造企业进行批量供货。

5）基本实现全工况下良好的路感反馈、回正效果及方向盘限位功能，实现路感模拟电机能够以较小的误差和延迟对 ECU 发出的路感模拟指令和回正指令进行快速响应与准确跟踪，同时具备与主动转向技术等协同工作的能力。

6）掌握路感模拟系统设计技术，提升路感模拟电机的性能和可靠性。

7）路感模拟系统获得一定的市场占有率，可对主流整车制造企业进行批量供货。

8）识别驾驶员的驾驶特征，实现线控转向系统的连续模式个性化自适应配置，满足驾驶人对舒适性的差异化需求。

9）实现新型人机交互界面，并丰富车载娱乐功能，提升驾驶体验和驾驶乐趣。

（2）商用车

1）绝对精度及跟随性指标（如响应误差指标、响应延迟指标）达到国际先进水平。

2）转角稳定性指标（超调量指标、收敛周期指标、直行稳定性、路面扰动行驶性能等）达到国际先进水平。

3）路感真实性指标（力矩梯度、回正性能、角度增益指标）达到国际先进水平。

4）转向舒适性指标（轻便性、对称性力矩波动、中心区转向特性等操纵稳定性、转向系统振动、噪声等）达到国际先进水平。

5）智能驾驶指标及功能（自适应补偿、LKA、APA、ELKA、ESA 等）达到国际先进水平。

3．2030年阶段目标

（1）乘用车

1）实现线控转向系统的控制性能超越传统转向系统，并且能够根据需求来合理设置控制系统特性，线控转向性能能够达到自动驾驶需求，并且能够满足全工况的控制需求。

2）掌握线控转向系统的全套软硬件开发技术，能够自主研发满足上述性能要求的线控转向执行系统。线控转向系统在乘用车市场占有率达到 20%~30%，在新能源车、智能汽车市场占有率达到 30%。

3）路感模拟电动机能够快速响应并准确跟踪 ECU 控制指令，实现全工况下良好的路感反馈和回正效果；实现路感模拟的个性化，可针对驾驶员的路感喜好提供专有的路感模拟；具备与自动驾驶技术集成的能力。

4）掌握线控转向系统的全套软硬件开发技术，能够自主研发具有上述功能的路感模拟系统。

5）自主研发的路感模拟系统在乘用车市场占有率达到 20%~30%；在新能源车及智能汽车市场占有率达到 30%。

6）实现转角交互型人机共驾，解决面向 L3、L4 级自动驾驶的驾驶人与自动驾驶系统的交互协同问题。

7）构建多功能的人机交互系统，实现全自动驾驶过程中的方向盘收缩隐藏功能，为搭建能够满足驾驶员的驾驶、娱乐和社交等需求的智能化座舱提供助力。

（2）商用车

1）绝对精度及跟随性指标（响应误差指标、响应延迟指标）达到国际领先水平。

2）转角稳定性指标（超调量指标、收敛周期指标、直行稳定性等）达到国际领先水平。

3）路感真实性指标（力矩梯度、回正性能、角度增益指标）达到国际领先水平。

4）转向舒适性指标（轻便性、对称性、力矩波动、中心区转向特性、操纵稳定性、转向系振动、噪声等）达到国际领先水平。

5）智能驾驶指标及功能（自适应补偿、LKA、APA、ELKA、ESA 等）达到国际领先水平。

2.3.2　现状分析

为了提出实现线控转向系统体验性目标的路径选择与行动建议，需要分析线控转向系统中关于体验性的研究现状。先针对执行器端的转向执行性能、路感模拟端的路感真实性、转向舒适性和体验智能性进行产品分析，包括对现有产品以及公开的相关专利进行分析，大致把握当前市场产品的现状；然后进行技术分析，通过研究现有文献，分析关键技术未来的发展前景、发展趋势、发展潜力和面临的挑战，研究国内技术研发和储备情况；最后对国家和行业当前的创新型政策、法规、标准等配套措施的情况和创新团队、行动与机制的建立情况进行调查与了解，以便更为准确地把握当前线控转向系统体验性的研究现状，提出合理有效的路径选择与行动建议。

2.3.2.1　产品分析

1. 转向执行性能

转向执行性能主要包括转向精准性和转角稳定性，本部分围绕乘用车和商用车两个领域分析相关产品的转向执行性能现状。

（1）乘用车

目前，全球汽车线控转向系统市场主要被捷太格特、博世、采埃孚、蒂森克虏伯、NSK、万都、日立安斯泰莫等厂商所占据。这些跨国企业通过独资或合资的方式布局中国市场，牢牢占据了豪华和合资品牌汽车企业的供应渠道，并渗透进本土汽车厂商供应体系中。目前已在传统 EPS 系统的基础上对线控转向系统执行器进行了多年研发的博世、万都、捷太格特、耐世特、舍弗勒等厂商的产品基本已经满足转向精准性的要求并具备量产条件，已率先布局量产，量产时间基本集中在 2024—2025 年。自主转向系统供应商现已基于传统 EPS 系统启动了线控转向系统执行器的预研开发，但与国外供应商存在较大差距，需对线控转向系统执行器的转向精准性进行大幅优化。

2013 年，日产公司生产的英菲尼迪 Q50 型汽车的线控转向系统采用了双转向执行电机（图 13-15），当一侧电机出现故障时，另一侧电机可作为备份接替工作；若两侧执行电机同时出现故障，则通过接合电机离合器还可以将线控转向系统转换为机械转向系统。它是世界上首款量产的线控转向汽车，但不幸的是，在上市不到一年时间内，该车型就因为线控转向系统中的技术缺陷而不得不大量召回。

图 13-15　英菲尼迪 Q50 车型线控转向系统示意图

英菲尼迪 Q50 车型的转向系统中仍然有机械转向轴设计，还不能完全算作线控转向系统。博世倡导的是电控系统备份冗余式线控转向系统，在博世看来，这种类型的线控转向系统完全取消了方向盘和转向器之间的机械连接，是真正的线控转向。博世华域转向系统有限公司于 2018 年 9 月 3 日开始在路演的一辆奥迪 A3 车型上搭载的线控转向技术是其计划引进并在本土开发应用的转向系统新技术。实现线控转向的先决条件是具备一套失效可操作的系统架构。博世线控转向系统采用全冗余的软硬件方案，博世华域从线控转向系统的系统架构层面，对整车电源、通信、信号、转向系统的电机、处理器都采取了全冗余的系统方案，相当于有两套系统实时并联工作，当其中一套失效时，另一套也能继续保证转向指令被执行。这套系统可被用于 L3 级及以上级别自动驾驶的转向系统，如图 13-16 所示。

自动驾驶中的许多功能都是通过线控转向系统实现的，耐世特公司基于线控转向技术开发了随需转向系统，能够在人工操纵和自动驾驶控制之间自由切换，可以根据需要定制多个驾驶模式。基于线控转向系统的耐世特静默方向盘系统，可以让方向盘在车辆自动转向过程中保持静止状态，消除方向盘快速转动带来的安全隐患；与此同时，静默方向盘系统还可搭配完全可收缩式转向柱管，在自动驾驶模式下可自动将方向盘收缩至仪表板内，从而增加可用空间并提升驾驶舱舒适度。

为了保障自动驾驶的安全性，耐世特也推出了冗余式线控转向系统，该系统具有双电池、双线束、双扭矩和位置传感器、双电子控制单元和双绕组电机的设计，同时配备 2 套车辆电源插头和 2 套车辆通信插头，可以对转向指令进行验证并对数据进行备份，为自动驾驶提供安全保障，如图 13-17 所示。

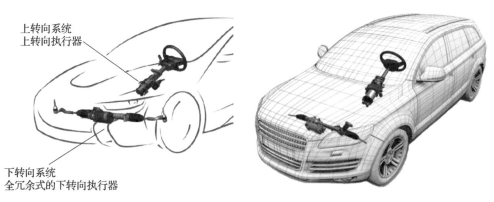

上转向系统
上转向执行器

下转向系统
全冗余式的下转向执行器

图 13-16 博世华域线控转向系统示意图　　图 13-17 耐世特冗余式线控转向系统

2021 年 1 月，万都在 2021 年国际消费类电子产品展览会（CES 2021）上发布了其"Freedom in Mobility"愿景。在该愿景下，万都展示了"x-by-Wire"技术规划，其中包含线控制动和线控转向技术，荣获 CES 2021 车辆智能与运输（VIT）类别创新奖。

在全自动驾驶模式下，驾驶员大部分时间都在做与驾驶无关的事情，因此扩大驾驶空间被赋予了更大的意义。获得 CES 2021 创新奖的万都线控转向系统实现了方向盘"Auto-

Stow"功能,在自动驾驶时可以收缩方向盘,在需要使用时再将方向盘取出,真正实现了通过线控转向系统解放空间的功能。

万都线控转向系统基于冗余 E/E 架构打造,核心部件采用"双冗余安全系统",即使出现一次系统故障,系统整体也能继续正常运行,故障信息会被自动记录,用于日后分析,如图 13-18 所示。

图 13-18 万都线控转向系统

在德国纽博格林举行的 24 h 耐力赛上,搭配舍弗勒线控转向技术的奥迪 R8 LMS GT3 赛车首次亮相。该车采用了舍弗勒帕拉万公司的 Space Drive 及力反馈转向技术,方向盘和转向器之间没有任何机械连接,是首款获得德国汽车运动联合会(DMSB)批准的线控转向赛车。

同时,舍弗勒在 2019 上海车展上展示了 Space Drive 线控技术以及创新的舍弗勒智能转向驱动模块。舍弗勒以 Space Drive 线控技术和轮毂电机技术为基础,进一步开发了先进的 90° 智能线控转向系统,这一系统通过 Space Drive 线控技术实现了极为灵活的转向控制,甚至可以帮助车辆实现 90° 的转向角度,如图 13-19 所示。

图 13-19 舍弗勒智能转向驱动模块

当后轮可以主动参与辅助转向时,乘用车在转向时能够具有更出色的敏捷性、稳定性和舒适性。采埃孚主动式后轮转向系统可根据车辆的具体要求,在后桥中部安装一个中央执行器,或者在两侧各安装一个小的执行器。这为其被应用于更广泛的车型范围铺平了道路,目前匹配的车型包括多款保时捷跑车以及最新一代奥迪 Q7,如图 13-20 所示。

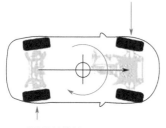
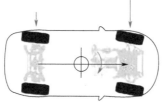
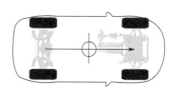

车辆低速转弯时，后轮的转向方向与前轮相反

车辆高速转向时（时速高于60km），后轮的转向方向则与前轮保持一致

车辆无限速直行时则无转向角度

· 更强的敏捷性
· 车辆在城市道路行驶和泊车时的操控性更强
· 更小的转弯半径

· 更强的稳定性
· 增强驾驶动力性能
· 增强驾驶安全性

· 凭借"按需供电"的原则，车辆更节能（AKC只有在真正运行时才消耗能源）

图13-20 采埃孚线控转向系统

综合来看，同时布局线控制动和线控转向的企业，更易于为用户提供一体化线控底盘方案，有望在自动驾驶落地前赢得更大先机。目前，两种产品均有布局的供应商有博世、CNXMotion（大陆与耐世特合资设立）、采埃孚、万都等外资企业，以及蜂巢智能转向等本土企业。

线控转向系统的执行器与路感模拟器通过控制信号进行交互，因此，对转向稳定性会提出比传统EPS系统更加严格的需求，要求转向执行器的转角控制具备更强的抗干扰、自学习修正、失稳控制（质心侧偏角控制、横摆角速度控制、侧向加速度控制、侧倾角控制等）等特性。

目前国外转向系统供应商耐世特、捷太格特、博世、万都、采埃孚等企业的产品基本已经满足转向稳定性的要求并具备量产开发的条件；自主转向系统供应商对EPS系统各类补偿算法和主动转向等高级功能的研究及应用不够深入，与国外供应商存在较大差距，需在转向执行器的转向稳定性方面加大研究力度。

此外，国内汽车整车制造企业如长城汽车亦开启布局，其通过精工底盘和蜂巢易创两家子公司分别进行线控制动和线控转向系统的自主研发。2023年，长城汽车集合了全新E/E架构、线控转向、线控制动、线控换档、线控加速和线控悬架的智慧线控底盘将投入商用，并将借此进入L4级自动驾驶领域。

（2）商用车

商用车具有载荷跨度大的特点，转向轴载荷在2~20t范围内，同时商用车应用场景也具有多样性，因此，商用车线控转向执行装置的形式也是多种多样的，从目前国内外现有的解决方案来看，主要包括电动转向、电子液压助力转向及电控全液压转向等几种形式，主要的场景及其应用的转向执行装置见表13-1。

表 13-1　商用车转向执行装置典型应用场景

场景描述			转向执行装置
公路	干线	车辆功能：干线物流运输 道路条件：高速公路 天气条件：需要适应雨、雪、雾等多种天气 驾驶行为：跟车、超车、会车、避障等 其他条件：适应满载、半载、空载多种载荷，具备夜晚适应性	电子液压助力转向
场地	港口	车辆功能：港口内集装箱自动运输 道路条件：港口铺装路面，部分区域有车道线、无坡度 天气条件：需要适应雨、雪、雾等多种天气 驾驶行为：自主行驶、自动化调度、与港口设备交互、跟车、超车、会车、避障等 其他条件：适应满载、空载条件，可24h连续作业	电子液压助力转向 电控全液压转向
	园区	车辆功能：园区自动环卫或倒短运输 道路条件：园区铺装路面，部分有车道线 天气条件：需适应雨、雪、雾等多种天气 驾驶行为：自主行驶、自动化调度、避障 其他条件：点对点固定线路作业	电子液压助力转向 电动转向
	矿区	车辆功能：矿区土方、煤炭等倒短运输 道路条件：土路、路况恶劣 天气条件：需适应雨、雪、雾等多种天气，尘土大 驾驶行为：自主行驶、自动化调度、自动倾卸、跟车、会车、避障 其他条件：点对点固定线路作业	电子液压助力转向 电控全液压转向
城市	公交	车辆功能：固定线路人员运输 道路条件：公共道路中的专用车道、有车道线 天气条件：需适应雨、雪、雾等多种天气 驾驶行为：自主行驶、自动化调度、避障	电子液压助力转向 电动转向
	城市配送	车辆功能：城市内人员、货物运输 道路条件：公共道路 天气条件：需适应雨、雪、雾等多种天气 驾驶行为：自主行驶、自动化调度、跟车、超车、会车、避障 其他条件：开放道路混流	电子液压助力转向 电动转向

　　其中占比大、应用范围广、技术相对成熟的产品解决方案为电动循环球式转向器和电子液压循环球式转向器，其主要结构为在循环球式转向器的输入轴上增加电机 + 蜗轮蜗杆 + 扭矩转角传感器 + 控制器及控制软件，相应的结构如图 13-21 所示。

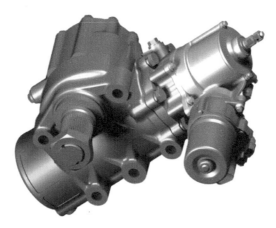

图 13-21　电动循环球式转向器

商用车线控转向系统的精准性及稳定性主要取决于上述转向执行装置的主要构成部分，包括控制器及控制软件、电机和转向器。

1）控制器及控制软件。控制器及控制软件可以说是线控转向系统最核心的部分，包含芯片、工具链、核心算法等关键技术，欧美及日本在此方面进行了多年的探索和积累，产品的精准性和稳定性处于绝对领先地位，且在功能安全、信息安全方面也已达到较高水平。而国内在这两方面起步较晚，经过多年的发展，基本算法已经掌握，控制器产品目前基本能够满足线控转向系统执行装置的要求。虽然国内产品进步较大，但积累不足，控制器的生产工艺、品质控制方面存在差距，控制软件在故障诊断、容错机制以及系统整体稳定性方面积累不足，仍有较大的提升空间。

2）电机。作为助力及执行部分，电机的性能及稳定性对商用车线控转向系统的转向精准性和稳定性至关重要，转向电机由最初的有刷电机发展为无刷电机，永磁同步电机已经成为商用车线控转向系统的主流方案。

针对线控转向系统的冗余要求，国内外目前提出了两种方案，即双电机方案或双绕组电机方案。其中，双电机方案是采用两个非冗余的电机产品来满足冗余要求，非冗余的电机目前国内外均比较成熟。对于双绕组电机产品，国外供应商已有量产产品，主要应用于乘用车，电压为 12V，不适用于商用车线控转向系统 24V 或 48V 电压的需求，因此国内外的电机供应商正在乘用车基础上着手开发适用于商用车的双绕组电机产品。国外供应商主要有博泽、Nidec、博世等，国内供应商主要有凯宇、德昌等，国内外供应商都将在2025 年左右推出满足商用车需求的双绕组电机产品。

与国外电机产品对比，我国电机性能及可靠性与国外还存在以下差距。

一方面，电机转矩密度、功率密度等技术指标有待进一步提高，与国外先进水平存在一定差距；另一方面，在电机产品可靠性、一致性等性能指标方面还有较大提升空间。有业内人士表示，目前我国电机系统对汽车使用环境的适应性还不足。

在商用车应用领域，我国的电机还有较大不足。目前，国内研发的电机虽然可以基本满足轻型商用车电动助力的要求，但无法满足中重型商用车的助力需求，因此，中重型商用车主要采取电子液压助力转向方案。要实现中重型商用车的纯电动助力转向，48V、大功率、低速高转矩的电机产品是理想选择，或采取2个电机的方案来提升助力能力。目前，采埃孚、博世、浙江世宝、湖北恒隆等国内外供应商正在开展研究工作，并推出了概念样品。

总体来看，经过多年的发展，我国电机研究进步较大，基本功能和性能方面已经与国际水平相当。但是，站在整车的角度来看，目前我国电机对汽车使用环境的适应性还不足，更重要的是产品的一致性、可靠性、工艺水平等与汽车的使用要求尚存在差距。

3）转向器。商用车转向器大多采用循环球式转向器，目前相关产品已经非常成熟，并形成了规模化生产，在商用车领域广泛应用。国际供应商主要有博世、采埃孚、克诺尔，国内供应商主要有湖北恒隆、浙江世宝、豫北（新乡）等。

总体来看，国内转向器产品的间隙及摩擦性能够满足线控转向系统精准性及稳定性的要求，与国际供应商对比，国内转向器供应商产能基本接近，但在质量控制及产品一致性方面仍然存在一定差距。线控转向系统最理想的执行机构为电动转向器，目前的电动转向器可以满足轻型及以下商用车需求，对于中重型商用车纯电动转向系统转向器，国内外仍无成熟的解决方案。

2．路感模拟性能

路感模拟性能主要包括路感真实性、转向舒适性、体验智能性，本部分围绕以上三类性能分析相关产品现状。

（1）路感真实性

目前路感模拟方法主要有动力学模型计算法、函数拟合法以及传感器测量法，为进一步增加路感模拟的真实性，目前的路感反馈控制系统均采用相应的补偿方法来给驾驶员提供更真实的路感。

（2）转向舒适性

线控转向系统的主要优点之一就在于其传动比可以自由设计，从而可以根据驾驶员的喜好调节转向传动比，让不同驾驶员都能舒适地进行转向操纵。

（3）体验智能性

目前，部分厂家已基于可变传动比转向技术实现了"显式个性化"，即设置有限数量的不同动力学特性的驾驶模式，并由驾驶员根据需求自行选择的汽车可变动力学特性技术的批量化生产。例如奥迪公司基于动态转向等技术开发的包括经济、舒适、自动、动态和个性化模式选项的多模式驾驶技术，宝马基于前轮主动转向等技术开发的包括eco、comfort、sport和sport＋模式选项的多模式驾驶技术，以及雷克萨斯基于可变传动比转向（VGRS）等技术开发的包括标准、经济、纯电动、运动、运动增强模式选项的多模式驾驶技术。其中值得一提的是奥迪的个性化驾驶模式，驾驶员可根据自己的驾驶需求，对不同的底盘电控系统进行个性化配置，但并没有实现模式连续化自适应配置的"隐式个性化"。目前仅少数车型能够做到根据驾驶员个体需求以及个性化特征进行连续模式自适应配置，例如宝马7系定制车型，大部分汽车企业仍未实现该技术应用。

随着汽车智能化的发展，部分驾驶员的操控任务智能系统完全能够独立胜任，此时辅助系统与人的关系不再是简单的工具关系，某些特定情况下辅助系统的能力甚至超越人类驾驶员，此时将驾驶权移交给辅助系统更为合适，于是出现了驾驶员和自动驾驶系统之间的人机共驾问题。目前，受制于驾驶员与自动驾驶系统之间融合协同能力较差、自动驾驶智能化水平较低的现状，人机共驾技术仅表现为驾驶权的移交和切换。

另外，随着智能座舱的发展，人们对于转向系统也提出了新的要求，例如车载游戏娱乐需求、驾驶座舱空间要求等。因此，一些厂家也开发了对应的技术，例如特斯拉可利用方向盘实现某些车载游戏娱乐功能，但由于其方向盘手感反馈差，其游戏操纵体验亦较差。部分厂家为满足高级别自动驾驶水平条件下的驾驶座舱空间要求，推出了可满足自动驾驶要求的隐藏式方向盘，如宝马的可折叠式方向盘、奥迪的伸缩式方向盘以及耐世特"完全可收缩式"转向管柱等，但该技术的应用主要取决于自动驾驶技术是否成熟。

目前，国内外商用车的线控转向系统与严格意义的线控转向系统略有不同。商用车所谓的线控转向系统是指转向系统接收整车控制器发出的转向指令，通过电控转向系统去执行转向指令，无需驾驶员手动操作，但方向盘和转向器之间仍然有机械连接。因此，商用车现有线控转向系统的路感真实性、转向舒适性、智能化体验主要取决于有机械连接的转向器的性能及智能化功能。

目前，国内还无严格意义上的线控转向路感模拟产品。但在国际上，舍弗勒公司提供了一种类似严格意义上的线控转向系统 Space Drive II。该系统可以在传统转向系统的基础上进行改装，驾驶员可通过遥杆控制车辆进行转向，但通过遥杆的操控将无路感和转向舒适性的体验。该系统为全球独有的三重冗余系统，具有超过17年在公共道路上的以三重冗余线控系统驱动实车的驾驶经验，约10亿km的公共道路驾驶里程，符合 ECE R13《关于 M、N 和 O 类车辆制动认证的统一规定》、ECE R79《关于车辆转向机构认证的统一规定》、ECE R10《关于车辆电磁兼容性认证的统一规定》法规，功能安全等级达到 ASIL D 级，符合 ISO 26262：2018《道路车辆—功能安全》或 GB/T 34590《道路车辆 功能安全》故障安全及故障运行的安全概念。通过控制单元和执行机构（驱动、制动伺服电机和转向伺服电机）实现驾驶员操作意图。

对比国内外线控转向系统可以发现，目前国内商用车线控转向系统中的电动转向器或电子液压转向器仍然在品质控制、产品一致性方面存在差距，这将影响补偿功能的效果，从而进一步影响转向舒适性和路感真实性。

智能化体验主要取决于应用软件功能及软件质量。软件功能方面，我国软件与国外差距不大，基本功能、高级功能都具备；软件质量方面，我国软件在控制策略、补偿算法方面积累少，细节考虑不够周全。同时，控制器稳定性及机械执行机构的品质也会影响软件功能的发挥，如 LKA 系统介入的平滑性、随速助力的波动、保持直行的稳定性等，因此，我国软件在软件质量方面与国外存在差距，影响了智能化体验。

2.3.2.2 技术分析

1. 转向执行性能

（1）乘用车

1）转向精准性。转向精准性主要表现为转向执行器能够精准地响应路感模拟器输出的转角请求，使车轮达到目标转角的位置。与转向精准性相关的技术主要包括两个方面：第一方面是系统的机械特性，主要包括系统刚度、系统间隙、系统摩擦等特性，此部分技术要求与传统 EPS 系统产品特性保持一致；第二方面是控制单元的电控特性，要求系统能够更加精准地接受转角位置请求并响应，主要体现在控制精度、响应时间、超调量、稳定时间、稳态误差等关键技术指标，因此对控制单元的电控特性提出了更高的要求。

目前，博世、万都、采埃孚、耐世特等国外供应商的样车（Democar）实车评价结果显示，其产品的转向精准性已经达到了量产水平，基本功能已经完成开发。自主供应商目前仅停留在预研阶段，尚未进行实车评价，因此需要加大研发投入力度，减小与国外供应商的技术差距。

转向精准性相关技术研究面临以下一些困难。

出于安全考虑，目前线控转向系统大多采用双电机或双绕组电机来作为执行单元，为了提高转向执行电机的工作效率，通常在正常工作状况下采用两个电机协同驱动，在其中一个电机发生故障时，需要平稳流畅地从双电机驱动转换到单电机驱动，在切换过程中的任何冲击以及扰动都会降低系统的性能并且有可能进一步造成系统损坏，故对电机切换过程中的控制策略需要进行额外研究。

双电机的耦合方式目前主要有两种，一种为双电机的输出通过差动周转轮机构进行合成输出，另一种为两个电机一同直接带动转向执行器进行运动。由于第一种方法中需要引入差动周转轮机构，故体积较大，不适用于有小体积要求的场合。但第二种方法中存在电机转矩纷争，故需要对电机的转矩进行协同控制，对控制系统提出了进一步的需求。

由于信号传输延迟，转向执行机构中的一些机械间隙、摩擦，以及车轮总成中存在的一些阻尼等因素影响，线控转向系统存在着响应的延迟，这种延迟会使控制系统的调节时间变长、超调量增大，产生控制误差，严重时甚至能够引起振荡或者失稳。同时，系统的延迟特性会受到线控转向系统结构的不同、系统中部件状态的不同和通信负荷的变化等因素的影响而发生变化。

2）转角稳定性。转向稳定性主要表现为转向执行器能够确保车辆在多工况下保持转角稳定响应，向路感模拟器反馈精准的转角位置，并在路感模拟器的主动转向功能控制下使车辆处于稳态。与转角稳定性相关的主要技术是控制单元的基本功能和高级功能开发，包含摩擦补偿、阻尼补偿、惯性补偿、扭矩转向补偿、制动力转向补偿、跑偏补偿、摆振补偿、路面干扰抑制、角度自学习校正等一系列抗干扰功能，以保证转向执行器的转向稳定性。

目前，博世、万都、采埃孚、耐世特等国外供应商的样车实车评价结果显示，其产品的转向稳定性已经达到量产水平，部分高级功能正在开发中。自主供应商目前仅停留在预研阶段，尚未进行实车评价，因此需要加大研发投入力度，减小与国外供应商的技术差距。

转向稳定性相关技术研究面临以下一些困难。

由于转向系统的输出部分为车轮直接与地面相接触，由地面传递上来的不确定的扰动会直接作用于转向系统，同时转向系统中还存在着一些非线性环节，以上因素都会对整个转向系统的控制策略研究带来一些困难。

在直行时进行转向以及在稳态转向过程中进一步增加方向盘转角会使车辆状态变得敏感，而转向系统中车轮直接接触地面，提供车辆运动所需要的作用力，自然需要精确可控，因此对控制精度以及控制系统的稳定性要求较高。

（2）商用车

转向技术发展趋势基本明确：机械转向→液压助力转向→电子液压助力转向→电动转向→线控转向。电动转向系统因其响应快、高智能的特性将成为线控转向执行端的最终解决方案。目前，电动循环球式转向可以满足轻型商用车需求，但受到转向器中循环球承载能力的限制，无法满足中重型货车转向的需求，中重型货车目前可以采用电子液压助力转向实现线控转向功能。

1）转向器技术。作为线控转向系统的机械执行部分，转向器的间隙和摩擦特性是保证转向精准性和转角稳定性的两个关键性能，同时，如上文所述，为满足中重型货车的转向需求，提升转向器传动部分的承载能力也是十分必要的。基于上述需求，中重型商用车要实现纯电动转向，转向器需要在以下几项技术方面突破，以实现转向精准及转角稳定。

①高精度、高承载技术。机械部分强度是制约中重型货车纯电动转向精准性和转角稳定性的一个主要因素之一。由于中重型货车输出力矩要求较大，转化到机械助力机构上的作用力也较大，所以，如果接触应力过大，将带来早期磨损，进而影响转向精准性和转角稳定性。如何降低接触应力，提高承载能力以及耐久寿命，是未来中重型商用车电动转向器关键技术方向。

②大速比减速技术。电动转向系统中的电机输出转矩为 $4\sim8N\cdot m$，为了保证转向器输出力矩达到满足中重型货车 $4500N\cdot m$ 以上的要求，需要减速比 500 以上的减速机构，现有转向器的减速比无法满足，因此大速比的减速机构是未来中重型商用车电动转向器关键技术方向之一。

③可逆、高效率技术。机械部分的效率也是制约纯电动中重型货车输出力矩的另一个因素之一。因机械部分效率低，相同输出力矩需要的输入功率必然要大，这会导致电机功率加大、成本增加等问题，制约实现产品化。同时，减速机构在实现大速比减速的基础上还需保证可逆性，这对于商用车回正及路感的获取是十分必要的。但现有的蜗轮蜗杆传动机构，机械效率和可逆性都不会很乐观，虽然输出力矩大，但是整个助力机构传递链中的摩擦力也不会小。因此可逆、高效、结构紧凑的创新型减速机构及相关技术是中重型商用车电动转向必须要攻克的技术之一。

2）电机技术。作为线控转向的电动助力部分，电机的大转矩也是一个亟待解决的问题。一是目前用于转向的车规级电机，基本都是基于乘用车的输出转矩不足 8N·m 的电机，而中重型货车需要的电机输出转矩至少要 15N·m。因为行业内没有应用过大转矩电机，所以对于大转矩电机的性能，如内部摩擦、齿槽以及路感反馈等尚未有足够的研究；另外，大转矩电机还存在转动惯量问题，助力传动比越大，带来的惯性影响也会相应增大，这些都将对转向精准性及转角稳定性产生较大影响。

综上所述，电机的低速高矩、低惯性、低摩擦和高效率方面的技术是中重型商用车电动转向的关键技术。从国内技术储备情况来看，目前主要应用的是 24V 六相永磁同步电机，对于 48V 的电机还未有开发。

3）控制器及软件技术。作为线控转向的执行端的控制部分，为保证转向精准、角度稳定，控制器及软件需要以下几项关键技术进行支撑。

①高精度控制技术。线控转向的操作命令不是通过简单的机械传递，而是需要通过信号控制，势必造成线控转向系统的结构和控制算法非常复杂，而对控制精度的要求也比传统机械转向系统更高。伴随着智能控制理论的发展，越来越多的智能控制方法应用于线控转向控制系统中，这使得如何根据不同工况和道路环境选择合适的智能控制方法成为一项新课题。线控转向系统主要的控制方法包括经典 PID 控制、最优控制、模糊控制、预测控制和自适应控制等，但这些控制方法在适应性、鲁棒性、稳定性、有效性等方面有所欠缺。因此，线控转向控制系统引入了神经网络、遗传算法和新兴的免疫算法来提高系统的控制精度。

②实时性技术。线控转向一旦不能实现良好的转向实时性，出现转向延迟，极易引发安全事故，对于采用线控转向的车辆而言，要想具备实时性，必须保证信息获取、信息处理、执行操作等方面的及时准确。

③高可靠性冗余技术。线控转向系统利用电子信号的传输代替了机械的传递，一旦电子部件发生了故障，要保证系统能正常工作，就需要进行系统的容错控制设计。容错控制设计方法有硬件冗余方法和解析冗余方法两种。硬件冗余方法主要是通过对重要部件及易发生故障部件提供备份，以提高系统的容错性能；解析冗余方法主要是通过设计控制器的软件来提高整个系统的冗余度，从而改善系统的容错性能。双电机是一种常用的硬件冗余方式，转向系统的驱动力来自转向执行电机，转向执行双电机结构在一个电机出现故障时，另一个电机能独立工作，保证了转向系统的转向性能。控制器由于其复杂性，一旦发生故障，难以进行准确诊断并纠正，常采用双控制器的冗余方式。此外，传感器的种类多、故障率高，传感器硬件冗余也是值得考虑的一种冗余方式。

④故障诊断技术。线控转向控制与传统转向控制有很大差异，因而也会具有和传统转向系统不同的失效模式，因此，故障诊断技术也是其中最为关键的技术之一。故障诊断技术主要包括以下几个方面：明确故障机理、故障诊断中的信息处理技术、故障识别技术、人工智能故障诊断技术。人工智能故障诊断技术利用计算机智能程序、知识以及推理过程来解决需要专家花费大量时间才能解决的复杂问题，是目前故障诊断的重点发展方向。

目前，国内技术储备情况较为乐观，国内供应商及院校紧跟国际技术发展，对线控转向系统的控制器及软件开展了大量研究工作，部分产品的延迟可以做到50~100ms，最低可达到20ms，与国际品牌差距不大。

综上所述，线控转向系统应具有独立于机械转向执行机构的转向输入机构，尤其对完全自动驾驶的车辆，驾驶员的转向输入机构应可以省去。同时，自动驾驶车辆对线控转向系统的控制精度、可靠性、故障诊断等技术有了更高的要求。线控转向系统使车辆在空间布置、车辆操纵稳定性、回正控制等方面可以采用多种方式实现，可以适应不同环境要求。未来，自动驾驶车辆上自主决策、网络通信、大量数据处理等技术的发展将支撑线控转向技术进一步提升。

2．路感模拟性能

路感模拟主要方法的区别如下。

动力学模型计算法基于路感产生机理，使线控转向路感模拟系统提供与传统转向系统最为相近的路感反馈，模拟路感最为真实，与传统汽车的路感反馈最相似，驾驶员适应良好。但该方法的诸多模型参数及轮胎定位参数难以获取，实现难度较大，如轮胎侧偏刚度、轮胎拖矩、主销后倾角、主销内倾角等动态参数难以测量，且其测量精度直接影响路感反馈的准确性，同时也缺乏路感设计的灵活性，路感模拟单一，体现不出线控转向汽车在路感模拟上的优势。

函数拟合法基于路感是模拟生成的原理，将路感反馈力矩设计成包含车速、汽车运动状态或是路面附着条件等信息的函数，所设计的路感反馈力矩可以充分反映出汽车的运动状态和路面信息，并对会使驾驶员感受到不良反馈的信息进行过滤，发挥出线控转向系统的优势，容易实现汽车低速时的转向轻便和高速时路感清晰的驾驶需求，同时，可以灵活地设计路感反馈系统，以满足不同驾驶员的驾驶体验需求。但汽车在全工况下的路感反馈与传统转向系统路感存在一定差异，增加了驾驶员对线控转向汽车的适应难度。

传感器测量法基于间接或直接体现轮胎与地面之间的受力信息实现路感反馈。通过采集转向器齿条处的力传感器测得的齿条力或者电流传感器测得的转向执行电机的电流等参数，经过数据处理之后即可转换成方向盘上的反馈力矩，所设计的路感反馈可以传递给驾驶员真实的路面信息，且路感模拟实现简单，无需大量的传感器元件，计算简单，成本低，易于开发，但力传感器等工作环境较为恶劣，工作时信号噪声较大，容易造成反馈力矩波动，从而引起方向盘抖动的问题，也体现不出线控转向系统在提升路感反馈上的优势。

（1）路感真实性

从提供的路感真实性角度来说，动力学模型计算法是通过分析路感产生机理的角度出发，因此提供的路感最为真实，也与传统转向系统的路感最为相似，但因其路感模拟的真实性与模型参数密切相关，且模型参数、道路信息等获取难度较高，故虽能提供较为真实的路感，但技术难度较高，且当前研究对象多为常规工况下的路感模拟，对于极端工况下的路感模拟研究较少。

而现阶段传感器测量法可以利用较低的成本实现较真实的路感反馈，且可以清晰反馈出当前的路面情况、轮胎受力情况等信息，适合低成本开发车型。

要保证路感的真实性，一方面要求 ECU 能够根据当前路面、车辆、轮胎等信息计算出真实的路感，另一方面也要求路感电机能够按照 ECU 计算出来的力矩反馈以高响应精度、快响应速度反馈至驾驶员，以保证驾驶员可以获得真实的路感。

目前路感反馈的控制方法主要有反馈型控制、PID 控制以及现代控制方法等。路感反馈是驾驶员感知路面信息、车辆状态、轮胎受力信息的重要渠道之一，因此需要同时满足准确性和舒适性要求。随着车辆转向系统的进一步发展，线控转向路感反馈控制面临的挑战如下。

1）复杂路况下路感反馈力矩与人机工程的协调。对路感反馈的评价（真实性、舒适性等）很大程度上依赖于驾驶员主观评价，由于路面信息复杂多变、驾驶员对相同路面反馈要求不一，且目前大部分对路感模拟研究都是针对常规路况进行的，对于复杂工况以及较低速工况下的路感模拟研究较少，因此，复杂路况下的路感反馈模拟一直是一个难题，现有技术难以保证全工况下真实的路感。

2）路感模拟装置的控制。路感反馈力矩的大小直接影响驾驶员对路感反馈的评价，且路感模拟装置的质心速度也直接影响到路感模拟的真实性，而一般路感模拟装置的控制以力矩控制为主、转角控制为辅，而在准确的位置精准快速输出期望的反馈力矩，且当外部干扰剧烈、各元件老化磨损时确保路感模拟装置的输出品质也是需要解决的问题之一。

（2）转向舒适性

从保证转向操纵时良好的方向盘力特性、回正特性、限位特性来说，函数拟合法可以自由设计路感反馈，其参数也容易进行调整以改变路感反馈，同时可以对路面颠簸等不良路感信息进行选择性过滤，保证转向时的舒适性，综合提升驾驶员的驾乘体验。

而转向舒适性与路感电机（主流的路感力矩实现方式）及其控制技术也密切相关，需要对路感电机实施位移 – 力矩综合控制，将上层 ECU 根据路感模拟控制策略计算得到的力矩准确快速地反馈给驾驶员以获得舒适路感，并尽可能减少力矩波动，以避免其带来的转向舒适性下降的影响。目前电机的控制方法主要有 PID 控制和 TSPCC 算法等，其中TSPCC 算法可以降低由于延时引起的电流超调和波动，提高电流响应速度并降低稳态时的电流波动，适合用于实现平滑的手感和实时的路感反馈。

由于目前商用车线控转向系统中，方向盘与转向器之间仍然存在机械连接，因此路感和舒适性相关技术与传统转向系统基本相同。路感和舒适性一方面取决机械机构中的摩擦、刚度、间隙及助力特性，软件补偿的调校与控制，另一方面与乘用车不同，商用车具有载荷变化大的特性，因此软件自适应补偿的范围将会更加宽泛，线控转向系统路感及舒适性目标是达到或超过传统转向系统的要求。线控转向系统路感应根据车速、方向盘转角和转向执行电机输出力矩进行确定，低速行驶时，要求转向具有轻便性，随着车速的提高，路感应增强，保证驾驶员路感的稳定性。为超越传统车辆的路感，在路感模拟机构中还需要增加回正控制模块，一方面保证方向盘在车辆低速时可以回到中心位置，另一方面保证在车辆高速时回正的超调量较小。

（3）体验智能性

相较于传统转向系统，线控转向系统取消了方向盘与车轮之间的机械连接，因此可以自由设计路感反馈，而函数拟合法所提供的路感反馈最为灵活，同时可以灵活调节相关参数，以满足不同驾驶员的驾驶体验需求。目前的控制系统大多基于驾驶员控制车辆的转向行为或基于驾驶任务来调节路感反馈力矩，并进行合适的摩擦补偿、阻尼补偿和惯性补偿来再现 EPS 系统的转向路感，并满足驾驶员的个人偏好。

随着车辆电动化、智能化以及电控化等先进技术的发展以及对驾驶员了解的逐步深入，"车适应人"的理念已经不再局限于驾驶安全领域，现代车辆动力学特性也越发重视驾驶员个体需求的差异性，以满足不同类型驾驶员的驾驶体验和感受，提升驾驶舒适性。为满足个性化需求，汽车在满足极限工况安全性以及全工况经济性要求的基础上，应实现正常工况下"车适应人"的理想动力学特性控制模式，从而满足驾驶员差异化的体验需求。而动力学特性主要包括加速特性、制动特性与转向特性。其中转向特性指整车在驾驶员转向输入下的侧向与横摆动力学响应，它不仅影响驾驶员的舒适性程度，而且很大程度上决定了整车的操纵稳定性能。而不同的驾驶员由于驾驶习惯、驾驶技能、驾驶行为等因素的不同，对转向特性提出了不同的要求，因此需要对转向特性进行个性化的设计。

线控转向系统可以自由设计方向盘力矩特性、传动比特性以及不同强度的路感反馈，以满足不同驾驶员的驾驶体验需求。在进行个性化设计时，有两种不同的策略：显式个性化与隐式个性化，后者相对前者可以自动识别驾驶员的驾驶特征，从而自适应地配置相应的动力学特性，能够提供给驾驶员更舒适的驾驶体验。但目前来看，准确识别驾驶员的驾驶特征仍然是一个难题。

驾驶员的驾驶特征识别主要包括三个方面：驾驶员状态监测、驾驶风格辨识以及驾驶意图的识别。

驾驶员状态监测。驾驶员的状态信息可通过车载传感器、可穿戴传感器或其他移动设备采集得到，经过处理的传感器信息可判断驾驶员精神状态和注意力方向，使用的检测方法包括机器学习、深度学习等。

驾驶风格辨识。驾驶风格辨识可分为两个步骤：分类与辨识。驾驶风格分类采用 K-means 或模糊聚类等算法，驾驶风格常见的辨识方法有 BP 神经网络、SVM、HMM 等。目前驾驶风格辨识的研究仅考虑转向、制动、加速等单一工况，不能满足实际驾驶中复杂工况的需求。

驾驶意图的识别。驾驶意图可分为纵向意图与横向意图。驾驶员的驾驶行为受驾驶意图的直接影响，但是驾驶意图不可观测且难以直接获取，因此需要依靠驾驶员的动作、姿势、车辆状态及交通环境信息进行推测和估计。目前主要的识别方法有模糊识别、HMM 等。

在理解驾驶特性的基础上，可开发具有良好交互性能的人机共驾技术，推动汽车智能化水平的发展。人机共驾指驾驶员和智能系统通过在感知、决策和操作等方面的深度合作，分享车辆控制权并协同完成驾驶任务。目前研究的焦点主要集中于操作控制层面，包括切换型共驾和连续型共驾（共享控制），前者是目前实车应用的方法，后者则是未来的研究趋势。连续型共驾基于转向系统的形式分为两类，一类是应用于传统转向系统的触觉反馈式共享控制，另一类则是基于线控转向系统的输入修正式共享控制，后者可充分利用线控转向系统的优势，充分发挥驾驶员与智能系统各自的优势，使得驾驶员获得更好的驾驶舒适性，同时汽车的控制效果也得到增强。

目前，基于输入修正式共享控制系统建立考虑驾驶特性的人机共驾控制系统的主要方法是，将驾驶特性通过人机协同驾驶的启动阈值、共驾系数的设置融入人机共驾的协同控制中，另外也有将驾驶特性与决策的路径规划相融合的方法，实现基于驾驶员意图的局部路径规划。

转向系统作为最重要的人机交互系统，只有准确识别驾驶员的主观意识才能真正优化驾驶体验，提供个性化的路感反馈。通过对驾驶员的驾驶能力、驾驶风格、驾驶任务等进行分析识别，即可调整路感模拟算法中的参数进而调整路感反馈，综合改善驾驶员的驾驶体验，因而对人机交互指令识别技术、状态识别与监测技术等提出了新的挑战。

未来商用车线控转向系统也将实现转向操纵与执行模块之间没有机械连接，转向操纵模块可以实现方向盘折叠收缩，方向盘左右平移等功能，这些功能将通过机械方面的创新技术进行支撑。智能化线控转向控制策略根据车况和驾驶员意图主动控制前轮转角，从而提高操纵稳定性、主动安全性、舒适性等。对于转向的主动控制主要包括改变转角传动比、主动前轮转向、高级辅助驾驶、自动转向等，基于转向主动控制的需求可确定上层目标转角的大小，下层则主要是对于转角目标的跟随。

另一个比较大的挑战是可靠性问题：电子系统要比纯机械结构更复杂，尤其是在激烈驾驶的情况下，助力电机容易过载，影响助力系统工作，所以很多考虑激烈驾驶工况下的性能的车型都还在使用液压助力转向系统。

2.3.2.3　能力分析

我国汽车产业整体规模保持在世界前列，自动驾驶产业受到了政府的重视和支持，拥有多元化的应用场景、良好的道路条件、快速发展的通信技术等良好的产业发展土壤。同时，国家制定法规及标准强制安装 ADAS，也拉动了市场提升智能驾驶配置的技术水平，相应的标准见表 13-2。

表 13-2 国家及行业标准对不同车型应具备的驾驶辅助系统的规定

应具备的 ADAS 功能	GB 7258—2017《机动车运行安全技术条件》	JT/T 1094—2016《营运客车安全技术条件》	JT/T 1178.1—2018《营运货车安全技术条件 第 1 部分：载货汽车》
ESC、EBS	车高≥3.7m 的未设置乘客站立区的客车 总质量≥12000kg 的危险货物运输货车	总质量 >3500kg 的营运客车	最大设计总质量≥12000kg 的载货汽车
FCW、AEB	车长 >11m 的公路客车和旅游客车	车长 >9m 的营运客车	最大设计总质量≥12000kg 的载货汽车
LDW、LAS、LKA	车长 >11m 的公路客车和旅游客车	车长 >9m 的营运客车	最大设计总质量≥12000kg 的载货汽车

我国近年来已初步形成《汽车产业中长期发展规划》《智能汽车创新发展战略》《中国制造 2025》《交通强国建设纲要》等一系列支持智能网联汽车发展的战略，并在国际上产生了影响。

国家标准 GB 17675—2021《汽车转向系 基本要求》已于 2022 年 1 月 1 日正式实施，该标准规定了汽车的直线行驶性能、同步性能、适应性、回正性、功能安全以及电磁兼容性，同时允许后轮是转向车轮的一部分，但不允许只有后轮作为转向车轮。GB 17675—2021 允许使用全动力转向机构，并对全动力转向机构的失效做出明确规定，以保证全动力转向机构的安全性。

在政策、法规、标准等措施的支持下，线控转向作为智能驾驶的终极方案，势必在未来 5~10 年获得蓬勃的发展。

2.3.3 路径选择

前文通过对研究现状的分析，阐明了当前线控转向体验性的研究重点与技术难点，为了更好地达到线控转向体验目标，更快地推动线控转向技术的发展以及落地，需要对符合当前技术发展现状的技术路径进行选择，制定合理的关键技术指标并将关键行动落实到具体的创新行动计划中。

2.3.3.1 技术路径

1．转向执行性能

（1）乘用车

1）2025 年：现有技术持续积累。

到 2025 年，线控转向技术将仍处于发展阶段。由于线控转向系统引入了传感器以及其他的一些控制单元，控制功能更为复杂，在系统负担加大的前提下，首先在精准快速控制方面应该做到能够替代现有的转向系统。同时，对于线控转向的参数估计、抗参数摄动性以及通信延迟方面均应有所要求。

①转向精准性。影响转向精准性的因素有线控转向系统参数的估计是否准确、线控转向系统的延时是否控制在合理的范围。系统延时主要是控制算法复杂与MCU算力不足之间的矛盾导致的，可以通过优化控制模型、降低模型的复杂程度来减小延时，也可采用一些内模控制的方法来消除系统的延时。

在一些实时性要求较高的环节，比如状态检测以及解算，可以采用软硬件分工来实现系统控制的响应速度以及精准性。

②转角稳定性：在抗参数摄动性方面，目前多采用误差估计与滑模控制相结合的方法来提高控制系统的鲁棒性。

2）2030年：实现产品产业化。

到了2030年，线控转向系统除了能够实现基本的转向功能外，还需要具备为其他底盘系统提供稳定性操纵冗余的功能，比如通过主动转向来实现稳定性控制，进而对线控转向系统的响应速度与响应精度提出了进一步的要求。同时，应实现硬件自主化，使硬件的可靠性以及使用寿命达到量产应用水平。

（2）商用车

1）2025年：现有技术积累与持续升级。

①轻型商用车采用电动循环球式转向器作为线控转向执行装置，在机械机构的品质控制及一致性保证方面持续提升。

②中重型商用车广泛采用电子液压助力转向作为线控转向执行装置，企业及供应商积累应用经验，软件持续迭代。

③企业加大试验投入，特别是系统试验。

④加强校企合作，发挥高校科研优势以及企业工程化优势，通过理论和实践相结合的方式进行技术积累，缩短与国际供应商产品细节的差距。

⑤电子液压助力转向系统产品达到国际先进水平。

2）2030年：突破中重型商用车纯电动转向技术。

①纯电动转向作为线控转向执行端的最理想解决方案，应实现中重型商用车纯电动转向技术可成熟应用。

②攻克24V/48V高功率、高转矩、低惯性电机技术。

③攻克大速比、高承载、高效可逆减速机构技术。

④攻克电控系统冗余电机、控制器及软硬件故障诊断技术。

⑤中重型商用车纯电动转向系统产品达到国际领先水平。

2．路感模拟性能

（1）乘用车

1）路感真实性。目前线控转向技术正处于起步与发展阶段，从便于驾驶员迅速适应线控转向这一新型技术的角度来说，应该以提供与传统转向系统最为相近、最为真实的路感反馈作为路感模拟的控制目标，从而使驾驶员的适应难度最小。因此，对于路感模拟系统在参数获取精度、传感器测量精度、路感反馈力矩计算的实时性、抗参数变化、抗外界干扰能力、减小通信延迟以及全工况下的稳定工作等方面均有所要求。

2）转向舒适性。2025—2030 年，线控转向技术基本已经迈入成熟期，从进一步体现线控转向汽车在路感模拟上的优势以及顺应不同驾驶员的不同路感喜好的角度来说，应当以提升路感反馈、提升转向舒适性，将满足驾驶员的个性化路感反馈需求作为主要研究思想，从而提升产品竞争力。因此，发展出全工况下具有透明性、符合驾驶员喜好的路感反馈控制算法可能将是提高产品竞争力并占据市场的重点，也对路感模拟算法在准确性、迅速性、稳定性方面提出了更苛刻的要求。

3）体验智能性。线控转向系统是智能人机交互系统的重要载体，要提升其体验智能性、增强其娱乐体验，离不开信息识别技术。信息识别技术是提升车对人感知、理解与沟通能力的基础，依赖于大量的数据和计算资源。一方面，信息识别技术的成熟将促进人机交互形式的多样化、智能化，促进人机信息的双向精确传达，也更有利于行车体验与驾驶安全；另一方面，信息识别技术将对驾驶员进行进一步的状态识别与监测，分析其驾驶能力、驾驶状态、驾驶风格，从而提供个性化的、符合驾驶员实时偏好的服务，加快促进驾驶体验的智能化发展。

（2）商用车

1）2025 年：经验积累、技术储备。

结合现行商用车中非严格意义上的线控转向系统，加大试验及应用，并持续优化现行的线控转向系统，积累经验。同步开展商用车折叠方向盘、路感模拟部件等产品的预研，在技术层面进行机械结构、电控系统和控制策略及算法研究，力争 2025 年形成初步概念样品。

2）2030 年：开发严格意义上的线控转向系统的路感模拟部件。

结合前期积累，开展严格意义上的线控转向系统的路感模拟部件开发，力争 2030 年实现路感模拟产品具备量产条件，支撑商用车实现严格意义上的线控转向。

2.3.3.2　关键技术指标

1. 转向执行性能

（1）转向精准性

线控转向系统精准快速控制的关键性技术指标主要是转角控制精度和系统响应时间。线控转向执行系统中控制单元的控制架构以及控制方法都会影响到系统的性能，控制系统控制算法的优化程度、系统的控制精度以及关键部件的响应速度可作为关键性的指标。

（2）转角稳定性

由于乘用车行驶工况较为复杂，全工况下控制系统面临的不确定性因素较多，需要将更多抗干扰控制算法应用于转角控制的控制架构中，快速控制理论在非线性、时变被控对象中的应用将得到进一步的发展。软硬件分工将更为明确，需要开发为控制系统服务的硬件设备。同时，应发展应用于线控转向系统的自主硬件。

综上所述，本部分制定了线控转向系统转向执行性能关键技术指标及发展趋势，见表 13-3。

表 13-3　线控转向系统转向执行性能关键技术指标及发展趋势

性能	相关指标	2025 年	2030 年
转向精准性	稳态误差	1°	0.5°
	响应延迟	100ms	50ms
	系统间隙	国际水平	持续降低
	补偿功能：摩擦补偿、惯量补偿、转向节波动补偿等	宽范围补偿	自适应补偿
	阻尼控制：低、中、高速阻尼	持续提升	持续提升
转向稳定性	直线行驶稳定性－转向盘转角，横摆角速度、维持直行力矩	国际水平	国际领先
	回正时间、残余量、超调量	国际水平	国际领先
	整车回正：低、中、高速回正	国际水平	国际领先

2. 路感模拟性能

（1）路感真实性

路感模拟真实性评价具有较强的主观性，应采用驾驶员主观评价的方法去判别全工况下路感模拟真实性的优劣。主观评价的方法应当由专业的测评员对路感模拟的真实性进行评价，判断所提供的路感模拟是否能够充分体现出车辆状态信息、轮胎受力信息、路面条件信息等必备的驾驶信息，并根据主观评价分析路感反馈的真实性水平。

（2）转向舒适性

转向舒适性与驾驶员个人的驾驶能力、驾驶风格、驾驶状态以及当前的驾驶任务等都密切相关。因此，通过中间位置操纵稳定性试验得到的方向盘力矩对侧向加速度特性图的五个评价指标（方向盘力矩为 0 时的侧向加速度、侧向加速度为 0 时的方向盘力矩、侧向加速度为 0 时的方向盘力矩梯度、侧向加速度为 0.1g 时的方向盘力矩、侧向加速度为 0.1g 时的方向盘力矩梯度）以及其他相应试验下的评价指标不能完全作为转向舒适性的评价指标，也应当采取专业测评员主观评价为主、试验参数为辅助的方式对转向舒适性进行评价。

对路感模拟电机的评价方面，主要利用路感模拟以及回正控制过程中路感模拟电机响应的一系列技术指标，客观评价路感模拟电机控制算法和电机自身响应的品质，如对理想反馈力矩跟踪过程中的响应速度、跟踪精度、延迟时间等参数。通过对路感模拟电机硬件基础与其相应的控制技术进行客观评价，从而实现对线控转向系统转向舒适性的评价。

通过各工况下回正过程中方向盘的回正时间、回正残余角等指标可以对回正控制算法进行客观评价，直接反映回正过程中所需的驾驶员操作量，从而对转向舒适性进行评价分析，以体现回正控制的优劣性。同时，可以引入参数变化、环境干扰和信号噪声来对该算法进行稳定性分析。

综上所述，本部分制定了线控转向系统路感模拟性能关键技术指标及发展趋势，见表 13-4。

表 13-4 线控转向系统路感模拟性能关键技术指标及发展趋势

性能	关键指标	2025 年	2030 年
转向舒适性	原地转向轻便性、低速转向轻便性	国际先进	国际领先
	随速助力：多种风格助力特性曲线		
	回正时间、残余量、超调量		
	整车回正：低、中、高速回正		
	阻尼控制：低、中、高速阻尼		
	弯道中保持力：低、中、高速保持力		
	补偿功能：摩擦补偿、惯量补偿、转向节波动补偿等		
路感真实性	方向盘中间位置区域操纵稳定性、转向灵敏度、方向盘力矩梯度	等同于传统汽车	优于传统汽车
	可变转向比：随角度、随车速		
	路面冲击缓冲：逆效率、隔振率		
	车道保持辅助		
	车道偏离预警		
	健康监控：健康管理、寿命预测等		
体验智能性	紧急车道保持	紧跟国际	国际领先
	紧急辅助避障		
	中位自学习		
	可变转向比：随角度、随车速		
	方向盘：静默与隐藏		
	系统保护：过载保护、过热保护		

2.3.3.3 具体创新行动计划

1）成立转向行业联合攻关团队，集合国内主机厂、高校、科研院所、自主供应商等优势资源联合攻关，实现核心技术快速突破。

2）进行关键零部件开发，保证机械系统性能优良，满足线控转向系统对转向执行器的性能要求。

3）进行控制单元应用层软件控制算法模块化、模型化开发，不断优化控制策略并提升电机控制水平，实现控制性能方面的高安全性和高可靠性。

4）进行控制单元硬件平台化开发，实现控制单元硬件架构设计、平台软件、底层复杂驱动统一。

5）进行台架级和整车级饱和验证，不断地针对问题进行功能迭代和性能优化，以达成转向执行器的关键性能要求，并完成相关的产业化落地。

6）实现全产业链自主化，实现转向执行器的完全自主可控。

2.4 线控转向系统低碳性目标

线控转向系统的低碳化就是降低转向系统功耗，助力整车达成低油耗、低排放目标，是整车节能减排中的一个环节。目前，我国道路交通碳排放占比约 7%，日本占比 16%、欧洲占比 25%、美国占比 28%。随着我国汽车产业的发展，这一比例势必会增高，所以整车和系统部件的低碳化具有极大的研究意义。汽车零部件下游环节也已制定了相关发展路径，特别是在《中国制造 2025》中，将绿色发展作为主要发展方向之一，明确提出全面推行绿色制造，以企业为主体，开展绿色制造体系建设。

随着智能驾驶技术、新能源汽车的广泛应用，整车对零部件系统的功耗要求越来越高。线控转向作为线控底盘的重要组成部分以及智能驾驶的关键接口零部件，其自主化保障了我国智能汽车、新能源汽车产业链的安全和国际市场竞争力。随着日益严格的节能减排需求，转向系统应主动适应国际需求，尽早全面布局，突破发达国家建立的绿色技术壁垒，为国产线控转向系统走向国际扫清障碍，更为中国汽车产业绿色制造和可持续发展布局，助力中国汽车走上生态文明的发展道路。

2.4.1 研究目标

1．产业与总体目标

基于全生命周期的线控转向系统低碳化进程涉及整个产业链和国家政策的支持。首先，通过行业的引导，在短时间内形成"绿色产业"和"全生命周期低碳"的概念并进行宣传贯彻；然后，通过行业标准和国家政策法规，提供切实有利于实际生产成本控制、节能减排的途径，鼓励企业低碳生产，以成本优化为动机，达成减排目标。线控转向系统的低碳性目标如图 13-22 所示。

2．2025年阶段目标

形成相应法规，引导产业发展，上下游企业形成"绿色联盟"，提升生产效率，达成节能减排目标。

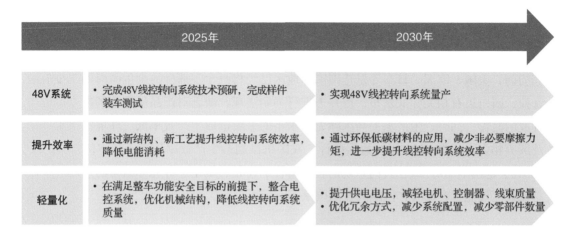

图 13-22 线控转向系统低碳性目标

3．2030年阶段目标

将线控转向产业中的全生命周期碳排放纳入全面监管，以法规形式推进技术、工艺提升，全面提升生产效率，降低碳排放。

2.4.2 现状分析

汽车产业为达成节能减排目标，动力系统和传动系统承担了大部分的节能减排指标，非动力系统的能源消耗往往被忽略。线控转向系统作为智能驾驶和新能源汽车的重要组成部分，建立和完善线控转向低碳化发展路径，将有助于推动智能驾驶、新能源技术的发展和汽车节能减排进程。

1．产品分析

线控转向技术是伴随着电动化与智能化技术蓬勃发展而逐渐凸显的，当前，全球范围内还没有批量生产车型大范围使用。目前商用车领域使用电动助力转向技术还仅限于智能驾驶和新能源领域，其装机占比不足 1%，市场前景巨大。商用车电动转向技术应用带来的减排空间将非常可观。

2022 年，GB/T 17675—2021《汽车转向系　基本要求》开始实施，线控转向技术具备了量产投放市场的基础条件。产品的技术在特定应用场景已得到充分验证，但在乘用车、商用车领域批量投放市场，仍需要一定的验证过程。在验证期，应提前规划其生产和使用的碳排放，使产品能够适应未来的排放法规。

2．技术分析

汽车技术正向着低碳化、信息化、智能化的方向发展，信息化、智能化融合推动低碳化的发展。转向系统的低碳化可以通过动力源优化、提高传动效率、系统轻量化、降低摩擦等技术手段实现。

3．能力分析

当前，美国、欧洲、日本等发达国家和地区已经将汽车零部件的全生命周期碳排放纳入管控，国内虽有相关标准发布，但并未推行强制法规，缺乏对产品从生产到报废过程中碳排放的监管；同时，生产水平与国际先进水平的差距造成生产效率低、环境污染大、排放及废弃物多。根据 2008 年的数据统计，我国机械制造生产效率相当于日本的 1/10、美国的 1/5、德国的 1/4。线控转向系统的转向管柱、齿条、蜗轮、外壳等结构的生产加工以及总成装配效能虽有提升，但距离发达国家还有较大差距。

2.4.3　路径选择

线控转向系统的低碳化应包含技术路径和管理路径两个方面，如图 13-23 所示。技术路径主要解决转向系统效率、功耗和轻量化等使用过程中的碳排放问题；管理路径主要解决转向系统零部件全生命周期碳排放问题，过程应涵盖原材料获取、设计、生产、运输和交付、寿命结束后的处理和最终处置。设计理念应遵循 GB/T 24000 环境管理系列标准的相关规定，积极适应 ISO 14001 环境管理体系认证。本节从上述两个方面展开，详细介绍对应的实现手段。

图 13-23　线控转向系统低碳化发展总体路径

1．技术路径

（1）系统效率提升

1）电动化。电动化是汽车效能提升的重要途径。传统液压助力转向系统要消耗发动机约 3% 的能量，用于转向消耗的能量只占其中的 40% 左右，另外 60% 的能量以热量的形式耗散掉。电动助力转向系统在乘用车上已大面积普及，很大程度提升了转向系统的能量利用率。

2）电机效率提升。电动助力转向系统电机在绝大多数工况中都工作在低转速区，工作效率低于 50%。通过智能化数据采集，合理优化电机设计参数，可使电机高效率工作区域尽可能覆盖更多工况。通过优化控制程序，应用智能相位控制技术，调节不同转速下的电机电流相位，提高线控转向电机的工作效率。

3）传动效率提升。相较于传统电动助力转向系统，线控转向系统取消了转向器与方向盘之间的转向轴连接，把机械力的传输变成电信号传输，减少了系统摩擦部件，减小摩擦，提升系统效率。

（2）48V 系统应用

线控转向系统作为纯电控制系统，从 12V 升级到 48V 系统，相同功率下，电流仅为原来的 1/4，损耗只有 1/16；同时，可以缩短电机绕组，从而减轻电机重量。

（3）系统轻量化

整车重量降低 10%，排放可降低 5%~6%。相较于液压助力转向系统（25kg 左右），线控转向系统从结构上省去了液压泵和管路，电动转向系统可减小质量大约 3kg，线控转向系统可减小质量约 2kg。通过优化结构和应用铝合金等轻型材料，线控转向系统可再减小 10% 的质量。采用 48V 系统，相较于 12V 系统可以减小工作电流，减少线束的使用，导线质量可减小 5%。在实现自动驾驶后，线控转向系统可省去转向管柱和方向盘，可减小质量约 5kg。

2．管理路径

（1）绿色生产

通过技术、工艺提升，完善生产过程管控，提高生产效率，可有效减少生产过程中的碳排放。在管理路径方面，在零部件选择时提出生命周期碳排放管理要求，鼓励供应商使用低碳材料、低碳生产方式，满足可持续发展理念。

（2）零部件再制造

汽车零部件再制造是通过运用先进的清洗、修复和表面处理技术，使废旧零部件达到与新产品相同的性能。再制造工程在国际上已有 50 年的发展历史，德国汽车再制造工程产业已经达到了很高水平，约有 90% 的零部件可以得到重复利用或者合理处理，国内各大整车制造企业也已有零部件再制造公司。

第5部分

开发测试平台与标准规范技术路线图

PART 05

第14章
智能底盘的开发测试平台

1 背景

1.1 开发测试平台的概念

开发测试平台是一套能够支持智能电动底盘及其所属总成功能和性能的开发与验证能力体系，包括：

1）智能电动底盘及其所属总成开发验证流程。

2）涵盖车辆动力学、机/电/液执行系统、底盘各传感器、E/E架构、底盘域控制器及总成控制单元的智能底盘模型、测试场景及测试用例。

3）支撑开发和测试的通用系统，包括工具链（测试支持软件、测试管理软件、评价分析软件、报告生成软件等）、测试数据库、仿真器硬件等。

4）一系列标准规范（包括测试方法、开发方法、模型接口、测试场景/工况、评价标准等）。

1.2 开发测试平台技术发展目标

开发测试平台发展路线图的技术发展目标主要为开发技术发展目标和测试技术发展目标两方面。

1. 开发技术发展目标

1）基于功能与安全目标定义底盘能力要求，明确相关法律框架，设计符合安全标准的相关应用，达到功能安全、预期功能安全与信息安全的标准，对智能底盘能力进行概述，提出最低风险状况和最低风险策略。

2）确定底盘系统实现自动驾驶功能所需的能力要素。

3）搭建通用的逻辑架构，实现底盘及关键总成系统的快速开发。

2．测试技术发展目标

1）规范、设计测试范围以及相应的测试步骤。

2）确定测试目标与目的（为何）、测试设计方法（如何）、测试平台（何地）以及关键性能与安全性的测试策略。

3）明确仿真类型，实现仿真场景生成、仿真验证以及场景可扩展性，分别论证确认仿真场景验证、试验场场景验证和实际场景验证的使用条件、可追溯性、回归预防、鲁棒性配置、监控连续性以及变更管理过程。

4）基于功能要素设计验证及确认过程。

2　开发测试平台现状及发展趋势研判

2.1　发展趋势

2.1.1　安全性成为开发和测试的重点

底盘线控技术的发展，对功能安全带来了巨大挑战，ISO 26262：2011《道路车辆—功能安全》标准的提出为电子电气系统功能安全开发、验证提供了指导纲领，我国 GB/T 34590《道路车辆　功能安全》系列国家标准采用了此标准，2021 年发布的 GB 17675—2021《汽车转向系　基本要求》国家标准中提出对转向电子控制系统的功能安全要求。

智能汽车的一项重要使命是降低交通事故伤亡，提高交通运输安全性。美国高速公路安全管理局（National Highway Traffic Safety Administration，NHTSA）发布的《自动驾驶系统 2.0——安全愿景》强调了 12 个优先安全要素，NHTSA 鼓励汽车企业加入"自愿安全性自我评估（Voluntary Safety Self-Assessment，VSSA）"活动，披露其安全评估结果。

2020 年 2 月，联合国欧洲经济委员会内陆运输委员会批准了由中国、欧盟、日本和美国代表编写的《自动驾驶 / 自动驾驶汽车框架文件》，该文件的主要目的是确定 SAE L3 级及以上级别自动驾驶 / 自动驾驶车辆的安全保障关键原则，在系统安全性、故障保护反应、人机交互、目标事件探测与反应、设计运行域、系统安全性验证、信息安全、软件升级、事件数据记录与存储、车辆维护与检查、碰撞后车辆行为等多方面提出了指导性要求，该要求适用于自动驾驶系统，也适用于智能底盘，为未来智能汽车技术研发奠定了基础。

2021 年年底，日本汽车制造商协会发布了《自动驾驶安全性评估框架 Ver 2.0》，总结了实现逻辑完整性所需的安全论证结构、安全评估和安全评估方法的最佳实践，其中车辆稳定性扰动场景下的测试验证内容为智能底盘技术研发过程中的安全性控制提供了重要参考。

另外，国际标准化组织道路车辆委员会自动驾驶测试场景工作组 ISO/TC22/SC33/WG9 起草了 ISO 34501~34504 系列标准，建立了自动驾驶汽车测试场景规范；联合国世界车辆法规协调论坛正在制定基于多支柱法的自动驾驶安全性评估/试验方法。未来 5~10 年，安全性是智能车辆及智能底盘开发测试的重点。

2.1.2　安全标准要求重塑开发流程

对于汽车电子电气系统而言，流程是安全性保障的基础，汽车线控化、智能化需解决功能安全、预期功能安全和信息安全问题，相关标准随之推出，而标准的实施和产品的认证均以符合标准的开发流程为依托。

汽车电子工业界从 2008 年开始致力于 IEC 61508：2010《电气/电子/可编程电子安全相关系统》（*Functional Safety of Electrical/Electronic/Programmable Electronic Safety-Related Systems*）在汽车上的运用，随后于 2011 年正式发布了汽车功能安全标准，其内容包括：危害识别与评估、功能安全概念、系统安全概念、软硬件安全概念、验证与确认、生产、运行与维护、报废等，贯穿于产品开发流程的各个阶段，与传统汽车开发流程具有较好的融合性。功能安全流程的实施需部分新的方法和相应的工具进行支撑，包括 HARA、HAZOP、STPA 等，新的方法和工具在智能汽车产品开发中的应用推广对以机械系统开发为主线的传统开发理念带来冲击，对开发团队素质提出了更高要求，也对开发流程中各专业的协作提出了新挑战。

功能安全旨在避免由 E/E 系统功能失效导致的不可接受的风险，主要是针对系统性失效/随机硬件失效导致的风险进行分析和控制。对于智能汽车或智能底盘，在没有出现电子电气系统失效时，设计上的功能不足或总成的性能局限性（如轮胎在地面上的附着能力）也会导致其产生相应的风险，但此部分并不属于 ISO 26262 的范畴。为了弥补 ISO 26262 的局限，预期功能安全标准应运而生。

最初 ISO 21448：2022《道路车辆—预期功能安全》（*Road Vehicles—Safety of the Intended Functionality*）本来是要成为 ISO 26262 的一个章节，但是因为在没有系统失效的情况下保证安全这个概念非常复杂，预期功能安全（SOTIF）的内容便成为一个独立的标准。该标准将风险划分为四个区域，分别为可知安全场景、可知危险场景、不可知安全场景和不可知危险场景。SOTIF 的目标就是在开发阶段通过各种手段尽可能减小不可知危险场景的范围，如图 14-1 所示。2019 年 1 月，ISO/PAS 21448：2019《道路车辆—预期功能安全》（*Road Vehicles—Safety of the Intended Functionality*）发布，同年 5 月，ISO 21448 工作组草案（WD）中已将该国际标准的范围拓展至 L1~L5 级自动驾驶车辆系统，

2020 年又新增了运行阶段、场景库、GSN、地图、V2X 等内容。与功能安全相比，预期功能安全流程中各项开发活动更加抽象，活动开展对软件工具的依赖更强，与传统开发流程的融合难度也更大。预期功能安全流程定义了八项活动，包括定义和设计、危害识别和风险评估、识别功能不足及其触发条件、降低 SOTIF 风险的功能性修改、SOTIF 检验和验证策略定义、已知潜在危害场景评估、未知场景探究和评价、制定 SOTIF 释放标准。上述活动难以在明确的研发阶段完成，使其在与其他开发流程的融合方面具有很大困难。

图 14-1　SOTIF 对象及目标

而随着智能网联汽车的发展，信息安全也成为必须考虑的安全性问题，考虑到汽车网络安全所面临的新挑战，相关从业者需要努力通过新的工程方法和特殊技术手段来应对车辆整个生命周期中出现的威胁、风险管理、安全设计、意识和汽车网络安全问题。因此，安全可靠的智能网联汽车的生产和设计已成为行业焦点。在解决汽车网络安全的问题上，尽管可以借鉴其他领域的经验，但是汽车行业所面临的"专属挑战"仍不可避免。于是，汽车行业意识到需要通过特定的行业标准来解决汽车网络安全问题并保护个人资产。国际标准化组织和美国汽车工程师学会（SAE）近期联合起草发布了 ISO/SAE 21434《道路车辆—网络安全工程》（*Road Vehicles—Cybersecurity Engineering*）国际标准，从汽车行业的角度来看，该标准就产品开发和整个供应链设计的安全性方面达成了共识，具体目标分为三点：

1）确定一个结构化的流程，以确保信息安全设计。

2）降低攻击成功的可能性，减少损失。

3）提供清晰的方法，以帮助汽车企业应对全球汽车行业共同面对的信息安全威胁。

功能安全、预期功能安全和信息安全的开发流程活动对应关系如图 14-2 所示，这些研发活动最终将融入整车的开发流程中，新增活动的内容及其特点将深刻影响总体研发流程的形态，也对研发活动的组织管理提出了新要求。重塑研发流程是智能汽车、智能底盘研发体系进化的重要趋势。

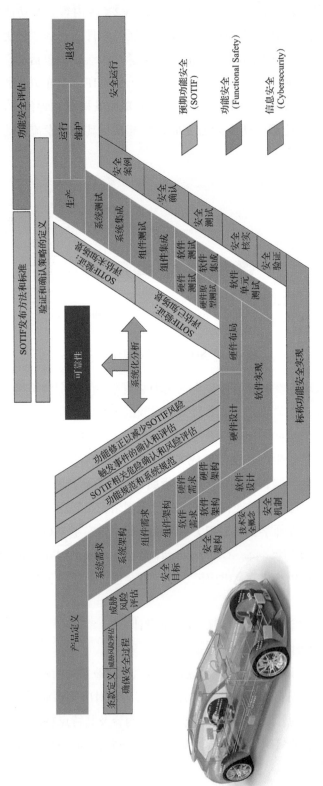

图 14-2 系统安全设计 V 形流程

2.1.3　开发测试工具链越来越复杂

在以往的安全分析方法中，人们往往通过将系统分解为更小的组件，单独检查和分析每个组件，然后将分析结果按照系统架构组合起来，以便理解系统安全问题的危害。通过这样简单的分解，工程师将一个大系统分解为若干个小的组件，并假设事故是由组件故障引起的，在分析了组件故障后，再将组件的故障融入整个系统当中。这种分解法只适用于相互独立的子系统，而当今智能驾驶车辆系统的复杂性大大增加，各子系统之间甚至是各个大系统之间也存在着必然的联系，分解法的安全分析在该系统中存在着明显的不足。系统的组成不仅仅是系统要素的叠加，还要包括系统要素之间的交互作用。业界依次建立了 STPA、HARA、FTA 等安全分析工具及安全分析方法，通过将这些分析工具与分析方法融入 V 形开发流程中，来将故障模型从组件故障扩展到更复杂的流程和系统组件之间的不安全交互。这种基于模型的开发流程可以加强智能驾驶车辆设计的安全性，具体的开发流程如图 14-3 所示。在涉及车辆功能安全、预期功能安全以及网络安全的开发流程中，首先对系统整体进行危险分析、风险评估（功能安全和 SOTIF 分析工具为 HARA，网络安全分析工具为 TARA），建立功能事件树；接着对各个系统进行安全需求分析，建立各自的失效树以及受攻击树；最后通过将各个安全需求分解成技术手段需求，引入汽车安全完整性等级（ASIL），设计失效模式和影响分析。

随着智能线控系统变得越来越复杂，车辆内在系统复杂性的提升越来越要求企业从重视生产管理转向重视产品开发及测试的模式和方法的建立，以及重视围绕这样的改变所需要的组织结构的适应性改变。近年来，基于模型的开发流程在底盘开发中的作用越来越大，模型本身的概念已经从传统的机械 3D 模型衍生到各类表达设计和方法的模型。基于模型的开发流程可以方便开展产品设计、设计评审、模型优化以及跨团队、跨领域交流。该流程首先通过分析需求及规范，建立相应系统的物理模型或数学模型，涉及力学、水力学及电子学等，用来表示该系统的行为，进而建立能够进行功能集成及测试的基础模型。控制模型则根据系统行为进行设计，从简单的控制器设计到复杂结构的分层多变量控制模块，之后进行各类在环测试（XIL），协同改进各系统功能后达到测试要求并最终投入生产，具体如图 14-4 所示。

考虑到国外供应商难以与国内整车制造企业配合进行深度协同开发，且我国将线控底盘开发作为中国汽车产业的重要计划，因此应该加强国内供应商与整车制造企业的深度协同。过去的整车制造企业与供应商的合作模式是一种对接工程，整车制造企业在对供应商提出极为细节的技术条件后不参与供应商的研发过程，仅仅是在供应商设计完产品后进行验证，再将产品集成到整车上。这种分头开发模式会使整车制造企业与供应商出现信息偏差，且无法有效地引导和促进创新型产品的研制开发，已经不适合当下的深度协同开发流程需求。其次，国内供应商应该熟悉全部模型，缩短业务链，减少开发周期。蔚来提出希望搭建一种硬件匹配生成一次性稳定平台，通过软件的升级、场景细化升级，支持更多的服务模式（例如自动充电等）。智能化产品的开发离不开软硬件的开发环境，国产化离不

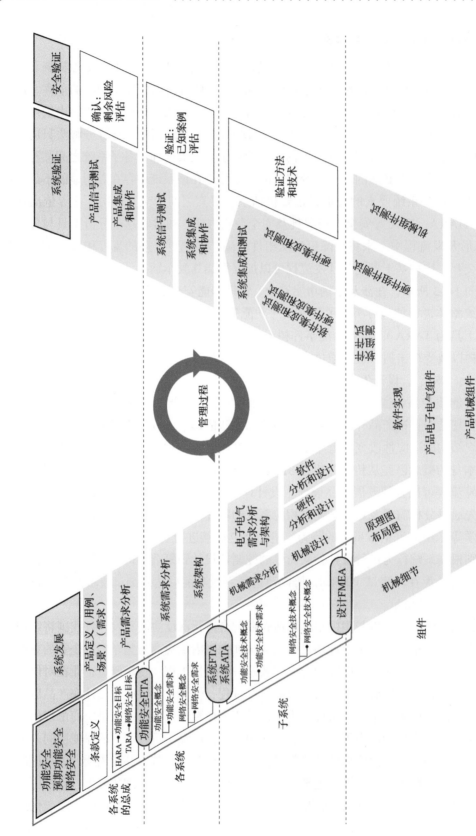

图 14-3 引入 HARA 等安全分析工具的系统 V 形开发流程图

开国内基础工业设计制造能力的支撑。整车制造企业与国内供应商还应与高校及科研机构进行联合研发，在产品设计层面和测试层面加强合作，进而实现对国际技术垄断的突破。

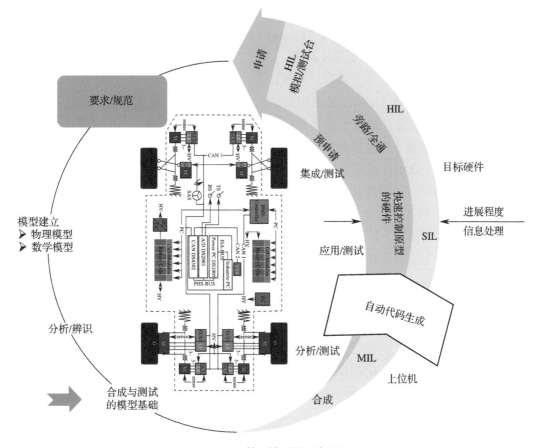

图 14-4　基于模型的开发流程

2.1.4　数据驱动开发

由于统计证明所需的里程数太高（"批准陷阱"），传统的自动驾驶并不能为测试驾驶提供安全保证。基于模型的开发流程虽然足以满足开发和测试汽车底层逻辑算法的需求，实现包括 L2 级辅助驾驶系统等一些相对简单的高级驾驶辅助系统功能，但随着自动驾驶的智能算法功能越来越复杂，仅依赖基于模型的仿真分析方法已经不能满足复杂系统的开发需求。首先，更加复杂的自动驾驶功能，其软件的代码量和功能的复杂程度也提升了几个数量级。结构化的工具箱和块组建模在开发简单的功能算法时还可以胜任，但在面对复杂的深度学习算法时，基于模型的仿真分析方法在灵活度方面就显得有些捉襟见肘了。其次，人工智能（AI）行业发展这么多年，无论是架构、工具链还是各种各样开源的函数库，都已经形成强大的生态，对于如今的自动驾驶从业者而言，直接用编程来实现反而比在 Mathworks 里建模效率高得多。同时，传统汽车的软件在车辆量产之后就不再发生变化，这对于自动驾驶软件是不现实的。一方面，自动驾驶开发周期长，在整车开发周期内开发、测试的时间远远不够；另一方面，其于 OTA 的在线更新技术让软件持续升级有了可能，这样软件的生命周期也得到了延续，而以深度学习模型为代表的自动驾驶算法，就需要持续不断地收集新长尾数据中的"Corner Case"数据，作为新的输入持续迭代算法系统。为了更有效率地开发自动驾驶系统，一种基于深度学习的自动驾驶开发流程被提出——数据驱动的端到端的开发流程。博世认为："自动驾驶牵涉的场景非常多，不可能再按照传统的方式继续进行，所以必须加入实际道路测试，特别是用数据驱动的验证方式对自动驾驶安全进行验证，就是 V 模型和数据驱动的闭环进行结合，实现安全验证。"

现阶段已有一种基于相关情况周期（CRS）的安全评估方法。图 14-5 描绘出了从不同来源识别相关的交通情况并记录在中央数据库中的测试场景收集方法。在开发过程中重新使用这些相关情况，通过将其分配给所有相关的开发步骤和方法，系统地确保安全性。该过程主要基于 V 形开发流程，整个 V 形开发流程中都需要将相关交通场景库进行分配，实时考虑场景相关的需求，从源头优化设计流程，避免反复修改整体设计方向，同时在实车试验、场景概念生成以及真实交通工况中不断提取新的场景加入到场景库中，实现场景库的实时补充。

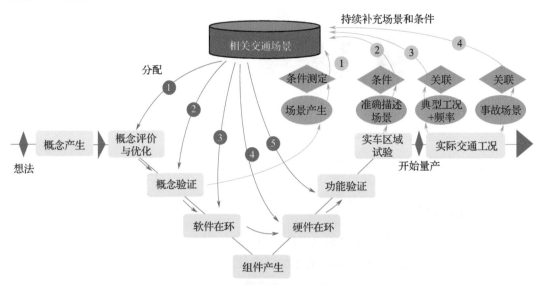

图 14-5　数据驱动并行开发流程

虽然每一种数据驱动的软件开发流程在细节上有所不同，但是大体思路都是一致的，基本按照如下思路：数据采集→数据存储→数据预处理→数据挖掘→数据标注→模型训练→仿真测试→部署发布。上述环节中所使用的工具和平台（包括但不限于数据采集、处理、标注工具、模型训练平台、仿真平台、OTA 工具和一些其他环节的开发工具），称作工具链，工具链的效率决定了整个系统开发的效率。虽然工具链可能看上去步骤不多，但其实整个链路非常复杂，而这复杂流程的每一个环节，都需要与之对应的工具和平台的支撑。

2.1.5　虚实结合测试与验证

仿真测试对于自动驾驶的安全落地至关重要。根据美国兰德公司的研究，自动驾驶算法想要达到人类驾驶员水平，至少需要累计 177 亿 km 的驾驶数据来完善算法。如果配置一支 100 辆自动驾驶测试车的车队，每天 24h 不停歇路测，以平均时速 40km/h 来计算，需要 500 多年的时间才能完成目标里程，路测期间所耗费的时间和成本是难以承受的。此外，自动驾驶相应交通法规及保险理赔机制的缺失也制约了自动驾驶汽车路测的大范围开展。由于自动驾驶汽车尚不能保证绝对安全，我国政府对开放自动驾驶道路测试保持谨慎的态度，仅依靠部分开放道路以及智能网联测试区进行路测，难以满足自动驾驶汽车旺盛的测试需求。目前，基于场景库的仿真测试是解决自动驾驶路测数据匮乏的重要路径。仿真测试主要通过构建虚拟场景库，实现对自动驾驶感知、决策规划、控制等算法的闭环仿真测试。场景库是自动驾驶仿真测试的基础，场景库对现实世界的覆盖率越高，仿真测试结果越真实。根据 2020 年发布的《2020 中国自动驾驶仿真蓝皮书》的数据，目前自动驾驶算法测试大约 90% 用仿真平台完成，9% 在测试场完成，1% 通过实际道路测试完成。随着仿真技术水平的提高和应用的普及，行业旨在达到 99.9% 测试量通过仿真平台完成，封闭测试完成 0.09%，最后 0.01% 通过实际道路测试完成，使自动驾驶研发更高效、更经济。因此，智能底盘线控技术的开发性测试和认证性测试中均应大量采用虚实结合的验证方法，虚拟测试和实际测试相互补充和支撑，如图 14-6 所示，虚实结合测试和验证主要分为以下两大步骤。

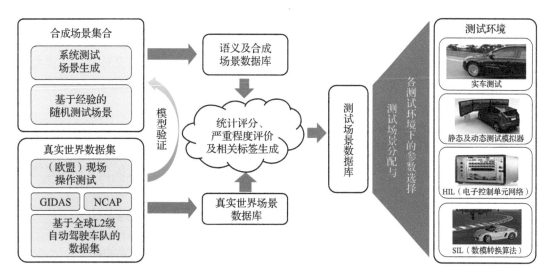

图 14-6　虚实结合测试及验证底盘开发场景

1. 场景库生成

1）收集真实世界数据集，形成基础数据集。

2）考虑到真实数据集样本可能不够且有遗漏，增加合成数据集，且通过真实数据集对合成数据集中的道路模型进行验证。

3）整合真实数据集以及合成数据集，通过聚类等方法对其进行统计评分、严重程度评价及相关标签生成，形成一个可持续更新的测试场景数据库。

2．测试环境搭建

传统车辆的整车测试方法已经不再适用于现有的自动驾驶车辆，为了使得车辆各个软硬件结构满足设计需求，通过进行各类在环测试（XIL）的方式，分别验证整车性能、软件性能、硬件性能以及整车动静态性能等车辆关键性能。

2.1.6 高级别自动驾驶落地

线控底盘是自动驾驶落地应用的关键总成，如果不能得到它的支持，自动驾驶系统最终输出的控制信号无法得到正确执行。线控底盘技术的安全性对于自动驾驶来说是最基础、最核心的要素。曾经的纯机械式控制虽然效率低，但可靠性高；线控技术虽然适用于自动驾驶，但同时也面临电子软件的故障所带来的隐患。只有实现功能双重甚至多重冗余，才能保证其在故障情况下仍可实现基本功能。

现阶段进行线控系统开发与测试的主要参与者为部分科技公司与高校，科技公司通过项目展示实现融资，高校通过技术突破与企业合作。但这些技术突破主要都是在某些技术节点上进行突破，而如何实现重要技术节点的连线与整合，再将整合后的技术路线深度协同形成完整的产业链，拥有全链条的支撑能力，是目前业界所追求的核心竞争能力。技术研发若不能满足功能安全和预期功能安全的标准测试，则无法顺利完成商业化落地，因此必须设计一套适合的测试体系对所设计车辆的各系统进行安全性认证，进而支持由技术研发到 L3 级自动驾驶车辆的产业化落地。线控技术不仅要满足功能安全标准，还需要满足智能化所涉及的预期功能安全标准。整个开发测试系统主要由一系列标准、完整的工具链、软硬件设计流程、场景数据库以及数字化开发平台等构成。

目前，本田以及梅赛德斯 – 奔驰的工具型 L3 级自动驾驶系统已经逐步通过认证并投入生产，图 14-7 所示分别为 2020 年 11 月，本田汽车的拥堵跟车系统获得认证，以及 2021 年 12 月，梅赛德斯 – 奔驰汽车的自动车道保持系统获得认证。我国企业在搭建智能底盘系统性开发与测试平台方面仍然任重而道远。

a）本田

b）梅赛德斯-奔驰

图 14-7 L3 级自动驾驶车型工程落地实例

2.2　面临的挑战

2.2.1　如何支撑安全性开发目标实现

汽车智能化的发展对汽车的安全性提出新要求。传统汽车开发验证经过百年积累，制定了标准工况开展验证，机械系统中影响安全的失效问题基本得以解决。E/E 系统功能安全虽有标准，但依赖于流程和内部规范，企业尚未完全掌握。自谷歌无人驾驶项目 Waymo 的成立，无人驾驶汽车采用人工智能技术去实现汽车的感知决策和控制，与以前的电控技术、软件技术在框架组成上是完全不同的，以前的各种控制感知技术都是基于可解释的分层技术模块搭建，现在的模块都是通过黑盒模型，只能保证其收敛性，虽然端到端的学习性能直接通过输入产生输出，大幅度简化了模型设计的复杂性，但是却不能保证相应黑盒模型的可解释性，因此需要大量的验证数据证明其安全性；同时，当自动驾驶甚至是无人驾驶系统被设计出来以后，对计算平台的要求就会越来越高，单片机或者 NCU 的计算能力已经不能满足要求，不仅对芯片，而且对软件的架构也提出更新的要求，这是一个巨大的变化。自动驾驶汽车的预期功能安全控制仍缺乏实施标准，功能安全和预期功能安全都需要复杂的测试验证方法做支撑，传统机电系统验证技术亟待升级换代。由于车辆的动力学性能会随着驾驶时间发生变化，而传统的车辆性能试验往往只是针对新车进行，性能衰退的影响（转向系统松旷、制动器磨损性能下降）只能在长期的道路试验中去发现，花费巨量时间，性能下降会导致安全问题，需要进行考核验证，这也给自动驾驶系统带来了巨量的测试验证需求。

日本汽车制造商协会于 2021 年 12 月出版的《自动驾驶安全性评估框架 Ver 2.0》中提出了基于 V 形模型的开发和生产周期整体安全论证系统，如图 14-8 所示，V 形模型是高级驾驶辅助系统和自动驾驶系统开发中常用的项目管理模式。通过在开发的前半部分将验证集成到传感器设置评估和软件敏捷性开发的基础流程中，而不是仅在开发的后半部分（由 V 形模型的右侧表示）进行验证，有助于开发过程的优化。

该基于 V 形模型的开发流程面临着以下七个挑战。

1）如何对安全目标进行定义。安全论证过程需要自动驾驶汽车在预先确定的操作范围内使车辆与安全目标兼容。自动驾驶车辆的运行范围在初始阶段定义为运行设计域（ODD）。ODD 的内容必须包括道路类型、道路位置、车辆速度范围和环境条件等信息。如何建立一个在 ODD 边界以外的后备策略（支持 L4 级及以上级别的自动驾驶）；如何检测自动驾驶车辆是否在规定的 ODD 内运行；如何让用户明确 ODD 的范围并使他们理解、信任和操作自动驾驶系统；如何将 ODD 内自动驾驶系统的规则与场景一一映射。以上均已成为现在对安全目标定义所面临的难题。

2）如何进行安全分析。如何在设计时考虑尽可能多的可预见场景；如何系统化分析 ODD 内详细场景的相关信息以及车辆及其周围环境信息；使用什么样的原理基础对 ODD 进行综合定义；采用什么样的系统组合方法对 ODD 进行整体定义。例如，如果将降雨条

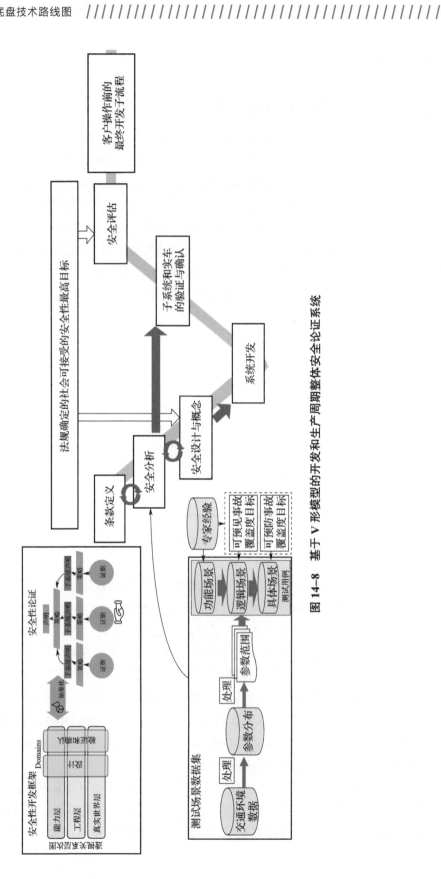

图 14-8　基于 V 形模型的开发和生产周期整体安全论证系统

件包括在 ODD 中，降雨这个词足以与用户交流；然而，自动驾驶系统本身不能以同样的方式解释这样的概念。如何能够从系统机理的角度考虑降雨的影响，例如雨滴对传感器性能的影响或雨水对车辆动力学的影响（如轮胎和湿路面之间的摩擦系数降低）。这些都是在自动驾驶系统安全分析中面临的挑战。

3）如何定义安全的概念和进行基于安全的设计。现有对于自动驾驶安全性的主流说法是验证道路里程达到一定的数量即可认为该自动驾驶系统是安全的，但考虑到不同车辆本身动力学特性不同、不同零部件总成磨损程度不同，该验证方法在目前的实际生产中是明显不可取的。考虑到长尾数据的影响，车辆自动驾驶系统的安全性应该是被设计出来的，而不是基于无限道路的验证得出的。如何进行这种安全性设计成为现在的新兴方向，该方向面临的难题主要包括：如何基于安全分析步骤对系统需求进行设计，使得所设计系统的输出遵循安全分析步骤；如何将不同复杂性的设计层添加到安全设计中；如何确保 ODD 和系统需求之间的兼容性，避免系统开发过程中不必要的规范变更。

4）如何进行系统开发。如何在系统设计完成后对其安全性进行分析，包括对软件和硬件组件系统的开发与分析测试，成为系统开发中面临的难题。

5）如何对子系统和整车进行检查和验证。对子系统和整车的安全检查和验证的策略是在没有与驾驶员交互的情况下定义的，在这一过程中面临的难题包括：如何通过在真实交通环境和测试过程中结合集中的虚拟评估和相对有限数量的物理测试来进行检查和验证；如何在检查的子过程中，验证系统的数学和物理准确性、开发功能以及所采用的安全措施的合理性；如何对是否满足安全分析过程中拟定的所有安全规范和要求（传感器、算法和执行器相关措施的充分性）进行验证；如何根据系统和组件（包括所采用的安全措施）是否对交通参与者造成不合理的风险来执行验证；如何通过确认符合规定的验证目标证明自动驾驶系统的安全性。

6）如何进行安全性认证。如何制定相关检查、文件检查和认证来确定最终检测的产品是否合格是进行安全性认证的难题。

7）如何进行产品发布前的最终安全性检查。在发布前的最终检查中会面临的难题包括：如何验证剩余风险是否在允许范围内之外，自动驾驶系统的安全性验证是否可以解释；用什么样的安全评估技术进行自动驾驶系统检测与评估；如何确定系统是否可以发布；如何设计发布后事件管理策略。

《网联、协作和自动化出行路线图》（*Connected, Cooperative and Automated Mobility Roadmap*）一文也提出了安全性开发项目中一些待解决的问题。在该路线图的验证、测试和使用反馈方案和程序中，将取材于实际运行状况和相关的测试用例，遵循普遍接受的方法，并使用经过验证的工具；然而，由于运输系统的动态演变特性，验证系统仍将面临挑战。首先是要持续提取新的测试用例场景补充到场景库中，以反映 ODD 的变化，满足自动驾驶的需求。其次，交通系统的其他变化也将在相应的场景和测试案例中予以考虑，例如高级别自动驾驶车辆的增多或新交通工具的出现，以及一些到 2050 年可能出现且难以预测的相关趋势和突变等。此外，运行场景连接的发展也是一项重大挑战，因为影响安全的关键功能在未来可能长期依赖于这种场景连接。因此，场景的动态发展应体现到未来的验证场景中，这对于自动驾驶车辆的远程操作以及所有具有分布式智能（车载和非车载协同）的安全相关关键系统的验证都是特殊挑战。2050 年，预计基于人工智能和自学习的车辆系统验证问题将得到解决，但自主发展系统概念应用于交通系统层面后将面临新的重大的挑战。

2.2.2 如何针对复杂系统、复杂场景进行快速测试验证

智能底盘系统的复杂度和运行场景的复杂度（图 14-9）大幅增加了开发难度和开发

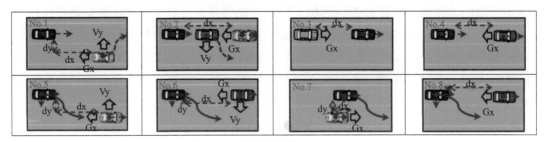

a）复杂场景

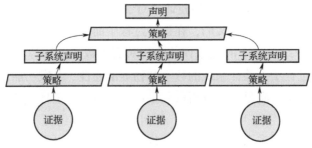

b）复杂验证程序

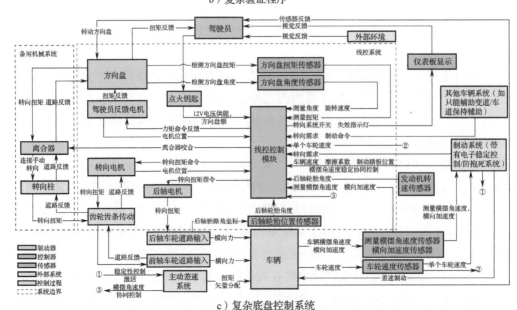

c）复杂底盘控制系统

图 14-9 开发流程要求构建的复杂系统

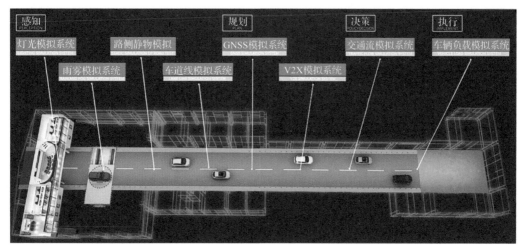

d）复杂测试系统

图 14-9 开发流程要求构建的复杂系统（续）

周期。相较于过去的开发只针对标准工况进行，开发过程中对特殊工况考虑较少（如对于机械系统不允许失效的要求，可通过较短时间验证其严苛的可靠性要求），现阶段电控系统失效模式更多，预测难度大，这使得开发和验证时间过长。为了解决这一问题，需要优化开发和测试技术来提高开发效率。尤其是自动驾驶系统又带来除了功能安全验证以外的预期功能安全验证，复杂的场景感知决策和底盘系统执行功能耦合，验证工况呈几何级数量增长，形成了巨量的测试验证需求，验证方法和手段需要更新，系统、快速的测试验证技术平台亟待研发。

现阶段，沃尔沃开发周期为 20 个月，蔚来开发周期为 24~28 个月，前期增加更多开发内容，后期增加台架数量，进行更多并行测试。为了提高开发效率，应该让电子方面软件仿真先行，同时增加硬件在环测试，模型的测试在前期做更多验证，以多线程并发研发解决开发任务增加问题。过去的开发时间受机械开发周期影响，而当前软件开发则是瓶颈，应该对平台关键技术进行预研，目前的成熟度在 60%~70%，当前，国内外整车制造企业都在转型，电控和软件研发人员占总员工人数的比例持续增加。整车开发过程中，系统测试须与总体开发进度同步；底盘系统与整车的信息交互机制需建立并保障验证的完备；保障汽车产品成熟度的测试需要大量测试案例，从开发目标的提出到测试完成，实现数据闭环。系统开发过程中，SIL、HIL 越来越重要，测试案例库、SIL/HIL 测试方法、测试平台等的提前建设能够加快开发进度，但目前国内主流企业仍主要使用国外的 SIL、HIL 仿真平台产品。

2.2.3 如何实现开发与协作的模式升级

智能电动底盘将参与自动驾驶的感知、决策和执行的每个环节。底盘及其总成的感知与执行能力与整车系统高度耦合，智能底盘及其总成将深度参与自动驾驶过程中危险和异常状况（包括部分功能失效或功能衰退）的处置。智能汽车的技术创新要求总成系统、底盘与自动驾驶系统深度协同开发。

集成协作开发应适应以下两点。

1）从物理系统集成协作到软件代码集成协作。

2）从控制系统标定协作到基于模型的协同开发协作。

自 20 世纪 70 年代通用第一款搭载微处理器的汽车诞生，控制软件与相应电子元器件便成为车辆当中不可缺少的一部分，截至 2020 年，汽车电子成本已经达到整车成本的 34.32%，预计到 2030 年将达到 49.55%。2005 年的宝马 7 系已经配备 65 个 ECU，到了 2010 年，奥迪 A8 上使用的 ECU 数量超过了 100 个，车辆的控制功能极其复杂。ECU 之间的通信及功能协作纵横交错，不仅开发工作十分复杂，而且测试验证任务也极其巨大。同时，智能化所要求的面向服务的软件架构要求开发工作上下游之间密切协作，使开发任务变得更加复杂。

在汽车行业传统的研发模式中，控制系统软硬件绑定研发是最常见的分工模式，通常供应商完成单项功能的研发，整车企业将功能集成到车辆系统中。这种模式对丰富汽车的电子控制功能、保障研发质量有很好的效果，但带来的问题是各个控制功能相对独立，难以实现高效的功能整合；同时，功能升级程序复杂、过程漫长，难以支撑在当前 OTA 技术支持下的用户对功能快速迭代的需求；此外，也难以对计算功能冗余灵活部署，实现冗余安全目标。为满足上述需求，汽车 E/E 架构和控制软件架构目前处于快速进化之中。博世提出了电子电气架构发展的 6 个阶段（分布式控制、功能集成式控制、域集中式控制、域融合式控制、车载计算机和分区控制器、车云计算控制），目前大众的 ID3 架构处于第四阶段，而经历两次升级的特斯拉的第三代 Zonal 架构则处于第五阶段。未来的车辆控制将会继续向车云计算控制发展，而软件架构则朝面向服务的架构发展。

控制系统软硬件架构的升级要求开发模式同步升级。当电子电气架构进化至域控制架构（图 14-10a）及以上阶段时，域控制器（或其他上层控制器）将执行绝大部分的运算工作并能够通过 OTA 更新功能性策略，下层控制器则仅执行与执行器硬件特性相关的执行控制工作，分布式控制架构下各控制器中的决策算法将集中到域控制器中。同时，在面向服务的软件架构中，如图 14-10b 所示，控制功能和策略可按需冗余部署到不同域控制器中，以平衡控制系统算力需求并满足功能安全的需求。

升级后的电子电气架构和软件架构对传统的控制系统研发模式造成巨大冲击。一方面，传统的以完整功能研发为目标的软硬件绑定的研发过程将被肢解，其中，决策策略将作为软件零件集成到域控制器中，而下层控制器可能被取消或被功能弱化以降低成本；另一方面，供应商难以独立开展完整功能验证，汽车整车制造企业需针对域控制器中的所有控制功能及冗余功能进行测试验证，开发工作上下游的协同水平需要大幅度提升，开发验证的复杂度也急剧增加。

自特斯拉 2017 年在其量产的 Model 3 车型中搭载的集中式 E/E 域控制器（Zonal）发布以来，以功能模块划分的域控制成为众多汽车企业的对标标杆，引领了技术发展。德国

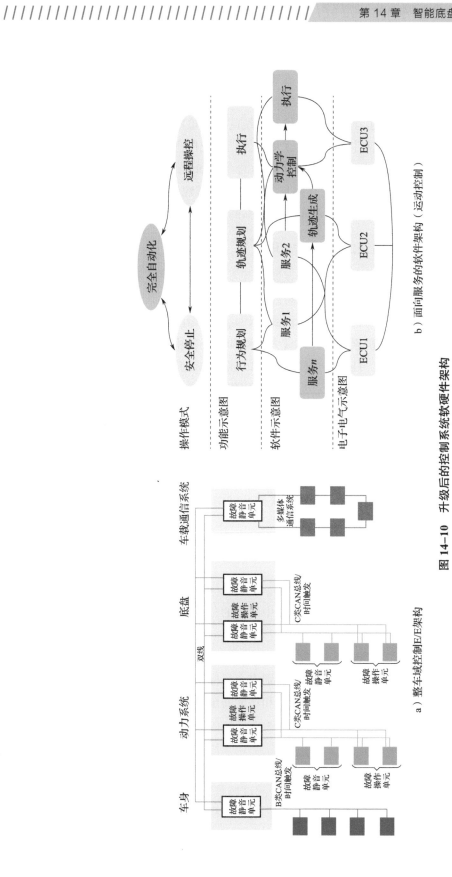

图 14-10　升级后的控制系统软硬件架构

a）整车域控制E/E架构

b）面向服务的软件架构（运动控制）

大众为适应汽车电动化和智能化对软件研发的需求，研发了一种新的软件操作系统"VW.OS"，支持产业上下游软件的协同研发，在 ID 系列车型中采用了新架构，表现了传统汽车整车制造企业进行技术研发转型的巨大决心。

我国自主整车制造企业也在积极调整控制系统的研发策略，由原来的按功能模块将软硬件打包采购，自身仅掌控软件标定，到逐步将控制系统白盒化，向汽车整车制造企业负责软件的总体设计和集成迈进。其中涉及工程师的专业知识结构变化、开发模式的变化、汽车整车制造企业与供应商之间统一开发与测试平台的搭建等。如何快速建立研发能力，支撑我国智能汽车产业化落地是中国汽车行业面临的重大难题。

2.2.4 如何快速积累开发验证的数据和知识

智能电动底盘是复杂的信息物理融合系统，开发和验证过程涉及多学科、专业、参与单位，是复杂知识有机融合的产物，急需有效的知识积累模式。

知识积累包括设计成果的积累、失效模式的积累、质量改进的积累、成本控制的积累等，传统研发模式中，上述积累大部分体现为工程师的经验积累，在横向多专业、纵向长链条深度协同的研发模式下，针对某个研发环节的独立的经验积累难以为研发水平的提高做出重大贡献，依托数字化研发平台，形成系统化积累的需求非常迫切。依托平台，积累开发和验证过的流程、中间状态信息、测试数据、分析方法、分析结论、改进方案等有价值信息，形成有条理、有秩序、有因果关联、可检索的知识至关重要。

现阶段，企业对于图样、技术报告的管理已经建立了管理平台，传统部件总成失效模式积累也逐步形成规模，但在开发测试过程中的有条理、有秩序、可检索的知识积累平台有待建立并完善。在智能底盘及其各线控系统的开发中，系统功能及其安全性开发测试所需场景和测试用例更是当前知识积累的重点。

在线控转向、线控制动、底盘域控制的功能安全领域，需要建立的能力、掌握的数据和知识包括：

1）详细分析方法，如 STPA、HAZOP 等。

2）一个通用的系统功能描述范式、研发中使用的分析范围和假设。

3）车辆级别的危害分析方法和结果。

4）已识别的车辆级别危害的风险评估。

5）从危害分析和风险评估得出的车辆级别安全目标。

6）详细的安全分析，支持功能安全概念和功能安全要求。

7）功能安全概念描述。

8）功能安全要求定义。

9）系统的常见诊断故障码确定、系统附加诊断的必要性分析。

10）基于安全目标和危害致因的功能安全测试场景定义。

11）基于场景的功能安全测试方法、所用工具平台及其技术要求。

12）测试结果评价分析及目标达成情况论证方法等。

对于底盘域控制涉及的预期功能安全，其测试评价场景库的建立具有更大难度。在底盘控制域中，基于转向、制动、驱动、悬架、轮胎等传感器的信息，在底盘控制中实现高级别的安全控制设计，使之能够在设定的运行设计域所有场景中安全运行，是底盘开发测试的目标。车辆运行所遇到的场景是无限的，要完成相应的安全验证则需要大量验证场景，需建立系统化的标准分类场景库。目前，日本汽车制造商协会发布的《自动驾驶安全性评估框架 ver 2.0》，总结了日本在智能汽车安全性验证方面的最佳实践，提出了一种安全验证流程，如图 14-11 所示。测试场景的建立涉及以专家知识为基础的功能场景定义，包括以"可预见事故覆盖度"为目标的逻辑场景定义以及以"可预防事故覆盖度"为目标的具体场景构建。场景所需参数范围的定义需通过交通数据的采集和处理获取场景参数，按安全性评价需求定义具体测试用例参数值。智能底盘安全性要求高，开发测试场景、测试用例复杂，完备的场景库搭建需要较长周期并投入大量精力和财力，是一项巨大挑战。

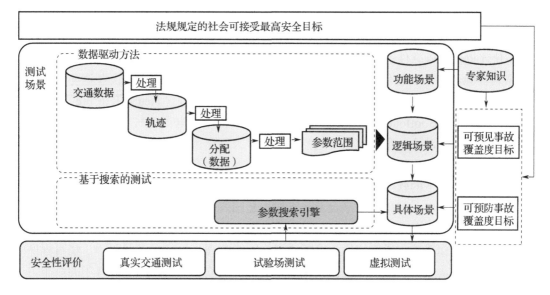

图 14-11　数据驱动的自动驾驶安全验证流程

2.2.5　如何实现工具链突破

工具是生产力发展水平的代表，体系能力是企业强盛的灵魂。汽车开发工具及其应用水平的突破是汽车大国变成汽车强国的必经之路，开发与测试平台技术系统性突破是智能电动底盘产业技术突破的基础支撑。目前我国底盘研发测试装备中，只有少部分专用试验台是自主研发生产的，而且搭配的都是专业化较低的自主软件，不足以支撑整套开发与测试平台，尤其是关键的软件工具（如 MATLAB）面临卡脖子风险。

根据工业和信息化部 2020 年发布的数据，我国工业生产总值占全球工业生产总值的比例为 28.1%，但我国工业软件占世界份额的比例仅为 5.57%。在 CAD 领域，法国达索、德国西门子以及美国 Autodesk 等公司在我国市场占有率达 90% 以上；在 CAE 仿真软件市场领域，美国 ANSYS、ALTAIR 及瑞典 HAXAGON 等公司占据了 95% 以上的市场份额。而汽车产业作为我国工业的重要组成部分，CAD、CAE 软件已经成为产品研发的重要工具，随着汽车智能化、网联化的发展，软件工具的重要性更加凸显。

汽车开发过程中所使用汽车软件开发与管理工具的开发商主要有 MSC、ANSYS、Vector、Elektrobit、MathWorks、Altium、HighTec、Atlassian、IBM、Programming Research、NI、经纬恒润、东软、华为等。汽车研发中常用软件如图 14-12 所示，这些软件中绝大部分为国外公司研发，具有自主知识产权的本土化软件较少。国外公司在汽车软件开发领域深耕数十年，积累了大量经验及数据，其软件已被供应商及主机厂所认可。相对于国外的工业软件，国内软件起步比较晚，技术落后，产品竞争力较低，同时也存在应用少、利润低、产品更新迭代慢等问题，造成其发展困难、缓慢，很难与国际公司竞争。现今也有部分公司开始投身于开发与测试基础软件的研发业务中。

经纬恒润是国内最早致力于为行业提供 AUTOSAR 解决方案的软件服务提供商，目前已拥有成熟完善的基础软件系列产品，其中围绕 AUTOSAR 体系可以提供 INTEWORK-CP、INTEWORK-AP 以及配套的工具链，通过提供全项目周期的集成和培训服务，为客户和生态伙伴提供基础软件解决方案（图 14-13）。

东软睿驰汽车基础软件平台产品 NeuSAR 是基于 AUTOSAR 由东软睿驰全新自主研发，如图 14-14 所示，支持 QNX、Linux 等操作系统，产品包含 NeuSAR aCore、NeuSAR cCore、工具链和 Bootloader 等。该产品广泛应用于新一代电子电气架构下的自动驾驶、智能驾驶舱、底盘动力、车身控制等域控制系统，为整车企业实现产品快速迭代开发，降低研发成本，提升用户体验。同时，借助于高效的本地化支持，可以与整车企业及合作伙伴共同解决新架构下的软件技术开发问题，实现通过软件创新推动汽车产业发展。

普华灵智汽车电子基础软件平台及技术架构是国内较早面向新能源汽车和智能网联汽车的电控系统一体化解决方案，如图 14-15 所示。该平台为用户提供基于 AUTOSAR 和 OSEK 标准的操作系统、通信协议、诊断协议、网络管理、标定、底层驱动、烧写程序等基础软件模块与集成开发环境，提供技术先进的控制器软硬件解决方案。普华的汽车电子产品和服务已经广泛应用于国内外整车和零部件企业的研发和量产中。

在软件开发和测试系统产品方面，国内外仍有较大差距，国外软件几乎垄断了开发及测试系统软件市场。由于一些国外的开发软件原生支持部分功能安全认证，会极大地缩减软件开发工作量。另外，客户也在需求中指定开发工具，进一步扩大了国内外在软件开发与测试系统方面的差距。

国内现有产品的水平与产品目标仍存在较大差距，国内开发软件支持的功能在覆盖度上往往不能完全满足开发需求，存在着应用门槛高、上手难度大、友好性低等问题。工业软件的卡脖子问题主要体现在以下方面。

1）使用成本高。现有的基础软件产业链几乎被国外垄断，国内使用成本高昂，国产汽车有着明显的成本压力。

2）软件开发项目管理成本高。汽车基础软件在开发过程中，需要投入大量的项目管理人员来对相关进度及质量进行管理，造成项目管理成本高，对汽车基础软件开发造成一定的成本压力。

软件类别	功能													
	造型结构设计	Autodesk Alias Automotive	CATIA	Creo	UG	SolidWorks	AutoCAD							
传统汽车开发软件	能量管理/热管理	Cruise	MATLAB/Simulink	Flowmaster	Bricks	StarCD/Converge	GT-COOL	GLIDE	AMESim	Tycon	EXCITE Designer	EXCITE Timing Drive	Kuli	
	动力学							CarSim	Trucksim	Trucksim				
	NVH	HyperWorks	Abaqus	MATLAB	Adams	MSC-NASTRAN	iSight	GT-POWER	Virtual Lab	MASTA	EXCITE Power Unit	SYSNOISE	Fluent	VA One
	可靠耐久										Kimos	GLEASON	Femfat	VPG
	被动安全		Oasys	Madymo	Car Maker			LS-DYNA						
	空气动力学	Fluent	STAR-CCM+											
	热管理		/Powerflow	RadTherm										
	电磁兼容	JMAG	Ansoft	EMC Studio										
	工艺	Moldflow	Dynaform	PAM-STAMP	MARC									
	需求管理	DOORS	PREEvision	PREEvision										
	线束	AutoCAD	CATIA	CHS	Capita	IPS								
电子电气开发、测试和仿真软件	控制器(安卓)	SQLyog	Community	CANoe	AndroidStudio	Notepad++	Gerrit	Jenkins	MATLAB	ELM				
	HMI	KANZI	SKETCH	Photoshop	Adobe Illustrator	Axure	After Effects	Xmind						
	架构	PREEvision	PREEvision											
	车内通信	CANoe	CANoe											
	控制软件	C++	MATLAB/Simulink											
	AI	TensorFlow	PYTorch								Automotive Artificial Intelligence			
	大数据	Vissim	SUMO											
	V2X通信	Wireless Insite												
自动驾驶系统开发软件	感知	ROS	PyTorch	Carla	PyCharm									
	决策	MATLAB	Carsim	51Sim-One	Autoware									
	场景	VTD	Prescan	Carla	CarMaker	rFpro	Cognata	51Sim-One	RightHook	Parallel Domain		DYNA4		
	交通	SUMO	Vissim	Visum	GaiA	ASM Traffic	Waymo Carcraft	TAD Sim	SCANeR Studio					
	测试验证	51Sim-One	Metamoto	NVIDIA Drive Constellation	PanoSim	AirSim								

图 14-12　国内外汽车开发常用软件

293

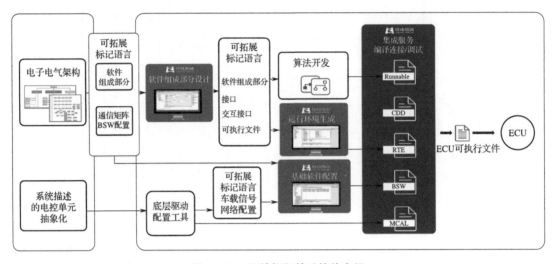

图 14-13 经纬恒润基础软件介绍

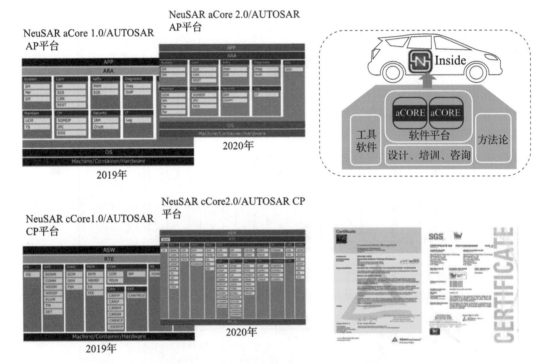

图 14-14 东软睿驰汽车基础软件平台示意图

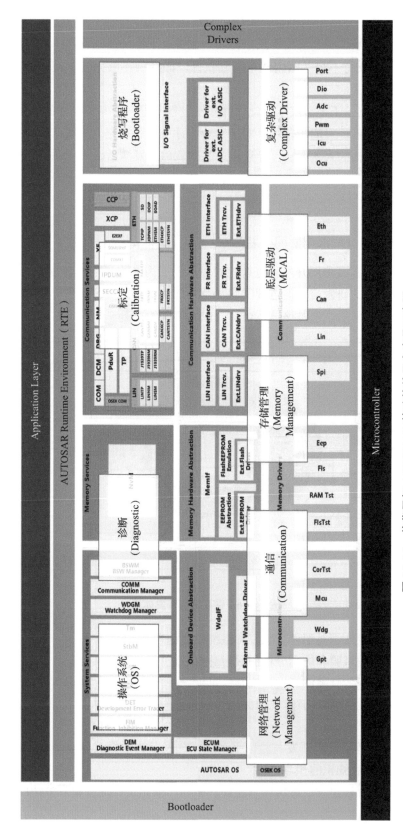

图 14-15　普华灵智 AUTOSAR 基础软件平台产品示意图

3）产业链及研发体系不完整。国内汽车基础软件的上下游产业链缺失，对开发过程造成一定阻力并且缺少一套适用于汽车行业产业链上下游的基础软件研发标准体系。

4）技术服务支持不足。国内汽车基础软件产品发展不够完善，技术服务支持存在一定问题。

5）专业人才储备不足。汽车基础软件开发过程困难，对专业人才的能力水平要求高，而我国汽车基础软件研发起步较晚，对于专业人才的储备不足，具有汽车专业背景并了解汽车架构及软件架构的人才稀缺，导致汽车基础软件开发滞后，形成恶性循环。

2.3 突破路径

2.3.1 建立基于模型的深度协同开发体系

以基于模型的深度协同开发促进线控底盘研发能力和水平的整体提升，以功能/性能与安全性双轨并行的研发流程促进智能底盘及其线控子系统的技术目标达成。深度协同开发体系如图 14-16 所示，通过该体系可达到以下方面的提升。

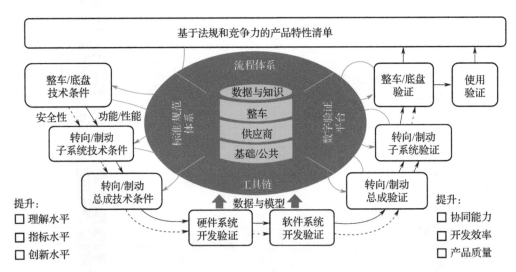

图 14-16　深度协同开发体系

1）以模型开发加深对部件、总成和系统性能的理解。

2）以模型参数试验和仿真分析加深对总成系统质量短板的认识。

3）以基于模型的软硬件开发加快开发进度。

4）以产业链上下游基于模型的深度协同开发缩短开发周期，提高产品成熟度水平、质量水平和底盘安全性水平。

5）通过工具链整合、开发与验证平台的搭建及其失效模式库，工况、用例和场景库的搭建，实现数据和知识的积累。

6）通过研发流程建设、评价体系建设、系列标准制定，促进研发方法的推广和普及。

2.3.2　改善自主研发体系和创新能力

我国企业在能力建设中更多考虑生存，特别是在整车制造企业中，大部分工程师的工作是瞄准产品发布的工程开发，产品质量和进度是主要绩效要素，借鉴国内外已有技术方案是便捷之路。当自有产品与领先产品有巨大差距时，借鉴容易让企业在短时间内快速进步，但我国自动驾驶与智能底盘技术与国外先进企业的差距已逐渐缩小，某些领域开始并跑甚至领跑，因此，还需要在此基础上进一步创新，对研发体系和研发模式进行更加前瞻性的思考与规划。国外的创新型汽车企业大都有对未来车辆发展与技术发展的规划与实施方案，不会满足于现有的销售与技术专利优势，而是会针对市场和技术发展趋势，在整车销售的同时考虑未来 5 年或更长时间之后的技术路线和产品规划。由此可见，自主研发体系的持续性决定了企业能否跟上国际汽车行业发展的步伐，企业需要建立持续滚动的自主研发体系及独有的技术体系，将研发重点放在自主研发上，并将技术开发和产品开发分开。

2.3.3　推进安全性测试场景库及其标准化建设

1. 安全目标定义

智能底盘涉及的功能安全和预期功能安全测试均需场景库支持。对于底盘线控子系统而言，功能安全测试场景库是主要突破点，基于安全目标的测试场景设计是主流方式。

（1）转向系统安全目标定义

基于已有的研究，对线控转向系统的整车级安全目标可进行如下定义。

在所有车辆运行条件下：

1）杜绝任何方向的非预期自动转向。

2）在设定时间内准确执行转向指令。

3）车辆不会失去侧向运动相对于当前车道控制。

4）线控转向系统给驾驶员 / 自动驾驶系统提供准确的反馈。

（2）制动系统安全目标定义

对传统液压制动系统（含 ABS、TCS、ESC）的整车级安全目标（线控制动系统可参考）可进行如下定义。

在所有车辆运行条件下：

1）杜绝车辆非预期侧向运动（相对于当前车道）或横摆运动。

2）提供足够的侧向运动控制能力。

3）杜绝系统失效导致丧失侧向运动控制。

4）杜绝非预期减速。

5）杜绝丧失制动力或制动能力不足。

6）杜绝导致非预期加速的失效。

7）杜绝导致驱动力不足、衰减或丧失的系统失效。

8）杜绝非预期运动的发生（如溜车）。

2．测试场景要素

针对以上安全目标，基于具体的转向或制动系统配置以及采用 STPA 等分析方法得出的风险致因，可定义具体测试场景。测试场景应包括以下要素。

1）测试目标。安全目标是测试目标的主线，测试目标不应违反安全目标。

2）驾驶场景。驾驶场景的开发应结合车辆的运行场景和系统的关键输入。在注入故障时应该避免系统进入危险状态的情况。

3）故障注入。在 STPA 中确定的风险致因，以及在功能性 FMEA 分析中确定的故障模式和故障，可以作为部件级别注入故障的基础。

4）期望的安全行为。通过监控预期的安全行为来评估测试结果，如：①系统是否可以在故障容忍时间内过渡到一种确定的安全状态，避免不合理风险；②当故障注入时，系统控制器仍然能够发出正确的命令。

3．外力扰动因素

对智能底盘系统而言，基于 ODD 的预期功能安全关键场景是标准化的关键内容。智能底盘运行时，其安全状态的定义是"即使车辆运动由于突然扰动而改变，也不会发生事故"。对车辆运动产生影响的两种外力扰动分别是：①车身外力，影响车辆横向、纵向和横摆运动的因素；②轮胎力波动，影响车辆横向、纵向、垂向和横摆运动的因素。因此，车辆运动干扰场景可分为车身力扰动场景和轮胎力扰动场景。

1）车身力扰动场景。车身力扰动影响因素有两类，即道路形状和自然现象。道路形状包括单侧斜坡、纵向斜坡或弯曲部分的曲率；自然现象则包括自然发生的侧风、顺风和逆风。这些因素直接作用于车身，影响横向、纵向或横摆运动。

①道路形状因素。道路形状（道路表面的曲率和坡度）导致车辆的垂向受力情况改变。

②自然现象因素。自然产生的阵风和强风会对车辆产生横向或纵向的作用力，在某些情况下，可能会导致车辆偏离车道或引起车速波动，进而增加与其他车辆碰撞的风险。

2）轮胎力扰动场景。轮胎力会受路面状况和轮胎状况等因素的影响。直接影响轮胎的路面因素可归类为路面状况；轮胎状况则是指直接影响轮胎特性的轮胎自身因素。

①路面状况因素。路面状况可分为摩擦系数和外力状态。轮胎和路面之间的摩擦系数受路面因素的影响，如湿滑路面、结冰路面、积雪路面和部分碎石路面；可能的外力来源于坑洼、突起和条纹等引发的扰动。

②轮胎状况因素：轮胎状况会发生变化，这种变化会影响轮胎特性。轮胎状况变化可能是由轮胎磨损、穿孔或爆裂造成的，这会降低轮胎强度。在某些情况下，轮胎状况变化会导致车辆偏离车道或失控，从而引发碰撞或其他危险事故。

4．预期功能安全场景标准化

预期功能安全场景的标准化可从场景描述标准化和场景关键参数标准化两方面入手。

1）场景描述标准化。场景可以划分为 6 层进行表征，第 1 层：街道布局及路面状况；第 2 层：交通指引基础设施，例如标志、障碍物及标记；第 3 层：临时施工场地拓扑图和几何图叠加；第 4 层：道路使用者和物体，包括基于操作的互动；第 5 层：环境条件（如天气和日夜状态），包括其对 1~4 层的影响；第 6 层：数字信息（如 V2X 信息、数字地图）。上述各层的描述已有 OpenDrive、OpenScenario 等系列标准，场景各层中的要素在 ISO 21448：2022《道路车辆—预期功能安全》（*Road Vehicles—Safety of the Intended Functionality*）中也有较为详细的描述。

2）场景关键参数的标准化。

①可控的车辆运动范围。车辆运动扰动可能动态地改变与车辆相关的力，然后将它变成车辆运动不可控区域的力。如铺设道路的滑动摩擦系数在干燥时为 0.5~1.0，在潮湿时为 0.3~0.9，在结冰时为 0.1~0.2，在标准场景设计中，可考虑分级表示。开发和测试一种辅助驾驶车辆运动策略时，需使车辆受扰动产生的力始终落在运动可控区域内。

②与道路形状扰动相关的可控车辆运动。导致车辆行驶困难的道路形状要素主要是曲线半径。场景中应为道路的弯曲部分确定最小直径，使得车辆可以以稳定的方式驾驶。最小曲线半径的确定需要确保汽车受到的离心力不超过轮胎和道路之间所能提供的摩擦力的上限，并且应考虑车辆上乘客受到的离心力和乘坐车辆的舒适性之间的平衡，参数范围需与实际情况相符。

③与自然现象干扰相关的车辆运动的可控性。风扰动现象被计算为对车身的作用力。由于侧风的作用力根据车辆的形状和大小而变化，参数设定需体现真实情况。

④受道路状态扰动影响的车辆运动可控性。速度限制应随着天气条件的变化而变化，相关因素需考虑周全并建立相互间的合理关联关系。

⑤受轮胎状况变化影响的车辆运动的可控性。驾驶时的爆胎不会增加车辆受到的作用力的种类，但车辆受到的作用力状态会发生巨大变化，同时，车辆的可控性会严重下降。类似情况需专门考虑，保障场景输入能够验证车辆的真实响应结果。

⑥车辆运动干扰中的可预防、不可预防临界条件。有必要将超出规定的路面状况、道路形状或自然现象的情况定义为相应的 ODD 予以考虑，并检验车辆的安全性状况和水平。

2.3.4　开发流程突破路径

2.3.4.1　线控转向系统和线控制动系统开发流程突破路线

1）逐步将功能安全开发流程融入线控制动系统和线控转向系统开发流程中。

2）首先突破安全概念设计阶段的设计方法，实现功能安全目标的定义，建立微流程。

3）将 STPA、HAZOP 等分析方法作为流程支撑工具与安全性开发活动密切结合。

4）强调需求管理，瞄准安全目标，分析危害致因，实现安全性设计与验证闭环。

5）建立功能安全测试场景定义能力，形成并不断完善场景及测试用例库。

6）研究基于场景的功能安全测试方法、所用工具平台及其技术要求，形成支撑开发流程的标准或作业指导书。

7）面向智能底盘域控制化以及软件架构向 SOA 发展的趋势，积极调整研发模式，重构与整车制造企业的研发衔接接口，建立新型流程体系。

2.3.4.2 智能底盘系统开发流程突破路线

1）逐步将预期功能安全开发流程融入智能底盘系统开发流程。将基于 ODD 的安全目标定义、功能及技术指标定义、预期功能相关危害识别与风险分析、风险触发时间辨识与评估、面向降低风险的功能修改等研发活动贯穿于设计过程；将安全性检验与验证策略定义、面向已知风险的安全性检验、面向未知风险的安全性验证、释放方法和准则定义等活动在验证过程中分步实施。

2）面向域控制器的研发需求，在总成系统技术条件定义环节，详细拆解原本由供应商打包提供的软件功能、硬件配置要求，建立更加详细的产业链上下游流程接口关系，研究软件及零部件研发管理，研究汽车整车制造企业与供应商对统一研发平台的需求，逐步建立深度协同研发的流程和支撑能力。

3）面向底盘系统功能安全要求及软件架构向 SOA 发展的趋势，底盘域控制器与自动驾驶或座舱域控制器等开发流程间的关联更加密切，在流程构建过程中设置研发活动的紧密关联，积极推进建立域控制器间通信接口框架标准。

4）将预期功能安全测试的关键场景库搭建作为重要研发活动部署到流程中，保障总成系统、整车和底盘在不同研发阶段具备概念及方案的验证基础。

5）底盘智能化、控制集中化、总成线控化、软件架构服务化的结果是底盘系统研发与总成系统研发耦合度加深，车辆研发问题成为一个复杂的信息物理系统研发问题，新的底盘设计理论方法有待突破，底盘系统研发流程需紧跟设计理论的进步不断进行优化。

2.3.5 工具链突破路径

工具链是我国汽车工业发展中自主技术的短板。传统汽车研发所需重要 CAD、CAE 软件，整车、总成系统、零部件的功能、性能测试验证所需重要的试验装备已经与国外同步，但多采用国外产品。工具链突破需"开新篇"与"补旧账"同步进行。

在线控化、智能化等新技术领域，积极鼓励国内科技企业研发新的软件工具和硬件装备，如安全风险分析软件、场景生成软件、交通仿真软件、底盘域控制器在环仿真系统、智能底盘及车辆在环仿真系统、交通参与物模拟系统等。功能安全和预期功能安全分析软件、仿真测评和管理工具软件是智能线控底盘开发流程所必需的支撑软件，国外如 ANSYS 公司的 Medini 软件，其功能安全分析功能相对完备，预期功能安全分析功能尚在开发之中，我国本土企业正在积极研发同类软件，需重点支持。智能汽车场地试验所需的模拟交通参与物（模拟假汽车、假骑自行车人、假行人等）及其控制系统，国外也刚刚实现产品化，我国如中国汽车工程研究院也在研制同类设备，可替代进口，需积极鼓励，开辟我国智能汽车工具链研发的新篇章。

对于国外已有成熟产品且广泛推广应用的工具，为避免被卡脖子，需开发自主工具或基于开源软件进行二次开发。如 MATLAB/Simulink 软件，目前广泛应用于汽车控制系统研发，但存在被断供的风险，自主研发同类工具或采用 Modelica 等开源软件进行研发是工具链研发中"补旧账"的可选举措。

2.3.6　评价体系突破路径

2.3.6.1　线控转向系统评价体系突破路线

针对线控转向系统的特性，在功能安全和性能评价方面实现突破。

1．线控系统功能/性能评价方法

针对线控转向系统特性进行评价的方法需先行建立标准，包括转向精确性、转向舒适性、反馈清晰度、部分失效后切换至安全状态过程的感受等。

2．功能安全概念评价方法

功能安全概念的目标是从安全目标中导出一套功能安全要求，并将其分配给系统的初级架构元素或外部措施，重点解决针对电子故障的系统保护问题，包括向系统添加专门解决安全问题的功能，如故障检测、物理或系统冗余，或向安全状态过渡，以降低电子系统因故障而产生的整体风险。

首先对安全策略进行评价，包括：

1）确保关键传感器对主控制器的输入有效和正确的策略。

2）验证主控制器的运行状况策略。

3）确保关键参数的有效性和正确性策略。

4）确保线控转向系统内部和外部关键通信信号的有效性和正确性策略。

5）确保正确的转向驱动执行策略。

6）在所有存在安全隐患的条件下，确保低压电源可用，直至达到安全状态的策略。

7）当检测到不安全的情况时，降低安全危害的策略。

8）当检测到危险时，确保及时转换至安全状态的策略。

9）确保在检测到不安全的情况时发出警告的策略。

10）确保仲裁策略的正确、及时策略等。

其次对安全架构进行评价，包括：

1）对于具备方向盘可脱手运行的自动驾驶车辆，失效可操纵架构应保障检测到电子系统故障后，不会导致对系统安全至关重要的任何主要电子系统功能损失。

2）对于手动驾驶的线控转向车辆，失效可操纵架构应保障：检测到电子系统故障后，系统可切换至安全状态。

最后应对预定义的安全状态进行评价，确保安全状态考虑了潜在的失效模式；对驾驶员警告策略进行评价，确保驾驶员对安全风险能采取正确处置动作。

3．功能安全测试评价方法

基于功能安全分析得到的风险致因分析结果、功能安全测试场景库，建立系列测试评价标准规范，包括选用的工具软件及测试平台、试验测试规程、评价准则等。

4．线控转向系统功能安全风险评估方法

建立风险评估方法，针对功能安全测试评价结果进行评估，检验安全目标是否达成。

2.3.6.2 线控制动系统评价体系突破路线

针对线控制动系统的特性，在功能安全和性能评价方面实现突破。

1．线控制动系统功能、性能评价方法

针对新型制动系统（如 EMB 系统）、制动系统总成结构，建立部件总成功能、性能评价方法。

2．功能安全概念评价方法

对功能安全策略进行评价，包括：

1）确保系统部件功能正常的策略。
2）确保关键传感器对主控制器的输入有效和正确的策略。
3）验证主控制器的运行状况策略。
4）确保关键参数的有效性和正确性策略。
5）确保线控制动系统内部和外部关键通信信号的有效性和正确性策略。
6）确保正确地将制动力矩准确传递到车轮的策略。
7）在所有存在安全隐患的条件下，确保低压电源可用，直至达到安全状态的策略。
8）当检测到不安全的情况时，降低安全危害的策略。
9）当检测到危险时，确保及时转换至安全状态的策略。
10）确保在检测到不安全的情况时发出警告的策略。
11）确保仲裁策略正确、及时的策略等。

3．功能安全性测试评价方法

基于线控制动系统功能安全分析得到的风险致因分析结果、功能安全测试场景库，建立系列测试评价标准规范，包括选用的工具软件及测试平台、试验测试规程、评价准则等。

4．线控制动系统功能安全风险评估方法

建立风险评估方法，针对功能安全测试评价结果进行评估，检验安全目标是否达成。

2.3.6.3 智能底盘系统评价体系突破路线

1）建立智能底盘系统安全性评价体系：

①面向智能化功能的需求，建立底盘系统安全性评价框架。包括底盘系统功能安全、

预期功能安全、底盘性能衰退诊察、故障诊断与智能化功能降级策略等。

②重点突破域控制 E/E 架构、SOA 下底盘各线控子系统的功能安全集成验证与评价方法。

③重点突破智能化功能使能后，由车身力输入和轮胎力输入引发车辆处于不确定性状态下的预期功能安全性验证与评价方法。

2）建立智能底盘系统驾乘体验评价方法。

①突破智能底盘系统可控性评价技术，针对线控驱动、制动、转向系统控制响应性能、模拟反馈的真实度和实时性、驾驶权移交/接管过程行驶稳定性与驾驶员指令响应及时性、底盘系统部分失效或智能化功能降级发生后车辆运动状态过渡稳健性等，建立评价方法并研发技术装备。

②突破智能底盘系统舒适性评价技术，重点研究智能化功能工作中路面随机输入及脉冲输入下的乘员舒适度评价方法，以及针对性工况下驱动、制动、转向输入对乘员舒适性影响的评价方法。

③突破智能底盘系统安全感与信任度评价技术，针对智能化功能对车辆运动控制的鲁棒性、驾驶操纵与乘员预期的一致性、不可避免事故处置的合理性、行车状态人机交互的及时和充分性等，建立评价方法并研发技术装备。

3）探索智能电动底盘能耗评价方法：鉴于驾驶因素是对车辆能耗影响最大的因素，探讨具备自动驾驶功能的车辆的能耗评价方法。

4）通过基于驾驶模拟器的多系统联合仿真平台，探索具有较高适应性的主客观一致性评价体系。

5）形成自动驾驶和人机共驾汽车的乘坐感受及操纵感受等性能指标的评价体系。

6）逐步形成完善可靠的闭环开发及客观评价体系。

2.3.7　数字化开发平台突破路径

2.3.7.1　数字化开发平台的定义

数字化开发平台是：

1）一套深度协同的开发验证流程，该流程应满足国家及行业的法规及标准，达到企业所要求的效率、质量、成本及成熟度。

2）对乘用车和商用车具有高兼容性的通用数字化智能底盘模型。

3）一套支撑开发和测试的通用系统，包括工具链（测试支持软件、测试管理软件、评价分析软件、报告生成软件等）、测试数据库、仿真器硬件等。

4）一系列标准（包括测试方法、开发方法、模型接口、测试场景/工况等）。

2.3.7.2　线控转向与线控制动数字化平台突破路径

1）针对开发流程要求搭建数字化开发与测试平台框架。

2）将功能安全开发软件应用到开发过程中，发现风险，挖掘风险致因，建立风险库。

3）积累测试用例并建立测试用例库，并使之模型化，将风险库与测试用例库有机结合。

4）搭建开发与测试流程中所需的控制器模型和被控对象模型。

5）通过 MHIL 测试平台，进行基本功能测试和功能安全测试。

6）与整车制造企业联合开展域控制架构下的功能、性能及功能安全仿真测试。

7）通过驾驶模拟器在环测试平台完成高级功能和功能安全测试。

8）以信息系统联通各开发测试环节，开展数字化开发测试并实现知识积累。

2.3.7.3　智能底盘数字化平台突破路径

1）基于功能/性能与安全性双轨并行的研发流程搭建数字化开发与测试平台框架。

2）将功能安全、预期功能安全开发软件应用到开发过程中，发现风险，挖掘风险致因，建立风险库。

3）积累测试用例并建立测试用例库，实现测试场景及测试用例标准化、模型化，将风险库与测试用例库有机结合。

4）与供应商协同搭建开发与测试所需的控制器模型和被控对象模型。

5）与设备供应商、零部件供应商协同研制测试装备，逐步实现研发装备国产化。

6）大力支持国内智能汽车研发工具软件的开发。

7）通过 XIL 测试平台进行基本功能测试和功能安全测试。

8）与供应商协同开展域控制架构下的功能、性能、功能安全和预期功能安全仿真测试和场地测试。

9）以信息系统联通各开发测试环节，建立整车制造企业与供应商的协同研发端口，逐步实现数字化开发测试并实现知识积累。

10）智能电动底盘开发与测试平台系统达到国际先进水平，并在关键核心软件及硬件系统方面逐步实现国产化自主开发。

3　智能电动底盘开发测试平台发展目标

到 2025 年：

1）建立智能底盘系统开发与测试架构、评价体系和相关标准协议。

2）实现数字化智能底盘开发测试平台 1.0，能够支撑 L3 级自动驾驶汽车的底盘性能验证、功能安全性验证与数字化开发。

3）建立智能底盘开发与测试流程，融入功能安全、预期功能安全要求，形成从整车开发测试到零部件开发测试的支持能力，支撑 L3 级自动驾驶车型的开发。

4）自主开发和测试工具实现突破。

到 2030 年：

1）实现数字化智能底盘开发测试平台 2.0，支撑从零部件设计到智能底盘研发的全链条，支撑从概念设计到功能 / 性能认证的全过程。

2）自主开发与测试软件和硬件工具的商业化，消除开发和测试关键装备卡脖子的风险。

3）开发和测试技术能力（基于模型的开发、标定、测试能力的完整度）达到国际先进水平。

4）开发和测试体系能力能够支撑 L4 级自动驾驶智能汽车底盘的研发。

5）通过以上努力，在功能验证率、性能验证率、失效验证率、软件开发验证支持率、硬件方案设计支持率、开发过程数据积累、验证数据积累等方面有显著提升。

4　底盘开发测试平台发展路线图

4.1　开发流程

4.1.1　开发流程整体发展路线

如图 14-17 所示，开发流程内容包括智能底盘开发流程、线控转向开发流程、线控制动开发流程、底盘域控制功能开发流程、功能 / 性能及安全性测试验证流程。上述流程中，安全性开发和验证流程是重点；安全性开发和验证流程中，首先应建立安全性定义流程和安全性验证流程；流程建设中，将功能和性能开发流程与安全性开发和验证流程密切结合起来是主要的突破路径，基于模型的深度协同开发是主要技术手段。

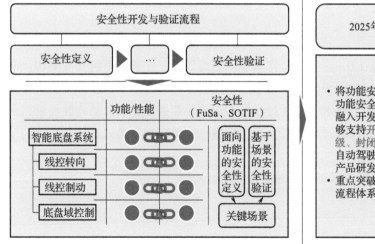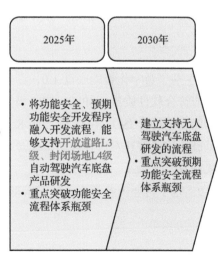

图 14-17　智能底盘安全性开发与验证流程路线图

到 2025 年：

1）将功能安全、预期功能安全开发程序融入开发流程，能够支持开放道路 L3 级、封闭场地 L4 级自动驾驶汽车底盘产品研发。

2）重点突破功能安全流程体系瓶颈。

到 2030 年：

1）建立支持无人驾驶汽车底盘研发的流程。

2）重点突破预期功能安全流程体系瓶颈。

4.1.2 线控转向系统开发流程发展路线

线控转向系统开发流程发展路线如下。

1．总体目标

1）工业界线控转向系统供应商、主机厂通力合作，开发线控前轮乃至线控四轮转向系统产品，将软件质量符合 ASPICE CL2 级别以上要求、功能安全符合 ISO 26262：2018《道路车辆—功能安全》标准、预期功能安全符合 ISO 21448：2022《道路车辆—预期功能安全》标准、汽车网络安全符合 ISO/SAE 21434：2021《道路车辆—网络安全工程》标准的系统开发流程与上述开发流程相融合，整合工业界已有开发资源及流程，缩短开发周期，提高产品成熟度、质量及底盘安全性。

2）产学研通力合作，打造线控转向系统，规模化应用人工智能技术并搭建人工智能开发流程，采用以深度学习为代表的线控算法，实现可持续迭代能力，且稳定支持 L4 级及以上等级自动驾驶系统。

3）线控转向子系统领域开发流程较完美地与智能汽车内其他系统开发流程保持一致，交付期及产品开发流程完美契合。建成并完善满足"软件定义底盘"的开发模式，以自动驾驶需求、用户定制化驱动产品开发迭代，并完美融合敏捷开发模型。

2．2025年

1）基于数字化智能底盘 1.0，产学研合作制定一套高效的、完善的系统开发流程，该流程应符合软件质量 ASPICE CL2 级别以上要求、功能安全符合 ISO 26262 标准要求、预期功能安全符合 ISO 21448 标准要求，并针对以人工智能、业务场景、自动驾驶场景需求为基础的软硬件开发过程建立敏捷开发模型、迭代模型，能够支持各类线控转向系统的全栈式开发。

2）基于行业内各类企业的需求形成普遍适用的深度协同开发流程。

3．2030年

1）基于数字化智能底盘 2.0，产学研各方彻底打通并融合由基础流程体系组成的线控转向系统开发及测试流程，从整车开发到零部件生产各方应建立以下基础流程。

①以软件质量为典型代表的开发流程。

②以功能安全及预期功能安全为典型代表的开发流程。

③敏捷开发流程。

④国内外其他质量、可靠性及安全性等流程体系。

2）基于数字化智能底盘 2.0，产学研协同建成人工智能算法及流程开发体系，该体系能快速响应自动驾驶等级为 L4 以上的人工智能算法迭代，并与其他整车车载控制器开发流程高度契合，实现高配合效率。

3）基于数字化智能底盘 2.0，初步建成满足自动驾驶需求和用户定制化需求的产品敏捷开发模型，并有效与底盘域控制器开发流程契合。

4.1.3　线控制动系统开发流程发展路线

线控制动系统开发流程发展路线如下。

1．总体目标

1）搭建一套基于模型的控制算法及硬件设计流程。

2）软件方面，实现横、纵、垂向深度协同的控制算法设计。

3）硬件方面，实现主缸、油路、电机、电磁阀的系统建模。

2．2025年

1）完成控制算法及所有零部件的模型搭建。

2）实现线控制动系统软硬协同仿真，双向优化控制算法和硬件设计。

3）实现线控制动系统、转向系统、悬架系统、驱动系统协同仿真，并支持一个车型开发。

3．2030年

1）完成从整车到零部件高精度模型搭建，构建支持全车型等级、全功能安全等级、全自动驾驶等级开发的线控制动模型平台。

2）建模能力和模型精度达到国际先进水平。

3）实现模型共享化，支持多个车型开发，并形成线控制动模型国内小循环生态圈。

4.1.4　智能底盘系统开发流程发展路线

智能底盘系统开发流程发展路线如下。

1．2025年

1）形成完整的智能电动底盘多系统耦合测试开发流程。

2）搭建具备车辆横、纵、垂向一体化控制性能的 SIL、HIL、DIL 全场景测试平台架构。

3）完成数字化智能底盘 1.0，能够支撑性能验证、功能安全性验证、数字化开发流程。

2．2030年

1）与环境感知模拟及智能决策控制进行深度闭环结合，实现整车智能驾驶关键系统的全闭环仿真验证。

2）形成整车智能驾驶系统与智能电动底盘系统的联合开发测试验证流程。

3）完成数字化智能底盘 2.0，支撑从零部件设计到智能汽车整车研发的全链条，能够支撑从概念设计到性能认证的全过程。

4.2 评价体系

4.2.1 线控转向系统评价体系发展路线

1．2025年

1）突破线控转向系统功能 / 性能性评价方法，实现转向精准性、转向舒适性、反馈清晰度、部分失效后切换至安全状态过程感受等性能的定量评价。

2）建立功能安全概念评价方法，包括安全目标、安全策略、安全架构和预定义安全状态等维度的量化评价方法。

3）建立较完备的线控转向系统功能安全测试评价方法，包括场景库、测试评价规范、测试评价软硬件工具等。

4）评价体系应能够支撑 L3 级自动驾驶对线控转向系统的功能和功能安全性评价要求。

2．2030年

1）建立线控转向系统功能安全风险评估方法。

2）评价体系能够支撑域控制 E/E 架构和 SOA 下的功能安全风险评估。

3）支撑实现线控转向执行器的批量生产，并进行充分的可靠性验证。

4）评价体系应能够支撑 L4 级自动驾驶对线控转向系统的功能和功能安全性评价要求。

4.2.2 线控制动系统评价体系发展路线

1．2025年

1）突破线控制动系统功能 / 性能性评价方法，特别针对新型制动器（如 EMB 系统）、制动系统总成结构，建立部件及总成的功能、性能评价方法。

2）建立功能安全概念评价方法，包括安全目标、安全策略、安全架构和预定义安全状态等维度的量化评价方法。

3）建立较完备的线控转向系统功能安全测试评价方法，包括场景库、测试评价规范、测试评价软硬件工具等。

4）评价体系应能够支撑 L3 级自动驾驶对线控转向系统的功能和功能安全性评价要求。

2．2030年

1）建立线控制动系统功能安全风险评估方法。

2）评价体系能够支撑域控制 E/E 架构和 SOA 下的功能安全风险评估。

3）支撑实现线控制动执行器的批量生产，并进行充分的可靠性验证。

4）评价体系应能够支撑 L4 级自动驾驶对线控制动系统的功能和功能安全性评价要求。

4.2.3　智能底盘评价体系发展路线

1．2025年

1）建立智能底盘系统驾乘体验评价方法，实现智能底盘系统可控性、舒适性、安全感、能耗等性能的量化评价。

2）突破域控制 E/E 架构和 SOA 下底盘各线控子系统的功能安全集成验证与评价方法。

3）初步建立底盘系统安全性评价框架，提出针对底盘性能衰退诊察、故障诊断与智能化功能降级策略等能力的评价方法。

4）评价体系应能够支撑 L3 级自动驾驶对底盘系统的功能安全性评价要求。

2．2030年

1）重点突破智能电动底盘系统预期功能安全评价方法并形成标准，进一步完善底盘系统安全性评价框架。

2）建立用于智能电动底盘预期功能安全评价的关键场景库并形成标准规范。

3）评价体系应能够支撑 L4 级自动驾驶对预期功能安全性的评价要求。

4）实现基于功能和安全性评价体系的全流程闭环开发及产品性能的快速迭代。

4.3　工具链

4.3.1　工具链整体发展路线

工具链包括：需求管理工具、应用程序开发工具、自动化标定工具、失效 / 风险分析工具、功能安全 / 预期功能安全开发管理工具、场景生成及数据管理工具、底盘系统

SIL/HIL/VIL 测试系统、场地实验控制系统及数据采集分析工具。工具链整体发展路线如下。

1. 2025年

1）形成系统化的开发与测试软件，包括单元测试、集成测试及系统测试等。

2）具有完善的测试管理工具，能覆盖产品全生命周期。测试管理软件应能支持软件开发的基本需求。

3）逐步替代非国产化软件，在汽车软件开发过程中起到一定的作用。

2. 2030年

1）完成开发与测试平台建设，形成开发与测试支持软件库，能够完整支持车载控制器全生命周期的开发与测试。

2）开发与测试软件库和硬件商业化，形成独立产业，具备完整的产业链，同时培养出大批优秀的汽车电子基础软件开发人员，支持开发与测试软件的开发与迭代。

3）开发与测试技术能力（基于模型的开发、标定及测试的完整度）达到国际先进水平。

4.3.2 线控转向系统工具链发展路线

线控转向系统工具链发展路线如下。

1. 总体目标

1）制定测试标准，形成完善、高效、统一的测试系统，能够支持各类线控转向技术敏捷开发和快速验证。

2）具有完善的自主的测试软件，测试管理软件能够在整个产品生命周期中跟踪用户需求与测试用例，生成覆盖完整需求的测试方案。

3）具有自动化回归测试的能力，能够生成回归测试报告。

2. 2025年

1）形成系统化的测试软件，包括单元测试、集成测试等。

2）具有完善的测试管理工具，能覆盖产品全生命周期。测试管理软件应能支持线控转向系统的基本需求。

3. 2030年

1）完成测试平台建设，形成测试支持软件库，能够完整支持线控转向技术全生命周期的测试。

2）线控转向测试软件库和硬件商业化，形成独立产业，具备完整的产业链。

3）测试技术能力（基于模型的开发、标定及测试的完整度）达到国际先进水平。

4.3.3　线控制动系统工具链发展路线

线控制动系统工具链发展路线如下。

1．总体目标

1）制定测试标准，形成完善高效统一的测试系统，能够支持各类线控制动技术的敏捷开发和快速验证。

2）具有完善的自主测试软件，测试管理软件能够在整个产品生命周期中跟踪用户需求与测试用例，生成覆盖完整需求的测试方案。

3）具有自动化测试管理的能力，提高试验效率。

2．2025年

1）形成系统化的测试软件，包括单元测试、集成测试等。

2）具有完善的测试管理工具，能覆盖产品全生命周期。测试管理软件应能支持线控制动系统的基本需求。

3．2030年

1）完成测试平台建设，形成测试支持软件库，能够完整支持线控制动技术全生命周期的测试。

2）线控制动测试软件库和硬件商业化，形成独立产业，具备完整的产业链。

3）测试技术能力（基于模型的开发、标定及测试的完整度）达到国际先进水平。

4.3.4　智能底盘系统工具链发展路线

智能底盘系统工具链路线如下。

1．2025年

1）逐步将测试平台集成的核心软件（整车仿真、环境仿真、测试控制平台等）进行国产化开发，实现关键核心技术突破。

2）完成自主软件的稳定性运行验证及大量验证数据的积累。

2．2030年

1）测试系统硬件（实时仿真与控制设备、高性能板卡等）实现核心技术和部件国产化。

2）形成完整的国产化软硬件开发工具链，积累充足的测试验证数据，形成成熟稳定的测试应用体系。

4.4 数字化开发平台

4.4.1 整体发展路线

开发测试数字化平台是由数学模型、标准、开发验证工具、开发流程与数据库有机融合的系统，数字化平台发展路线如下。

1．总体目标

1）建立将开发流程、场景／标准与工具链集成一体化的数字化平台。

2）平台中的开发流程、场景／标准与工具链应满足国家及行业的需求，包括安全性、能耗等领域的强制性法规、标准等。

3）平台中的开发流程、场景／标准与工具链应满足企业的需求，包括产品质量、成熟度、研发效率及研发成本等。

4）平台支撑底盘线控化、智能化、底盘域控制及 SOA 等方面的技术创新。

5）依托数字化平台实现知识积累。

6）支撑线控制动系统、线控转向系统、智能底盘产品达到国际先进水平。

2．2025年

1）建成基于模型深度协同的数字化开发测试平台 1.0。

2）具备能够支撑 L3 级自动驾驶汽车底盘性能验证、安全性验证的工具。

3．2030年

1）建成数字化智能底盘开发测试平台 2.0。

2）支撑从智能部件设计到智能底盘研发的全链条。

3）支撑从概念设计到性能、验证、认证的全过程。

4.4.2 线控转向与线控制动系统数字化开发平台发展路线

线控转向与线控制动系统数字化开发平台的发展路线如下。

1．总体目标

1）建立与整车制造企业深度协同的开发平台。

2）支撑功能／性能与安全性双轨开发流程。

3）实现线控系统的高效开发。

4）支撑自主线控系统产品达到国际先进水平。

5）实现知识积累。

2．2025年

1）针对开发流程要求建立线控系统数字化开发与测试平台框架。

2）实现功能安全开发软件在开发过程中的大量使用。

3）形成线控系统功能及安全性测试用例库，并使之模型化。

4）完成流程中开发与测试所需控制器模型和被控对象模型的搭建。

5）逐步建立 IT 化的流程任务管理、测试标准管理、测试结果管理和评价结果管理。

6）实现 XIL 测试与台架测试相结合的功能 / 性能与安全性评价。

7）支撑满足 L3 级自动驾驶要求的线控总成系统产品开发。

3．2030年

1）支撑 SOA 下的软件供应商与整车制造企业协同开发。

2）支撑线控总成供应商与整车制造企业联合开展域控制架构下的功能、性能及功能安全仿真测试。

3）支撑满足 L4 级自动驾驶要求的线控总成系统产品开发。

4.4.3 智能底盘数字化平台发展路线

1．2025年

1）建立基于功能 / 性能与安全性双轨并行研发流程搭建数字化开发与测试平台框架。

2）实现功能安全、预期功能安全开发软件在开发过程中的大量使用。

3）形成底盘系统功能及安全性测试用例库，实现测试场景及测试用例标准化、模型化。

4）与供应商协同完成控制器模型和被控对象模型的开发。

5）逐步建立 IT 化的协同开发系统，实现与供应商的数字化协同开发与测试。

6）实现 XIL 测试与台架测试相结合的功能 / 性能与安全性评价。

7）支撑满足 L3 级自动驾驶要求的智能电动底盘产品开发。

2．2030年

1）形成较完备的智能电动底盘开发与测试数字化平台。

2）支撑实现 SOA 下的软件供应商与整车制造企业协同开发。

3）支撑线控总成供应商与整车制造企业联合开展域控制架构下的功能、性能及功能安全仿真测试、评价。

4）支撑满足 L4 级自动驾驶要求的线控系统产品开发。

5）支撑我国智能电动底盘产品达到国际先进水平。

第15章
智能底盘标准规范

1 智能底盘标准规范现状及发展趋势

　　汽车新"四化"趋势如图 15-1 所示。随着汽车电动化与智能化的发展,自动驾驶技术正在逐渐走入市场。自动驾驶技术促进了网联化与共享化的发展,提高了现有资源的使用效率,有效地解决了"有限资源"与"出行需求"的供需矛盾,是未来汽车技术发展的必经之路。同时,在安全方面,智能底盘能够最大范围地协同转向、制动、悬架、电驱动各系统之间以及协同底盘与自动驾驶系统之间的控制和交互,能够助力实现交通事故的大量减少,从而减少由于交通事故导致的生命及财产损失。

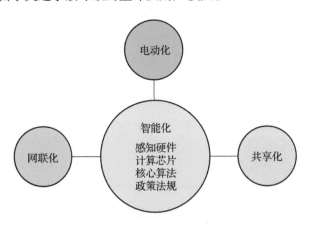

图 15-1　汽车新"四化"趋势

　　自动驾驶技术由感知识别、决策规划和控制执行三个核心系统构成。底盘系统属于自动驾驶中的控制执行部分,是最终实现高阶自动驾驶的关键环节。自动驾驶的实现,离不开智能底盘执行机构的快速响应、精确执行以及安全备份,以实现与上层感知和决策系统的高度协同,并具备故障模式下的降级或安全接管能力,从而保证底盘安全可靠的承载与行驶功能。

　　智能底盘标准体系可分为整车级、底盘级、系统级、零部件级及标准化接口和测试相关标准。智能底盘相应的技术标准是基于智能底盘的功能要求，探索其应涵盖的功能范围以及对应的技术要求。制定智能底盘标准体系有利于缩短产品开发周期，提高产品质量，增强我国智能底盘产业国际竞争力。

1.1 智能底盘技术标准概述及总体标准

1.1.1 智能底盘技术框架

智能底盘由线控制动、线控转向、智能悬架等关键系统组成，且各系统之间存在深度的协同控制，以提升车辆的动力学性能。智能底盘是自动驾驶实现的必要条件，是智能化实施的重要载体。

从定义来看，智能底盘由具备承载与行驶功能的底盘运行基础部分和搭载的智能化技术两部分构成，智能底盘技术框架如图 15-2 所示，该框架构成了智能底盘标准制定的基础。

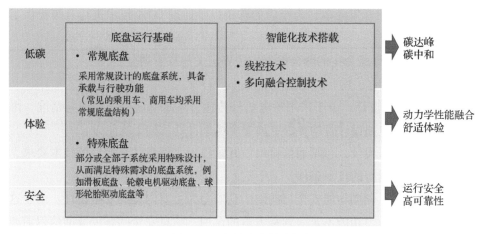

图 15-2　智能底盘技术框架

1. 针对安全的标准制定所需要关注的技术要求

底盘以承载与行驶为主要功能，因此安全仍然是首要指标。目前，以主要功能为基础的底盘架构相关标准已趋于完善，但针对特殊系统设计的特殊底盘，以滑板底盘为例，则还需要考虑如下要求。

1）底盘一体化布置安全。

2）底盘与车身或智慧座舱的功能连接安全。

3）主动安全与被动安全。

4）热插拔、即插即用性能安全等。

智能底盘包括线控技术与多向融合控制技术。作为自动驾驶的必要条件，搭载线控技术的系统要求具备系统解耦以及系统冗余备份的能力，为系统主动控制车辆从而实现自动驾驶提供了可能。而多向融合控制技术的发展，则提升了底盘的动力学性能。需要考虑的安全要求总体如下。

1）与安全相关的线控系统的执行响应时间与执行精准度要求。

2）具备主系统失效后的多级安全备份设计。

3）具备安全的降级模式，满足 ASIL 相应等级要求。

4）冗余单元能够在限定的时间内对系统进行接管，从而实现安全驾驶或安全降级。根据自动驾驶的分级定义，不同级别的自动驾驶系统在大多数场景中应具备不同的接管时间。

5）线控系统内部与外部通信的时效性与通信冗余的要求。

6）软硬件解耦的技术要求。融合控制技术的发展过程中不同的系统供应商有不同的技术标准，必然导致开发的难度与多样性大幅提高，影响开发计划，导致开发成本和开发周期上升。因此，通过软硬件分离的设计原则，实现在同等的架构下匹配不同供应商的技术方案，大幅降低各项开发成本，为今后的移植以及通过 OTA 技术进行升级提供了更加便捷的条件。

7）以提升动力学性能为主的融合控制的边界定义与权责划分。

8）系统兼容性设计。

9）系统的抗干扰设计。由于采用了电信号传递，系统响应更加快速与精准，因此相应的电子电气特性、电路设计等均要求更加安全可靠且具备抗干扰能力。

10）子系统的接口设计，包括通信接口、冗余接口、信息共享接口等技术要求，构成了保证智能底盘安全运行的技术条件。

11）以功能安全、预期功能安全与网络信息安全为主要内容的安全设计。由于这些复杂电控系统的功能失效、功能不足、驾乘人员的误用、信息安全问题以及通信迟滞或丢失等所引发的安全事故需要被重点关注。

2．针对体验的标准制定所需要关注的技术要求

基于底盘运行的基础架构，针对常规底盘与特殊底盘的用户体验，标准制定的重点仍在底盘的操纵稳定性与舒适性的提升，从而满足不同的驾驶需求，当前的规范标准已趋于完备。

基于智能化的线控技术与融合控制技术的发展，革新了传统的电子电气架构，可以支撑高阶自动驾驶的相关功能需求。融合控制将单独的纵向、横向或垂向控制进行协同，从而实现双向或三向的融合，提高了底盘的动态性能，带给顾客更好的使用体验。针对线控与域控进行相关的标准规范的研究，需要重点关注的项目如下。

1）与用户体验相关的线控系统执行响应的标准要求。

2）执行系统与操作系统的解耦对于用户信息交互的相关要求。系统解耦为用户提供了更加舒适与独立的乘坐环境，如何确保底盘的响应能够准确地传递给用户，相关的制动系统踏板感觉、路感、转向手感的模拟设计就是重点研究内容。

3）多向融合控制对于整车舒适性提升的相关指标与边界定义。

4）面向软件定义汽车，开展基于 SOA 的智能底盘功能软硬件解耦，实现接口的标准化和服务的原子化，形成可执行的规范和标准。

5）基于智能底盘多个线控子系统传感器信息融合，对底盘健康信息进行监控和管理，增强客户体验的同时可进一步拓展为高阶智能驾驶所需的车辆和驾驶员行为监控与安全预警服务。

3．针对低碳的标准制定所需要关注的技术要求

基于国家"碳达峰、碳中和"的目标，对于智能底盘的低碳化也有相关要求。基于此，相关的标准需要对如下环节加以关注。

1）底盘架构零件的轻量化设计。底盘的轻量化对降低油耗、提升续驶里程至关重要，同时可以提升底盘的动态响应能力，还可获得更好的轮胎接地性能。

2）从智能控制、新技术、新工艺等领域满足节能设计要求。包括智能底盘的创新产品设计，低功耗电子产品包括传感器、控制器与执行器，低拖滞制动钳，低滚阻轮胎的开发，制动能量的回收再生等。

4．针对闭环开发与验证流程所需要关注的测试标准

基于闭环的开发与验证流程，针对智能底盘系统，还需要研究测试与验证环节的相关要求。重点需关注以安全为目标的智能底盘内部各系统的功能测试、可靠性测试以及针对安全冗余的测试需求；在以体验与低碳为要求的智能底盘系统设计层面，也应该制定相应的行业推荐标准，在供应商端与主机厂端形成技术合力，引导行业健康发展。

1.1.2 智能底盘当前标准梳理

在探讨智能底盘新的标准前，需要对当前关于智能底盘的标准进行统一的梳理，如图 15-3 所示。

1．整车级标准

整车级标准以国家标准为主，是整个智能底盘标准体系的基础和核心，包括总体要求、系统装车后的功能和性能要求及试验方法等。

（1）总体要求相关标准

总体要求标准涉及运行安全、功能安全、故障报警、电磁兼容、环境试验等，主要有以下标准，见表 15-1 所列。

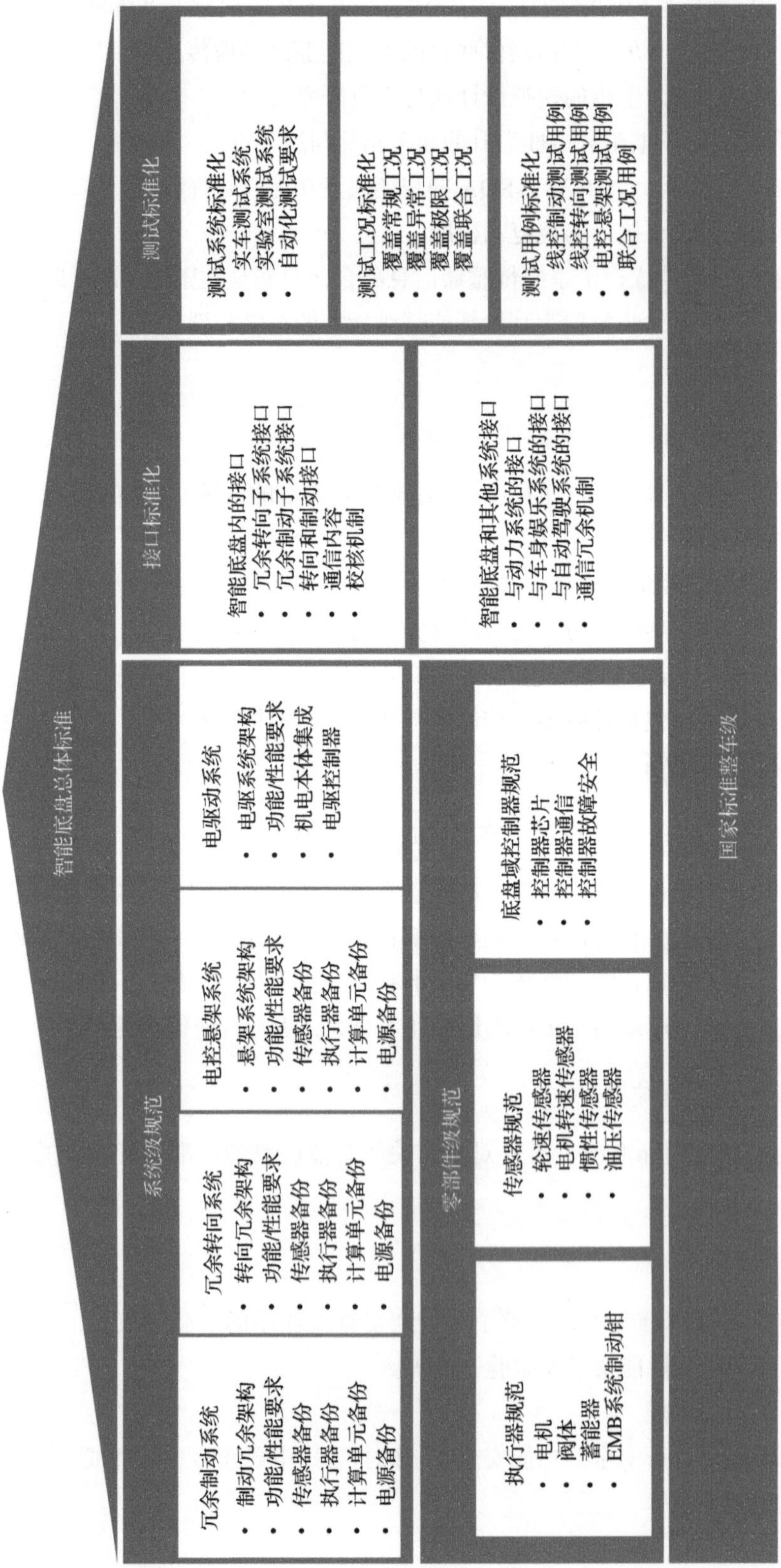

图 15-3 智能底盘标准体系

智能底盘总体标准

测试标准化

- 测试系统标准化
  - 实车测试系统
  - 实验室测试系统
  - 自动化测试要求
- 测试工况标准化
  - 覆盖常规工况
  - 覆盖异常工况
  - 覆盖极限工况
  - 覆盖联合工况
- 测试用例标准化
  - 线控制动测试用例
  - 线控转向测试用例
  - 电控悬架系统测试用例
  - 联合工况测试用例

接口标准化

- 智能底盘内部系统的接口
  - 冗余转向子系统接口
  - 冗余制动子系统接口
  - 转向和制动通信内容
  - 校核机制
- 智能底盘和其他系统接口
  - 与动力系统的接口
  - 与车身娱乐系统的接口
  - 与自动驾驶系统的接口
  - 通信冗余机制

系统级规范

- 电驱动系统
  - 电驱系统架构
  - 功能性能要求
  - 机电本体集成
  - 电驱控制器
- 电控悬架系统
  - 悬架系统架构
  - 功能性能要求
  - 传感器备份
  - 执行器备份
  - 计算单元备份
  - 电源备份
- 冗余转向系统
  - 转向冗余架构
  - 功能性能要求
  - 传感器备份
  - 执行器备份
  - 计算单元备份
  - 电源备份
- 冗余制动系统
  - 制动冗余架构
  - 功能性能要求
  - 传感器备份
  - 执行器备份
  - 计算单元备份
  - 电源备份

零部件级规范

- 底盘域控制器规范
  - 控制器芯片
  - 控制器通信
  - 控制器故障安全
- 传感器规范
  - 轮速传感器
  - 电机转速传感器
  - 惯性传感器
  - 油压传感器
- 执行器规范
  - 电机
  - 阀体
  - 蓄能器
  - EMB系统制动钳

国家标准整车级

表 15-1　总体标准汇总

序号	标准名称	标准内容	备注
1	GB 7258—2017《机动车运行安全技术条件》	规定了机动车的整车及主要总成、安全防护装置等有关运行安全的基本技术要求，以及消防车、救护车、工程救险车和警车及残疾人专用汽车的附加要求	
2	GB/T 3730.1—2001《汽车和挂车类型的术语和定义》	对汽车、挂车和汽车列车的类型给出术语和定义	
3	GB 15740—2006《汽车防盗装置》	规定了汽车防盗装置的要求和试验方法	
4	GB/T 28382—2012《纯电动乘用车　技术条件》	规定了座位数在 5 座及以下的纯电动乘用车的术语和定义、技术要求和试验方法	
5	GB/T 34590《道路车辆　功能安全》	修改采用 ISO 26262：2011《道路车辆—功能安全》标准，适用于道路车辆上由电子、电气和软件组件组成的安全相关系统在安全生命周期内的所有活动。随着技术日益复杂、软件和机电一体化技术应用不断增加，来自系统性失效和随机硬件失效的风险逐渐增加，GB/T 34590 通过提供适当的要求和流程给出了避免风险的指导，共分为 10 个部分	
6	GB 4094—2016《汽车操纵件、指示器及信号装置的标志》	规定了汽车操纵件、指示器及信号装置的标志及其位置和信号装置显示颜色的基本要求	故障报警
7	GB/T 17619—1998《机动车电子电器组件的电磁辐射抗扰性限值和测量方法》	规定了机动车电子电器组件（ESA）对电磁辐射的抗扰性限值和测量方法	
8	GB/T 18655—2018《车辆、船和内燃机　无线电骚扰特性　用于保护车载接收机的限值和测量方法》	用于保护车载接收机免受车内产生的传导和辐射发射的骚扰	电磁兼容（EMC）
9	GB/T 19951—2019《道路车辆　电气/电子部件对静电放电抗扰性的试验方法》	规定了车辆电气/电子部件对装配、维修过程中及驾乘人员在车内外可能产生的静电放电（ESD）耐受性能的试验方法，包括部件和整车层面试验	
10	GB/T 21437.2—2008《道路车辆　由传导和耦合引起的电骚扰　第 2 部分：沿电源线的电瞬态传导》	规定了安装在乘用车及 12V 电气系统的轻型商用车或 24V 电气系统的商用车上设备的由传导和耦合引起的电骚扰电磁兼容性测试	

（续）

序号	标准名称	标准内容	备注
11	GB/T 30038—2013《道路车辆 电气电子设备防护等级（IP 代码）》	规定了道路车辆用电气电子设备外壳的防护等级（IP 代码），各防护等级要求及试验	电磁兼容（EMC）
12	GB/T 28046《道路车辆 电气及电子设备的环境条件和试验》	描述了安装在车辆上／内特定位置的系统／组件可能的环境负荷，且规定了试验及要求，不包括电磁兼容性（EMC）	环境试验
13	《道路车辆 预期功能安全 》		已立项，计划号：20203970-T-339

（2）整车级性能及试验方法相关标准

1）线控制动系统相关标准见表 15-2。

表 15-2　线控制动系统相关标准汇总

序号	标准名称	标准内容	备注
1	ECE R13《关于 M、N 和 O 类车辆制动认证的统一规定》、ECE R13H《关于乘用车制动认证的统一规定》	规定了乘用车制动系统的结构、性能要求和试验方法	欧洲
2	GB 21670—2008《乘用车制动系统技术要求及试验方法》	规定了乘用车制动系统的结构、性能要求和试验方法	
3	GB 12676—2014《商用车辆和挂车制动系统技术要求及试验方法》	规定了商用车辆和挂车制动系统的技术要求和试验方法	
4	GB/T 30677—2014《轻型汽车电子稳定性控制系统性能要求及试验方法》	规定了轻型汽车电子稳定性控制系统的性能要求和试验方法	
5	GB/T 38185—2019《商用车辆电子稳定性控制系统性能要求及试验方法》	规定了商用车辆电子稳定性控制系统的术语和定义、一般要求、性能要求、试验条件、试验方法	
6	GB/T 39901—2021《乘用车自动紧急制动系统（AEBS）性能要求及试验方法》	规定了乘用车自动紧急制动系统（AEBS）的术语和定义、技术要求及试验方法	

（续）

序号	标准名称	标准内容	备注
7	GB/T 38186—2019《商用车辆自动紧急制动系统（AEBS）性能要求及试验方法》	规定了商用车辆自动紧急制动系统（AEBS）的术语和定义、技术要求、试验方法	
8	《乘用车制动系统功能安全要求及试验方法》	制动可控性安全度量的开发	国家标准立项中

2）线控转向系统相关标准见表 15-3。

表 15-3　线控转向系统相关标准汇总

序号	标准名称	标准内容	备注
1	ECE R79《关于车辆转向机构认证的统一规定》	规定了汽车转向系统的术语和定义、技术要求和试验方法	欧洲
2	NHTSA《线控转向系统功能安全评估》（FuSa Assessment of SbW）	对线控转向系统（涵盖离合器及后轮转向），进行了详细完整的功能安全分析，得出线控转向系统功能安全要求	美国
3	GB 17675—2021《汽车转向系　基本要求》	规定了汽车转向系统的术语和定义、技术要求和试验方法	
4	《乘用车紧急转向辅助系统技术要求及试验方法》		国家标准制定中
5	《乘用车转向系统功能安全要求及试验方法》	转向可控性安全度量的开发	国家标准制定中

3）线控悬架系统方面尚无相关标准和法规。

4）线控驱动系统方面尚无相关标准和法规。

2．底盘级标准

底盘级标准见表 15-4。

表 15-4　底盘级标准汇总

序号	标准名称	标准内容	备注
1	《乘用车自动驾驶线控底盘性能要求及试验方法　第 1 部分：驱动系统》		团体标准，已立项

（续）

序号	标准名称	标准内容	备注
2	《乘用车自动驾驶线控底盘性能要求及试验方法 第2部分：制动系统》		团体标准，已立项
3	《乘用车自动驾驶线控底盘性能要求及试验方法 第3部分：转向系统》		团体标准，已立项
4	《功能型无人车多轮分布式驱动系统性能要求及试验方法》		预研中

3. 系统级标准

（1）线控制动系统

线控制动系统的系统级标准见表15-5。

表 15-5　线控制动系统的系统级标准

序号	标准名称	标准内容	备注
1	T/CAAMTB 64—2022《汽车解耦式电子助力制动系统总成性能要求及台架试验方法》	规定了汽车解耦式电子助力制动系统总成的术语和定义、一般要求、性能要求、试验装置及试验相关要求、试验方法	团体标准
2	T/CAAMTB 65—2022《汽车非解耦式电子助力制动系统总成性能要求及台架试验方法》	规定了汽车非解耦式电子助力制动系统总成的术语和定义、一般要求、性能要求、试验装置及试验相关要求、试验方法	团体标准
3	T/CAAMTB 66—2022《汽车电子助力制动系统总成耐久性能要求及台架试验方法》	规定了汽车电子助力制动系统总成的耐久性能要求、试验装置及试验相关要求、试验方法	团体标准
4	T/CSAE 79—2018《能量回馈式汽车液压防抱死制动系统 性能要求及台架试验方法》	规定了能量回馈式汽车液压防抱死制动系统（简称EABS）的基本参数、要求、试验方法	团体标准
5	T/CSAE 80—2018《能量回馈式汽车液压防抱死制动系统 耐久性能要求及台架试验方法》	规定了能量回馈式汽车液压防抱死制动系统（简称EABS）的基本参数、耐久试验方法	团体标准
6	T/CSAE 81—2018《能量回馈式整车动力学控制系统性能要求及台架试验方法》	规定了能量回馈式整车动力学控制系统（简称EESC）的基本参数、要求、试验方法	团体标准

（续）

序号	标准名称	标准内容	备注
7	T/CSAE 82—2018《能量回馈式整车动力学控制系统耐久性能要求及台架试验方法》	规定了能量回馈式整车动力学控制系统（简称 EESC）的基本参数、耐久试验方法	团体标准

（2）线控转向系统

尚无线控转向系统系统级标准。

（3）线控悬架系统

尚无线控悬架系统系统级标准。

（4）线控驱动系统

尚无线控驱动系统系统级标准。

4．零部件级标准

（1）线控制动系统

线控制动系统的零部件级标准见表 15-6。

表 15-6　线控制动系统的零部件级标准

序号	标准名称	标准内容	备注
1	QC/T 1005—2015《汽车防抱制动系统液压电磁调节器技术要求及台架试验方法》	规定了汽车防抱死制动系统（ABS）液压电磁调节器（包含阀体、常闭阀、常开阀、阻尼器、储液罐、回流泵及电机等）的术语和定义、性能要求、台架试验方法	
2	《汽车电子稳定控制系统及制动防抱系统用液压电磁阀总成性能要求及台架试验方法》	QC/T 1005—2015 的修订版本，增加 ESC 系统液压电磁阀相关内容	行业标准，立项中
3	T/CAAMTB 25—2021《乘用车电子驻车制动系统用电机性能要求和检验方法》	规定了乘用车电子驻车制动系统用电机术语和定义、性能要求、测试方法、测试规则、标志、包装、运输及贮存等	团体标准
4	《汽车液压制动系统 ABS/ESC 电磁阀技术要求及测试方法》	规定了汽车液压制动系统 ABS/ESC 电磁阀技术要求及测试方法 适用于 M1、N1 车型中以制动液为介质，额定电压 12V 的在汽车液压制动系统中实现开闭控制及连续控制功能的电磁阀	团体标准（T/CSAE），已完成征求意见稿，待审定
5	《商用车电子机械制动卡钳总成性能要求及台架试验方法》	规定了商用车用电子机械制动钳总成的性能要求及试验方法	团体标准（T/CAMTB），已完成征求意见稿，待审定

（2）线控转向系统

尚无线控转向系统的零部件级标准。

（3）线控悬架系统

线控悬架系统的零部件级标准见表 15-7。

表 15-7　线控悬架系统的零部件级标准

标准名称	标准内容	备注
QC/T 491—2018《汽车减振器性能要求及台架试验方法》	规定了汽车减振器性能要求和台架试验方法	

（4）线控驱动系统

线控驱动系统的零部件级标准见表 15-8。

表 15-8　线控驱动系统的零部件级标准

标准名称	标准内容	备注
《中央集成式商用车电驱动桥总成技术要求及台架试验方法》	规定了中央集成式商用车电驱动桥总成的技术要求和台架试验方法	团体标准（T/CAMTB），已完成立项

5．标准化接口

标准化接口标准见表 15-9。

表 15-9　标准化接口标准

序号	标准名称	标准内容	备注
1	VDA 360《电动制动助力器和电子稳定性控制单元之间通信接口的实施建议》	对电动制动系统与电子稳定性控制单元之间的功能划分、功能框架、接口定义以及安全评价和测试做了相应的规定，特别是对电动制动系统的精度测试提供了推荐测试方法和推荐评价指标	德国
2	T/CSAE 234—2021《智能网联汽车　线控转向及制动系统数据接口要求》	规定了智能网联汽车线控转向及制动系统的数据接口，包括与域控制器及其他电控单元交互的信号定义等	

6．测试标准化

测试标准见表 15-10。

表 15-10　测试标准

序号	标准名称	标准内容	备注
1	T/CSAE 76—2018 《纯电动汽车再生制动能量回收效能快速评价及试验方法》	规定了纯电动汽车再生制动能量回收效能的快速评价及试验方法	团体标准
2	T/CSAE 77—2018 《电动汽车再生制动系统制动效能恒定性试验方法》	规定了电动汽车再生制动系统制动效能恒定性试验方法	团体标准
3	T/CSAE 78—2018 《电动汽车再生制动平顺性的评价及试验方法》	规定了电动汽车再生制动平顺性的评价及试验方法	团体标准
4	T/CSAE 166—2020 《电动汽车再生制动防抱死道路试验方法》	规定了电动汽车再生制动防抱死道路试验方法	团体标准
5	T/CSAE 167—2020 《电动汽车再生制动防抱死台架试验方法》	规定了电动汽车再生制动防抱死台架试验方法	团体标准
6	T/CSAE 169—2020 《电动汽车制动系统故障诊断与应急保护台架试验方法》	规定了电动汽车制动系统故障诊断与应急保护台架试验方法	团体标准
7	T-CAAMTB 61—2021 《汽车驾乘性体验测试评价规程》	规定了汽车驾乘性体验的测试评价方法	团体标准

1.1.3　智能底盘标准对行业的意义

近年来，随着智能汽车的快速发展，智能底盘凭借其独有的优势，迎来了研究及产业化前所未有的机遇。目前，智能底盘已陆续在各目标领域展开了示范应用，相关产品也在逐步面向市场推开，与智能底盘关联的产业蓄势待发，对于智能底盘相关标准的需求日益迫切，制定智能底盘标准对于行业发展有着至关重要的意义。

（1）缩短开发周期

智能底盘标准制定后，供应商可以根据标准化的设计要求更加快速地设计制造出成熟的智能底盘产品并推广到市场，汽车整车制造企业根据自身需求，直接采购组装调试即可，整车开发周期就会缩短，无论是对供应商的研发制造，还是对整车制造企业的新产品推出，都是非常重要的。

（2）开发成本降低

智能底盘标准的制定和统一，有助于企业实现科学管理和提高管理效率，使资源合理利用，可以简化生产技术，实现互换组合，降低了开发难度，通过规模化效应降低成本，更好地满足市场需求，增加企业效益。

（3）提高产品质量

智能底盘标准化有利于稳定和提高产品、工程和服务的质量，促进企业走质量效益型发展道路，增强企业素质，提高企业竞争力。标准的水平标志着产品质量水平，没有高水平的标准，就没有高质量的产品。企业只有严格地按标准进行生产、检验、包装、运输和贮存，才能保证产品质量的可靠性，提高产品的市场竞争力。

（4）提高维修效率

标准化改造后，企业可生产技术较为成熟的零部件，降低了汽车使用过程中的故障发生的概率，即使产品出现故障，维修时零部件更易于更换和替代，节省了维修时间和成本，提高了维修效率。

（5）有利于自动驾驶功能的扩展

智能底盘的标准化有利于自动驾驶功能拓展，通过对线控化自动驾驶控制器软硬件的集成，实现硬件平台化、标准化及软件个性化，简化了智能汽车自动驾驶的控制方案，更多发挥拓展的功能。

（6）促进科研成果转化

标准化是科技成果转化为生产力的重要桥梁，智能底盘标准能够提供统一的平台，使相关科研成果迅速地过渡到生产领域，转化为成熟的产品进入市场，产生应有的经济效益和社会效益，推动汽车行业和社会的进步。

（7）增强行业国际竞争力

智能底盘标准是决定智能底盘行业国际竞争力大小的重要因素。智能底盘标准能通过规范市场、促进创新、减少交易成本、促进规模经济、推动相关产业发展进而影响产业的竞争优势，符合我国建设创新型国家的发展战略。随着时间的推移，标准对市场竞争力的作用将表现得更为突出。

1.2 智能底盘技术标准发展趋势

智能电动底盘技术是智能汽车的重要技术组成，智能电动底盘标准发展应在提高车辆安全性、降低开发和制造成本、提高智能汽车产品成熟度等方面促进智能汽车快速、健康发展。安全、低碳和愉悦的驾驶体验是底盘系统的永恒目标，安全性是智能电动底盘面临的最大挑战。

1. 智能电动底盘感知能力亟待研究并建立标准

2021 年 7 月 30 日，工业和信息化部印发《关于加强智能网联汽车生产企业及产品准入管理的意见》，强调加强自动驾驶功能产品安全管理，要求具有自动驾驶功能的汽车产品应至少满足以下条件：应能自动识别自动驾驶系统失效以及是否持续满足设计运行条件，并能采取风险减缓措施以达到最小风险状态；应满足功能安全、预期功能安全、网络安全等过程保障要求，以及模拟仿真、封闭场地、实际道路、网络安全、软件升级、数据记录等测试要求，避免车辆在设计运行条件内发生可预见且可预防的安全事故。上述要求中，需要识别的设计运行条件中，路面摩擦系数、不平度等是重要条件，其识别能力的检验方法以及需达到的精度水平等缺乏标准；国际标准 ISO 34502：2022《道路车辆—自动驾驶系统测试场景—基于场景的安全评价框架》中要求对路面状况、轮胎状况可能导致的潜在风险进行测试评价，明确了智能底盘需具备相应的感知或识别能力并形成标准，以更好地保障行车安全。

2020 年 2 月，英国发布 PAS 1880《自动驾驶车辆控制系统开发和评估指南》，要求自动驾驶车辆具备自监控功能，期望能够发现车轮 / 轮毂轴承噪声、减速时出现失速等车辆问题。2021 年 3 月，欧洲经济委员会发布的 ECE R157《车辆自动车道保持系统审批统一规定》中，要求车辆出现严重故障时，系统能够实施"最低风险机动"。这要求底盘能够实时监控车辆的健康状态、评估故障严重水平，并与自动驾驶系统协同处理，以降低风险。智能电动底盘涉及的线控转向系统、制动系统、驱动系统等发生故障都会对行车安全造成严重影响，故障的种类繁多、严重性水平各异，自动驾驶系统须对各种故障进行合理处理方能兼顾行车安全和出行效率。智能底盘故障的分类、分级是智能汽车能够高效安全处理故障的前提，也是从整车到零部件整个产业链快速适应汽车智能化时代技术变革的重要途径。

在智能汽车系统中，底盘感知是车辆感知系统的重要组成部分，底盘是感知总成系统健康状态、路面状态和车辆稳定性状态的责任主体，既往由驾驶员承担的部分分析判断工作会转移给智能底盘系统。

2. 高级自动驾驶要求智能电动底盘 E/E 架构符合安全标准

底盘的安全性要求在车辆系统中是最高的，其电子控制功能实现也是最复杂的。高级自动驾驶对智能底盘安全性提出更高要求。GB/T 34590《道路车辆　功能安全》规定了道路车辆电子电气系统的功能安全要求，而车辆系统的安全实际上是由机械电子系统来共同保障的。在开发过程中，首先要定义所开发的电子电气系统的安全性目标，然后按照标准要求实现功能安全目标。对于关键总成的电子电气系统，在供电、通信和控制三个方面的冗余设计是惯常采用的控制措施，但此措施不能替代安全性控制目标，该目标应该在行业内形成共识并建立标准。同时，任何底盘子系统的安全目标都是基于车辆的物理架构和电子电气架构来设定的。面向高级自动驾驶的安全架构是汽车产业上下游共同关心的问题，也是需要行业共同解决的问题。国外学者提出的一些思路和方案（图 15-4）提供了重要参考，适合我国智能汽车和智能电动底盘的安全架构和安全标准有待研究建立。

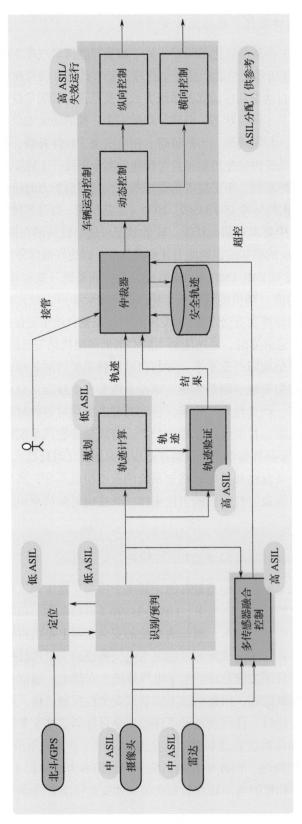

图 15-4 自动驾驶安全架构思路参考图

智能底盘标准应与自动驾驶的相关标准协调发展，从国际标准化组织的标准规划可以看到，2025 年，自动驾驶相关标准就会发布，如图 15-5 所示。

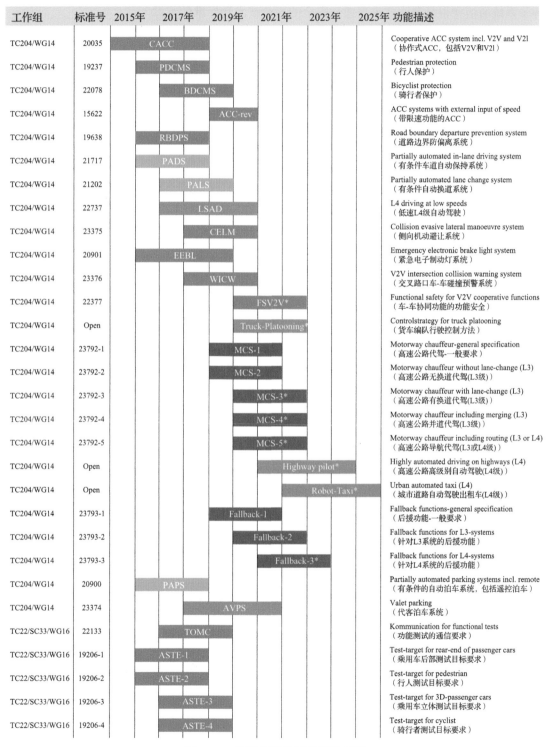

图 15-5　国际标准化组织标准规划

3．我国底盘一体化控制技术发展需要安全、高效的底盘域通信标准

线控技术使底盘各系统协同控制成为可能，底盘域控制技术的发展使底盘域控制器与各子系统通信变得复杂，要求高速、安全的通信技术和标准的支撑。

采埃孚提出车辆底盘控制协调器的概念：cubiX®，能够将前轮转向系统、后轮转向系统、制动系统、动力系统、传动系统和悬架系统进行统一协调，完成驾驶员、ADAS/自动驾驶系统定义的车辆运动目标（图15-6）。作为国际汽车零部件巨头，通过并购完全具备了上述总成系统的先进技术，可以根据需求定义域控制器通信，开发出面向服务的电子电气架构（SOA），并形成技术壁垒。我国零部件产业相对薄弱，尽快完成面向智能化的技术转型升级是关系智能汽车产业生死存亡的重大挑战。

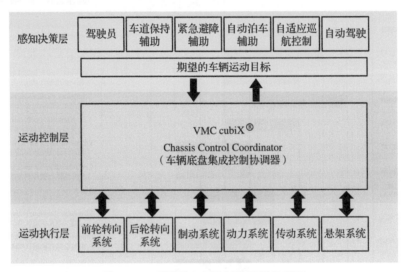

图15-6 采埃孚底盘控制协调器参考图

以国内行业整体利益为重，以整车需求作为牵引，定义面向服务的电子电气架构、制定底盘域面向自动驾驶系统和各执行器总成的功能分配和通信框架标准，是加快研发进程、促进行业转型、跟上国际汽车技术变革的重要举措。

4．智能电动底盘安全性测试验证及评价标准体系有待提出

在汽车行业的既有标准中，冗余和可靠机械联合是保障底盘安全的重要手段，线控技术对底盘以及各子系统的安全评价认证带来挑战。GB 17675—2021《汽车转向系 基本要求》中解除以往对转向系统方向盘和车轮物理解耦的限制，但线控转向系统量产的相关国家标准还是空白。同时，域控制架构的实现将带来转向系统本身边界模糊的问题，从而使子系统安全性认定变得困难。尽管如此，转向电子控制系统标准的建立为智能底盘系统和智能底盘各总成安全性测试验证及评价标准体系建立提供了很好的范例，有助于逐步建立相关标准。

5．智能电动底盘开发流程的指导性标准有待建立

与传统底盘不同，智能电动底盘是信息物理融合系统，软件开发是开发过程的重要组成部分，既往以机械设计为主的汽车／底盘开发流程已经不能满足要求，同时，功能安全、预期功能安全目标的达成严重依赖完善的开发流程支持。

GB/T 34590《道路车辆　功能安全》规定了汽车电子电气系统的开发流程，ISO 21448：2022《道路车辆—预期功能安全》提出了预期功能安全开发的体系框架和简要程序，将功能安全和预期功能安全程序融合到智能电动底盘的开发流程中并形成框架标准，是一项艰巨但具有重大意义的任务。

2019 年，德国汽车工业协会发布《自动驾驶标准化路线图》称：中国和日本等工业国家战略性地将标准化作为一种工具，通过标准化技术解决方案来塑造技术水平。此论述是对我国汽车行业发展标准化成就的总结，也应该成为智能电动底盘工作组发展标准化所坚持的方向，即通过建立标准充分激发行业所有研发力量，以技术互补、协同进步不断缩短我国与技术领先国家的技术水平差距，建立自主的智能汽车技术体系，在国际化竞争中逐步建立竞争优势。

2 系统级标准规范路线图

2.1 智能底盘系统标准路线图

2.1.1 基础功能和系统级标准规范

汽车底盘承载了车辆的制动性能、转向性能、平顺性和动力性能，还包括了车辆的操纵稳定性。底盘各子系统自身都具有其内在的复杂相对运动和力学关系，这些子系统内部以及它与外部子系统的连接环节都存在着大量的弹性和非线性元素，当车辆的行驶进入一定的力学区域内时，这些弹性和非线性的元素就会起作用，此时的车辆表现为强非线性特性。底盘各子系统在线性区和非线性区的关键性能和执行响应是系统和零部件规范标准关注的重点，如图 15-7 和图 15-8 所示。

智能底盘通过车辆动力学模型，实现纵、横、垂多自由度动力学控制集成，包括纵向矢量控制、横向矢量控制和垂向矢量控制，并有进一步发展到覆盖轮边的矢量控制趋势。比如从电动汽车矢量四轮驱动到轮边驱动的发展趋势，可实现从线控子系统的物理边界到智能驾驶所需的车辆动力学约束边界提升，如图 15-9 所示。

在传统底盘功能的基础上，面向 2025 年，智能底盘通过线控系统的全局集成控制，如图 15-10 所示，从传统底盘控制的分布式功能开发，到面向客户感知和体验的性能品质开发，进而实现更加安全、舒适和低碳的系统性能要求。

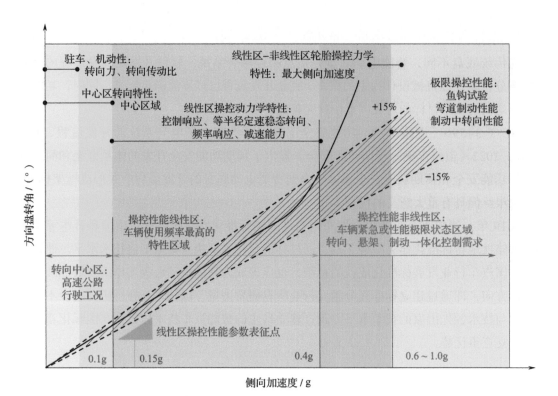

图 15-7　车辆行驶的区域或工况（以车辆的转向灵敏度定义和区分）

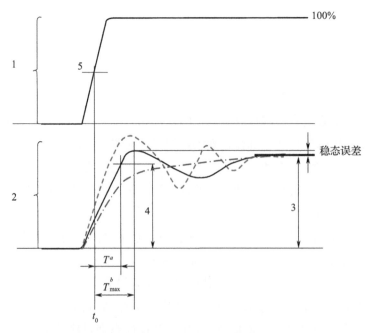

图 15-8　车辆在阶跃输入下的系统响应

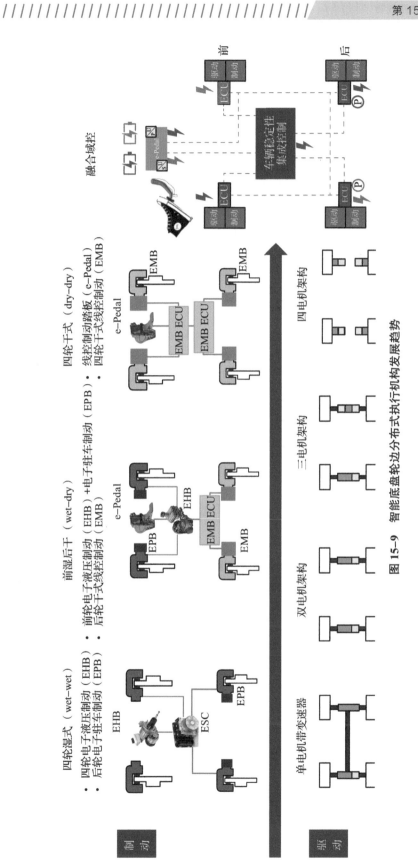

图 15-9　智能底盘轮边分布式执行机构发展趋势

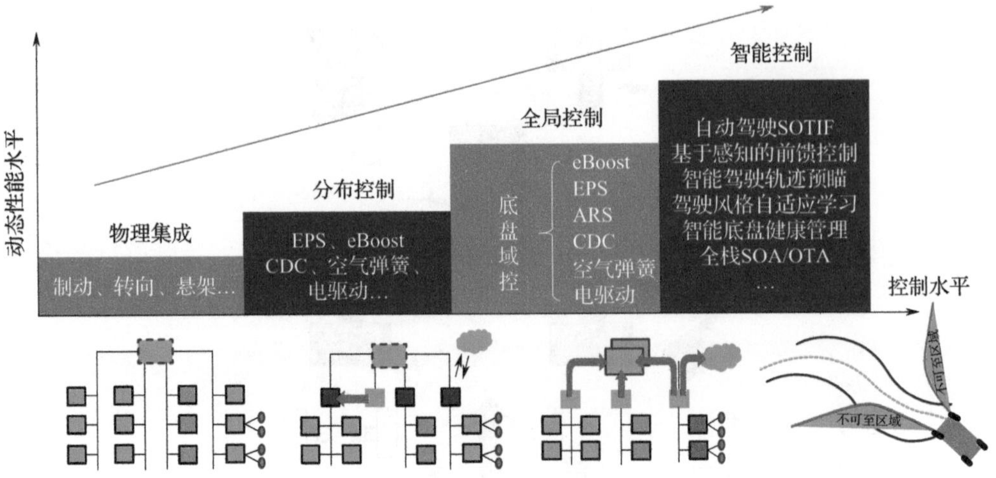

图 15-10　智能底盘控制开发趋势

1．系统安全性方面

系统安全性方面，包括如下关键项目建议从标准规范层面加以关注和强化。

1）满足不同智能驾驶需求的子系统功能安全架构，包括供能装置、控制装置、传能装置、传感器及系统网络和总线通信。

2）单点失效工况下，满足不同智能驾驶需求的子系统功能安全和失效可控性要求，见表 15-11。可控性方面，基于现有制动和转向系统的欧洲经济委员会法规和中国国家标准等强制性标准法规，日本汽车制造者协会（Japanese Automobile Manufacturers，JAMA）提出更为严格的子系统失效可控性要求，以应对女性和老龄化驾驶员的增加，应作为智能底盘各子系统标准规范研究的重点方向。

表 15-11　系统功能安全可控性等级描述

可控性等级描述（基于国际标准和国家标准）			
C0	C1	C2	C3
易控	99 % 及以上的驾驶员或交通参与者通常能够避免危害	90%~98% 的驾驶员或交通参与者通常能够避免危害	<90% 的驾驶员或交通参与者通常能够（或勉强）避免危害

3）满足高阶智能驾驶需求的多层冗余整车安全架构。该架构主要指在智能底盘各子系统内部的冗余传感器、冗余控制器和冗余执行机构基础上，利用智能底盘域全局集成控制，还可以形成高级的各子系统间的系统传感器、控制器和执行机构冗余功能和性能备份，从而满足高阶自动驾驶需要的整车多级冗余安全架构和失效安全运行功能，如图 15-11 所示。同时，针对跨系统冗余的测试和接口标准规范也是未来研究的重点方向。

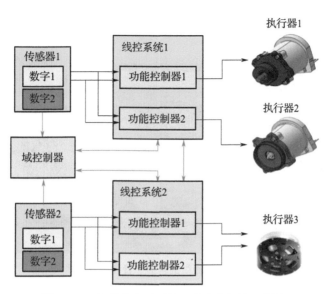

图 15-11　智能底盘跨系统冗余安全架构示意图

4）基于线控子系统的关键功能和性能，实现整车全局控制下，车辆纵、横、垂向融合控制和动力学约束边界扩展。

5）信息安全和远程控制安全。

2. 系统体验和舒适性方面

系统体验和舒适性方面，包括如下关键项目需要从标准规范层面加以关注和强化。

1）基于线控子系统的关键功能和性能，实现整车全局控制下，面向客户感知和体验的性能品质定义和开发，包括典型工况用户的关键体验感、平顺性指标定义，进行驾乘舒适性主客观模型的构建，如图 15-12 所示。

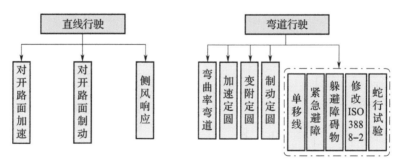

图 15-12　典型工况驾驶员 / 乘员感知评估

2）基于线控子系统的关键功能和性能，实现整车全局控制下，车辆动力学的多模式和驾驶风格多样化的评估与测试。建立面向智能底盘的驾乘性能测试和评估体系。

3）包括线控子系统和智能轮胎在内的整车信息融合和服务融合，实现智能底盘健康信息监控，并进一步扩展为高阶智能的驾驶行为监控和安全预警，如图 15-13 所示。

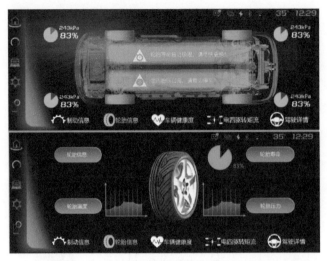

图 15-13　智能底盘健康信息管理和监控系统

3．系统低碳和环保方面

系统低碳和环保方面，包括如下关键项目需要从标准规范层面加以关注和强化。

1）基于线控子系统和底盘域控制器的能耗管理，包括休眠模式漏电流、多唤醒源、集成化芯片和峰值工作电流等。

2）随着汽车的电动化和智能网联化发展，电磁环境越来越复杂。对于线控子系统和底盘域控制的电磁兼容性（EMC）和电磁辐射（EMR），可以在国家标准 GB 8702—2014《电磁环境控制限值》的基础上，进行系统级的标准法规研究。

3）基于线控子系统带来的系统结构简化，使车辆实现轻量化、节能减排、环保降噪，减少车辆生产装配和维修保养难度。可以从全生命周期的双碳管理政策上鼓励智能底盘线控系统的技术应用。

4）基于48V 或者高供电电压的线控子系统开发，如图 15-14 所示。

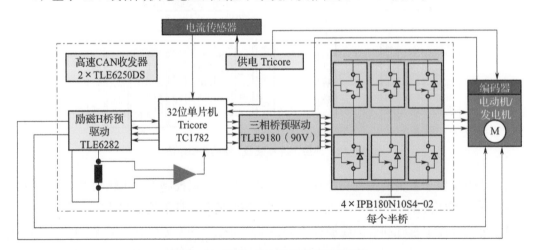

图 15-14　基于 48V 的线控子系统架构

5）结合电动汽车和智能网联汽车的实际使用工况，进一步完善智能底盘各子系统的技术要求和规范，指导新型环保材料应用和质量、结构优化。如利用有机材料替代铜料，利用铝基或者陶瓷材料替代铸铁，利用电驱系统再生制动降低制动系统性能需求等。

2.1.2　高级功能和域控制系统级标准规范

智能底盘的全局集成控制，对应于底盘的协调融合控制，既包括智能底盘的内部协调，也包括与智能驾驶系统间的外部协调控制。结合车辆传感器，开展面向前馈和预瞄控制的主动安全系统研究是未来智能底盘自学习、自适应和主动控制的发展趋势，也是下一步面向 2030 年的标准规范发展方向。

1）在智能底盘及相关子系统不存在故障的情况下，自动驾驶汽车在复杂场景中有可能做出错误判断从而导致系统执行不符合预期的行为，产生安全风险。建议基于智能底盘和域控制器，开展面向自动驾驶预期功能安全的测试和研究。

2）研究基于主动安全系统和信息融合的前馈控制架构和接口，如图 15-15 所示。

图 15-15　基于前馈控制的主动电控悬架系统架构

3）研究基于大数据的驾乘舒适性自学习和自适应模型定义。

4）结合域控制器和 SOA，深入配合推进软件定义汽车工作，实现软硬件接口的标准化和服务的原子化，开展面向自动驾驶的智能底盘电子架构和系统接口研究。

5）进行智能车辆轨迹预瞄的闭环系统性能定义和开发，让智能车辆像有经验的驾驶员一样驾驶，同时保证安全性和驾驶风格多样性，如图 15-16 所示。

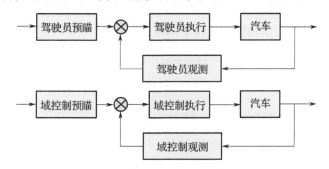

图 15-16　基于轨迹预瞄的智能底盘闭环系统

结合智能底盘的整体技术发展路线，面向智能底盘未来的阶段性发展目标，即到2025年，装载自主品牌线控制动、线控转向系统的智能底盘在有行业影响力的企业实现批量应用；到2030年，自主智能底盘和线控执行系统的整车和零部件企业初步形成品牌效应。同时结合智能网联汽车和自动驾驶汽车的技术驱动，将智能底盘系统标准规范路线形成如图15-17所示的总体技术方案和架构规划。

图15-17　智能底盘系统标准规范系统级总体规划

2.2　线控制动系统标准现状及路线图

1. 制动系统标准规范调研

安全法规是汽车相关法规的重要组成部分。车辆的制动性能直接影响着驾乘人员及其他交通参与者的生命安全，因此，制动系统相关法规也是最早出现的强制性汽车法规之一，见表15-12和表15-13。全球范围内，汽车制动相关技术的法规和标准体系有很多种，主要以美国的联邦机动车辆安全标准（FMVSS）和欧洲的欧洲经济委员会法规（ECE）两大体系为代表。以下对乘用车和商用车在FMVSS、ECE以及国家标准（GB）体系下的制动系统相关的法规和标准进行了梳理。

表15-12　乘用车制动系统标准法规

国家 / 地区	标准编号及名称
美国	FMVSS 105《液压与电子制动系统》
	FMVSS 135《轻型车辆制动系统》
	FMVSS 126《电子稳定控制系统》

（续）

国家 / 地区	标准编号及名称
欧洲	ECE R13H《关于乘用车制动认证的统一规定》
中国	GB 7258—2017《机动车运行安全技术条件》
	GB 21670—2008《乘用车制动系统技术要求及试验方法》
	GB/T 30677—2014《轻型汽车电子稳定性控制系统性能要求及试验方法》
	GB/T 39901—2021《乘用车自动紧急制动系统（AEBS）性能要求及试验方法》

表 15-13　商用车制动系统标准法规

国家 / 地区	标准编号及名称
美国	FMVSS 105《液压与电子制动系统》
	FMVSS 121《气压制动系统》
	FMVSS 136《重型车辆电子稳定控制系统》
欧洲	ECE R13《关于 M、N 和 O 类车辆制动认证的统一规定》
中国	GB 7258—2017《机动车运行安全技术条件》
	GB 12676—2014《商用车辆和挂车制动系统技术要求及试验方法》
	GB/T 38186—2019《商用车辆自动紧急制动系统（AEBS）性能要求及试验方法》

近年来，行业内也形成了一些对于制动器和电控制动系统相关的团体标准和规范，以下也进行了梳理，见表 15-14。

表 15-14　制动系统团体标准和规范

标准和规范名称	发布状态
《智能网联汽车　线控转向及制动系统数据接口要求》	已发布
《汽车液压制动系统 ABS/ESC 电磁阀技术要求及测试方法》	待审定
《乘用车自动驾驶线控底盘性能要求及试验方法　第 2 部分：制动系统》	已立项
《电动汽车再生制动防抱死道路试验方法》	已发布
《电动汽车再生制动防抱死台架试验方法》	已发布
《电动汽车制动系统故障诊断与应急保护台架试验方法》	已发布
《汽车电子助力制动系统总成耐久性能要求及台架试验方法》	已发布
《汽车非解耦式电子助力制动系统总成性能要求及台架试验方法》	已发布
《汽车解耦式电子助力制动系统总成性能要求及台架试验方法》	已发布
《"领跑者"标准评价要求　乘用车盘式制动器总成》	已发布
《智能商用车线控底盘控制系统（接口）技术规范》	已立项
《商用车用电子机械制动卡钳总成性能要求及试验方法》	待审定
《乘用车电子驻车系统用电机性能要求和检验方法》	已发布

2．线控制动系统的系统级标准路线图

基于对制动系统相关的法规以及团体标准的调研，结合上文对于线控制动系统功能需求和性能指标的分析可以发现，目前行业内普遍缺乏针对线控制动系统功能、性能及测试相关的标准规范。

结合智能底盘的整体技术发展路线，面向智能底盘未来的阶段性发展目标，制定面向2025 年及 2030 年的智能底盘线控制动系统的系统级标准路线图规划，如图 15-18 所示。

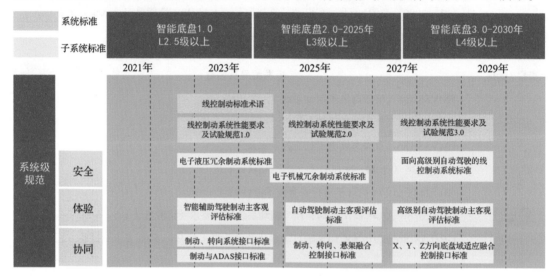

图 15-18　线控制动系统的系统级标准路线图

2.3　线控转向系统标准现状及路线图

1．转向系统标准规范调研

安全法规是汽车相关法规的重要组成部分。车辆的转向性能直接影响着驾乘人员及其他交通参与者的生命安全，表 15-15 所列为乘用车及商用车转向系统相关标准法规，表 15-16 所列为线控转向系统相关团体规范。

表 15-15　乘用车及商用车转向系统相关标准法规

国家 / 地区	标准编号及名称
美国	FMVSS 203《驾驶员免受转向操纵控制系统伤害的碰撞保护》
	FMVSS 204《转向操纵控制装置后向位移》
欧洲	ECE R79《关于车辆转向机构认证的统一规定》
中国	GB 7258—2017《机动车运行安全技术条件》
	GB 17675—2021《汽车转向系　基本要求》

表 15-16　线控转向系统团体规范

规范名称	发布状态
《智能网联汽车　线控转向及制动系统数据接口要求》	已发布

作为全新的下一代转向技术，线控转向相关技术研发、法规制定在同步开展。目前，国外已经放开线控转向技术在实车上应用的相关法规限制，允许线控转向系统量产，中国也将很快解除法规限制。

2022 年 1 月 1 日，转向系统标准 GB 17675—2021《汽车转向系　基本要求》已正式实施，取代已经执行超过 20 年的 GB 17675—1999《汽车转向系　基本要求》，新的转向系统国家标准一个重要的变化是将解除以往对转向系统方向盘和车轮物理解耦的限制。GB 17675—2021 的实施将推进线控转向这一新一代转向技术，同时也是自动驾驶发展的关键技术之一，在我国的发展和推广。

2．线控转向系统的系统级标准路线图

基于对转向系统相关的法规以及团体标准的调研，结合上文对于线控转向系统功能需求和性能指标的分析可以发现，目前行业内普遍缺乏针对线控转向系统功能、性能及测试相关的标准规范。

结合智能底盘的整体技术发展路线，面向智能底盘未来的阶段性发展目标，制定面向 2025 年及 2030 年的智能底盘线控转向系统的系统级标准路线图规划，如图 15-19 所示。

图 15-19　线控转向系统的系统级标准路线图

2.4 电控悬架系统标准布局

悬架相关推荐性国家标准主要包括商用车空气悬架相关标准 3 项、汽车悬架系统用弹簧钢相关标准 2 项，另有交通部 JT/T 1359—2020《客车空气悬架技术要求》。

行业标准主要包括 QC/T 1127—2019《乘用车麦弗逊悬架铝合金控制臂总成技术条件及试验方法》及 QC/T 1021—2015《汽车独立悬架球头销总成性能要求及台架试验方法》。

团体标准主要包括 T/CSAE 162—2020《乘用车悬架系统台架试验性能要求及方法》、T/ZZB 0493—2018《乘用车悬架系统筒式减振器》、T/ZZB 1857—2020《悬架用螺旋弹簧》、T/ZZB 1236—2019《汽车减振器用轴承及其单元》及 DB22/T 2652—2017《车辆悬架 K&C 特性试验台技术条件》。

为了提升电控悬架系统的产品竞争力，有必要对整个悬架系统零部件相关标准进行布局，列举如下。

1. 标准缺项

图 15-20 所示为智能底盘电控系统示意图，其中，电控悬架的术语定义尚未达成共识，其内涵包括电控空气悬架、半主动悬架、电控横向稳定杆等。

智能底盘	悬架系统	ECAS（电控空气悬架）	SAS（半主动悬架）	EARS（电子主动式侧倾稳定）	
	制动系统	ABS（防抱死制动系统）	EBD（电子制动力分配）	EPB（电子驻车）　ESC（电子稳定性控制）	iBooster/IBS
	转向系统	EPS（电动助力转向）			

图 15-20 智能底盘电控系统示意图

根据电控悬架覆盖的系统及零部件范围制定成体系的相关系统、零部件技术要求标准。

面向自动驾驶乘坐体验可能带来的出行变革，需要提出电控悬架集成控制与舒适性控制相关标准以解决晕动症、晕屏症等可能日益突出的问题；同时，需要悬架系统与转向、制动系统的协同控制实现自动驾驶主动安全性能要求。

2. 优先级

按照迫切程度将标准缺项优先级分成 4 个等级，见表 15-17。

表 15-17 标准缺项的优先级定义

优先级	紧急	短期	中期	长期
需求时间	1 年内	2 年内	3~4 年	5 年及以上

根据需求迫切程度，将电控悬架系统标准缺项及其优先级情况进行汇总，见表 15-18。

表 15-18　电控悬架系统标准缺项及其优先级

标准领域	优先级
电控悬架术语定义	短期
相关系统技术要求（电控空气悬架、半主动悬架、电控横向稳定杆）	中长期
相关传感器技术要求（轴高传感器、滑柱加速度传感器）	中长期
相关执行器技术要求（电磁阀、增压泵、空气弹簧）	中长期
电控悬架集成控制及性能要求（主动安全、舒适性）	中长期

结合智能底盘的整体技术发展路线，面向智能底盘未来的阶段性发展目标，制定面向 2025 年及 2030 年的智能底盘电控悬架系统的系统级标准路线图规划，如图 15-21 所示。

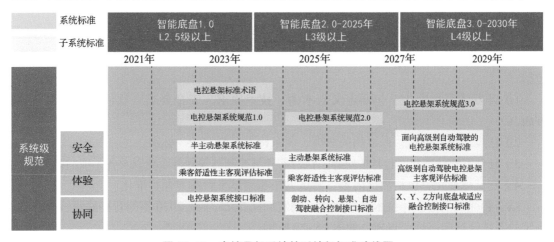

图 15-21　电控悬架系统的系统级标准路线图

2.5　线控驱动系统标准现状及路线图

1．线控驱动系统标准规范调研

电动汽车线控驱动系统与传统燃油汽车不同，电动汽车主要由整车控制单元（VCU）接收车速信号、加速度信号以及加速踏板位移信号，实现转矩需求的计算，然后发送转矩指令给驱动电机控制单元，进行驱动电机转矩的控制。

在电动化、智能化技术变革驱动下，线控驱动系统作为智能底盘的重要组成部分，不仅要完成传统驱动系统的功能，还需满足驱动主动安全需求、冗余控制需求、集成化需求及标准化需求。

标准规范方面，目前行业内对于驱动电机、减速器等零部件有比较完备的国家标准或行业标准，并提出了相应的技术指标，具体的相关标准如下。

（1）传动系统性能指标

1）QC/T 1022—2015《纯电动乘用车用减速器总成技术条件》。

2）QC/T 533—2020《商用车驱动桥总成》。

（2）驱动电机系统性能指标

1）GB/T 18488.1—2015《电动汽车用驱动电机系统 第1部分：技术条件》。

2）GB/T 18488.2—2015《电动汽车用驱动电机系统 第2部分：试验方法》。

3）GB/T 36282—2018《电动汽车用驱动电机系统电磁兼容性要求和试验方法》。

4）GB/T 29307—2012《电动汽车用驱动电机系统可靠性试验方法》。

5）GB/T 14711—2013《中小型旋转电机通用安全要求》。

6）GB/T 13002—2008《旋转电机 热保护》。

基于标准规范调研可以看出，行业标准集中在子零件层面，尚缺乏线控驱动系统整体的系统级标准要求，以及线控驱动系统与整车其他系统交互的接口标准要求。

2．线控驱动系统的系统级标准路线

线控驱动系统的系统级标准化路线需要考虑整个开发体系和开发过程的标准化，具体包括：

1）开发体系标准化，包括定义与术语、技术要求、安全要求、软件功能和接口等方面。

2）法规要求标准化，通过相关法规、国家标准等制定统一标准。

3）硬件系统标准化，包括传感器、执行器和域控制器等硬件系统以及各子项的标准化。

4）测试标准化，包括测试内容、测试方法和测试平台等方面标准化。

结合智能底盘的整体技术发展路线，制定面向2025年及2030年的智能底盘线控驱动系统的系统级标准路线图规划，如图15-22所示。

图15-22 线控驱动系统的系统级标准路线图

3　零部件级标准规范路线图

　　智能底盘的零部件主要由传感器、域控制器和执行器三大部分组成，传感器作为感知信息的部件，将信息传递给域控制器，经过域控制器计算分析后将控制指令发送给相应执行器。随着底盘线控需求和技术发展，传感器、执行器及控制功能日趋多样化。图 15-23 中列举了线控底盘零部件级标准规范涉及的部分传感器、域控制器和执行器零部件。

图 15-23　线控底盘零部件级标准规范涉及的关键零部件示例

　　根据需求迫切程度，将零部件级标准缺项及其优先级情况进行汇总，见表 15-19。

表 15-19　零部件级标准缺项及其优先级

零部件种类	优先级
传感器	中期
域控制器	长期
踏板感觉模拟器	短期
方向盘手感模拟器	短期
电机	紧急
电磁阀体	长期
蓄能器	长期
EMB 系统制动钳	长期
减速传动机构	中期

3.1　关键传感器

1. 行程传感器

行程传感器提供制动踏板行程信号，反映驾驶员制动意图，是线控制动系统的重要零部件。

（1）该领域标准现状

T/CECA 42—2020《接触式位移传感器通用规范》规定了可变电阻原理的接触式线位

移传感器和接触式角位移传感器的技术要求、试验方法和质量保证要求。

（2）标准缺项

应针对非接触式位移传感器的技术要求和试验方法启动相关标准的制定工作。

（3）优先级

非接触式位移传感器的技术要求和试验方法相关标准优先级：中期。

2．转角传感器

获取电子机械制动系统用电机的准确旋转位置是制动力精准控制的前提，这依赖于转角传感器的性能，同时其他产品如 iBooster、EPS 系统也会用到转角传感器，有必要对这种传感器设立标准。

（1）该领域标准现状

JB/T 10034—2012《光栅角位移测量系统》规定了光栅角位移测量系统的术语和定义、基本参数及功能、要求、电气安全性能、环境适应性、试验方法、检验规则、标志与包装等。JB/T 11499—2013《容栅角位移测量系统》规定了容栅角位移测量系统的术语和定义、基本参数及功能、要求、环境适应性、试验方法、检验规则、标志与包装等。JJF 1453—2014《角运动传感器（角冲击绝对法）校准规范》提供了角位移传感器校准规程。JJF 1352—2012《角位移传感器校准规范》提供了电感式、差动变压器式、电阻式、电容式角位移传感器静态性能指标的校准规程。

（2）标准缺项

暂无缺项。

3．轮速传感器

传统底盘与线控底盘对轮速传感器的要求增加了冗余部分，应在现有轮速传感器特性的基础上进行增加。

（1）该领域标准现状

QC/T 824—2019《汽车用转速传感器》规定了汽车用转速传感器的要求、试验方法、检验规则等。T/ZZB 2518—2021《汽车用主动式轮速传感器》规定了汽车用主动式轮速传感器的基本要求、技术要求、试验方法、检验规则、标志、包装、运输、贮存及质量承诺。

（2）标准缺项

需要对冗余轮速传感器进行标准设立。

4．惯性传感器

惯性传感器是车辆动态控制必需的关键部件，应在现有基础上增加冗余设计并制定相关标准。

（1）该领域标准现状

GB/T 28587—2012《移动测量系统惯性测量单元》规定了移动测量系统中惯性测量单

元（IMU）的产品分类、技术要求、试验方法、检验规则、仪器的包装、标志、运输和贮存方法。

（2）标准缺项

需要对冗余惯性传感器进行标准设立。

5．压力传感器

压力传感器提供的信号是线控液压/气压制动系统压力精准控制的基础。应在现有基础上增加冗余设计并制定相关标准。

（1）该领域标准现状

JB/T 6170—2006《压力传感器》规定了压力传感器的图形符号、命名代号法、基本参数、要求、试验方法、标志、包装、运输和贮存。GB/T 15478—2015《压力传感器性能试验方法》规定了压力传感器性能的试验条件、试验的一般规定、试验项目及试验方法、数据计算及处理。JB/T 7482—2008《压电式压力传感器》规定了压电式压力传感器的型号命名、产品分类、技术要求、试验方法、检验规则以及标志、包装、运输、贮存等。JJG 624—2005《动态压力传感器》和 JJG 860—2015《压力传感器（静态）》分别给出了动态压力传感器和静态压力传感器的首次检定、后续检定和使用中检验的规程。

（2）标准缺项

需要对冗余压力传感器进行标准设立。

3.2　域控制器

域控制器作为智能汽车电子电气架构发展的主要趋势之一，底盘域可集成的功能多样，常见的有空气弹簧控制、悬架阻尼器控制、后轮转向功能、电子稳定杆功能、转向管柱位置控制功能等。通过与智能执行器的结合，预留足够算力的底盘域控制器可支持集成整车制动、转向和悬架等车辆纵向、横向和垂向相关的控制功能。

车规级芯片是汽车控制系统的核心组成部分，车规级芯片的可靠性会直接关系到整车安全。因此，车规级芯片一般具有高可靠性、高安全性、零缺陷率、同批一致性、长期供货等特点。

（1）该领域标准现状

车规级芯片的生产应用过程主要分为芯片设计、生产制造、可靠性认证等阶段。对应车规级芯片不同的生产阶段应有不同的检测参考标准。

设计阶段，涉及可靠性设计技术的参考标准有 ISO 26262：2018《道路车辆—功能安全》及 GB/T 12750—2006《半导体器件　集成电路　第 11 部分：半导体集成电路分规范（不包括混合电路）》等。其中，ISO 26262：2018 标准是国际标准化组织（ISO）在 IEC 61508《电气/电子/可编程电子安全相关系统的功能安全》的基础上专门针对汽车电子电气系统制定的车用安全标准，该标准涵盖车规级芯片包括需求规划、设计、实施、集成、验证、确认和配置的整体开发过程。GB/T 12750—2006 由国家标准化管理委员会颁布，适用于除混合电路之外的已封装半导体集成电路。

生产制造阶段，其相关参考标准有 IATF 16949：2016《汽车质量管理体系标准》、AEC-Q001~004 等。其中，ISO/TS 16949：2009 标准是基于 ISO 9001：2008《质量管理体系—要求》的汽车管理体系标准，随着 ISO 9001：2015《质量管理体系—要求》的发布，ISO/TS 16949：2009 正式被 IATF 16949：2016 替代。该标准确立了针对汽车相关产品的设计和开发、生产及相应的安装与服务的质量管理体系要求，规范了汽车零部件制造企业的质量管理体系。AEC-Q 系列标准是汽车电子委员会（Automotive Electronics Counsil，AEC）为生产可靠、高质量电子元器件而制定的汽车电子零部件通用标准。其中，AEC-Q 001、002、003、004 系列标准主要是针对产品平均测试、产品系统分析、IC 电气性能指标、零缺陷指南等领域的指导性原则。

可靠性认证阶段，参考的标准主要有 AEC-Q100、101、102、103、104、200 等，这类标准主要为集成电路、分立器件、发光器件、MEMS、MUM 及其他无源器件等车规级芯片提供可靠性测试规范。

2021 年 9 月 24 日，由中国汽车芯片产业创新战略联盟、电动汽车产业技术创新战略联盟联合提出，北京国家新能源汽车技术创新中心有限公司牵头联合行业力量编制的纯电动乘用车车规级芯片系列团体标准发布。该系列标准规范了车规级芯片的一般要求、车规级控制芯片及通信芯片功能安全要求及测试方法、基于中国道路气候环境下典型功能试验方法、汽车芯片整车道路及环境舱试验方法，为加快国产自主芯片上车提供标准支撑。9 项 CSAE 标准名称见表 15-20。

表 15-20　纯电动乘用车车规级芯片系列团体标准

序号	标准名称	标准号
1	《纯电动乘用车车规级芯片一般要求》	T/CSAE 222—2021
2	《纯电动乘用车控制芯片功能安全要求及测试方法》	T/CSAE 223—2021
3	《纯电动乘用车通信芯片功能安全要求及测试方法》	T/CSAE 224—2021
4	《纯电动乘用车控制芯片功能环境试验方法》	T/CSAE 225—2021
5	《纯电动乘用车通信芯片功能环境试验方法》	T/CSAE 226—2021
6	《纯电动乘用车控制芯片整车环境舱试验方法》	T/CSAE 227—2021
7	《纯电动乘用车通信芯片整车环境舱试验方法》	T/CSAE 228—2021
8	《纯电动乘用车控制芯片整车道路试验方法》	T/CSAE 229—2021
9	《纯电动乘用车通信芯片整车道路试验方法》	T/CSAE 230—2021

（2）标准缺项

应启动底盘域控制器功能安全集成要求、性能集成要求及试验方法的标准制定工作。

（3）优先级

底盘域控制器功能安全集成要求及试验方法相关标准的优先级：长期。

底盘域控制器性能集成要求及试验方法相关标准的优先级：长期。

3.3　踏板感觉模拟器

对于搭载解耦式机电伺服制动助力机构或电子机械制动系统的 L2~L4 级自动驾驶汽车，踏板感觉模拟器的性能决定了驾驶员踩踏踏板的感觉，且其功能安全问题将影响驾驶员踏板信号输入，进而给整车制动安全性带来风险。

（1）该领域标准现状

无标准。

（2）标准缺项

应启动踏板感觉模拟器性能要求、功能安全要求及试验方法的标准制定工作。

（3）优先级

踏板感觉模拟器性能要求及试验方法相关标准的优先级：短期。

踏板感觉模拟器功能安全要求及试验方法相关标准的优先级：中期。

3.4　方向盘手感模拟器

对于搭载线控转向系统的 L2~L4 级自动驾驶汽车，方向盘手感模拟器的性能决定了驾驶员转向安全感、舒适性等，且其功能安全问题将影响驾驶员转向信号输入，进而给整车转向安全性带来风险。

（1）该领域标准现状

无标准。

（2）标准缺项

应启动方向盘手感模拟器性能要求、功能安全要求及试验方法的标准制定工作。

（3）优先级

方向盘手感模拟器性能要求及试验方法相关标准的优先级：短期。

方向盘手感模拟器功能安全要求及试验方法相关标准的优先级：中期。

3.5　电机

线控制动系统涉及的电机分布于机电伺服制动助力机构、电子机械制动系统和电子驻车制动系统中，线控转向系统也对电机有深入应用。电机应满足响应速度快、输出转矩大、温升高和功耗小等要求，是线控制动系统和线控转向系统的关键执行机构。

（1）该领域标准现状

T/CAAMTB 25—2021《乘用车电子驻车制动系统用电机性能要求和测试方法》规定了乘用车电子驻车制动系统用电机术语和定义、性能要求、测试方法、测试规则、标志、包装、运输及贮存等。

（2）标准缺项

应针对行车制动系统用电机，分别启动机电伺服助力机构用电机和电子机械制动系统用电机的性能要求和测试方法相关标准的制定工作。

（3）优先级

机电伺服助力机构用电机性能要求和测试方法相关标准的优先级：紧急。

电子机械制动系统用电机性能要求和测试方法相关标准的优先级：短期。

3.6 电磁阀体

电磁阀体是线控液压 / 气压制动力调节的关键部件，其性能直接影响车辆动态控制效果。

（1）该领域标准现状

QC/T 1005—2015《汽车防抱制动系统液压电磁调节器技术要求及台架试验方法》和QC/T 1006—2015《汽车防抱制动系统气压电磁调节器技术要求及台架试验方法》规定了汽车防抱制动系统液压电磁调节器和气压电磁调节器的术语和定义、性能要求、台架试验方法。T/CSAE 26—2021《汽车液压制动系统 ABS/ESC 电磁阀技术要求及测试方法（征求意见稿）》规定了汽车液压制动系统 ABS/ESC 电磁阀技术要求及测试方法。

（2）标准缺项

线控制动系统用电磁阀体工作时长远高于 ABS 和 ESC，需要针对线控制动的需求启动线控制动系统用电磁阀体工作耐久性的标准制定工作。

（3）优先级

汽车线控制动系统电磁调节器耐久性要求及试验方法相关标准的优先级：长期。

3.7 蓄能器

电子液压制动（EHB）系统是目前线控制动系统的一种重要形式。EHB 系统中，高压蓄能器作为恒压油液源，低压蓄能器吸收液压脉动并暂存卸压制动液，蓄能器是 EHB系统的关键组成零部件。

（1）该领域标准现状

JB/T 7036—2006《液压隔离式蓄能器　技术条件》、JB/T 7038—2006《液压隔离式蓄能器壳体　技术条件》、HG 2331—1992《液压隔离式蓄能器用胶囊》分别规定了液压隔离式蓄能器及其壳体和胶囊的技术要求、试验方法、检验规则等。JB/T 7037—2006《液压隔离式蓄能器　试验方法》规定了液压隔离式蓄能器的试验装置及条件、试验项目及方法。

GB/T 2352—2003《液压传动　隔离式充气蓄能器压力和容积范围及特征量》规定了液压传动系统中使用的隔离式充气蓄能器的特征量、压力和容积范围。JB/T 7034—2006《液压隔膜式蓄能器　型式和尺寸》和 JB/T 7035—2006《液压囊式蓄能器　型式和尺寸》分别规定了液压隔膜式蓄能器和液压囊式蓄能器的型式和尺寸。

GB/T 19925—2005《液压传动　隔离式充气蓄能器优先选择的液压油口》和 GB/T 19926—2005《液压传动　充气式蓄能器　气口尺寸》分别规定了液压传动系统中使用的充气蓄能器应优先选择的液压油口与气口的尺寸和型式。

DB34/T 2976—2017《高压蓄能器在线检验规程》规定了高压蓄能器在线检验的一般要求、检验前准备、程序、内容和方法、检验结论。JB/T 7046—2006《液压蓄能器压力容腔体的额定疲劳压力和额定静态压力验证方法》规定了液压蓄能器压力容腔体的额定疲劳压力和额定静态压力的验证方法。

（2）标准缺项

暂无缺项。

3.8　EMB 系统制动钳

EMB 系统制动钳与传统液压盘式制动器制动钳结构类似，单独针对 EMB 系统制动钳制定标准的必要性不足。

（1）该领域标准现状

JB/T 10917—2008《钳盘式制动器》规定了钳盘式制动器的术语和定义、型式、技术要求、试验方法和检验规则等。

T/ZZB 0331—2018《乘用车用液压制动钳总成》规定了乘用车用液压制动钳总成的术语和定义、基本要求、技术要求、试验方法、检验规则、标志、包装、运输、贮存和质量承诺。QC/T 592—2013《液压制动钳总成性能要求及台架试验方法》规定了汽车行车制动器用液压制动钳总成台架试验的术语和定义、性能要求及试验方法。

T/ZZB 0334—2018《电子驻车（EPB）制动钳总成》规定了汽车电子驻车（EPB）制动钳总成术语和定义、基本要求、技术要求、试验方法、检验规则、标志、包装、运输与贮存和质量承诺。T/CAAMTB 06—2019《电子驻车制动钳总成性能要求及台架试验方法》规定了汽车电子驻车制动钳总成术语和定义、性能要求及试验方法，标准内容包括密封性、拖滞力矩、工作耐久性、禁用物质等 23 项性能，涵盖了汽车电子驻车制动钳总成质量要求具体技术指标。T/GDGM 0010—2020《绿色设计产品评价技术规范　电子驻车制动钳总成》规定了电子驻车制动钳总成绿色设计产品的评价要求、方法和产品生命周期评价报告的编制方法。

（2）标准缺项

暂无缺项。

3.9 减速传动机构

减速传动机构是线控制动系统中完成减速增矩和运动转化的装置，是影响线控制动力实际执行效果的关键机构。

（1）该领域标准现状

无标准。

（2）标准缺项

应启动线控制动系统用减速传动机构性能要求及试验方法的标准制定工作。

（3）优先级

线控制动系统用减速传动机构性能要求及试验方法相关标准的优先级：中期。

4 接口及测试标准规范路线图

4.1 智能底盘内部接口标准化

4.1.1 转向和制动系统接口标准化

2025 年，制定线控转向和制动系统接口行业推荐标准，增强线控转向及制动系统的通用性和兼容性，推动线控系统的技术进步及其在智能驾驶汽车上应用，支持 L3 级及以上级别的自动驾驶对线控转向及制动系统接口需求的标准化。

2030 年，制定线控转向和制动系统接口要求国家推荐标准，修订 GB 17675—2021《汽车转向系 基本要求》、GB 21670《乘用车制动系统技术要求及试验方法》和 GB 12676—2014《商用车辆和挂车制动系统技术要求及试验方法》等国家强制标准，完善线控转向及制动系统间的交互信号，满足高级别自动驾驶对线控转向及制动系统的接口需求。以典型的自动紧急转向（AES）功能为例，需要转向和制动系统在高速行车过程严密的配合才能完成，如图 15-24 所示。

（1）该领域标准现状

无标准。

（2）标准缺项

需要对线控转向和线控制动系统之间的接口制定标准。

（3）优先级

线控转向和线控制动系统之间接口的相关标准优先级：中期。

图 15-24 典型 AES 工况

4.1.2 冗余转向子系统间的接口标准化

2025 年，制定冗余转向子系统间的接口行业推荐标准，保障线控转向系统的安全性，满足 L3 级自动驾驶对线控转向系统的安全冗余需求。

2030 年，制定冗余转向子系统间的接口国家推荐标准，保障线控转向系统的安全性，满足高级别自动驾驶对线控转向系统的安全冗余需求。

（1）该领域标准现状

无标准。

（2）标准缺项

需要对冗余转向子系统接口制定标准。

（3）优先级

冗余转向子系统接口相关标准优先级：中期。

4.1.3 冗余制动子系统间的接口标准化

2025 年，制定冗余制动子系统间的接口行业推荐标准，保障线控制动系统的安全性，满足 L3 级自动驾驶对线控制动系统的安全冗余需求。

2030 年，制定冗余制动子系统间的接口国家推荐标准，保障线控制动系统的安全性，满足高级别自动驾驶对线控制动系统的安全冗余需求。

（1）该领域标准现状

无标准。

（2）标准缺项

需要对冗余制动子系统接口制定标准。

（3）优先级

冗余制动子系统接口相关标准优先级：中期。

4.1.4 通信内容标准化

2025 年，制定线控转向和制动系统通信内容行业推荐标准，满足 L3 级自动驾驶对线控转向、线控制动系统的通信内容需求。

2030 年，制定线控转向和制动系统通信内容国家推荐标准，满足高级别自动驾驶对线控转向、线控制动系统的通信内容需求。

（1）该领域标准现状

无标准。

（2）标准缺项

需要对线控转向、线控制动系统通信内容制定标准。

（3）优先级

线控转向、线控制动系统通信内容相关标准优先级：中期。

4.1.5 校核机制标准化

2025 年，制定线控转向和制动系统校核机制要求行业推荐标准，满足 L3 级自动驾驶对线控转向、线控制动系统的校核机制需求。

2030 年，制定线控转向和制动系统校核机制要求国家推荐标准，满足高级别自动驾驶对线控转向、线控制动系统的校核机制需求。

（1）该领域标准现状

无标准。

（2）标准缺项

需要对线控转向、线控制动系统校核机制制定标准。

（3）优先级

线控转向、线控制动系统校核机制相关标准优先级：中期。

4.2 线控底盘及其他系统接口标准化

4.2.1 标准制定的目标

行业内，汽车整车制造企业对底盘零部件接口的设计多种多样，零部件供应商对不同汽车整车制造企业的底盘需要设计不同的接口；同时，汽车整车制造企业需要适应不同零部件供应商，企业间存在重复工作，延长了设计和验证周期，增加了行业设计总成本。为降低开发成本、缩短验证周期，需进行接口标准化工作。

4.2.2 接口标准现状

VDA 360《电动制动助力器和电子稳定性控制单元之间通信接口的实施建议》规范了乘用车电控行车制动的接口，VDA 305《电子驻车制动控制器集成到 ESC 控制单元中的建议》规范了电子驻车制动系统接口，SAE J1939《串行控制通信汽车网络的推荐操作规程》标准详细地规范了商用车的部分系统交互信号，但对悬架和转向系统接口未做详细规定。需要制定乘用车智能底盘和其他控制域的标准接口规范，该规范应包含动力、制动、转向、悬架系统的接口，同时考虑热管理系统集成到智能底盘的趋势提前考虑对应系统接口标准化工作。

智能底盘接口交互示例如图 15-25 所示。

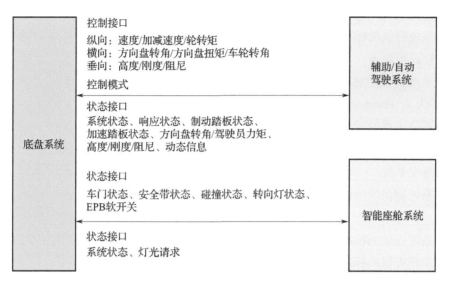

图 15-25　智能底盘接口交互示例

1．智能底盘接口标准化路线

考虑目前滑板底盘、软件定义汽车、自动驾驶、智能座舱等发展趋势，智能底盘接口标准化可分为两步走的技术路线：第一步（2025 年前），实现接口标准化；第二步（2025 年后），实现标准接口服务化。当前工作重点为接口标准化。

2．智能底盘接口标准化内容

智能底盘的接口标准化需要考虑满足传统电控底盘、智能底盘、自动驾驶等需求。同时，随着功能域集中或中央集中的发展，接口标准化过程中应兼顾功能分配不同导致接口不同的情况。接口标准化包含制动、转向、悬架、动力控制和状态信息的接口标准化。接口标准化过程中应充分考虑各系统可能应用的系统构型，如动力系统的轴驱动和轮边驱动，转向系统的前轮转向、后轮转向和四轮独立转向，制动系统的电子液压制动控制和电子机械制动控制，悬架系统的空气悬架和电磁悬架等。

3．接口标准化

（1）制动系统

制动系统提供的标准控制接口包含：减速度控制、主缸液压控制、总制动转矩控制、轮转矩控制、驻车控制、驾驶模式控制等。

制动系统提供的标准传感器信息包含：车轮转速、车速、制动踏板行程、车辆动态信息（纵向加速度、横向加速度、横摆角速度）、驻车开关状态等。

制动系统提供的标准系统状态信息包含：系统状态、故障信息、上述控制接口的执行和状态的反馈信息。

（2）转向系统

转向系统提供的标准控制接口包含：方向盘转角控制、方向盘扭矩控制、车轮转角控制、驾驶模式控制等。

转向系统提供的标准传感器信息包含：方向盘转角、方向盘转角速度、方向盘扭矩（驾驶员手力）、Hands-on识别（置信度和手势）信息等。

转向系统提供的标准系统状态信息包含：系统状态、故障信息、上述控制接口的执行和状态的反馈信息等。

（3）悬架系统

悬架系统提供的标准控制接口包含：高度控制、刚度控制、轮转矩控制、驾驶模式控制等。

悬架系统提供的标准传感器信息包含：悬架高度、滑柱加速度传感器信息等。

悬架系统提供的标准系统状态信息包含：系统状态、故障信息、上述控制接口的执行和状态的反馈信息等。

（4）动力系统

动力系统提供的标准控制接口包含：换档控制、总转矩控制、阻尼控制、驾驶模式控制等。

动力系统提供的标准传感器信息包含：电机转速、电机转矩等。

动力系统提供的标准系统状态信息包含：系统状态、故障信息、上述控制接口的执行和状态的反馈信息等。

由于系统构型不同，设计者可选用标准化的接口，并将这些接口分配给具体的系统。对于冗余系统，标准接口可以被复用，并通过报文ID进行区分。对于控制类标准接口复用，需要规范同类控制接口的仲裁逻辑，如最大请求优先、优先级设定、叠加设定、"先入为主"原则等。

4．通信标准化（报文布局）

1）明确接口对应的报文布局。

2）规范报文类型，如明确周期报文、事件报文等。

3）考虑报文ID统一。

4）通过通信标准化，可以建立规范的通信基础数据库，从标准数据库中抽取或补充形成对应车型的数据库。

5．功能安全标准化

1）规范接口应满足的功能安全等级。

2）根据功能安全等级，制定对应的 E2E 保护机制。

4.3 线控底盘系统测试标准路线图

针对线控底盘系统中各子系统的基本要求有：功能性要求、可靠性要求、安全冗余要求等。所以针对线控底盘各子系统的测试可根据上述几点要求展开。以下为针对上述子系统测试的通用流程。

1．针对功能性要求的测试

第一步：根据功能定义，对各子系统功能进行罗列。

1）线控驱动系统功能：实现车速控制、转矩控制、加速度控制等。

2）线控转向系统功能：实现转向回正、路感模拟、随速助力可变、随速传动比可变、转向角控制、转向角速度控制等。

3）线控制动系统功能：实现液压 / 气压压力控制、减速度控制、转矩控制、ABS 功能、ESC 功能、TCS 功能等。

4）线控悬架系统功能：实现弹簧刚度调节、减振器阻尼调节、车身高度调节等。

第二步：根据系统的电气和通信接口定义，对电气信号和通信信号进行校核、确认（包括线束接口、通信协议信号状态反馈等）。

按照标准化的电气及通信接口协议，对线控底盘内各子系统（线控驱动、线控制动、线控转向、线控悬架、域控制器等）之间的接口进行电气信号（CAN_H、CAN_L、+12/24V、GND 等）和通信信号（转矩、车速、加 / 减速度、制动压力、车轮转角、方向盘转角、车身高度等）的确认，保证各子系统控制器正常工作及通信正常。

第三步：结合各待测功能及应用对象（乘用车、商用车等）确定相应测试工况（包含常规工况、异常工况、极端工况等，具体工况可根据外界因素对系统功能的影响程度来确定）。

结合线控底盘各子系统的具体功能及线控底盘系统的搭载对象制定具体的测试工况，测试工况要能充分验证不同应用对象上的线控底盘系统功能。乘用车的高车速、快响应和操控性需求要得到验证；商用车的大载荷、高重心、稳定性和纵向动力性能需求要得到验证。此外，测试工况既要包含常规的柏油 / 水泥等高附着系数路面，也要包含极端冰雪天气等条件下的低附着系数路面，甚至是异常变换的对开、对接路面，要做到全场景、全覆盖。

第四步：结合各功能及对应的测试工况制定测试用例，测试用例应能满足对系统在不同工况下的性能指标进行测试、核验。

在确定完测试对象、测试功能、测试工况后，还要制定相应的测试用例，测试用例要能体现不同测试方法下的智能底盘系统性能，包括静态阶跃测试、静态连续测试、动态阶跃测试、动态连续测试等。通过不同的测试用例要能够对各子系统的响应时间、执行时间、超调时间、超调量、稳态误差等做出检验。

第五步：参照系统功能的技术指标对测试结果进行对比和评价，并进行总结，输出结论。

在测试完成后，要对线控底盘各子系统的测试结果进行整理、汇总，然后进行评价，具体评价要参考相应子系统的评价指标（如响应时间、执行时间、超调时间、超调量、稳态误差等），并输出最终结果，用来衡量和评价系统的优劣，并指导后续子系统参数的优化。

构建虚拟测试场景有助于测试极限工况、故障工况和进行自动化测试，提高测试效率，图 15-26 和图 15-27 所示是虚拟化的交通场景构建示例。

图 15-26　虚拟化复杂交通环境构建示例

图 15-27　复杂道路虚拟环境构建示例

2．针对可靠性要求的测试

第一步：确认智能底盘各子系统相关功能均已得到测试，且最终测试结果满足指标要求。可靠性测试需在功能性要求测试完成后进行。

第二步：确定可靠性测试的方式（测试工况、测试里程、测试时长、测试次数等）。可靠性测试应能覆盖大多数工况（常规工况、异常工况、极端工况等），并根据实际各工况所占比例确定对应工况下的可靠性测试里程、测试时长、测试次数等。

第三步：制定可靠性测试操作说明（可执行）。基于智能底盘系统的可靠性测试主要是针对道路的测试，测试前需要向驾驶员或试验工程师提供可执行的操作说明书，且关键控制量和状态反馈量（包括系统故障状态）要能够以视觉显示的方式呈现，保证可靠性测试的高质量。测试过程中所有相关数据要进行实时存储，供后续分析使用。

第四步：对可靠性测试结果进行数据分析，提取与评价指标相关的参数。参照线控底盘各子系统可靠性评价指标，对可靠性测试结果进行处理并提取指标相关参数（系统失效率、单点失效率、故障诊断覆盖率等）。

第五步：结合相应技术指标对各子系统的可靠性测试结果进行分析、评价，并找出影响系统可靠性的关键因素，为后续优化提供技术指导。

3．针对安全冗余要求的测试

第一步：确定线控底盘各子系统安全冗余内容。各子系统的安全冗余应包括但不限于电源冗余、传感器冗余、执行器冗余、通信冗余、计算单元冗余等。

第二步：制定安全冗余测试方案。安全冗余测试方案要参考功能性需求测试方案来确定（包括测试工况和测试用例），此外，线控底盘系统的安全冗余测试要从整体层面考虑，逐项或同时对冗余备份内容进行失效测试。

第三步：制定线控底盘系统的安全冗余测试操作说明文档。包括在不同安全冗余备份下和测试工况下的驾驶操作及故障模拟操作。此外，为保证测试的安全性，要限定测试场地及安全保障措施。整个测试过程中要实时记录测试数据，便于后续分析。

第四步：参考安全冗余指标（单系统失效时，冗余系统切入时间及该过程对车辆状态的影响程度）对测试结果进行评价。

附　录

附录A　缩略语表

	英文缩略词	英文全称	中文名称
1	ABS	Anti-lock Braking System	防抱死制动系统
2	ADAS	Advanced Driver Assistance System	高级驾驶辅助系统
3	AEB	Automatic Emergency Braking	自动紧急制动
4	AES	Automatic Emergency Steering	自动紧急转向
5	AFS	Active Front Steering	主动前轮转向
6	AHC	Active Height Control	主动高度控制
7	AKC	Active Kinematics Control	主动运动学控制
8	APA	Automated Parking Assist	自动泊车辅助
9	ASIL	Automotive Safety Integrity Level	汽车安全完整性等级
10	ASPICE	Automotive SPICE	汽车软件过程改进及能力评定
11	ASR	Acceleration Slip Regulation	驱动防滑调节
12	ASS	Active Suspension System	主动悬架系统
13	AUTOSAR	Automotive Open System Architecture	汽车开放系统架构
14	AVB	Audio Video Bridging	音视频桥接（技术）
15	AVP	Automated Valet Parking	自主代客泊车
16	AVS	Adaptive Variable Suspension	自适应可调悬架
17	BBW	Brake-by-Wire	线控制动
18	BMS	Battery Management System	电池管理系统
19	BOM	Bill of Material	物料清单
20	CDC	Continuous Damping Control	连续减振控制
21	C-EPS	Column-type Electric Power Steering	转向管柱助力式电动转向
22	CLTC	China Light-duty Vehicle Test Cycle	中国轻型汽车行驶工况
23	CNN	Convolutional Neural Networks	卷积神经网络

（续）

	英文缩略词	英文全称	中文名称
24	CRBS	Cooperative Regenerative Brake System	协作式再生制动系统
25	CTB	Cell to Body	单体蓄电池（电芯）集成到车身
26	CTC	Cell to Chassis	单体蓄电池（电芯）集成到底盘
27	CTP	Cell to Pack	单体蓄电池（电芯）集成到蓄电池包
28	DAS	Driving Assistance System	驾驶辅助系统
29	DBW	Drive-by-Wire	线控驱动
30	DCU	Domain Control Unit	域控制单元
31	DDT	Dynamic Driving Task	动态驾驶任务
32	DIL	Driver-in-the-Loop	驾驶员在环
33	DP-EPS	Dual-Pinion-type Electric Power Steering	双小齿轮助力式电动转向
34	DYC	Direct Yaw Control	直接横摆力矩控制
35	E/E	Electrical/Electronic	电子电气
36	E/E/PE	Electrical/Electronic/Programmable Electronic	电气／电子／可编程电子
37	E2E	End to End	端到端
38	EARS	Electrical Active Roll Stabilization	电子主动式侧倾稳定
39	EBB	Electric Brake Booster	电子制动助力器
40	EBD	Electronic Brake Distribution	电子制动力分配
41	eBooster	eBooster	电控制动助力系统
42	EBS	Electronic Brake System	电子制动系统
43	ECAS	Electronically Controlled Air Suspension	电子控制空气悬架
44	ECM	Engine Control Module	发动机控制模块
45	ECU	Electronic Control Unit	电子控制单元
46	EDC	Electronic Damper Control	电子减振控制
47	EHB	Electro-Hydraulic Brake	电子液压制动
48	EHPS	Electro-Hydraulic Power Steering	电子液压助力转向
49	EIPB	Energy-regeneration Integrated Power Brake	能量回馈式集成制动
50	ELKA	Emergency Lane Keeping Assist	紧急车道保持辅助

（续）

	英文缩略词	英文全称	中文名称
51	EMB	Electro-Mechanical Brake	电子机械制动
52	EPB	Electronic Parking Brake	电子驻车系统
53	EPS	Electric Power Steering	电动助力转向
54	ESA	Emergency Steering Assist	紧急转向辅助
55	ESC	Electronic Stability Control	电子稳定性控制
56	ESP	Electronic Stability Program	电子稳定程序
57	EVP	Electrical Vacuum Pump	电子真空泵
58	FCW	Forward Collision Warning	前方碰撞预警
59	FMEA	Fault Modes and Effect Analysis	故障模式与影响分析
60	FTA	Fault Tree Analysis	故障树分析
61	FTTI	Fault Tolerant Time Interval	故障容错时间间隔
62	GDU	Gate Driver Unit	栅极驱动单元
63	GIDAS	German In Depth Accident Study	德国深度事故研究
64	GSN	Goal Structuring Notation	目标结构化定义
65	HARA	Hazard Analysis and Risk Assessment	危害分析与风险评估
66	HAZOP	Hazard and Operability Study	危险与可操作性分析
67	HBMC	Hydraulic Body Motion Control	液压车身运动控制
68	HCU	Hydraulic Control Unit	液压控制单元
69	HIL	Hardware-in-the-Loop	硬件在环
70	HPP	Home Zone Parking Pilot	家庭记忆泊车
71	HPS	Hydraulic Power Steering	液压助力转向
72	HWP	Highway Pilot	高速公路领航
73	IBC	Integrated Brake Control	集成式制动控制
74	IBS	Intelligent Braking System	智能制动系统
75	iCorner	iCorner	智能线控转向角模块
76	ICT	Information and Communication Technologies	信息与通信技术
77	IEBS	Integrated EBS	集成电子制动系统
78	IG	Ignition	点火装置
79	IGBT	Insulated Gate Bipolar Transistor	绝缘栅双极型晶体管

（续）

	英文缩略词	英文全称	中文名称
80	IMU	Inertia Measurement Unit	惯性测量单元
81	IPB	Integrated Power Brake	集成式动力制动
82	IPM	Intelligent Power Module	智能功率模块
83	IVC	Integrated Vehicle Dynamics Control	集成式车辆动态控制
84	LAS	Lane Assistance System	车道辅助系统
85	LCC	Lane Centering Control	车道居中控制
86	LDW	Lane Departure Warning	车道偏离预警
87	LKA	Lane Keeping Assistance	车道保持辅助
88	MBD	Model Based Definition	基于模型的定义
89	MCU	Microcontroller Unit	微控制单元
90	MHIL	Mechanical Hardware-in-the-Loop	机械式硬件在环
91	MIL	Model-in-the-Loop	模型在环
92	MPV	Multi-Purpose Vehicle	多用途汽车
93	MRC	Minimal Risk Condition	最小风险条件
94	MS	Mechanical Steering	机械转向
95	NCAP	New Car Assessment Program	新车评估项目
96	NCU	Numerical Control Unit	数字控制单元
97	NVH	Noise，Vibration and Harshness	噪声、振动和声振粗糙度
98	OBC	On-Board Charger	车载充电器
99	ODD	Operational Design Domain	设计运行域
100	OTA	Over-the-Air	空中下载（技术）
101	PBC	Parking Brake Control	驻车制动控制
102	P-EPS	Pinion-type Electric Power Steering	齿轮助力式电动转向
103	PFS	Pedal Force Simulator	踏板模拟器
104	PID	Proportional Integral Differential	比例积分微分
105	PMHF	Probabilistic Metric for Random Hardware Failures	随机硬件故障的概率度量
106	PSU	Power Supply Unit	电源供电单元
107	PTS	Pedal Travel Sensor	踏板行程传感器
108	RAW	Random Access Memory	随机存取存储器

（续）

	英文缩略词	英文全称	中文名称
109	RBU	Redundant Brake Unit	冗余制动单元
110	RD-EPS	Rack-Direct-type Electric Power Steering	齿条助力式电动转向
111	RFID	Radio Frequency Identification	无线射频识别
112	RPA	Remote Parking Assist	遥控泊车辅助
113	RPS	Rotor Position Sensor	转子位置传感器
114	RSC	Roll Stability Control	防侧翻稳定性控制
115	RWS	Rear Wheel Steering	后轮转向
116	RWU	Rear Wheel Unlocked	后轮防抱死
117	SAE	Society of Automotive Engineers	美国汽车工程师学会
118	SAS	Steering Angle Sensor	转角传感器
119	SAS	Semi-Active Suspension	半主动悬架
120	SBC	System Basis Chip	系统基础芯片
121	SBM	Second Brake Module	第二制动模块
122	SBW	Steer-by-Wire	线控转向
123	SDV	Software Defined Vehicle	软件定义汽车
124	SIL	Software-in-the-Loop	软件在环
125	SOA	Service-Oriented Architecture	面向服务的架构
126	SOTIF	Safety of the Intended Functionality	预期功能安全
127	STPA	System Theoretic Process Analysis	系统理论过程分析
128	SUV	Sport Utility Vehicle	运动型多用途汽车
129	TAS	Torque Angle Sensor	扭矩转角传感器
130	T-BOX	Telematics BOX	远程信息处理终端
131	TCO	Total Cost of Ownership	总拥有成本
132	TCS	Traction Control System	牵引力控制系统
133	TIM	Thermal Interface Material	导热界面材料
134	TJP	Traffic Jam Pilot	交通拥堵领航
135	TPMS	Tire Pressure Monitoring System	轮胎压力监测系统
136	TSN	Time-Sensitive Network	时间敏感网络
137	V2X	Vehicle to X	车对外界的信息交换

（续）

	英文缩略词	英文全称	中文名称
138	VCU	Vehicle Control Unit	整车控制单元
139	VDC	Vehicle Dynamics Control	车辆动态控制
140	VGRS	Variable Gear Ratio Steering	可变传动比转向
141	VLC	Vehicle Longitudinal Control	车辆纵向控制
142	VMC	Vehicle Motion Control	车辆运动控制
143	XIL	X-in-the-Loop	X 在环
144	4WD	4 Wheel Drive	四轮驱动

附录 B　主要参与单位及专家

（排名不分先后）

《电动汽车智能底盘技术路线图》总报告组		
分类	单位	姓名
组长	清华大学	张俊智
副组长	比亚迪汽车工业有限公司	凌和平
	一汽解放汽车有限公司	万里恩
	中国汽车工程学会	赵立金
主要执笔单位	清华大学	黄朝胜、何承坤
	比亚迪汽车工业有限公司	许豪伦
	一汽解放汽车有限公司	石求军
	蜂巢智能转向系统（江苏）有限公司	王朝久、陈东旭
	北京经纬恒润科技股份有限公司	范成建、张明
	中国汽车工程学会	刘国芳、李冰、曲婧瑶

乘用车智能底盘工作组		
分类	单位	姓名
组长	比亚迪汽车工业有限公司	凌和平

（续）

乘用车智能底盘工作组		
分类	单位	姓名
副组长	上汽集团创新研究开发总院	刘飞
	长城汽车股份有限公司	赵永坡
	东风汽车集团股份有限公司	史建鹏
主要执笔单位	比亚迪汽车工业有限公司	刘坚坚、许豪伦
	清华大学	何承坤
	长城汽车股份有限公司	孙晖云、贾具宾
	中国第一汽车集团有限公司	陈志刚、王仕伟、苗为为
	上汽集团创新研究开发总院	张成宝、程振东
	北京航空航天大学	杨世春、陈飞、曹耀光
	东风汽车集团股份有限公司	赵春来、叶晓明
	国汽（北京）智能网联汽车研究院有限公司	於涛、申佳佳、李红海
	合肥工业大学	张炳力、崔滔文
	蜂巢智能转向系统（江苏）有限公司	王朝久、闫世伟、陈东旭
	北京经纬恒润科技股份有限公司	范成建、张明
	浙江亚太机电股份有限公司	郝江脉
	奇瑞新能源汽车股份有限公司	孙羽
	重庆长安汽车股份有限公司	乔斌、邹轶、马立发
	万向钱潮股份公司	邱宝象、任博、林国贤
	宁德时代新能源科技股份有限公司	姜利文、刘帅、李强
	赛卓电子科技（上海）股份有限公司	张超、王海军
	南京经纬达汽车科技有限公司	丁能根
	浙江万安科技股份有限公司	李立刚
	重庆睿蓝汽车研究院有限公司杭州分公司	陈珍颖、辛庆锋
	中国汽车技术研究中心有限公司	杨畅、郭瑞玲
	宁波吉利汽车研究开发有限公司	翁仁洪
	科大国创极星（芜湖）科技有限公司	沙文瀚

商用车智能底盘工作组		
分类	单位	姓名
组长	一汽解放汽车有限公司	万里恩
副组长	宇通客车股份有限公司	王印束
	比亚迪汽车工业有限公司	秦戎
	同济大学	高炳钊
	北京理工大学	邹渊
主要执笔单位	一汽解放汽车有限公司	石求军
	清华大学	孙东升
	浙江吉利远程新能源商用车集团有限公司	冷彪
	宇通客车股份有限公司	郭耀华
	北汽福田汽车股份有限公司	孙松红
	北京福田戴姆勒汽车有限公司	张宇、周新华
	广州瑞立科密汽车电子股份有限公司	龙元香
	浙江万安科技股份有限公司	傅直全

线控制动系统工作组		
分类	单位	姓名
组长	清华大学	何承坤
副组长	广州瑞立科密汽车电子股份有限公司	龙元香
	长城汽车股份有限公司	郝之凯
	浙江万安科技股份有限公司	傅直全
	浙江亚太机电股份有限公司	郝江脉
主要执笔单位	浙江万安科技股份有限公司	李立刚、付德春
	广州瑞立科密汽车电子股份有限公司	冯小明、龙志能
	长城汽车股份有限公司	孟祥禄
	菲格智能科技有限公司	张克谦、乔君辉、葛宏
	北京汽车研究总院有限公司	李波、王培玉、刘杰
	比亚迪汽车工业有限公司	石明川
	上海拿森汽车电子有限公司	陶喆、潘盼
	中汽创智科技有限公司	徐华林
	重庆长安新能源汽车科技有限公司	罗斌、郭伟

（续）

线控制动系统工作组

分类	单位	姓名
主要执笔单位	中国第一汽车集团有限公司	闫鲁平
	清华大学	张峻峰、刘伟龙
	阿维塔科技（重庆）有限公司	许华政

线控转向系统工作组

分类	单位	姓名
组长	蜂巢智能转向系统（江苏）有限公司	王朝久
副组长	清华大学	季学武
	吉林大学	王军年
	吉利汽车研究院（宁波）有限公司	周磊
主要执笔单位	蜂巢智能转向系统（江苏）有限公司	陈东旭、闫世伟
	中国第一汽车集团有限公司	费二威、张吉、常秀岩
	北汽福田汽车股份有限公司	孙松红、武梓良、王鹏
	一汽解放汽车有限公司	温圣灼、李鹏、王喜久
	长城汽车股份有限公司	孙宾泽、任增光、王东东
	北京新能源汽车股份有限公司	白艳飞、李双双
	清华大学	刘贺
	吉林大学	付东旭、范瑞浩
	北京航空航天大学	陈飞
	合肥工业大学	张炳力、崔滔文
	比亚迪汽车工业有限公司	岳汉奇
	吉利汽车研究院（宁波）有限公司	夏金龙、屠苏
	江铃汽车股份有限公司	桂明明
	万向钱潮股份公司	林国贤、邱宝象
	上海汽车集团股份有限公司	刘咏萱
	浙江吉利远程新能源商用车集团有限公司	吴铁锋
	北京理工大学	施国标
	湖北恒隆企业集团	姜殿鑫

开发与测试平台工作组		
分类	单位	姓名
组长	清华大学	黄朝胜
副组长	中国科学院电工研究所	吴艳
	中国第一汽车集团有限公司	冯勇
	比亚迪汽车工业有限公司	李桂忠
	北京经纬恒润科技股份有限公司	张明
	蜂巢智能转向系统（江苏）有限公司	刘文文
	万向钱潮股份公司	谌文思
主要执笔单位	清华大学	卢磊
	吉林大学	叶向阳
	上汽集团创新研究开发总院	戴益亮
	上海蔚来汽车有限公司	袁明
	长城汽车股份有限公司	贾具宾、郝佳佳
	清华大学	黄朝胜

标准规范工作组		
分类	单位	姓名
组长	北京经纬恒润科技股份有限公司	范成建
副组长	北京经纬恒润科技股份有限公司	张明
	比亚迪汽车工业有限公司	廖银生
	泛亚汽车技术中心有限公司	崔海峰
	中国汽车工程研究院股份有限公司	马媛媛
	中国汽车技术研究中心有限公司	郭瑞玲
主要执笔单位	比亚迪汽车工业有限公司	吕海军
	泛亚汽车技术中心有限公司	胡晨晖

标准规范工作组		
分类	单位	姓名
主要执笔单位	中国第一汽车集团有限公司	李论、禹真
	中国汽车技术研究中心有限公司	张晓辉
	浙江极氪智能科技有限公司	邓翔
	中国科学院电工研究所	苟晋芳
	浙江亚太机电股份有限公司	郝江脉
	中国汽车工程研究院股份有限公司	竹利江、丁全
	浙江万安科技股份有限公司	李立刚
	万向钱潮股份公司	林国贤
	柳州五菱汽车工业有限公司	马果、彭南江
	弗迪动力有限公司	吕丹丹
	重庆长安汽车股份有限公司	刘佳勇
	中国汽车工程学会	赵森、刘德舟、张辰